HISTORISCHE SCHNITTE DOB

Historische Kostüme, Trachten, Wäsche und Miederschnitte

Nachdem das erste Buch »Historische Schnitte – Haka« ein Erfolg war, kommt jetzt die neue Ausgabe **»Historische Schnitte DOB«**.

Das Fachbuch »Historischen Schnitte DOB« enthält ausgewählte schnitttechnische Beiträge der »Rundschau für internationale Damenmode und Schnitt-Technik«. Alle Beiträge basieren auf dem weltweit führenden Schnitt-System M. Müller & Sohn. Die Schnitt-Technik ist einfach beschrieben, so dass auch Anwender anderer Systeme mit diesem Buch arbeiten können.

Zahlreiche Modelle bzw. Skizzen ergänzen die Schnitt-Technik.

Das Fachbuch richtet sich an Kostümabteilungen im Bereich Theater, Bühne, Film und Fernsehen sowie an Trachtenspezialisten, Maßschneiderateliers und Schnittabteilungen der Industrie, die mit nicht alltäglichen Schnittformen arbeiten und perfektes Know-how voraussetzen. Das Nachschlagewerk eignet sich auch sehr gut als Basis für die Entwicklung von eigenen Schnitten.

Aus dem Inhalt:

* Renaissance-, Barock-, Rokoko-, Empire-, Biedermeier- und Gründerzeit-Kostüme mit Rockunterbauten, Korsett, Corsage und Balltaille

* Grundschnitte für Trachten nach historischen Vorlagen, das steife Mieder und Verarbeitungstechniken für Blusen, Dirndl und Festtagstrachten

* Wäsche- und Miederschnitte: Bustiers, Bodies und Slipvarianten

Angaben zum Buch

1. Auflage, Format DIN A4, Umschlag Hochglanzbroschur, ca. 152 Seiten.

Jetzt bestellen unter der **Artikel-Nr. 930014** zum Preis von **Euro 65,–** (DM 127,13) / CHF 110,– zzgl. Versandkosten.

Bestellen Sie direkt:

Rundschau Verlag
Abo- und Vertriebsservice
Heuriedweg 19 · 88131 Lindau
Tel. (0 83 82) 96 31 13
Fax (0 83 82) 7 80 91
e-mail: abo.rundschau@guell.de

Rundschau

Das internationale Magazin für die Modeindustrie

. . . hält Sie zweimal im Monat auf dem Laufenden.

. . . dokumentiert und informiert aus Technik, Wissenschaft, Mode und Wirtschaft der HAKA, DOB, BESPO, Herren- und Damenwäscheindustrie, Miederwarenindustrie, Uniformindustrie.

. . . unentbehrlich für alle, die im Branchenwissen eine Nasenlänge voraus sein wollen.

Wer BW noch nicht kennt, sollte ein kostenloses Probeheft anfordern. Am besten sofort.

Studenten erhalten BW zum stark ermäßigten Sonderpreis.

Weitere Informationen bei:

**BW Fashion Technics
Vertrieb
40196 Düsseldorf**

Tel. 02 11 / 5 05 15 12 · Fax 02 11 / 5 05 26 19

Jahrbuch für die Bekleidungswirtschaft 2002

Herausgeber:
Uta-Maria Groth
Bernd Kemper

Schiele & Schön · Berlin

Verantwortlich für die Redaktion:
Dipl.-Ing. Uta-Maria Groth, Geschäftsführerin der Forschungsgemeinschaft Bekleidungsindustrie e.V., Mevissenstraße 15, 50668 Köln
RA Bernd Kemper, Hauptgeschäftsführer des Bundesverband Bekleidungsindustrie e.V., Postfach 10 09 55, 50449 Köln

Für die in diesem Buch enthaltenen Angaben wird keine Gewähr hinsichtlich der Freiheit von gewerblichen Schutzrechten (Patente, Gebrauchsmuster, Warenzeichen) übernommen. Auch die in diesem Buch wiedergegebenen Gebrauchsnamen, Handelsnamen und Warenbezeichnungen dürfen nicht als frei zur allgemeinen Benutzung im Sinne der Warenzeichen- und Markenschutz-Gesetzgebung betrachtet werden. Die Verletzung dieser Rechte ist im Rahmen der geltenden Gesetze strafbar und verpflichtet zu Schadenersatz.

ISBN 3 7949 0670 5

ISSN 1616-3737

© 2002 Fachverlag Schiele & Schön GmbH, Markgrafenstr. 11, 10969 Berlin. Alle Rechte, insbesondere das der Übersetzung in fremde Sprachen, vorbehalten. Ohne ausdrückliche Genehmigung des Verlages ist es auch nicht gestattet, dieses Buch oder Teile daraus in irgendeiner Form zu vervielfältigen.
Printed in Germany.

Satz: Fachverlag Schiele & Schön GmbH, Berlin
Druck: Druckerei Gerike GmbH, Berlin
Buchbinderei: Helm, Berlin

DOB Gradierung
Schnitt-Know-how für Industrie und Handwerk

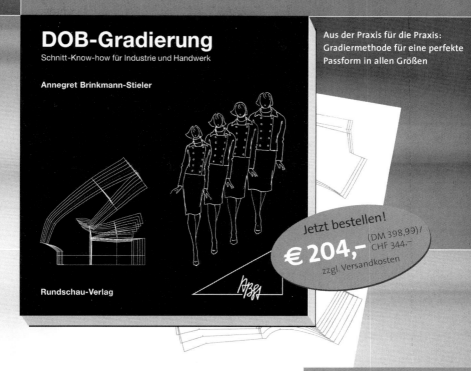

Aus der Praxis für die Praxis: Gradiermethode für eine perfekte Passform in allen Größen

Jetzt bestellen!
€ 204,– (DM 398,99) / CHF 344,– zzgl. Versandkosten

Ein unverzichtbares Fachbuch für alle Schnittfachleute aus Industrie und Handwerk. Das neue Gradieren-Buch ist systematisch aufgebaut und kann **manuell und am Computer**, unabhängig von der Software genutzt werden.

Auf rund 180 Seiten wird die Gradiermethode an Modellen wie Blazern, Jacken, Mänteln, Röcken, Hosen und Kleidern anhand von **zahlreichen Tabellen, Schnittzeichnungen und Skizzen** dargestellt. Im Kapitel »Maße« wird auf unterschiedlichen Körperhaltungen und ihre Auswirkungen auf die Gradierwerte ausführlich eingegangen.

»DOB Gradierung – Schnitt-Know-how für Industrie und Handwerk«, ein Fachbuch aus der Praxis für die Praxis von Annegret Brinkmann-Stieler.

Angaben zum Buch

Format 270 x 290 mm
(Breite x Höhe)
Umfang 192 Seiten
fester Einband
zahlreiche Abbildungen
und Tabellen

Jetzt bestellen!
€ 204,– (DM 398,99) /
CHF 344,– zzgl. Versandkosten.

Artikel-Nr. 920004

Rundschau Verlag
Abo- und Vertriebsservice
Heuriedweg 19
88131 Lindau/Germany

Tel. 0 83 82/96 31 13
Fax 0 83 82/7 80 91
e-mail: abo.rundschau@guell.de

Rundschau

Schnelle Orientierung
in der Welt der Gewebe!

Alle Fachbegriffe
von A wie Acala
bis Z wie Zwirn

Meyer zur Capellen
Lexikon der Gewebe
2., erweiterte Auflage, 334 Seiten,
zahlreiche Abbildungen,
gebunden, mit CD-ROM
ISBN 3-87150-725-3
€ 52,–

Das Lexikon der Gewebe behandelt umfassend und systematisch alle Handels- und Qualitätsbezeichnungen von Geweben. Die präzisen Erklärungen, unterstüzt durch zahlreiche Patronen-Abbildungen, geben schnell eine lebendig-bildhafte Vorstellung von allen Begriffen.
Für Einkäufer, Directricen, Bekleidungstechniker, Textildesigner!

Bestellung an:
Deutscher Fachverlag GmbH
Frau Gerlinde Manus
Mainzer Landstraße 251
60326 Frankfurt am Main
☎ 069 / 7595-2124
FAX 069 / 7595-2110
E-Mail: buchverlag@dfv.de

DEUTSCHER
FACHVERLAG
FACHBUCH
Da steckt viel Praxis drin!

www.dfv-fachbuch.de

Inhaltsverzeichnis

Vorwort XI

Leitartikel

Wolf D. Hartmann
Innovative Modefunktionen – Verpaßt die Modebranche den Aufbruch
in die Wissensgesellschaft? 1

Produktinnovation

Isa Hofmann
Produktinnovation als Motor der textilen Prozeßkette 10

Produktentwickung

Iris Schlomski
CAD/CAM auf der Überholspur 19

Fertigung

Stefan Mecheels, Martin Rupp, Elfriede Strohhäcker und Anke Rissiek
Optimierung der visuellen Kommunikation – Umsetzungsschritte auf dem
Weg zu einem grafischen Esperanto für die Bekleidungsindustrie 29

Bettina Glamsch und Anke Fellmann
Kalkulieren, optimieren – Lösungen zur Nähfadenbedarfsermittlung 40

Sabine Gimpel und Birgit Siegl
Mensch – Technik – Organisation, Future Work 55

Walter Herrmann
Technische Arbeitsvorbereitung der Auslandsfertigung
über EXCEL-Modul 66

Qualität

Jürgen Schnitzler und H.-Peter Werminghaus
Qualitative Überlegungen bei der Verlagerung von Fertigwarenabnahmen
an dezentrale Standorte 79

Rolf Langenegger
Pflegekennzeichnung – Der lange Marsch zur weltweiten
Harmonisierung 92

Hans-Jürgen Steger u. A.
Optimierung der „In-Shop-Quality" durch aufbereitungs- und
logistik-orientiertes Qualitätsmanagement 105

Ellen Wendt und Hartmut Rödel
Zuverlässigkeit von Fertigteilen aus Textillaminaten 114

Management und Controlling

Manfred Zimmermann
Objektivierte Absatzmengenplanung durch Einsatz moderner
systemgestützter Planungs- und Prognosesysteme in der
Bekleidungsindustrie 127

Walter Sorg
Management und Controlling von Projekten (Teil 1) 133

Hartmut Volk
Coachingfacetten eines modernen Dienstleistungsangebotes 148

Informationstechnologie und Logistik

Hannes Rambold
Vertikalisierung der Informationsstrukturen in der Bekleidungsindustrie
zwischen Hersteller und Einzelhändler 159

Thomas Blattner
Lösungsansätze zur Optimierung der operativen Prozesse in der
Bekleidungslogistik 168

Ingo Aghte und Volker Hillebrand
Textile Wertschöpfungsketten rücken zusammen – auch ohne
SCM-System 179

Siegfried Jacobs
Die Entwicklung eines EDI-Clearing-Centers zur vereinfachten
Abwicklung des elektronischen Geschäftsverkehrs in der
Bekleidungsindustrie 190

Sascha Kasper
Zentrales Artikelstammdatenmanagement in der Textilbranche 199

Haroun Malik
Produktpiraterie: Problemlösende Sicherheitskonzepte und
-technologien 221

Svetlana Müller und Luling Lo
Optimierung der Auftragsabwicklung in der Bekleidungsindustrie 230

Andreas Novak
Quo vadis Beschaffung? 244

Renate Rupp und Team
Geschäftsprozeßoptimierung als Basis moderner
E-Business-Geschäftsmodelle 251

Ausbildung

Norbert Jesse
E-Learning – von der CD-ROM zum viertuellen Klassenzimmer 266

Umwelt

Walter Holthaus
Wirkungsbezogene, ganzheitliche Prüfung von Textilien mit Hautkontakt auf Körperverträglichkeit oder: Hautsache körperverträglich 277

Alfred Virnich
Zinnorganische Verbindungen in Textilien 289

Autorenverzeichnis 299

Bezugsquellen-Nachweis für die Bekleidungswirtschaft 303

Abonnieren Sie das Branchenmagazin

Die **DNZ** ist das kompetente Fachmagazin für die gesamte Nähmaschinenwirtschaft. Die **DNZ**-Redaktion ist immer auf dem Laufenden, mit Messeberichten, Trends & Hintergründen. Die **DNZ** ist die neue Werbeplattform für Sie, z.B. mit dem neuen Branchen-Service „Erste Adresen". Die **DNZ** sollten Sie lesen!

 ich/wir bestelle/n hiermit die jährlich 6 mal erscheinende Fachzeitschrift **DNZ Die Nähmaschinenzeitung** im Abonnement zum Vorzugspreis von jährlich 52,80 Euro einschließlich MwSt. und Postzustellung (im Ausland zuzüglich Porto).

Bitte einsenden oder per Fax an:
BVA Bielefelder Verlagsanstalt • Ravensberger Straße 10 F
33602 Bielefeld · Fax: (05 21) 59 55 07 · e-mail: ubartel@bva-bielefeld.de

Name

Beruf

Straße, Hausnummer   Tel.

PLZ   Ort

Datum   Unterschrift

Ich weiß, daß ich diese Bestellung innerhalb von 10 Tagen schriftlich widerrufen kann. Zur Wahrung meiner Widerrufsfrist genügt die Absendung innerhalb der 10 Tage (Poststempel). Die Kenntnis dieses Hinweises bestätige ich mit meiner 2. Unterschrift.

Datum   Unterschrift

Vorwort

Guten Tag,
liebe Leserinnen und Leser,

mit dieser Ausgabe des Jahrbuchs für die Bekleidungswirtschaft haben wir 26 interessante Branchenthemen für Sie zusammengestellt.

Dieses Jahrbuch erscheint zur neuen EDV Messe für die textile Kette „2. IMB-Forum 2002: Informationstechnologie für die Textil- und Bekleidungswirtschaft". Der Bedarf der Branche nach einem noch intensiveren und häufigeren Informationsaustausch – insbesondere zum Themenbereich EDV/IT/Logistik – ist deutlich festzustellen. Die Branche braucht heute mehr denn je einen kontinuierlichen, zeitnahen und zukunftsgerichteten Überblick über branchenspezifische IT-Gesamt- und Detaillösungen.

Das Jahrbuch soll einen Lösungsbeitrag zu diesen Themen liefern und weist deshalb einen Schwerpunkt im Bereich Informationstechnologie und Logistik aus.

Wir möchten Sie an dieser Stelle auch auf eine neue Serviceleistung des Jahrbuches hinweisen: das Autorenverzeichnis.

Im Autorenverzeichnis finden Sie alle Daten, um mit den Autoren direkt und schnell per Telefon, E-Mail oder Internet in Kontakt treten zu können.

Wir wünschen Ihnen viel Freude und Anregung für Ihre tägliche betriebliche Arbeit mit den Beiträgen unserer Autoren. Unser Dank gilt den diesjährigen Autoren für ihre konstruktive Mitarbeit bei der Erstellung des Jahrbuchs.

Köln, im Januar 2002   Uta-Maria Groth
                                                        Bernd Kemper

Innovative Modefunktionen –
Verpaßt die Modebranche den
Aufbruch in die Wissensgesellschaft?

von Wolf D. Hartmann*

1 Wissen revolutioniert die gesamte Gesellschaft und damit die Mode

Während diese Gedanken entstanden, fand die Vollschur unserer Ovis aries – der Hausschafe – statt. Sie sind berühmt durch ihre Genügsamkeit und Anpassungsfähigkeit, aber vor allem durch die Leichtigkeit, mit der Hütehunde die Herden beim Weiden zusammenhalten.

Zyniker vergleichen leicht verführbare Konsumenten daher gern mit den Domestizierten.

Das Clone-Schaf „Dolly" wurde zugleich Symbol einer gerade erst beginnenden, viel maßgeblicheren Revolution – der biotechnologischen.

Craig Venter, Gründer von Celera und Vater der menschlichen Genomentschlüsselung, fordert Ärzte und Patienten daher dazu auf, einen „Jahrhundertsprung" zu machen. Das neue Wissen wird die Situation des Menschen als Gattungswesen, die Behandlungsmethoden und unser Selbstbild einschneidend verändern, Francis Fukuyama aus den USA hat diese Position auf dem jüngsten deutschen Trendtag bestätigt. Stoffe mit natürlichen Eigenschaften wie denen der Lotus Pflanze, Haifischhaut und ähnliches sind bereits realisiert. Bald wird es vielleicht auch Stoffe geben, die durch Farbänderung auf die Stimmung und die Bedürfnisse des Trägers eingehen. Auch von semiorganischen Stoffen träumen die Createure bereits. „Mode muß in Zukunft vor allem Selbsterfindung ermöglichen. Sie wird Erfüllungsgehilfin für die Träume der Menschen."[1]

Das ist nur ein Beispiel, wie neues Wissen in Zukunft unsere Gesellschaft und die Mode verändern wird. Anders als noch vor 100 Jahren stehen uns die Informationen über neueste Forschungsergebnisse heute wesentlich schneller zur Verfügung und können so viel eher in allen Lebensbereichen genutzt werden.

Gerade in der Mode, der schnellebigsten Branche überhaupt, scheinen solche

---

* Geschäftsführender Direktor des Klaus Steilmann Instituts für Innovation und Umwelt GmbH
[1] Mode macht Märkte, freundin / Textilwirtschaft, Studie, 2001

Informationen jedoch nur sehr langsam anzukommen. Deshalb spiegelt sich im Dekorativen die Fülle neuen Wissens bisher in viel zu geringem Maße wider.

Anstatt neueste technische Entwicklungen auch im Modemarkt umzusetzen, versinkt die Branche nach wie vor im Selbstmitleid. Das überall zu hörende Klagelied übertönt die Klänge neuer Sinfonien aus Information, Technik und Mode. Kein Wunder, daß ein Aufschwung der Branche nicht in Sicht zu sein scheint.

Das Paradoxon besteht in einem regelrechten „kreativen Patt" und „trading down". Designer, Einkäufer und Produzenten gehen genauso auf Nummer sicher wie die Kunden auf Schnäppchenjagd.

Das Resultat zeigt sich in reizlosen Angeboten, wachsenden Frühabschriften und Einheitskleidung, die sich primär durch die Label differenziert.

Selbst die Markenmode unterscheidet sich kaum von der Massenware.

Wie kann der gordische Knoten, in dem sich die Branche verstrickt hat, gelöst werden?

2 Neue Funktionsorientierung als Schritt aus der Stagnation

2.1 Die klassische Funktionsorientierung

Betrachtet man die Lage der Textil- und Bekleidungsindustrie in ihrer scheinbaren Vielgestaltigkeit bleibt unübersehbar: Die Mode kreist immer wieder um das traditionelle magische Dreieck der Funktionen, wie in Bild 1 dargestellt:

Wesentlich hierbei ist, daß diese Funktionen alle eher passiver und indirekter Natur und immer nur auf das Thema „Bekleiden" beschränkt sind.

In einem solchen Käfig eingesperrt, kann Innovation nur über sehr begrenzte

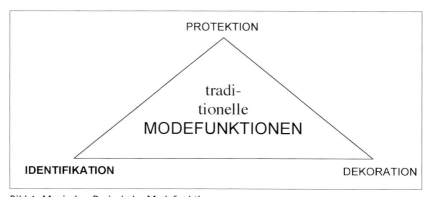

Bild 1. Magisches Dreieck der Modefunktionen

Zeit bestehen. Sind die Grenzen erst einmal ausgereizt, entstehen nur noch Pseudoinnovationen, wenn überhaupt noch von Innovation gesprochen werden kann. Denn Neuerungen haben immer mit dem Durchbrechen von Denkblockaden zu tun. Je stärker jedoch die Festung der Tradition, desto schwieriger lassen sich diese Mauern durchbrechen.

Innerhalb dieses Funktionsgebäudes läßt sich Neues nur noch durchsetzen, wenn das Verständnis und die Realisierung dieser Funktionen verändert werden, wie z. B. die Erweiterung der Funktionen um aktive, die Kleidung betreffende Funktionalität. Das muß zwangsweise zur Vernetzung innerhalb der Funktionen, aber auch nach außen führen. Letztlich entsteht ein neues Funktionsmodell, obwohl selbstredend die Kleidersprache seit Evas Feigenblatt wirkt.

2.2 Neue Funktionsorientierung

Die Konturen einer neuen, funktionserweiterten Modetheorie und -praxis zeichnen sich gerade erst ab und beginnen sehr langsam, in die Branche einzudringen.

Bild 2 zeigt hierzu den Umriß für ein neues Theoriengebäude, das dringlich die alten Mauern von der Haute Couture über die Designerschulen und Produktionshallen bis zu den modernen Einkaufsmalls ersetzen muß.

Größter Unterschied dieses neuen Denkansatzes besteht nicht alleine in der Erweiterung der Funktionen an sich, sondern in deren Qualität, die immer stärker vernetzt und aktiv wird und damit über die Kleidung hinaus neue Produktfelder integriert.

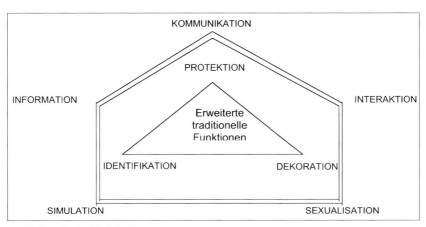

Bild 2. Erweiterte Modefunktionen

Die folgende Tabelle zeigt beispielhaft die Entwicklung dieser Funktionen:

Tabelle 1. Beispiele für funktionserweiterte Bekleidung

Kleidung		
Bisherige Funktionen (Auswahl)	Verbesserte und erweiterte Funktionen (Auswahl)	Neue Funktionen (Auswahl)
Schutz (Schmutz, Kälte, Nässe, Blickschutz)	Schmutzabweisung, Temperaturregulierung, Schweißtransport, Wasserdichtigkeit u. ä.	Schutz vor Gewalttätigkeiten, Warnung vor Gefahrstoffen, Sichtbarkeit im Dunkeln u. a.
Passive Kommunikation (Ausstrahlung, Image, Botschaft der Kleidung)	Event-Kleidung für spezielle Anlässe mit entsprechenden Botschaften, Markenimage	Aktive Kommunikation wie Telekommunikation, Internetanwendungen, Memory-Funktionen u. ä.
Dekoration (Schmuck, Wohlfühlen)	Wellness-Kleidung, Individuelle Kleidung	Kleidung, die sich Anlaß und Wohlbefinden anpaßt
Spaß (optisch, z. B. durch Aufdruck von Bildern)	Individuelle Bildaufdrucke	Integrierte Spiele, interaktive Spielmöglichkeiten, integrierter MP3-Player
Transport (z. B. Schlüssel, Brieftasche in Hosentaschen, Innentaschen)	Integrierter Rucksack, verbesserte Taschenlösungen, Integrierte Kapuze	Integration von Schlüsselfunktionen (z. B. über Chips), Cash- und Ausweisfunktionen, Telefonen u. v. m.
Sonstige Funktionen	Diverse Erweiterungen	Komplett neue Anwendungen wie Wearable Computing, Navigation, Gesundheitsfunktionen, Gefühlstrainer u. v. m.

Die Mode gewinnt mit den fundamentalen Revolutionen aus der Informations- und Kommunikationstechnik und zukünftig vor allem auch der Biotechnologie ganz neue Funktionen.

Ob es sich allein um die in Bild 2 oder Tabelle 1 genannten Funktionserweiterungen handelt, spielt eine untergeordnete Rolle.

Sensorsysteme zum Überwachen von Körperfunktionen, Stoffe mit Schutz vor elektromagnetischen Strahlungen oder sogar Slips, die den Eisprung bei Frauen anzeigen, demonstrieren die Entwicklungschancen genauso wie leitfähige Fasern, Garne und in Kleidung bzw. Accessoires integrierte High-Tech.

Es geht nicht allein darum, ob die Mode die neuen technologischen Möglichkeiten nutzt, sondern vor allem darum, wer dabei die Führung übernimmt und wie die Mode sie umsetzt.

Gegenwärtig sieht es ganz so aus, als ob die meisten klassischen Modegestalter, -produzenten und -verteiler den Anschluß verpassen. Viel öfter sollte über folgendes Paradebeispiel nachgedacht werden:

Innovative Modefunktionen

Aus dem ehemaligen Gummistiefelhersteller Nokia entstand einer der führenden Anbieter von Mobiltelefonen. Nokia übernahm Funktionselemente der Mode, wie Farb- und Formwechsel von Mobiltelefon-Gehäusen ins Alltagsgeschäft. Es entstanden eigene Vertriebwege über Shops für Mobiltelefone und Serviceangebote in besten Citylagen, die immer frequentiert sind.

In angrenzenden Modegeschäften herrscht dagegen gähnende Leere, von wenigen Ausnahmen abgesehen.

Das von Philipps & Levis in Ministückzahlen angebotene Mooring-Jacket mit Funktionserweiterungen erregte weit mehr Aufmerksamkeit als die Designerschauen von Paris, Mailand London oder New York.

Die Funktionsmuster des KSI standen im Mittelpunkt des Medieninteresses der Avantex in Frankfurt / Main vom 27. bis 29. 11. 2000. Sie erregten auf der anschließenden CPD im Februar 2001 mehr Medienaufmerksamkeit als Modeneuheiten anderer Hersteller.

3 Funktionsorientierung aus Sicht der Kunden

Natürlich genügt es der Branche nicht, die Bedeutung der neuen Funktionen aus Sicht der Medienresonanz oder der technologischen Entwicklung zu beleuchten. Die entscheidende Frage ist – wie stehen die Kunden zu der vernetzten Zukunftsmode? Welche Funktionen finden Kunden besonders interessant?

Das Klaus Steilmann Institut hat hierzu diverse Untersuchungen durchgeführt, unter anderem eine Online-Befragung mit Dialego sowie eine Kundenbefragung im Rahmen eines ersten Kundentests bei SinnLeffers.

Fast alle Befragten der Untersuchung im Handel fanden es zutreffend bzw. voll und ganz zutreffend, daß Bekleidung künftig mehr können muß als schützen, schmücken und dem persönlichen Stil entsprechen.

In Zukunft sollte Bekleidung für die Kunden die Sicherheit sowie die Informiertheit, z. B. als Tourist, verbessern. Auch Interaktivität, die persönliche Anziehungskraft sowie Kommunikation sollte Bekleidung in Zukunft unterstützen.

Als nützlichste Anwendungsbereiche nannten die Kunden Gesundheitsschutz, persönlichen Schutz sowie Sport und Fitness.

Entsprechend können sich die potentiellen Kunden High-Tech-Funktionen vor allem in Outdoor-, Sport- sowie Businesskleidung vorstellen.

Diese ausgewählten Ergebnisse der Befragung decken sich relativ gut mit den Ergebnissen der Online-Befragung in Zusammenarbeit mit Dialego.

Das Bild 4 zeigt, welche Einsatzbereiche von High-Tech-Fashion die Befragungsteilnehmer der Online-Befragung als besonders nützlich betrachten.

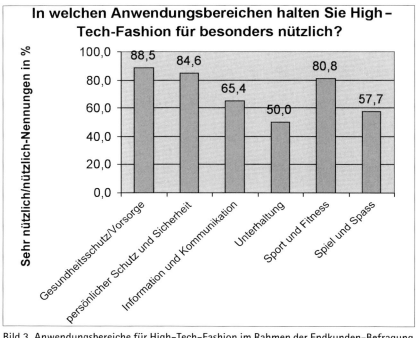

Bild 3. Anwendungsbereiche für High-Tech-Fashion im Rahmen der Endkunden-Befragung

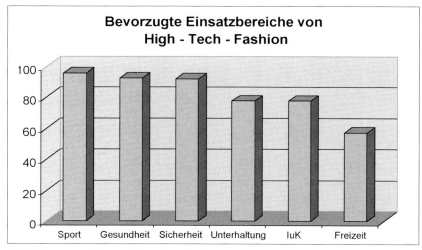

Bild 4. Einsatzbereiche von High-Tech-Fashion

Innovative Modefunktionen

Über 90 % der Befragten bewerteten den Einsatz von High-Tech-Fashion für Kleidung im Sport, mit Funktionen für die Gesundheit und die Sicherheit als sehr nützlich bzw. nützlich.

Innerhalb dieser Einsatzbereiche wurden folgende Funktionen als besonders nützlich eingestuft.

Gesundheit:
- Strahlenschutz, insbesondere gegen Elektrosmog
- klimatisierende Funktionen
- Überwachung der Körperfunktionen
- UV-Schutz
- Schutz vor Umweltbelastungen

Sicherheit:
- SOS-Notruf
- blinkende Alarmstreifen in der Dunkelheit
- reflektierende Kleidung

Information & Kommunikation:
- Telefonfunktion
- Navigation
- beruflich bedingte Informationsbereitstellung
- Memory Recorder

Unterhaltung:
- Radio
- MP3-Player
- CD-Player

Sport:
- Klimakomfort
- Tragekomfort
- Körperfunktionsmessung
- Haltungsbewertung und -verbesserung

Freizeit:
- Wellness
- Fun

Damit Kunden diese Kleidung auch wirklich kaufen, sollte sie vor allem bequem sein, qualitativ hochwertig und waschbar. Die innovativen Funktionen müssen einfach zu bedienen sein, einen zusätzlichen Komfort bieten und individuell zugeschnitten sein. Ihre ökologische Unbedenklichkeit ist selbstverständlich, genauso wie Wasch- und Pflegbarkeit oder Regenschutz.

Diese Befragungen wie auch alle anderen ersten Kundenkontakte zeigten, daß High-Tech-Fashion bereits mehr als eine Vision ist und Zusatzfunktionen für den Kunden tatsächlich wichtige Kaufargumente werden.

Der Markt und die Technologien sind da – es fehlen nur noch die passenden Angebote.

4 Vernetzung als notwendige Voraussetzung für die neue Funktionsorientierung

In den vorhergehenden Abschnitten wurde gezeigt, daß die Erweiterung der klassischen Funktionen der Mode unumgänglich ist.

Im nächsten Schritt ist zu klären, wie diese bevorstehende Revolution in der Textil- und Bekleidungsindustrie realisierbar ist.

Auf die kompletten technischen Voraussetzungen kann in diesem Rahmen nicht näher eingegangen werden.

Die wichtigste Aufgabe besteht in einer neuen Vernetzung der Branche.

Die dazu notwendige neue Denk- und Handlungsweise nennt der Autor „EVONETIK®", abgeleitet von der EVOlution von NEtzwerken und Energien für Technik und Interfacegestaltung zum Kundennutzen.

Sie wird bisher in Lehre und Forschung erst sehr bescheiden und unter dem Stichwort „Netzwerkdenken" angewendet. In der Ausbildung von Textil- und Bekleidungsingenieuren sowie Modedesignern fehlen revolutionäre Themen und praktische Vernetzungsaufgaben.

Das erfüllt mit Sorge und läßt den Autor an einen Satz von Craig Venter denken, den er anläßlich einer Abschlußfeier von Medizinstudenten äußerte: „Es erscheint vielleicht etwas unpassend für eine Abschlußfeier, wenn ich Ihnen heute sage, daß Ihre Ausbildung gerade erst begonnen hat. Aber innerhalb der nächsten zehn Jahre werden mehr wichtige Entdeckungen gemacht werden als in den letzten 50 Jahren.

Es wird daher eine der wichtigsten Herausforderungen sein, mit diesen Veränderungen Schritt zu halten." [2]

Wie langsam die Modeindustrie reagiert, zeigt sich an den verschiedensten Eckpunkten. Das Thema wearable computing, smart textiles ist schon seit mehr als fünf Jahren im Gespräch. In den letzten zwei Jahren sind die Medienberichte zu der Thematik enorm angestiegen. Allein über das Klaus Steilmann Institut und seine Entwicklungen gab es über 150 Mitteilungen und Berichte in Presse, Rundfunk und Fernsehen sowie viele neue im Internet.

Die Textil- und Bekleidungsindustrie, genauso der Handel, scheinen dennoch von dieser Entwicklung kaum Notiz zu nehmen.

Wie kommt es, daß eine so schnellebige Branche wie die Modeindustrie so langsam umdenkt?

Niemand – auch kein noch so namhafter Markenhersteller – wird sich dem technologischen Fortschritt und der damit einhergehenden Kundennachfrage auf Dauer entziehen können. Spätestens in zehn Jahren, wenn die erste Generation der sogenannten „Indigo – Kinder[3] ihre volle Kaufkraft ausspielt, wird die Bekleidungswirtschaft das bitter mit weiteren Betriebsschließungen und Umsatzrückgängen bezahlen.

---

[2] Venter, Craig; Revolutionen werden nicht von Schafen gemacht, In: FAZ, 01.07.2001, S. 49
[3] Lee Carroll, Jan Tober; Die Indigo Kinder, 2. Auflage, Koha-Verlag, Burgreim 2000

Innovative Modefunktionen

Man spürt bisher viel zu wenig in der Mode, daß zwei Revolutionen parallel stattfinden. Sowohl die Informationstechnik als auch die Biotechnologie als deren Hauptträger müssen mit der textilen Prozeßkette vernetzt werden.

Die vom 13. bis 15. Mai 2002 wieder in der Messe Frankfurt mit Unterstützung europäischer Textilorganisationen und Forschungsinstituten unter Schirmherrschaft der Europäischen Kommission in Brüssel stattfindende avantex und die ebenfalls in Frankfurt/Main stattfindende Messe Tech-Textil greifen diese Themenschwerpunkte auf und bieten der Branche verwendbare Hilfestellung.

Nach der CPD im Februar 2001 erhielt der Autor eine Art Abmahnung von der Messeleitung, weil Netzwerkpartner des KSI wie der Chiphersteller Infineon oder die Xybernaut Corporation aus Fairfax Virginia als Branchenfremde auf der Fachmesse als Besucher unerwünscht waren.

Auf den mit über 600 Patenten für wearable computing weltführenden Hersteller wirkt eine solche beschränkte Sicht der Modebranche deprimierend. Empfehlungen, besser die CeBIT-Messe für wearable computer zu besuchen anstatt Modemessen mit anziehbaren Computern zu bereichern, führen die Modehersteller strategisch ins Abseits.

Durch die Unfähigkeit, vorhandene Denkblockaden zu sprengen, könnte die Modeindustrie die einmalige Chance verspielen, am Marktboom neuer Technologien teilzuhaben. Anstatt im Netzwerk mit den Technologieunternehmen progressiv neue High-Tech-Modeprodukte zu entwickeln und damit zum strategischen Leader zu avancieren, muß die Bekleidungsindustrie vielleicht schon bald zusehen, wie Technikunternehmen in Fernost preiswerte Kleidung als Ergänzung zur Technik einkaufen. Damit würde die heimische Textil- und Bekleidungsindustrie wahrscheinlich bald zum Auslaufmodell verkümmern.

Nicht nur zwischen den Industriezweigen der Low- und High-Tech-Branchen werden neue Vernetzungen notwendig, sondern auch zwischen Industrie und Handel. So werden vollkommen neue Kalkulationsmodelle notwendig, die zwischen den Partnern ausgehandelt werden. Nicht ohne Grund herrschen in der Elektronikbranche ganz andere Kalkulationssätze als im Bekleidungshandel.

Wenn der Handel auf ein High-Tech-Fashion-Produkt, in dem Technik von 300 DM oder mehr enthalten ist, noch die üblichen 130 % bis 140 % aufschlägt, werden die Produkte für den Kunden unerreichbar teuer.

Auch hier wird daher ein Umdenken notwendig sein. Sofern dieses nicht stattfindet, könnte der Handel dem dann für den Hersteller unumgänglichen Weg des Direktvertriebs zum Opfer fallen. Oder der klassische Modehandel bekommt plötzlich Konkurrenz von Media Markt, Mobilfunk-Shops und anderen High-Tech-Verkaufsstätten.

Die Zukunft der Modebranche sieht glänzend aus, wenn sie denn endlich die notwendige Vernetzung und Umsetzung der High-Tech-Fashion-Idee vorantreibt, High-Tech mit High-Touch verknüpft.

Produktinnovation als Motor der textilen Prozeßkette

von Dr. Isa Hofmann *

Innovation und Zukunftsmanagement sind der Schlüssel zu den Wettbewerbsvorteilen von morgen. Der progressive gesellschaftliche Paradigmen-Wechsel, bedingt durch die rasanten Entwicklungen im Bereich der Grundlagenforschung und der elektronischen Kommunikation, wird auch die Bekleidungswirtschaft nachhaltig prägen. Die Neuausrichtung der Branche auf innovative Bekleidungstextilien mit Zusatznutzen birgt die Chance, Bekleidung in der Werteskala des Verbrauchers neu zu positionieren und der Branche damit bessere Erlöse zu garantieren. Voraussetzung für diesen Umkehrprozeß ist ein stufenübergreifender Dialog von der Forschung über die Produktion und Anwendung bis hin zur Kommerzialisierung. Die Komplexität und Dichte der Informationen verlangt neue effizientere Netzwerke und einen kontinuierlichen Informationsaustausch aller Beteiligten.

> *Glaube denen, die die Wahrheit suchen und zweifle an denen, die sie gefunden haben*
> André Gide

Die Textil- und Bekleidungsindustrien Westeuropas und Nordamerikas stehen hoffentlich vor einem Wendepunkt. Nach einem scheinbar unaufhaltsamen Niedergang seit mehr als 20 Jahren sind seit November 2000 eindeutige Signale einer grundlegenden Kursänderung zu erkennen. Die Einsicht, daß die textile Welt neue Wege gehen muß, wenn sie überleben will, weicht zusehends dem Beharren auf etablierten und tradierten Strukturen.

Mit der **Avantex – Internationales Innovationsforum und Symposium für Hochtechnologie-Bekleidungstextilien –** , die im November 2000 in Frankfurt an den Start ging, hat die Messe Frankfurt GmbH mit den Innovativen der Branche einen klaren Schritt in Richtung Zukunftssicherung vollzogen. Die in 95 Symposiumsvorträgen vorgestellten neuen Entwicklungen und Problemlösun-

---

* Dr. Isa Hofmann ist Brandmanagerin bei der Messe Frankfurt GmbH. Sie ist verantwortlich für Konzept und Umsetzung der Avantex.

Produktinnovation als Motor 11

Das Zukunfts-Areal des Avantex-Innovationsforums – eine ergänzende Promotion-Bühne für die Teilnehmer

gen sowie die Präsentation dieser Produkte im Innovationsforum haben eindeutig gezeigt: Wir stehen bei den Bekleidungstextilien im ersten Jahrzehnt des neuen Jahrtausends vor einer beispiellosen Revolution. Die „New Economy der Textiler" – wie die markante Headline in der Textilwirtschaft einen Tag nach Veranstaltungsende den Klub der Avantex-Teilnehmer titulierte - hat Profil gezeigt und damit unter Beweis gestellt, daß sie sich an Innovationskraft durchaus mit anderen Zukunftsbranchen messen kann. Der progressive gesellschaftliche Paradigmen-Wechsel, bedingt durch die rasanten Entwicklungen im Bereich der Grundlagenforschung und der elektronischen Kommunikation, macht auch vor den Bekleidungstextilien nicht Halt. Funktion und Zusatznutzen werden in Zukunft mindestens die gleiche Bedeutung für das Bekleidungsgeschäft haben, wie heute die Mode.

Funktionstextilien mit klarem Mehrwert können dem Textilgeschäft auf 10 bis 20 Jahre grundlegend neue Impulse geben. Klaus Brinkmann, Geschäftsführer der Brinkmann Gruppe, hat diesen Aspekt in seinem Vortrag im Eingangsblock des Symposiums unter dem bezeichnenden Titel „Gemeinsam entwickeln, gemeinsam vermarkten – Die Konfektion auf dem Weg zu Hochtechnologie-Textilien" äußerst treffend pointiert: „Wenn Frankreich und Italien die Labors der Modeentwicklung, der Modeavantgarde sind, dann muß Deutschland das Labor für „intelligente Textilprodukte" sein, die Avantgarde der Textiltechnik". Er betonte dabei ganz stark den Aspekt des partnerschaftlichen Agierens innerhalb der gesamten textilen Wertschöpfungskette. Und hier sind wir genau bei dem Kernanliegen der Avantex. Sie will einerseits die Kooperation, den Dialog zwischen den einzelnen Stufen der textilen Prozeßkette intensivieren und andererseits die interdisziplinäre Zusammenarbeit mit Nachdruck fördern. Hochtechnologie-Bekleidungstextilien können nur an Boden gewinnen, wenn es gelingt, die Entwicklungen beschleunigt in die Produktion zu bringen. Es gilt langfristige partnerschaftliche Kooperationen von der Forschung über den Rohstoff- und Maschinenlieferanten zu dem Flächen- und Zubehör-Hersteller, dem Veredler und darüber hinaus weiter bis zur Konfektion und dem Handel zu initiieren.

Die Avantex wird als fester Treffpunkt im Zweijahres-Rhythmus alternierend mit der Techtextil in Frankfurt stattfinden und versteht sich als Sensor, Navigator und Motor für das Textilgeschäft der Zukunft. Auf der Erstveranstaltung im November 2000 haben über 2.300 Symposiumsteilnehmer und Fachbesucher aus Europa die Chance genutzt, sich über neue Technologien zur Entwicklung und Herstellung der Bekleidung von morgen zu informieren. Neben zahlreichen europäischen Forschungsinstituten beteiligten sich an der Avantex auch namhafte internationale Textilunternehmen aller Produktionsstufen sowie Dienstleister und Zulieferer. Die Avantex ist als komplementäre Veranstaltung angelegt. Sie besteht aus einem internationalen Symposium und einem Ausstellungsteil, dem Innovationsforum, auf dem die neuen Entwicklungen von Forschungsinstituten und Industrieunternehmen ausgestellt werden. Diese Kombination hat sich als äußerst erfolgreich erwiesen. Eine Veranstaltung zum Thema Innovation führt zwingend auch zu neuen Präsentationsformen. So kamen bereits zur Erstveranstaltung eine ganze Reihe von Ausstellern nicht allein, sondern im Verbund mit Kooperationspartnern oder Anwendern – als Netzwerk sozusagen. So lassen sich nicht nur effizienter neue Ideen präsentieren, auch Gespräche über die Entwicklung neuer Absatzprogramme, nicht zuletzt mit dem Handel – können im Verbund glaubwürdiger vorgetragen werden.

Arbeitskreise als neue Instrumente der Marktöffnung

Zwei Round Table-Gespräche rundeten das dichte Informationsangebot des dreitägigen Avantex-Symposiums ab. Den Auftakt stellte der Runde Tisch zum Thema „Neuorientierung – stufenübergreifende Zusammenarbeit über die gesamte textile Kette" dar. Die fünf Referenten, jeweils CEO's aus den unterschiedlichen Stufen der textilen Wertschöpfungskette von der Faser bis zum Handel, brachten die Kernbotschaft und Philosophie der Avantex auf den Punkt: Netzwerkdenken versus Konkurrenzdenken, vertrauensvolle Zusammenarbeit und stufenübergreifende Partnerschaften versus „einer egoistischen Nabelschau" – wie es Norbert Dahlström in seinem einleitenden Vortrag „Bekleidungstextilien in der Verbrauchergunst – die Textilwirtschaft als Schicksalsgemeinschaft" formulierte. Der abschließende Runde Tisch am dritten Tag eröffnete gleichzeitig einen Ausblick auf die zweite Avantex im Mai 2002. Es ging um das Thema „Mikrosystemtechnik – neue Möglichkeiten für Bekleidung". Die hier aufgeworfenen interessanten Fragestellungen und Zukunftsideen hatten zur Folge, daß dies ein neues Schwerpunktthema der kommenden Veranstaltung sein wird. Der im August 2001 initiierte Gesprächskreis Mikrosystemtechnik/Elektronik/Textil, soll eine intensive Zusammenarbeit auf breiter Front zwischen den artfremden Bereichen in Gang bringen. Die Forschungsgemeinschaft Bekleidungsindustrie, Köln sowie das VDI/VDE-Technologiezentrum, Teltow haben gemeinsam mit der Messe Frankfurt Avantex die Koordination übernommen. Die Avantex will mit dem Instrument der Arbeitskreise die enormen Möglichkeiten neuer Produkte sichtbar machen und die interdisziplinäre Zusammenarbeit fördern. Der Aufbau dieser Arbeitskreise erfolgt nach dem Modell des Techtextil Arbeitskreises Textil-Beton. Hier wurde eine enge Kooperation zwischen Gesamttextil, dem Deutschen Beton- und Bautechnik-Verein, der Forschung und der Industrie geschaffen. Entwicklung und Vermarktung von Hochtechnologie-Textilien setzen eine Kooperation aller Beteiligten voraus. Die Avantex will mit diesem Vorgehen Netzwerke für alle relevanten Bereiche anstoßen.

Wo liegen die Schwerpunkte innovativer Entwicklung in den nächsten Jahren? – Ein Rückblick auf die wichtigsten Botschaften des Avantex-Symposiums und Innovationsforums und ein Ausblick auf laufende Projekte für 2002

Im Faserbereich ist es die Entwicklung neuer biotechnisch gewonnener Fasern – etwa auf Basis Milchsäure, Buttersäure oder Stärke. Die Branche wird sich damit auseinandersetzen müssen, daß in naher Zukunft Fasern aus Kartoffeln oder Mais Fasern aus Erdöl ersetzen. Die organischen Rohstoffe lassen sich kostengünstig und problemlos auch in Deutschland erzeugen, und sie könnten der Landwirtschaft neue Impulse geben. Weitere Themen sind die Neupositionierung von Acrylfasern in den kommenden Jahrzehnten. Acrylfasern kommen insbesondere im Funktionsbereich zum Einsatz, so beispielsweise beim Temperaturausgleich, der antibakteriellen und antifungiziden Ausrüstung sowie der Feuchtigkeitskontrolle. Innovative Zellulosefasern und neue Entwicklungen bei der Verarbeitung von Polypropylen-Fasern sind weitere Themen. Eine vor allem für die vielfältigen Oberflächenfunktionalisierungen relevante Technik hat das Deutsche Textilforschungszentrum Nord-West in Krefeld entwickelt. Es geht hier um ein neuartiges Verfahren, Faseroberflächen mit aktiven Biopolymeren oder sogenannten Cyclodextrinen, einer komplexen Stärkemolekülstruktur, auszurüsten. Diese ausgesprochen hautverträgliche Textilveredlungsmethode ermöglicht eine Vielzahl von Funktionalitäten wie Komfortoptimierung, Geruchsbindung, aber auch den Einsatz im medizinischen Bereich, z. B. bei der Wundheilung.

Am Avantex-Innovationspreis können sich Einzelpersonen, Institute, Fachhochschulen, Universitäten und Unternehmen aus allen Teilen der Welt beteiligen

Im Garnbereich ergeben sich neue Strukturen durch Kompaktspinnen, die einen neuen Qualitätsstandard für Stapelfasergarne darstellen.

Ein weiterer Schwerpunkt liegt bei innovativen Flächenprodukten. In dieses Feld gehören Themen wie die Individualisierung der Produktion und die Entwicklung einer flexiblen Kleinpartienfertigung. Wichtige Neuentwicklungen sind beispielsweise das dreidimensionale Weben und das Komplettstricken. Das Komplettstricken erlaubt die Herstellung verkaufsfertiger Pullover ohne jede Nachkonfektion.

Ein dritter Schwerpunkt ist die Oberflächen-Funktionalisierung. Auf dem Avantex-Symposium standen neben der Plasmaveredlung vor allem Biofunktionstextilien mit integrierten kosmetischen oder medizinischen Systemen im Mittelpunkt des Interesses. Es handelt sich um Textilien, die beim Tragen pflegende oder therapeutische Wirkungen entfalten. Die Wirkstoffe werden entweder direkt beim Spinnprozeß in die Faser eingebaut oder auf der Faseroberfläche aufgebracht. Sie lassen sich durch Körperfeuchtigkeit und Körperwärme auf die Haut übertragen. Zur Versorgung großer Hautflächen genügen bereits partielle Kontakte. Hier ergeben sich u. a. interessante Anwendungsmöglichkeiten bei der Therapie von Hauterkrankungen. Weitere Themenkomplexe auf dem Feld der Oberflächen-Funktionalisierung sind die Komfort-Optimierung, Beanspruchbarkeits-Optimierung und Hygieneoptimierung.

Ein vierter Schwerpunkt ist die Neuorientierung in der Konfektion. Die Konfektion steht in den kommenden zehn Jahren vor grundlegenden Veränderungen. Die Avantex hat einen Einblick in die Maßkonfektion der Zukunft vermit-

Produktinnovation als Motor

telt. Das Verfahren läßt sich wie folgt schematisieren: Der Kunde wird über einen Body Scanner individuell vermessen und erhält eine Körpermaßkarte in Diskettenform. Die Daten dieser Körpermaßkarte werden auf das jeweilige Bekleidungsmodell übertragen und sind Grundlage für die Produktion. Der Kunde erhält also in der Zukunft kein Modell von der Stange, sondern eine elektronisch gesteuerte Maßkleidung. Die Produktion wird automatisiert. Das Nähen erfolgt auf automatischen Nähstraßen mit Nährobotern. Wie dieses Zukunftsmodell aussehen könnte, hat das Institut für Nähtechnik, Aachen live im Innovationsforum der Avantex demonstriert. Generell wird erwartet, daß sich auch die Struktur der Konfektion verändert. Sie wird sich zusehends in selbständige Logistikzentren und spezialisierte Produktionsbetriebe splitten. Die Logistikzentren sind für die Kollektionsgestaltung, die Vermarktung und die Produktion zuständig. Die Produktion kann am jeweils optimalen Platz erfolgen – bei Lieferungen in die USA wäre eine Fertigung in den USA auf Basis der übermittelten Daten problemlos möglich. Fraglos wird auch die virtuelle Produktentwicklung in der Konfektion eine immer bedeutendere Rolle spielen.

Ein fünfter Schwerpunkt ist innovative Hochtechnologie-Kleidung für den modischen Lifestyle-Bereich, Sport und Beruf. Das Feld ist ungeheuer breit. Wichtige Themen auf der Avantex waren beispielsweise die Klimatisierung von Oberbekleidung mit Phase Change Material. Winzige Mikro-Kapseln im Gewebe enthalten Paraffine – feste wachsartige Gemische, die bei Hitze schmelzen und Kühlung verschaffen. Sie können in flüssigem Zustand Wärme aufnehmen und speichern. Bei Kälte erstarrt das Paraffin, setzt Energie frei, die von der Haut als Wärme empfunden wird. Das Phase Change Material (PCM) wurde ursprünglich für die US-Raumfahrt entwickelt. Es ermöglicht eine der körperlichen Aktivität und Umgebungstemperatur angepaßte aktive thermische Isolation. Die Schweizer Eidgenössische Materialprüfungs- und Forschungsanstalt, kurz EMPA, hat die Effektivität der PCM-Materialien getestet und ist dabei zu verschiedenen Ergebnissen gekommen. Entscheidend für die Wirkung war dabei der Ort, an dem das PCM im Textil untergebracht ist oder anders gesagt, die Entfernung vom Körper.

Ein weiterer Schwerpunkt ist die Integration von Mikrosystemtechnik und Elektronik in Bekleidung. Das Thema hat die Branche und auch die Medienwelt auf der Avantex im November 2000 am stärksten bewegt, da es in der Tat völlig neue Perspektiven eröffnet. Hier werden wir im Mai 2002 erneut anknüpfen und die Integration von Mikrosystemtechnik und Elektronik zu einem eigenen Schwerpunktthema sowohl im Symposium wie im Innovationsforum ausbauen. Die Anwendungsbereiche sind vielfältig, sowohl im modischen Lifestyle-Bereich wie auch für Berufs- und Schutzkleidung. Weitere spannende Anwendungsmöglichkeiten werden im medizinischen Bereich gesehen. Im einzelnen wird zur Zeit an folgende Einsatzbereiche gedacht: Kommunikation, Ortung und Orientierung, Überwachung, Zugangskontrolle, Handhabung, Warnung und Körperklimatisierung.

Zu den diskutierten Anwendungsszenarien gehören unter anderem in die

Innovative Bekleidungskonzepte der Kunsthochschule Berlin-Weißensee im Zukunfts-Areal der Avantex

Kleidung eingebaute Kommunikations-Systeme zur drahtlosen Informations-Aufnahme. Das macht es möglich, die unterschiedlichsten Daten zu empfangen, u. a. Verhaltensanweisungen, Warnungen und ähnliches. Angedacht sind darüber hinaus auf den Ärmel aufnähbare Folienbildschirme – etwa zum Informations-Abruf oder für wegweisende Orientierungshilfen. Beträchtliches Interesse dürfte der Einbau von Personen-Ortungssystemen finden. Sie könnten jedoch auch im Berufsbekleidungsbereich in den unterschiedlichsten Kontexten eingesetzt werden.

Im Rahmen der Avantex 2002 wird das Anwendungsspektrum im Healthcare- und Seniorenbereich eine eigenständige Fokussierung erfahren. Hier gibt es diverse Ansätze, Personen mit Gesundheitsproblemen oder sogenannte Risikopatienten durch in die Kleidung integrierte Sensoren rund um die Uhr zu überwachen. Angedacht sind unter anderem Sensoren-Systeme zur Überwachung der Herztätigkeit, des Pulses, des Blutdrucks und der Körpertemperatur. Die ermittelten Daten der Vitalparameter lassen sich direkt in den Hausarzt-Computer übertragen, so daß kritische oder lebensbedrohende Situationen frühzeitig erkannt werden können und rechtzeitig Hilfe erfolgt. Derartige Systeme würden auch Ferndiagnosen erlauben oder – etwa im Falle eines Sturzes – automatisch einen Notruf an die betreuende Schwesternstation senden und Hilfe herbeirufen.

Ein weiteres Feld ist die Entwicklung von Systemen zur bedarfsgerechten Klimatisierung von Kleidung. Die Stromversorgung von Mikrotechnik-Kleidung soll über herausnehmbare Folienbatterien erfolgen. In der Entwicklung sind weiter solarzellenbeschichtete textile Oberflächen zur Stromerzeugung.

Um die Informationen zu bündeln und auch interdisziplinär neue Schnittstellen zu bilden, hat die Avantex im August einen Gesprächskreis Mikrosystemtechnik/Elektronik–Textil ins Leben gerufen. Ende 2001 hat die Avantex den ersten Arbeitskreis zum Thema Healthcare/Senioren initiiert. Der Gesundheitsmarkt wird aus Sicht der Wirtschaftsexperten eine der Wachstumslokomotiven der kommenden Jahrzehnte sein. In erster Linie verfolgen wir mit dieser Initiative die Absicht, die Bekleidungsindustrie zu ermutigen, für beide Gebiete ein bedarfsgerechtes Angebot aufzubauen und das Absatzpotential auszuschöpfen. Allein die Zahl der Neurodermitis-Kranken in Europa wird auf 15 Millionen geschätzt. Allergien sind in der westlichen Welt eines der wichtigsten Public-Health-Probleme. Das medizinische Problem der Inkontinenz ist ein weiteres Anwendungsfeld für neue Produkte. Textiler und Mediziner sind der Meinung, daß durch intelligente Hochtechnologie-Kleidung zahlreiche Leiden gelindert werden könnten. Das Beispiel des auf der Avantex 2000 vorgestellten Neurodermitis-Anzugs sollte in dieser Hinsicht Mut machen.

Information tut Not

Der schnelle Vormarsch der Innovation bei Bekleidungs- und auch bei technischen Textilien gehört zu den bemerkenswertesten Entwicklungen des letzten Jahrzehnts. Alles deutet darauf hin, daß dieser Trend anhält. Die komplexen Problemstellungen erfordern stärker als je zuvor eine interdisziplinäre Zusammenarbeit. Forschung, Industrie und Anwendung müssen in Zukunft eng zusammenarbeiten. Der Erfolg bei der Produktion und Vermarktung innovativer Textilien und Bekleidung wird im wesentlichen von zwei Faktoren abhängen: der Fähigkeit, Entwicklungen rasch einsatzreif zu machen und der raschen und ansprechenden Information von Anwendern und Verbrauchern. „Information tut Not". Mit diesen Worten hat Peter Wack, CEO von Acordis, seinen Vortrag eingeleitet. Die gezielte Kanalisierung der Information von der Chemiefaserindustrie bis hin zum Handel unter Einbeziehung aller Stufen der textilen Pipeline ist ein zentrales Anliegen des neuen Dialogforums Avantex. Damit Forschung und Innovationen auch den „return on investment" bringen und zur Kommerzialisierung gelangen, müssen die Bedürfnisse und Vorstellungen des Endverbrauchers stärker ins Kalkül gezogen werden. So ist auch der Appell Peter Wacks zu verstehen, „die textile Pipeline von der richtigen Seite her anzusteuern, nämlich von der des Endverbrauchers".

Neue Formen des Marketings zum Endverbraucher

Eric von Hippel, Professor für Innovationsforschung am Massachusetts Institute of Technology (MIT) in Boston hat herausgefunden, daß 80 Prozent aller Innovationen zuerst von Anwendern entwickelt wurden. Erst fünf bis sieben Jahre später brachten die Hersteller das Produkt auf den Markt. Die Marktfähigkeit der Produkte muß bereits zu einem frühen Stadium hinterfragt werden, und dabei ist der Partner in der textilen Kette einzubeziehen, der das Ohr direkt beim Endverbraucher hat, nämlich der Handel.

Die kommende Avantex wird entsprechend ihrem Anspruch Navigationshilfe leisten. In enger Kooperation mit der Forschung, den Faserherstellern und der Textil- und Bekleidungsindustrie wird zur kommenden Avantex eine virtuelle Hochtechnologie-Bekleidungsschau projektiert. Der von der Avantex konzipierte Vorschlag sieht eine anteilige Finanzierung durch die beteiligten Unternehmen vor. Gleichzeitig schlägt die Avantex der Textilwirtschaft vor, dem Verbraucher im Frühjahr 2003 marktreife Hochtechnologie-Kleidung in den europäischen Großstädten vorzustellen. Die Aktion wird in Kooperation mit namhaften Handelshäusern erfolgen, die sich ebenfalls an dem Kosten-Splitting beteiligen. Die Einzelhandels-Präsentationen übernimmt der Handel. Durch diese erste Avantex-Karawane wird der Verbraucher brandaktuell über die enormen Möglichkeiten und spannenden Anwendungsfelder von Hightech-Bekleidung informiert. Funktion und Zusatznutzen stehen eindeutig im Vordergrund. Deshalb wird sich die Avantex-Innovationsschau erheblich von einer konventionellen Modenschau unterscheiden. Ehrgeizige Ziele verlangen ungewöhnliche Vorgehensweisen. Erstmals in der Messegeschichte werden in einer konzentrierten Aktion die Produkte der Aussteller von der Messeveranstaltung bis zum Konsumenten herangetragen. Intelligente Bekleidungstextilien könnten den Verbraucher wieder zu Zusatzkäufen und Mehrausgaben motivieren und den Marktanteilsverlusten der Bekleidungsindustrie entgegensteuern. Zunächst einmal muß jedoch die gesamte textile Kette am Image des Konsumprodukts Bekleidung arbeiten und diesen Konsumsektor in der Werteskala des Verbrauchers drastisch aufwerten. Eine Herausforderung für die Partner in der textilen Wertschöpfungskette mit der Gewinnchance durch einen permanenten Innovationsvorsprung mittelfristig neues Wachstum zu generieren.

CAD/CAM auf der Überholspur

von Iris Schlomski*

Die industrielle Produktion von Bekleidung ist heute ohne den Einsatz von CAD und CAM undenkbar. Ihr Siegeszug begann Anfang der siebziger Jahre mit der Entwicklung der ersten Gradiersysteme (Ron Martel) und der Gründung der Unternehmen GGT – Gerber Garment Technology (Tolland/USA), Lectra Systèmes (Cestas/Frankreich), assyst Gesellschaft für Automatisierung, Software und Systeme mbH (Kirchheim/Deutschland) und Investronica Sistemas S.A. (Madrid/Spanien). Diese Unternehmen gelten heute als weltweite Marktführer und haben in den letzten Jahrzehnten mit ihren zahlreichen Technologien den Arbeitsablauf in der Bekleidungsproduktion entscheidend geprägt und verändert. Dieser kontinuierliche technologische Fortschritt war und ist nur möglich, da sich die CAD/CAM-Anbieter immer wieder gegenseitig angespornt haben sowie durch den intensiven Austausch mit der Bekleidungsbranche. Am Beispiel der Firma Lectra Systèmes soll die Entwicklung der CAD/CAM-Systeme aufgezeigt werden.

Denn im Jahr 2000 hat das Unternehmen mit seiner jüngsten Entwicklung eines Internetportals eine neue Richtung eingeschlagen. Ein Rückblick auf die letzten zehn Jahre des Unternehmens und ein kurzer Ausblick zeigt, mit welchen Entwicklungen die globale Vernetzung der Technologien möglich wurde und wie diese immer im Zusammenhang mit der Unternehmensstrategie standen.

Bild 1. Lectra-Unternehmensführung 1991: Gründungsbrüder Bernard (ganz links) und Jean (ganz rechts) Etcheparre. In der Mitte v. l. Armand Sibony und Marc Rebibo, Quelle: APS, Schweiz

---

* Iris Schlomski ist freie Fachjournalistin und Chefredakreurin der Fachzeitschrift texDECOR, Meisenbach Verlag, Bamberg

Bild 2. Als Novität am Markt zeigte „Graphic Instinct" 1993 den Designern neue Wege, Quelle: APS, Schweiz

Lectra Systèmes, von den Brüdern Bernard und Jean Etcheparre gegründet, begann 1973 in Cestas bei Bordeaux mit der Herstellung, Forschung und Entwicklung von CAD/CAM-Systemen für die Bekleidungsindustrie. In den ersten Jahrzehnten wurden in erster Linie CAD- und Cutter-Anlagen für den elektronischen Zuschnitt entwickelt. Eine schwere finanzielle Krise Anfang der neunziger Jahre führte zu einer Neustrukturierung des Unternehmens und Daniel Harari, der heute als Teilinhaber dem gesamten Lectra-Konzern vorsteht, wurde Generalmanager. Unter seiner Leitung begann Lectra ab 1991 mit der Entwicklung von CAD/CAM-Produkten für alle dafür geeigneten Branchen. Vom Entwurf einer Modellskizze, zur Schnittkonstruktion und deren Gradierung bis hin zur Schnittbilderstellung, dem Lagenlegen und dem Zuschnitt wurde von nun an eine breite Produktpalette für die Textil- und Bekleidungsindustrie, die Polstermöbelindustrie, die Schuhindustrie und weitere textilverarbeitende Industrien angeboten. In den folgenden Jahren kamen zahlreiche neue oder verbesserte Technologien, um den Marktveränderungen oder dem jeweiligen Modetrends gerecht zu werden.

Mit Branchenversionen zum Erfolg

Nach dem Motto „aus 1 mach mehr" wurden die Produkte entweder identisch für alle Branchen entwickelt oder die „Grundmodelle" in spezielle Branchenversionen adaptiert. So gab es zum Beispiel ab 1991 einen Brücken-Scanner zur automatischen Digitalisierung von Lederhäuten und für den Lederzuschnitt verschiedene Versionen an speziellen Wasserstrahlschneidern. Auch die Messerschneidesysteme gab es für die einzelnen Branchen in verschiedenen Versionen des gleichen Grundmodells. Dem modischen Trend folgend, entwickelte Lectra für die Bekleidungsindustrie einen Einzellagencutter mit Karoerkennung in Kombination mit Muldenvorrichtung für eine einzelne Stoffrolle. Die Strategie, in mehreren Branchen aktiv zu werden, hatte Erfolg und auch das parallel hierzu eingeführte Auftreten als „Service-Dienstleister" kam gut an. Lectra

CAD/CAM

erkannte, daß erst die additive Summe einer Investition mit der Summe der Folgekosten Aufschluß über Wert und Kostenstruktur einer Systeminstallation gibt. Daher bestand ab 1991 die Möglichkeit, mit dem Kauf einer Anlage einen individuellen Servicevertrag abzuschließen oder lediglich bei Bedarf auf das Product Repair Center (PRC) in München zurückzugreifen.

Bild 3. Seit 1978 entwickelte Lectra Industrielaser, im Bild „Focus 10C" von 1996, Quelle: APS, Schweiz

Zudem wurden anwendungstechnische Probleme nur noch einmal bearbeitet und deren Lösungen bei Bedarf abgerufen und sehr schnell an die Kunden weitergegeben. Gleichzeitig erweiterte dies kontinuierlich den Wissensstand der Systementwickler in Bordeaux. Als weitere Serviceleistung führte Lectra die Systeme im modularen Aufbau ein. Die Hersteller konnten exakt auf den eigenen Bedarf abgestimmte Investitionen tätigen. Als Einstiegs-System galt ein grafischer Arbeitsplatz mit Digitalisierelement und einem Schablonen-Schneidesystem. Eine rasche Integration in den gesamten Produktionsablauf gewährleistete eine weitere und gängige CAD-Konfiguration mit den Software-Anwendungen: Modellentwurf, Entwicklung von Grundschnitten (Digitalisierung), Erstellung von Schnittbildern und Kostenkalkulation. Die Grundschnitte konnten wahlweise mit Digitizer, Scanner oder als Direktkonstruktion am Bildschirm erstellt werden; die Schnittbilder entweder auf einem Plotter ausgezeichnet oder direkt an den Cutter geleitet werden. Für den Austausch von Produktionsdaten konnte bei Bedarf mit Fremdsystemen kommuniziert werden.

Mit „T.A.S." alle Trümpfe in der Hand

Mit „T.A.S." sinngemäß „Komplettes Herstellsystem für Kleidung" realisierte Lectra 1991 die Vernetzung der einzelnen Programme zur Produktionssteuerung, Order, Modellschnitt/Schnittbild (CAD/CAM) und Kostenerfassung. Die notwendige Entwicklung und Realisierung dauerte drei Jahre, die einzelnen Software-Lösungen legten jedoch den Grundstein für die späteren Software-Programme. Herzstück der Komplettlösung war eine relationale Datenbank, die erstmals ein „offenes" System (Unix, Ethernet, SQL) darstellte und mit allen marktgängigen CAD/CAM-Systemen kompatibel war. Da die hochauflösenden

Bild 4. Seltenheitswert – 1996 ließen sich Daniel Harari (links), André Harari (rechts) und K. Rosen von GGT (Mitte) gemeinsam ablichten, Quelle: APS, Schweiz

Bildschirme mit 1280 x 1024 Bildpunkten (Pixel) auf den Markt kamen, stellte Lectra standardmäßig darauf um. Diese erlaubten ein schnelleres Arbeiten am Bildschirm und konnten auf Basis RGB ein wesentlich breiteres Spektrum an Farben darstellen. Mit T.A.S. und den darin enthaltenen gewinnbringenden Technologien für die Branchen verzeichnete Lectra große Erfolge. Nach eigener Einschätzung beruhte die steigende Zahl der Anwender (12.000 Arbeitsstationen und 700 automatisierte Zuschnittsysteme) auf der ausgefeilten Software der Produkte und dem ausgezeichneten Kundendienst. Auch die Diversifikationsfähigkeit des Unternehmens auf alle Industriebranchen trug wohl dazu bei. Lectra war nun in allen Branchen aktiv, die Textil verarbeiten und die CAD/CAM-Technologien einsetzen konnten. So zählten z. B. auch der Flugzeughersteller Boeing, die Fluglinie Delta Airlines und TRW aus der Raumfahrt zu den Kunden. Eine beachtliche Innovation war 1992 ein CAD-gestütztes Instrumentarium zur Preisgestaltung in der Prototypenentwicklung („LS Method"). Vorläufer hierzu war eine Software von 1988, die als erstes skizzen- und methodenunterstützte Zeitbausteinverwaltungs- und Kalkulationssystem auf den Markt kam und deren Verbesserungen nun z. B. die Nutzung verschiedener Kalkulationsarten und Zeitbausteinsysteme (z. B. MTM – Methods Time Measurement) erlaubte. Die grafische Darstellungsmöglichkeit in Form von Skizzen stand in Verbindung mit dem zugehörigen Zeitwert (Baustein). Vorgenommene Änderungen an der Skizze generierten so automatisch die Zeitwerte für die Kalkulation. Im selben Jahr kam mit „Freeline" eine CAD-Innovation: Modellmacher und Direktricen konnten an einem speziellen Tisch im 1:1 Maßstab mit ihren gewohnten Werkzeugen (Papier, Stoff, Kurvenlineal) arbeiten. Die Arbeitsfläche war mit einem Keyboard versehen und die Software lief im Hintergrund. „Wir hätten damals schon wesentlich mehr mit rechnergestütztem Design machen können," erinnert sich Armand Sibony, Geschäftsleitung Lectra Frankreich, „doch wollten wir gerade den etablierten Modellmachern und Direktricen die Arbeit erleichtern und einen Brückenschlag finden, um die in vielen Betrieben oft noch geteilte Arbeit der Produktentwicklung und der CAD-Abteilung zu flexibilisieren". Sämtliche Funktionen zur Modell- und Schnitterstellung, zur Gradierung und Kontrolle standen interaktiv zur Verfügung.

CAD/CAM

Bild 5. „Quicklab" war 1993 der erste Labeler am Markt, Quelle: APS, Schweiz

Produktpalette bis zu 90 % erneuert und mit „Masterlink" vernetzt

Unter dem Namen Vector kam 1993 eine neue Messerschneide-Generation, die als „Symbiose bewährter Erfahrungen aus Geschwindigkeit, Flexibilität, Produktivität und Präzision" vorgestellt wurde. Gesteuert mit neuer Software (Graphic Pilot) konnten die integrierten Workstations permanent auf den Schneidevorgang eingreifen. Vektor zeigte sich äußerst sparsam im Energieverbrauch und hatte zahlreiche ergonomische wie sicherheitsbezogene Vorteile. Hierzu zählte etwa die damals beeindruckende Geräuschreduzierung auf 75dBA . Passend zu dieser neuen Messerschneide-Generation wurde ein neues Legesystem (Progress) entwickelt. Zur Steigerung der Wirtschaftlichkeit in der Produktion

Bild 6. Vollautomatischer Zuschnitt im Ausstellungsraum von Lectra (1993)

Bild 7. Passend zur neuen Messerschneide-Generation kam 1993 das neue Legesystem „Progress", Quelle: APS, Schweiz

trug die Legeleistung von 100m/min bei. Durch Überlappungsmarkierungen (Zugriff auf die Schnittbilddateien) konnte der Materialverbrauch um weitere 2 % reduziert werden. Das System konnte mit Datenübertragungskarten (64K und 256K) oder im Netzwerkverbund arbeiten. Dabei konnte auf das Auflegen einer vorgezeichneten Schnittlage (Plotterausdruck) bei Einsatz des Labelersystems (Quicklab) verzichtet werden. „Quicklab" etikettierte die oberste Schnittlage mit allen notwendigen Informationen.

Parallel zu den Produktionsanlagen für hohe Stückzahlen kamen 1993 preisgünstige CAD-Angebote für kleinere Firmen. Hierzu berichtete z. B. ein amerikanischer Wäschehersteller, daß sich der Zeitaufwand für die Modellerstellung um ganze 80 % gesenkt habe, „da wir jetzt vorhandene Gradierungen übernehmen können und sich die Modifikationen automatisch anpassen". Die Anlagen hatten einen grafischen Arbeitsplatz, Digitalisiertisch und Vertikal-Zeichenplotter.

Nach der ersten relationalen Datenbank („Herzstück von T.A.S.") kam 1993 mit „Masterlink" eine in Bezug auf Geschwindigkeit und Datenmenge leistungsfähigere Lösung. Mehrere Anwendungen ließen sich nun (erstmals) gleichzeitig öffnen, und Informationen z. B. über Grundformen, Modelle, Schnittbilder waren jederzeit und in Echtzeit abrufbar. Zu den Neuerungen in der Produktpalette – nach eigenen Angaben waren dies 1993 nahezu 90 % – zählte auch der 2000 W-netzwerkfähige Lasercutter, der eine neue Steuerungssoftware (Graphic Pilot) zur Produktionskontrolle und Qualitätssicherung hatte. Und als Novität am Markt zeigte „Graphic Instinct" den Designern neue Wege. Mit einem elektronischen Infrarot-Stift konnten sie nun ihre Entwürfe mit Filzstift, Bleistift, Füllfederhalter oder Pinsel direkt auf den Bildschirm (Zeichentisch) zeichnen, diese archivieren/sortieren und auf andere Arbeitsstationen des Unternehmens übertragen.

CAD/CAM

Detail-Verbesserungen

Trotz der ausgefeilten Cutteranlagen, konnten rapportabhängige Stoffe nur unter Einschränkung automatisch zugeschnitten werden. 1995 löste Lectra das Problem mit einem speziellen Messerschneidesystem (Mosaic), das mit einer hochauflösenden Kamera (768 x 576 Pixel) die Rapportpunkte erkannte und den rapportgerechten Zuschnitt darauf automatisch ausrichtete. 1996 kamen mit „Modaris" und „Diamino" zwei neue Software-Programme, die den Automatisierungsgrad in der Gradierung und der Schnittbilderstellung erneut steigerten. Die Software „Modaris" unterstützte die Erstschnitterstellung mit automatischer Gradierung und übertrug Änderungen automatisch auf alle Modellvarianten. „Diamino" konnte automatisch Lagebilder erstellen. Und schließlich brachte Lectra sein erstes Produkt-Daten-Management-System (PDM) auf den Markt. Der Zugriff auf alle gespeicherten Modelle und deren Charakteristik bis hin zu Maßtabellen, Zutatenlisten und Produktinformationen war über sämtliche aktuellen Übertragungstechniken (intern/extern) möglich. Mit der späteren Version (ab 1998) konnten zudem die Informationen zu einem Modell in einem „elektronischen Ordner" zusammengefaßt werden und Änderungen an Stammdaten generierten automatisch alle entsprechenden Modelle. Bei den Cuttern kam mit „Topspin" ab 1997 ein spezieller Niedriglagen-Cutter für den Zuschnitt rapportabhängiger Stoffe. Dieser arbeitete nach demselben Prinzip wie Mosaic, hatte jedoch ein Rundmesserkopf und eine Muldenvorrichtung zur verzugsfreien Materialzufuhr.

Bild 8. Mit „Mosaic" löste Lectra 1995 das Problem des rapportgerechten Zuschnitts, Quelle: APS, Schweiz

Akquirierungsphase

Parallel zur Entwicklung eigener Produkte, begann Lectra ab 1996 enge Kooperationen mit anderen Firmen zu schließen und diverse Unternehmen mit „interessanten" Produkten aufzukaufen. Hierzu zählte die Zusammenarbeit ab 1996 mit der Firma Topcad (technische Konstruktionen in 2D und 3D) und der Kauf des Unternehmens Dennison (mit dem Programm „Optiplan" zur Auftragsoptimierung). 1998 ging es dann Schlag auf Schlag: Lectra kaufte CDI – Computer Design, Inc. mit den Softwareprogrammen u4ia (Design) und einer 3D-Software zur Konstruktion körpernaher Kleidungsstücke bzw. von Autositzen. Lectra kaufte Pan Union International mit der PDM-Software „OMS" (Basis des heute noch aktuellen PDM-Systems „Gallery"). Und Lectra kaufte die Firmen Prima Design (Designsoftware inklusive Strick), ModaCad (Katalogsoftware) und 3 DVM (Software zur Darstellung von Verkaufsräumen). Mit Hilfe dieser Akquirierungen wurde Lectra aus eigener Sicht führend im Software-Angebot von der Skizze bis zum fertig geschnittenen Produkt. Passend zur Strategie kam es 1998 auch zum Abschluß eines Partnerschaftsvertrages mit IBM zur weltweiten Zusammenarbeit. Die fortan „wirklich vollständigen" Systemlösungen umfaßten die Bereitstellung von Software sowie Zugriff und Benutzung von Netzwerken für die Datenverarbeitung (Internet, Intranet, LAN´s) mit dem IBM Global Network – und dies weltweit zum Ortstarif! „IBM hat die Erfahrung mit Netzwerken und verfügt über ein weltweites Netz. Wir haben die Technologie für die Bekleidungsindustrie und deren anverwandten Branchen", erklärte Lectra hierzu. Die weiteren Entwicklungen bewegten sich nun im Bereich eines weltweiten Netzwerks und Lectra setzte alles daran, die Reaktionsmöglichkeiten der Unternehmen mit fortschrittlichen Technologien zu verbessern:

Von den Designsystemen, den CAD-Anlagen und Cuttern (CAM) bis hin zu den Informationssystemen. Dem Trend der industriellen Maßfertigung folgend, brachte Lectra eine (auch heute noch aktuelle) Lösung, die den bisherigen Produktionsablauf auf den Kopf stellte. „Modaris FitNet" vereinte die einzelnen Softwareprogramme, die von der Auftragserteilung im Handel bis zum geschnittenen Teil bei der Produktionsstätte führten. Die Bestellung wurde von den Verkaufsräumen online an die Produktionsstätte weitergeleitet und mit „Modaris FitNet" in kürzester Zeit bis zum fertigen Schnittbild weiter bearbeitet und mit einem Niedriglagen-Cutter (TopSpin) zugeschnitten. Seit 2000 besteht hierzu eine enge Kooperation zwischen Lectra und dem deutschen Unternehmen tecmath, die mit ihrem Bodyscanner zur virtuellen Erfassung der Körpermaße (berührungslose Körpervermessung) beitragen.

CAD/CAM

Lectra startet durch – mit LectraOnline

Ab 1998 bündelte Lectra, inzwischen an der Pariser Börse notiert, seine Aktivitäten als „The Lectra Systèmes Group of Companies". Die Kundenbereiche umfaßten nun eine sehr breite Grundlage: von weltweit agierenden Gruppen bis zu kleinen Unternehmungen, der Haute Couture bis zu den kreativen Designern. Mit 68 % ist die Bekleidungsindustrie nach wie vor der wichtigste Industriezweig von Lectra. Um hier die Zeiten der Erstellung eines Produkts und dessen Vermarktung weiter zu verkürzen bzw. die Produktionskosten zu senken, kommt es 1999 zu weiteren strategischen Kooperationsabkommen mit Marktführern wie Stork (Textildruck) und Stoll (Strickmaschinen, -lösungen) und der Entwicklung weiterer Systemangebote: Etwa die Designanwendung von 1999, mit der variantenreiche Designs am Bildschirm erstellt und sofort als textile Vorlage auf Stoff gedruckt oder als „virtuelle Stoffinformationen" mit Lieferanten und Kunden am Bildschirm ausgetauscht werden können. Die Kooperation mit Datacolor (Farberkennungssysteme) sorgt hierbei für die Optimierung der Farbdarstellung von Bildschirm, Scanner und Drucker.

Im Jahr 2000 startete Lectra zu neuen Ufern und stellte mit „LectraOnline" eine zukunftsweisende und sichere Internetlösung in Form eines B2B Portals vor. „LectraOnline ist der Beginn einer neuen Zeitrechnung für unser Unternehmen" betonte hierzu Daniel Harari. Und LectraOnline ist das Ergebnis von fünf Jahren Entwicklungszeit und einer Investitionssumme von 72 Mio. Euro! Als sichere Kommunikationsplattform im Internet können alle an der Wertschöpfungskette Beteiligten per Mausklick miteinander kommunizieren. Unter Einbindung bestehender IT-Lösungen (Informationstechnologien) wird die gesamte Unternehmensstruktur der Kunden abgedeckt und ein großes Maß an Serviceleistung angeboten. Mit dem neuen Internetportal will Lectra seinen Kunden, und das sind heute mehr als 10.000 Unternehmen, die Welt des Internets mit vier Schwerpunkten eröffnen: Kommunikationsplattform für den sicheren Datenaustausch, Lectra Anwendung Online, professioneller Online Support (Hilfe) rund um die Uhr und Online Einkauf von Lectra Produkten. Auf der gesicherten Datenplattform lassen sich weltweit und in Echtzeit sämtliche Produktions- und Kollektionsdaten austauschen. Designs, Schnittbilder,

Bild 9. Lectra beim größten deutschen Kinderschuhhersteller Ricosta, Donauwörth (1994), Quelle: APS, Schweiz

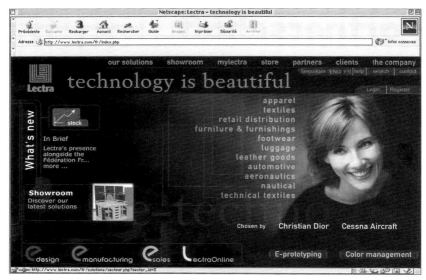

Bild 10. LectraOnline, Quelle: Lektra München

Spezifikationen, Stoffe und Details über Pflegehinweise, Modellkataloge etc. werden mit einem Mausklick an die entsprechenden Partner geleitet. Die Sicherheit und korrekte Datenübertragung ist, laut Lectra, absolut gewährleistet und somit Fremdeinsicht und Übertragungsfehler ausgeschlossen. Rund um die Uhr unterstützen die drei internationalen Call Center in Bordeaux (Frankreich), Atlanta (USA) und Hongkong (China) bereits weltweit die Kunden mit Online-Hilfen bis hin zum Echtzeit-Support direkt auf dem Bildschirm des Kunden. Auch die Überwachung und Optimierung der Zuschnittabteilung kann online erfolgen. Mit LectraOnline als E-Business-Lösung für die textile Industrie rückt Lectra das Beziehungsmanagement zwischen Unternehmen, deren Lieferanten, dessen Handelskanal sowie anderer Partner in den Blickpunkt und startet den Anschluß auf dem globalisierten Markt. Damit wandelt sich das Unternehmen vom klassischen CAD/CAM-Anbieter zum Dienstleistungsunternehmen mit Angeboten an Hard- und Software für den CAD/CAM-Bereich. Die Zukunft wird zeigen, wohin diese Reise geht!

Optimierung der visuellen Kommunikation – Umsetzungsschritte auf dem Weg zu einem grafischen Esperanto für die Bekleidungsindustrie

von Dr. Stefan Mecheels*, Dipl.-Ing. (FH) Martin Rupp**, Elfriede Strohhäcker und Dipl.-Ing. Anke Rissiek***

1 Einleitung

Auch wenn eine E-Mail via Internet heute innerhalb von Sekunden vom einen Ende der Erde zum anderen übermittelt wird, kann dadurch nicht verhindert werden, daß die Inhalte einer Nachricht falsch verstanden und dadurch Probleme verursacht werden können. Die rein technologische Optimierung der Kommunikationswege hinsichtlich Schnelligkeit und Zuverlässigkeit läßt die Unternehmen zwar zeitlich näher zusammenrücken, kann aber natürlich viele Mißverständnisse, die durch unterschiedliche Sprachen und Kulturen entstehen können, nicht verhindern.

Aufgrund besonderer Rahmenbedingungen und Entwicklungen gehört die Bekleidungsindustrie zu den Branchen, die nahezu tagtäglich mit den Problemen und Auswirkungen von Mißverständnissen bei der verbalen Kommunikation konfrontiert werden. Folgende Gründe spielen hier sicherlich eine entscheidende Rolle:
- Durch die starke Arbeitsteilung innerhalb der gesamten textilen Kette kommunizieren die Bekleidungsunternehmen mit zahlreichen Partnern an u. U. weit voneinander entfernten Unternehmensstandorten mit unterschiedlichen Sprachen und in verschiedenen Kulturräumen.
- Wechselnde Moden und Veränderungen im Preisgefüge bei Bekleidung bedingen gleichzeitig häufige Wechsel von Partnern, mit denen zusammengearbeitet wird.

---

* Leiter des internationalen Textilforschungszentrums Hohensteiner Institute, Schloß Hohenstein, D-74357 Bönnigheim
** Direktor der Abteilung Bekleidungstechnik am internationalen Textilforschungszentrum Hohensteiner Institute, Schloß Hohenstein, D-74357 Bönnigheim
*** Mitarbeiterinnen der Abteilung Bekleidungstechnik

- Mode lebt von der schnellen Umsetzung. Weshalb teilweise ohne Eindeutigkeit des Informationsgehältes einer Nachricht eine rasche Umsetzung trotzdem realisiert werden muß.
- Innerhalb der gesamten Bekleidungsindustrie wird Fachwissen derzeit nur unsystematisch und nicht umfassend dokumentiert, so daß es nicht ohne zusätzlichen Aufwand an externe Partner weitergegeben werden kann. Dies ist um so bedenklicher, da gleichzeitig Fachkräfte fehlen und schon heute ein noch größerer Fachkräftemangel für die Zukunft vorhergesagt wird.

Im Rahmen einer Studie zur „Effizienzsteigerung beim Einsatz von Produktionstechnikern"[1] wurden die Hauptfehlerquellen für Qualitätsmängel in ausländischen Fertigungsbetrieben analysiert und nach wirksamen Maßnahmen zur Qualitätssteigerung gesucht. Dabei stand die verbesserte Arbeitsvorbereitung in der Zentrale mit 65 Prozent der Nennungen an allererster Stelle. Als wirksamste Einzelmaßnahmen wurden die Optimierung der Fertigungsunterlagen und der Kommunikation zwischen Stammhaus, Techniker und Produktionsbetrieb genannt.

Ein Ansatz zur wirksamen Verbesserung der Kommunikation steckt in der Umstellung der bislang vor allem verbal erfolgenden auf eine überwiegend visuelle Informationsdarstellung. Bilder werden rascher gemerkt und verarbeitet und weniger leicht vergessen als Wörter[2], wodurch Mißverständnisse verringert und Wesentliches verdeutlicht und hervorgehoben werden kann.

2 Kommunikation in Bekleidungsunternehmen – Darstellung des Status Quo

In vielen Bekleidungsunternehmen erfolgt die Informationsaufbereitung für die ausländischen Fertigungsbetriebe, aber auch für die interne Kommunikation, fast ausschließlich verbal. Lediglich im Bereich der Produktbeschreibung ist es üblich, eine technische Zeichnung einzusetzen, die dann durch mehr oder weniger umfangreiche Detailskizzen, Bemaßungen oder Beschreibungen ergänzt wird.

2.1 Vorgaben für die Bekleidungsherstellung

Die als Vorgabe für die Fertigung erstellten Unterlagen werden von den Bekleidungsunternehmen grundsätzlich unterschiedlich gestaltet. Eine entscheidende Rolle spielt dabei natürlich der rechtliche Stellenwert, den die zur Verfügung gestellten Beschreibungen haben.

---

[1] vgl. Benchmarking-Studie – Möglichkeiten zur Effizienzsteigerung beim Einsatz von Produktionstechnikern. SECO Sector Consulting, Eschborn, 2000
[2] vgl. Klimesch, W.: Struktur und Aktivierung des Gedächtnisses. Bern, 1988, S. 180

Optimierung der visuellen Kommunikation

Manche Firmen stellen ihren ausländischen Produktionsunternehmen eine umfangreiche verbale Beschreibung des fertigen Produktes zur Verfügung, liefern ein Originalmuster als Vertragsgrundlage mit und überlassen es den Fertigungsstätten, wie sie die Vorgaben erreichen. Dadurch sind sie bei fehlerhaften Lieferungen zwar rechtlich abgesichert, ihre eigene Zuverlässigkeit in den Augen der Kunden leidet durch Lieferterminüberschreitungen oder schlechte Qualität jedoch enorm.

Andere Unternehmen dokumentieren dagegen sehr detailliert, mit welchen Maschinen, Zusatzapparaten, welcher Methode und welcher Arbeitsplatzge-

VERARBEITUNGSANWEISUNG-

Gürtel/Schlaufen/Aufh./Bügel		Einfassen	
Webetikett	BLUE klein / neben hinterer Mitte auf linkes Bundbesetz	Bundbesetz	mit Hosentaschenfutter
Papieranhänger	um Knopf am Bundübertritt wickeln		fertige Breite = 0,7 cm
Bügel	HW 23		
Klettband	2 cm breit, SL = 15 cm Ton in Ton,		
	2 cm breit in weiß zum Abdecken		
Reißverschluß	1x 16 cm normal		
Qualität	unter Rückteil-Bundbesetz ca. 4 cm		
	neben linker Seitennaht		

...egel	Punkt	norm	Längen	32	34	36	38	40	42	44	46
Nahttaschenenden		je 2x 0,5									
Paspoltaschenenden		je 2x 1									
RV-Ende innen		x									

Sitz und Anzahl	Knöpfe	Knopfloch	Artikel 8536	
			Nähgarn NM 80	alle Ziernähte und Steppnähte, Augenknopflöcher
Bund	1x 24"	1x 5/8 A.		
			Nähgarn NM 120	alle Schließnähte und Verstürznähte
Gesäßtaschen	2x 24"	2x 5/8 W.		

ACHTUNG - KLETTBÄNDER ZIEHEN FÄDEN !!!
Während der Produktion und für die Auslieferung muß die rauhe Klettbandseite sofort nach dem Aufnähen mit einem zusätzlichen weichen, von uns mitgelieferten Klettband in weißer Kontrastfarbe abgedeckt werden. Dadurch soll vermieden werden, daß während der Produktion und auf dem Kleiderbügel an Oberstoff und Versäuberungsnähten Fäden gezogen werden.

BUND:
- Bundoberkante = Taille / Formbund = 4 cm breit / in hinterer Mitte = Naht
- KLETTBÄNDER nach Schablone: rauhe Seite auf Bundverlängerung innen vor dem Verstürzen
  2x weiche Seite auf Bunduntertritt außen durch und durch aufnähen
- Knopfloch in Bund-Untertritt nach Schablone durch und durch einarbeiten
- Schließen der Klettbänder: Hose soll nach unten geschlossen werden

TASCHEN: - in der Seitennaht Nahttasche / Taschenenden riegeln
  - in Rückteilen Doppelpapoltasche zum Knöpfen / Paspolbreite = 0,6 cm / Knopfloch nach Schablone einarbeiten
VORDERTEIL: - vordere Mitte um 1 cm verlegt
  - ACHTUNG bei Fb. 23 Schlitzbeleg-Rundung nach Schablone verstürzen,
  Reißverschlußübertritt mit hautfarbenem Hosentaschenfutter unterlegen
SEITENNAHT : vorverlegt
SAUM: 5 cm einschlagen und staffieren
BÜGELFALTE: nach Schablone

Bild 1. Beispiel für eine übergeordnete verbale Verarbeitungsanweisung für Hosen und Röcke

staltung die Produktion erfolgen soll – jedoch ausschließlich in deutscher Sprache und teilweise sehr unübersichtlich, unsystematisch und mit zahlreichen Abkürzungen versehen (Bild 1). Die Beschreibungen sind teilweise so umfangreich, daß die Fertigungsstätten schon über einen geübten Fachübersetzer verfügen müssen, wenn sie den dichten Informationsgehalt wirklich nutzen wollen.

Einige Unternehmen haben inzwischen damit begonnen – jedes für sich –, Fachbegriffe aus dem bekleidungstechnischen Bereich systematisch in einer Datenbank zu erfassen und zu erläutern und dann nach und nach in Zusammenarbeit mit den Produktionstechnikern und ausländischen Fertigungsbetrieben in verschiedene Sprachen zu übersetzen. Diese Begriffe können dann bei der mehrsprachigen Erstellung der Fertigungsunterlagen eingesetzt werden.

2.2 Derzeitige Darstellungen

Folgende visuelle Darstellungen werden in den Bekleidungsunternehmen heute schon genutzt und sind teilweise bereits in Datenbanken erfaßt:
- Zeichen und Symbole zur Textilkennzeichnung aus DIN 60 001, T4
- Symbole zur Pflegekennzeichnung aus ISO 3758
- Piktogramme und Meßstreckendarstellungen zur Definition von Körpermaßen aus EN 13402 -1
- Stichtypen aus DIN ISO 4915, Nähnahttypen aus ISO 4916
- Nahtschaubilder aus den Katalogen der Nähmaschinenanbieter

3 Innovative Hilfsmittel

Aus der Notwendigkeit zur Optimierung der Kommunikation heraus wurden bereits einige Ansätze zur Visualisierung umgesetzt, auf die die Bekleidungsunternehmen heute schon zurückgreifen können.

3.1 Bildliche Verarbeitungsrichtlinien

Die ersten Ansätze zur Optimierung der Kommunikation wurden Anfang der 90er Jahre entwickelt. Die in den Bekleidungsunternehmen bereits existierenden schriftlichen Verarbeitungsrichtlinien wurden visualisiert und in bildliche Verarbeitungsrichtlinien umgewandelt. Als ein Einsatzbereich wurde damals bereits die Auslandsfertigung gesehen. Die bildlichen Verarbeitungsrichtlinien sollen dazu beitragen, Verständnisschwierigkeiten und Fehlinterpretationen bei den Mitarbeitern der ausländischen Betriebe zu vermeiden und darüber hinaus die Auslandstechniker bei der Umsetzung der Verarbeitungsrichtlinien unter-

Optimierung der visuellen Kommunikation

stützen, selbst wenn sie die jeweilige Landessprache nur wenig oder gar nicht beherrschen. Bildliche Verarbeitungsrichtlinien schildern unter Berücksichtigung der Qualitätsmerkmale die zu akzeptierende Ausführung des Arbeitsprozesses und die möglichen Fehler. Dabei werden für die verschiedenen Arbeitsgänge in der Fertigung jeweils die korrekte und häufig vorkommende unkorrekte Arbeitsaus-

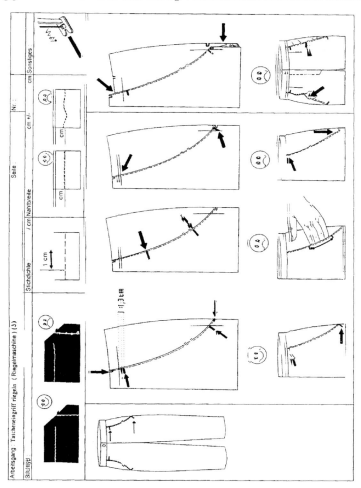

Bild 2. Darstellung aus einer bildlichen Verarbeitungsrichtlinie für die Hosenfertigung[3]

---

[3] vgl. Nelle, Heike: Erstellung von grafischen Qualitätschecklisten für die Näherinnen eines Hosenbetriebes. Diplomarbeit, FH Niederrhein, Sommersemester 1992

führung gegenübergestellt. Es wird ein fester, sich ständig wiederholender Formularaufbau festgelegt, in den die Qualitätsinformationen eingebunden werden. Zur Unterscheidung der richtigen und der falschen Ausführung werden Smilies eingesetzt, die eine Signalwirkung haben und international verständlich sind. In Bild 2 ist ein Beispiel für die Darstellung in einer grafischen Qualitätscheckliste zu finden, die den hohen Aussagewert dieser Form der Darstellung unterstreicht.

Ein großer Nachteil dieser Ausarbeitungen wird bei der Ausweitung der exemplarisch erstellten bildlichen Verarbeitungsrichtlinien auf andere Produktbereiche deutlich: Die eingesetzten Bilder und Symbole werden nicht auf einheitlicher Grundlage in der Datenverarbeitung erstellt und verwaltet. Jede Ausarbeitung bildet ein in sich geschlossenes System. Dies führt jedoch zu einem enormen Aufwand in der Datenpflege und bei der Übertragung der Handbücher auf die verschiedenen gefertigten Produkte.

Für die mit den einzelnen Ausarbeitungen der verschiedenen Unternehmen konfrontierten ausländischen Fertigungsbetriebe ergibt sich noch eine weitere große Schwierigkeit: Jedes deutsche Unternehmen wählt wiederum eine etwas andere Art der Darstellung mit angepaßten Kurzzeichen etc., so daß sich die Produktionsbetriebe jeweils neu einarbeiten und einlesen müssen, was einen enormen zeitlichen und inhaltlichen Aufwand darstellt.

3.2 ConfeXicon

Einen Schritt weiter in dieser Problematik geht das Handbuch „ConfeXicon" des Niederländers Charlie Hilm. Hilm, der in den 70er Jahren für das Importgeschäft des New Yorker Warenhauses Alexanders Department Stores verantwortlich war, hat mit „ConfeXicon" eine Datenbank mit mehr als 2 300 Abbildungen entwickelt, die gestalterische Details verschiedenster Kleidungsstücke, Fachausdrücke und unterschiedlicher Verarbeitungstechniken in visueller Form präsentiert. Die Darstellungen sind numeriert und mit englischsprachigen Definitionen versehen.

Hilm hat damit ein Werkzeug geschaffen, das beispielsweise für die Zusammenarbeit mit externen Beschaffungsunternehmen im Rahmen von Vollkaufgeschäften große Vorteile bietet: Mit Hilfe des in „ConfeXicon" integrierten Baukastensystems für die Produktgestaltung kann zunächst das zu beschaffende Produkt über optische Merkmale, wie z. B. bestimmte Kragen-, Leisten-, Taschen-, Manschetten- und Passenvarianten bei Hemden definiert werden. Wenn bei beiden Geschäftspartnern „ConfeXicon" im Einsatz ist, können über die Angabe der entsprechenden Nummer die verschiedenen Gestaltungsvarianten abgesprochen werden. Danach kann ebenfalls über die Angabe der Numerierung eine Absprache der Verarbeitungsvarianten erfolgen, denen „ConfeXicon" gleichzeitig die häufig vorkommenden Fehler zuordnet. Das Beschaffungsunternehmen kann dadurch bereits im Vorfeld auf mögliche Verarbei-

Optimierung der visuellen Kommunikation

tungsprobleme oder -schwierigkeiten aufmerksam gemacht werden. Werden nach Auslieferung des Produktes Fehler festgestellt, kann der Auftraggeber mit Hilfe der Codierung den Fehler eindeutig identifizieren und ebenfalls über die Angabe des Codes für die korrekte Verarbeitungsvariante nochmals den Soll-Zustand visualisieren. Ein Beispiel für die Gegenüberstellung von korrekter Verarbeitungsausführung und möglichen Fehlern ist in Bild 3 zu finden.

Derzeit handelt es sich bei „ConfeXicon" um ein geschlossenes System mit einem einheitlichen und übersichtlichen Layout, das in einer Datenbank abge-

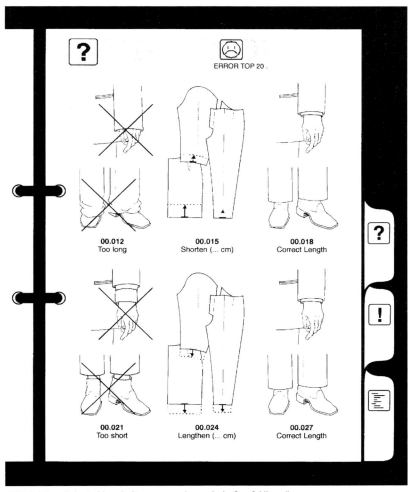

Bild 3. Visualisierte Verarbeitungsanweisung bei „ConfeXicon"

bildet wird. Es ist nicht ohne weiteres möglich, die enthaltenen Bilder und Darstellungen in eine vorhandene Anwendung, wie z. B. das gesamte Formularwesen eines Bekleidungsunternehmens, zu integrieren.

3.3 Symboldatenbank

Ein eher übergeordneter Ansatz wurde im Rahmen eines vom BPI Hohenstein im Auftrag der Forschungsgemeinschaft Bekleidungsindustrie bearbeiteten Projektes realisiert: Um das Problem von Informationsverlusten und Mißverständnissen bei der Kommunikation in der gesamten Bekleidungsbranche zukünftig zu vermeiden, ist eine einheitliche Symbolsprache für die Bekleidungsindustrie entwickelt worden, die 1 800 Symbole für die Bereiche Materialverwaltung, Modellabteilung, Arbeitsvorbereitung, Zuschneiderei, Fixieren, Näherei, Bügeln, Qualitätskontrolle und Versand enthält. Durch den systematischen Aufbau und die Gliederung in Funktionsbereiche ist es sehr einfach, sich innerhalb des Symbole-Kataloges zu orientieren. Ein Stichwortverzeichnis unterstützt im Bedarfsfall zusätzlich das Auffinden von gewünschten Symbolen.

Die Symbole sind so anwenderfreundlich aufbereitet, daß sie an einem handelsüblichen PC auch ohne Programmierkenntnisse in die bestehenden betrieblichen Anwendungen integriert werden können. Die Verwendung der Symbole zur Ergänzung der vorhandenen Informationsträger im Betrieb kann durch einfaches Kopieren aus der Datenbank bzw. durch die Einfüge- oder Importierfunktion in den unterschiedlichen Anwenderprogrammen realisiert werden. Die Symbole sind im TIF-Datenformat gespeichert und somit grundsätzlich in jedem Anwenderprogramm, das Bilder im TIF-Format importieren kann, nutzbar. Zusätzlich sind die im Vectorformat erstellten Symbole im CDR-Datenformat gespeichert. Der Symbole-Katalog ist nicht nur auf einer CD-ROM verfügbar, sondern auch als Print-Dokumentation.[4]

Obwohl es sicherlich das Ziel einer Bildsprache sein sollte, möglichst selbsterklärend und ohne zusätzliche Erläuterungen eindeutig erkannt zu werden, hat ein Praxistest gezeigt, daß sich diese Forderung bei vielen Symbolen nicht sofort realisieren läßt. Nur wenn den Mitarbeitern die mit den Bildern oder Symbolen zu beschreibenden Objekte und Handlungen bekannt sind, sie also über ein entsprechendes Fachwissen in den verschiedenen Bereichen verfügen, können sie die Bedeutungen der Bilder eindeutig zuweisen. Die Symbole in den einzelnen Bereichen sind deshalb durch eine konkrete verbale Beschreibung (zunächst nur in deutscher Sprache) ergänzt, so daß die Bedeutung der einzelnen Symbole eindeutig und dadurch sehr einfach zu erlernen ist. Natürlich können die entwickelten Symbole nicht nur separat, sondern auch als Symbolkombination eingesetzt werden.

---

4 Strohhäcker, E.; Rausch, W.: Symbolsprache für die Bekleidungsindustrie. Bekleidungstechnische Schriftenreihe, Band 142, Köln, 2000

Optimierung der visuellen Kommunikation

4 Einführung einer visuellen Kommunikation in Bekleidungsunternehmen

Wie kann nun der Übergang von einer eher sprachorientierten zu einer überwiegend visuellen Kommunikation in Bekleidungsunternehmen gestaltet werden? In welchen Unternehmensbereichen eröffnet eine Bildsprache die größten Potentiale für Einsparungen oder Lösungen für bestehende Probleme?

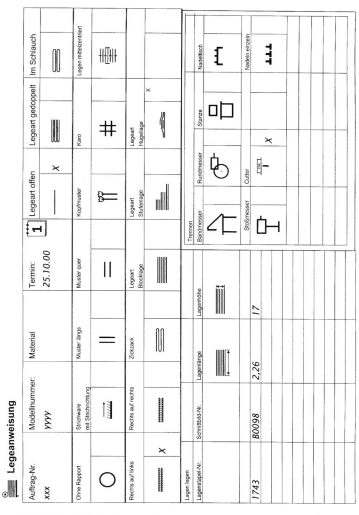

Bild 4. Visualisierte Legeanweisung

Zunächst ist es dringend notwendig, daß sich der spätere (deutsche) Anwender der visuellen Kommunikationsmittel den „Bilder"-Wortschatz im Selbststudium aneignet. In einer zweiten Stufe können die begleitenden Texte dann in

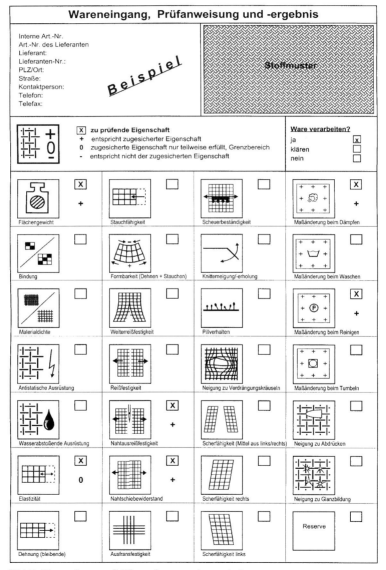

Bild 5. Wareneingang, Prüfanweisung und -ergebnis

die verschiedenen Landessprachen der Produktionsländer übersetzt werden. Die Mitarbeiter, die die fremdsprachigen Produktionsstätten betreuen, sollten dort vor Ort mit den entsprechenden Fachkräften die Texte durchgehen und übersetzen. Diese werden dann zentral gesammelt und in eine Datenbank eingebracht. Die Texte können zusätzlich noch als Sprachdateien erfaßt werden, die bei Kommunikationsproblemen vom Techniker zusammen mit den Bildern aus der Datenbank abgerufen werden und damit zusätzlich zur Verständigung beitragen.

Der Einsatz von visuellen Kommunikationsmitteln kann nicht losgelöst vom bestehenden betrieblichen Formularwesen gesehen werden, sondern muß dort sinnvoll integriert werden. Sind die verwendeten Symbole also den internen und externen Mitarbeitern geläufig, sollte man innerhalb des Unternehmens unbedingt prüfen, in welchen Produktionsunterlagen die Bilder sinnvoll eingesetzt, d. h. bestehende bislang verbale Erläuterungen durch visuelle Darstellungen ersetzt werden können. Dennoch ist es sicher sinnvoll, in einer Übergangsphase zunächst Bilder und erklärenden Text zusammen einzusetzen, beide sollen die Lernphase unterstützen und damit erleichtern. Wenn die Bedeutung der einzelnen Symbole bekannt ist, können diese Anmerkungen natürlich entfallen.

Sinnvolle Einsatzbereiche zur Visualisierung der Kommunikation sind insbesondere in der Arbeitsvorbereitung und im gesamten Qualitätswesen für Roh- und Fertigware zu sehen. In den Bildern 4 und 5 sind Umsetzungsvorschläge für die Legeanweisung und für die Wareneingangskontrolle zu sehen.

5 Gemeinsame Weiterentwicklung wünschenswert

Die zunehmende Globalisierung und verteilte Unternehmensstrukturen zwingen nahezu alle Bekleidungsunternehmen, sich mit der Vereinfachung der verbalen Kommunikation durch den Einsatz von Bildern und Symbolen zu beschäftigen. Da sich auch die in den Firmen notwendigen Sprachen, Formulare und Inhalte ähneln, sollte hier unbedingt eine gemeinsame inhaltliche und informationstechnische Weiterentwicklung erfolgen. Dies bringt auch für die Kommunikationspartner im Ausland, die ja mit unterschiedlichen deutschen Unternehmen zusammenarbeiten, einen großen Vorteil: Sie müssen sich nicht immer neu auf die in den einzelnen Unternehmen üblichen Bilder einstellen, sondern können sich die Bildsprache einmal aneignen und dann in der Kommunikation mit sämtlichen Geschäftspartnern häufiger und schneller einsetzen. Gleichzeitig wird das innerhalb des Betriebes vorhandene Expertenwissen dokumentiert und kann somit auch für die interne Aus- und Weiterbildung eingesetzt werden. Vielleicht wird damit der Traum der Bekleidungsindustrie, überall auf der Welt schnell und eindeutig verstanden zu werden, schon bald Realität...

Kalkulieren, optimieren – Lösungen zur Nähfadenbedarfsermittlung

von Dipl.-Ing. Bettina Glamsch und Dipl.-Ing. Anke Fellmann*

„Nähgarnbedarfsermittlung ist wichtig und keine Rechnung über den Daumen!", dies unterstrich bereits 1992 ein Beitrag über Nähgarn-Management im Jahrbuch für die Bekleidungsindustrie.** Diese Aussage hat heute, zehn Jahre später, nicht an Gültigkeit verloren. Im Gegenteil, die in den letzten Jahren weiterhin gestiegene Notwendigkeit zur Kostensenkung als wichtiger Faktor der Wettbewerbsfähigkeit fordert eine exakte Kalkulation des Nähfadenbedarfs mehr denn je. Die Einsparpotentiale durch eine exaktere Nähgarnkalkulation sind oft beträchtlich und können, je nach Unternehmensgröße und entsprechendem Nähfadenbedarf, im fünf- bis sechsstelligen Bereich liegen. Es lohnt sich also, die heute zur Verfügung stehenden Instrumente zur exakten Nähfadenbedarfskalkulation zu kennen, um das individuell geeignete Verfahren auswählen und anwenden zu können.

Ein effektives Kalkulationssystem kann dabei sehr unterschiedlich aussehen. Unternehmen A hat andere Anforderungen an ein Kalkulationsverfahren als Unternehmen B und benötigt entsprechend andere Kalkulationsinstrumente und -verfahren. Jedem Unternehmen die richtige Lösung offerieren zu können, diese Zielsetzung verfolgen führende Nähfadenhersteller innerhalb ihres Serviceangebotes. In enger Zusammenarbeit mit der Konfektion wurde deshalb in den letzten Jahren ein breites, auf die unterschiedlichen Anforderungen der Praxis abgestimmtes Angebot an Kalkulationshilfen erarbeitet. Probleme, die im Bereich Materialwirtschaft durch Unter- oder Überbestände in der Nähfadendisposition entstehen, sollten damit der Vergangenheit angehören.

---

* Die Autorinnen arbeiten als Beraterinnen bei der Nähtechnischen Serviceabteilung der Firma Amann & Söhne GmbH & Co.
** von Walter Herrmann, Leiter der Schweizerischen Textil-, Bekleidungs- und Modefachschule

Möglichkeiten der Nähfadenbedarfskalkulation

Das nachfolgende Bild zeigt einen Überblick der wichtigsten Verfahren zur Nähfadenbedarfskalkulation. Grundsätzlich muß zwischen der pauschalen und individuellen Kalkulationsweise unterschieden werden. Beide Möglichkeiten haben ihre Berechtigung und können für ein Unternehmen die richtige Lösung darstellen.

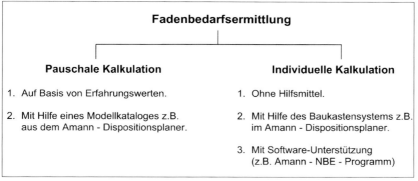

Bild 1. Möglichkeiten der Fadenbedarfsermittlung

Nachfolgend werden die einzelnen Verfahren detailliert beschrieben; ein besonderer Schwerpunkt wird dabei auf die Darstellung der Softwareunterstützung zur Nähfadenbedarfsermittlung (siehe 2.2) gelegt, da dies die professionellste und nach bisherigem Kenntnisstand zukunftsweisendste Möglichkeit ist.

1 Pauschale Nähfadenbedarfsermittlung

Pauschale Fadenbedarfsermittlung, das ist die allgemeine Erfassung des Bedarfs pro Modell ohne detaillierte Berücksichtigung der einzelnen Nahtpositionen, Verarbeitungsarten und Nahtlängen.

1.1 Nähfadenbedarfsermittlung auf Basis von Erfahrungswerten

Die häufigste Form aller Nähfadenbedarfsermittlungen ist vermutlich die pauschale Ermittlung auf Basis von Erfahrungswerten. Viele Unternehmen der Bekleidungsbranche haben sich eigene Richtwerte erarbeitet, die oftmals auf eine Mixtur von Berechnung, Schätzung und Erfahrung zurückzuführen sind. Modellabwandlungen werden bei dieser Kalkulationsart über den Daumen abgeschätzt und zu den verwendeten Richtwerten für bereits bestehende Artikel addiert.

Für die wichtigsten Bekleidungsartikel bieten branchenbekannte Broschüren eine Orientierungshilfe mit Richtwerten für den Nähfadenbedarf.

Branche/Artikel	NÄHFADENBEDARFS-RICHTWERTE			
	Richtwert	Streubereich	Vom Richtwert entfallen auf	
			Versäuberungs-Nähte	Verbindungs- und Ziernähte
	m	m	m	m
DOB				
Kleid (ungefüttert)	150	125–180	90	60
Kleid (gefüttert)	195	160–255	100	95
Rock (ungefüttert)	110	90–140	75	35
Rock (gefüttert)	170	150–200	125	45
Jacke	200	170–260	60	140
Kostüm (2-teilig)	400	310–490	135	265
Hose	200	180–240	150	50
Popelinemantel	285	250–370	45	240

Bild 2. Nähfadenbedarfs-Richtwerte, Auszug aus einer Broschüre der AMANN-GROUP

Der zeitliche und personelle Aufwand für dieses Verfahren ist sehr gering; dies gibt sicher den Ausschlag für seine häufige Verwendung. Der Nutzen, das heißt die Genauigkeit der Kalkulation und das damit verbundene Einsparungspotential, ist in den meisten Fällen nicht sehr hoch. Nur für wenige Produktgruppen, z. B. das wenig variationsreiche Business-Hemd oder die Jeanshose, und ausschließlich für Kollektionen mit geringer Modellvielfalt und wenigen Modellvarianten kann die pauschale Nähfadenbedarfsermittlung eine exakte Dispositionsgrundlage sichern. Für das Gros der Anwendungen bleibt dieses Verfahren ungenau, da es innerhalb einer Produktgruppe je nach Verarbeitungsart und Modellgestaltung erhebliche Abweichungen im Nähfadenbedarf geben kann. Dies unterstreicht folgendes Zahlenbeispiel über den Nähfadenbedarf für eine Hose:

	Nähfadenbedarf/Modell
Hosenmodell A, Verarbeitungsvariante A	150 m
Hosenmodell A, Verarbeitungsvariante B	210 m
Hosenmodell B, Verarbeitungsvariante A	250 m
Hosenmodell B, Verarbeitungsvariante B	320 m

1.2 Nähfadenbedarfsermittlung mit Hilfe eines Modellkataloges

Lösungen aus dem Nähgarn-Dispositionsplaner

Der Nähgarn-Dispositionsplaner bietet eine weitere Möglichkeit zur pauschalen Nähfadenbedarfsermittlung. Der Planer basiert auf einem Modellkatalog mit

Nähfadenbedarfsermittlung

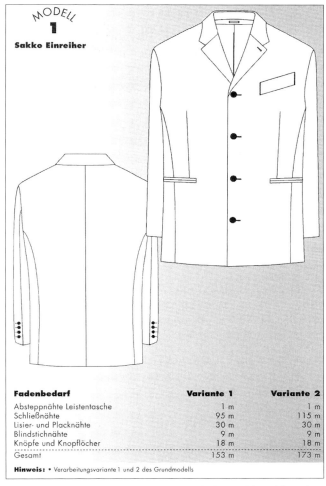

Bild 3. Auszug aus dem Modellkatalog des Nähgarn-Dispositionsplaners der AMANN GROUP

Modellskizzen, Angaben zur Verarbeitungsart und einer detaillierten Übersicht der entsprechenden Nähfadenbedarfswerte.

Der Dispositionsplaner liegt für DOB und HAKA vor und beinhaltet einen breitgefächerten Modellkatalog für die wichtigsten Produktgruppen. Für jedes Produkt (Hose, Sakko, Hemd, Bluse, Rock etc.) werden gängige Modellvarianten mit jeweils unterschiedlichen, praxisüblichen Verarbeitungsarten gezeigt. Stimmt das zu kalkulierende Modell mit einem der Modelle aus dem Dispositi-

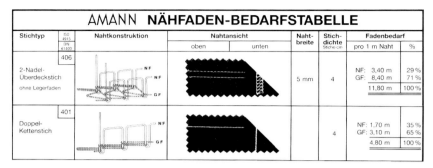

Bild 4. Fadenbedarfsangaben für einzelne Stichtypen, Auszug aus einer Broschüre der AMANN-GROUP

onsplaner überein, kann der entsprechende Nähfadenbedarf direkt abgelesen werden. Mit geringem Aufwand stellt das Verfahren auf diese Weise exakte Kalkulationswerte zur Verfügung, vorausgesetzt Verarbeitungsart und Modellgestaltung der abzugleichenden Modelle im Katalog und in der Praxis sind tatsächlich identisch.

Findet man das zu kalkulierende Modell nicht im Modellkatalog, so kann man die Modellabweichungen pauschal abschätzen oder individuell berechnen (siehe 2. Kapitel) und die Nähfadenbedarfswerte entsprechend ändern. Insgesamt unterstützt das Arbeiten mit dem Nähgarn-Dispositionsplaner die Genauigkeit der pauschalen Kalkulation, da der permanente Umgang mit den unterschiedlichen Modellskizzen und den entsprechenden Nähfadenbedarfswerten das „Gefühl" für eine realistische Größenabschätzung schult.

2 Individuelle Nähfadenbedarfsermittlung

Die individuelle Fadenbedarfsermittlung basiert auf einer Berechnung, die den Fadenbedarf unter Berücksichtigung des Stichtyps, der Stichdichte, der Nahtlänge sowie der Nähgutstärke – also aller wichtigen, auf den Fadenbedarf einflußnehmenden Parameter – für jede Nahtposition erfaßt. Für die Berechnung gibt es verschiedene Hilfsmittel, die unter 2.1 und 2.2 dargestellt werden. Grundsätzlich kann die individuelle Fadenbedarfsermittlung auch ohne Hilfsmittel durch Ausmessen der einzelnen Nahtlängen und Multiplikation mit den bekannten Fadenbedarfswerten / Stichtyp ermittelt werden. Eine Übersicht der Fadenbedarfswerte für die praxisüblichsten Stichtypen, die als Berechnungsgrundlage für dieses Vorgehen erforderlich ist, bieten entsprechende Broschüren.

Aus der individuellen Fadenbedarfsermittlung resultieren generell sogenannte „Nettowerte"; d. h. der berechnete Fadenbedarf beinhaltet ausschließlich die erforderliche Fadenmenge für die jeweils abgemessenen Nahtstrecken.

Nähfadenbedarfsermittlung

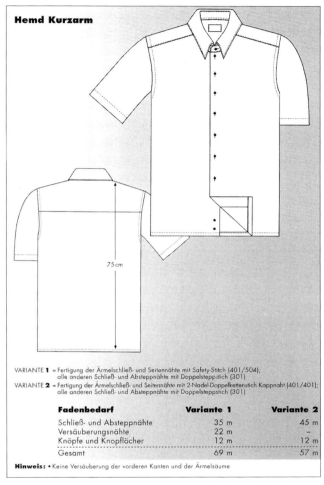

Bild 5. Grundmodell Hemd, Auszug aus dem Modellkatalog des Nähgarn-Dispositionsplaners der AMANN GROUP

Für die Disposition muß ein prozentualer Mehrbedarf zugeschlagen werden, um den zusätzlichen Fadenbedarf für z. B. Nahtanfang und -ende, Ausnähen von Nahtenden, Umfädelvorgänge, Farbwechsel etc. abzudecken. Praxisüblich sind Zuschlagswerte von 10 bis 20 %. Diese separate Berücksichtigung eines Zuschlagswertes ist bei der pauschalen Fadenbedarfsermittlung in der Regel nicht erforderlich, da der Mehrbedarf bereits in den ohnehin sehr grob gefaßten Richtwerten enthalten ist.

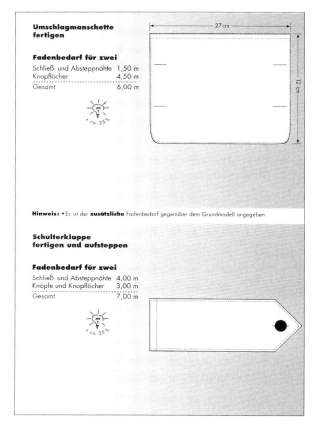

Bild 6. Bausteine zum Hemd, Auszug aus dem Modellkatalog des Nähgarn-Dispositionsplaners der AMANN GROUP

2.1 Nähfadenbedarfsermittlung mit Hilfe eines Baukastensystems

Lösungen aus dem Nähgarn-Dispositionsplaner

Der unter 1.2 bereits beschriebene Nähgarn-Dispositionsplaner bietet auch eine Möglichkeit zur individuellen Nähfadenbedarfsermittlung. Der Modellkatalog im Dispositionsplaner beinhaltet neben den einzelnen Modellen für die pauschale Ermittlung (siehe Bild 3) auch für jede Produktgruppe ein Grundmodell (siehe Bild 5), das durch Bausteine individuell zu ergänzen und abzuwandeln ist. Damit können nahezu alle Modellvarianten individuell zusammengestellt und durch Addition der einzelnen Bedarfswerte für das Grundmodell und die Bausteine berechnet werden.

Aufwand und Nutzen von diesem Verfahren stehen in einem guten Verhältnis. Die Berechnung der Ergebnisse geht im Vergleich zur Berücksichtigung aller einzelnen Nahtpositionen rasch; gleichzeitig ist die Genauigkeit der Kalkulation bei korrekter Anwendung des Dispositionsplaners sehr hoch.

2.2 Nähfadenbedarfsermittlung mit Hilfe professioneller Software

Einsatz eines NähfadenBedarfsErmittlungs-Programms

Individuell kann mit einer entsprechenden Software eine genaue Fadenbedarfsberechnung pro Nähoperation unter Berücksichtigung aller wichtigen, den Fadenbedarf beeinflussenden Parameter (s. Punkt 2) erstellt werden. Die Stärke einer EDV-unterstützten Nähfadenbedarfsermittlung liegt vor allen Dingen in der Abrufbarkeit und der Übersichtlichkeit der Daten und in der Flexibilität. Im Zuge der globalen Beschaffungsstruktur in der Bekleidungsindustrie ist diese Art der Fadenbedarfskalkulation sicherlich die detaillierteste und zukunftorientierteste Möglichkeit. Da der zeitliche und personelle Aufwand hierfür wesentlich höher angesiedelt ist als bei den vorherigen Fadenbedarfsmöglichkeiten, sind die Vorteile der professionellen Software von jedem Konfektionär gut abzuwägen. Aufgrund der heutigen Produktionsverlagerung ins Ausland kann diese exakte Art der Nähfadenkalkulation Unter- bzw. Überbestände in den Produktionsbetrieben vermeiden helfen und dadurch wiederum beträchtliche Einsparpotentiale eröffnen.

Um einen optimalen Einsatz zu sichern, sind folgende Anforderungen an eine professionelle Software-Lösung gestellt:
- Zugriffsmöglichkeiten von verschiedenen Standorten
- existierende, bekannte Grundlagensoftware
- benutzerfreundliche Gestaltung
- einfache, klare Systematik
- visuelle Darstellung (Grafiken)
- internationale Einsetzbarkeit (Sprachen)
- Flexibilität (Produktvielfalt; individuelle Benutzerbedürfnisse)

Im folgenden wird das Software-Programm der AMANN GROUP (NBE-Programm) vorgestellt. Es werden auszugsweise die wichtigsten Programmfunktionen aufgezeigt, um den Umgang und die Möglichkeiten dieser Art der Nähfadenbedarfskalkulation darzustellen.

Das Programm auf Microsoft Access 2000-Basis ist in drei Bereiche strukturiert:
- Basisdaten
- Modellübersicht
- neues Modell erfassen

2.2.1 Basisdaten

Die Basisdaten werden in der Regel einmalig erfaßt und beinhalten folgende Angaben:
- Nähfadenartikel inkl. Preisen (für die spätere Kostenkalkulation/ Modell)
- Farbgruppen von Nähfaden (Beispiel roh oder farbig)
- Stichtypen (nach ISO 4915)
- Benutzer (Ersteller; Zugriffsberechtigungen)
- Arbeitsgangbezeichnungen (Datenbank für eine einheitliche Unternehmenssprache) sowie
- Einstellungen (Währungseinheit, veranschlagter Fadenmehrbedarf in % etc.)

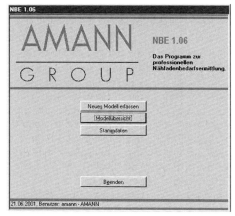

Bild 7. Basisdatenübersicht

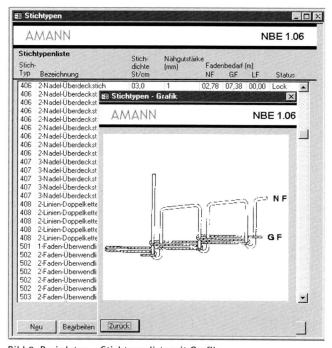

Bild 8. Basisdaten – Stichtypenliste mit Grafik

Nähfadenbedarfsermittlung

Exemplarisch ist im Bild 8 die Stichtypenliste präzisiert: Die Stichtypenliste enthält die wichtigsten eingesetzten Stichtypen nach ISO 4915. Die hinterlegten Nähfadenverbräuche für Nadelfaden (NF), Greiferfaden (GF) sowie Legefaden (LF) entsprechen ermittelter Praxiswerte – gestaffelt nach den bedarfsbeeinflussenden Parametern wie Stichdichte und Nähgutstärke. Zur besseren Anschauung – gerade im Austausch mit ausländischen Produktionsbetrieben – kann zu jedem Stichtyp die entsprechende grafische Darstellung visualisiert werden.

2.2.2 Modellübersicht

In der Modellübersicht sind alle erstellten Modelle sichtbar. Eine Sortierung kann nach verschiedenen Kriterien erfolgen und erleichtert die Suche nach einer speziellen Nähfadenbedarfskalkulation. Die wichtigsten Erkennungsmerkmale wie Modellbezeichnung (z. B. Hose Mustermann), Modellnummer (z. B. 44-5789), Modellgröße (z. B. 50), Marke (z. B. Muster) etc. sowie der Gesamtbedarf (z. B. 216,01 m) und der Preis (0,52 DM / Hose) werden gezeigt (Bild 9).

Nr.	Modellbezeichnung	Modellnummer	Grösse	Marke	Nähgutstärke in (mm)	Datum	User	Bedarf Pos. (m)	Preis (DEM)
1	Hose Paul	44-7867576	52	Muster	1	20.09.20	Amann	7 100,15	0,12
2	Bluse Paris	22-34579	40	Muster	1	20.09.20	Amann	10 60,72	0,07
4	Bermuda Sun	45/435	40	Muster	1	20.09.20	Amann	9 166,28	0,18
7	Rock Ursula	33-3872.1	38	Muster	1	19.04.20	Amann	20 118,19	0,06
8	Rock Heidrun	33-3872.2	38	Muster	1	19.04.20	Amann	20 118,19	0,11
9	Rock Bora	33-3872.3	38	Muster	1	19.04.20	Amann	20 118,19	0,11
10	Rock Donna	33-3872.4	38	Muster	1	19.04.20	Amann	20 118,19	0,04
11	Hose Mustermann	44-5789	50	Muster	1	20.06.20	Amann	32 216,01	0,52
101	Paspeltasche A	123	A	Muster	1	20.06.20	Amann	8 16,90	0,03
102	Paspeltasche B	124	B	Muster	1	20.06.20	Amann	9 19,49	0,06

Bild 9. Modellübersicht

Aus dieser Übersicht heraus kann
- ein neues Modell erstellt,
- ein bestehendes Modell bearbeitet, kopiert oder gelöscht,
- für jedes Modell eine entsprechende Grafik abgerufen werden.

2.2.3 Neues Modell erfassen

Um ein neues Modell zu erfassen, öffnet sich unter „Neu" in der Modellübersicht zunächst das erste von drei Formularen mit den Stammdaten.

Für das Modell „Hose Mustermann" ergibt sich folgende Maske (Bild 10):

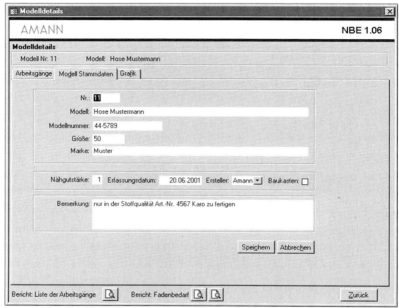

Bild 10. Erstelltes Modell – Modell-Stammdaten

Ein weiteres Formular ermöglicht das Einfügen von Grafiken des Modells in Vorder- und Hinteransicht. Hierbei kann auf bereits existierende Dateien (Format: *.jpg, *.wmf, etc.), die meistens in der CAD-Abteilung oder bei PDM-Systemen eingespeichert sind, zugegriffen werden (Bild 11).

Das dritte Formular beinhaltet die einzelnen Arbeitsgänge, welche mit fortlaufenden Nummern erstellt werden. Hierzu sind folgende Angaben einzupflegen:

Arbeitsgangbezeichnung:	Eintrag des jeweiligen Arbeitsganges mit Vorschlägen zu Bezeichnungen, die in einer Datenbank hinterlegt sind (s. Stammdaten – Arbeitsgangbezeichnungen); Vermeidung von verschiedenen Begriffen wie „versäubern", „endeln", „overlocken", etc. (Bild 12)
Nahtlänge:	Eingabe in cm
Stichdichte:	Eingabe in Stiche pro cm

Nähfadenbedarfsermittlung

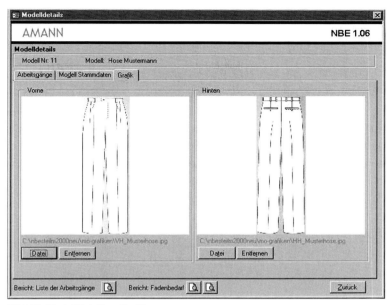

Bild 11. Modelldetails – Grafik

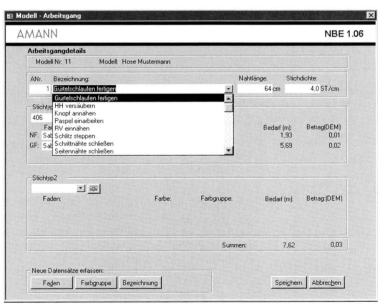

Bild 12. Arbeitsgangdetails – standardisierte Bezeichnungen

Stichtyp:	Eintrag nach ISO-Nummer (Bsp. 301) oder Auswahlliste (Pull-down-Menü) aus den Stammdaten (inkl. Grafik)
Faden (NF):	Eintrag des Nadelfadens mit direkter Artikelbezeichnung oder Auswahl aus den Stammdaten (dito Stichtyp)
Faden (GF):	Eintrag des Greiferfadens dito wie Nadelfadeneingabe; je nach Einstellung erscheint er automatisch gleich dem Nadelfaden
Faden (LF):	Eintrag des Legefaden dito wie Nadel- bzw. Greiferfadeneingabe

Bei den Nähfadenartikeln ist zusätzlich die Möglichkeit des Eintrages einer Farbe und einer Farbgruppe gegeben. Dies ist für die Disposition der Nähfäden in den einzelnen Farben und eine korrekte Preiserstellung erforderlich (Bild 12).

Entsprechend dem Arbeitsablaufplan werden die einzelnen Arbeitsgänge mit den entsprechenden Daten eingegeben. Eine Vereinfachung stellt die sog. „Bau-

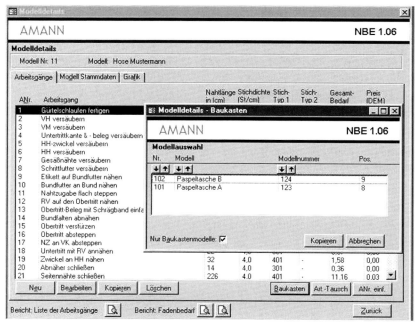

Bild 13. Kopieren eines Baukastenmodells

kasten"-Variante dar. Bei vielen Konfektionären existieren bereits sog. „Nahtbausteine" oder Module. Damit sind Standardvarianten beispielsweise der Taschenbeutelverarbeitung, Saumverarbeitung, Bundfertigung etc. gemeint. Übertragen auf eine EDV-unterstützte Nähfadenbedarfskalkulation können Baukastenmodelle erstellt werden, indem ein neues Modell als „Baukasten" im Stammblatt definiert wird (Bild 10: Erstelltes Modell – Modell-Stammdaten). Die Erstellung eines Baukastenkataloges vereinfacht bei neu hinzukommenden Modellen die Kalkulation, da die einzelnen Arbeitsgänge des Baukastens automatisch in das zu erstellende Modell kopiert werden können. Deutlich wird dies in Bild 13, bei dem zwei Baukastenmodelle, Paspeltasche A und Paspeltasche B, ausgewählt und zu den Arbeitsgängen des Modells „Hose Mustermann" kopiert werden können (Bild 13).

Mit der Funktion „Art.-tausch" können problemlos Nähfadenartikel gegeneinander ausgetauscht werden. Beispielsweise kann – aufgrund eines gewünschten, stärkeren Ziernahteffektes – der Nähfaden Stärke Nr. 120 durch den Nähfaden Stärke Nr. 80 ersetzt werden. Ist das gleiche Modell in unterschiedlichen Stoffqualitäten zu kalkulieren, wobei auch eine andere Nähfadenstärke zum Einsatz kommt, kann das komplette Modell zunächst kopiert und dann der Artikeltausch vorgenommen werden.

Ist ein Modell fertiggestellt, bieten sich mehrere Möglichkeiten der Ergebnisdarstellung zur besseren Übersicht des Fadenbedarfs eines Modells:

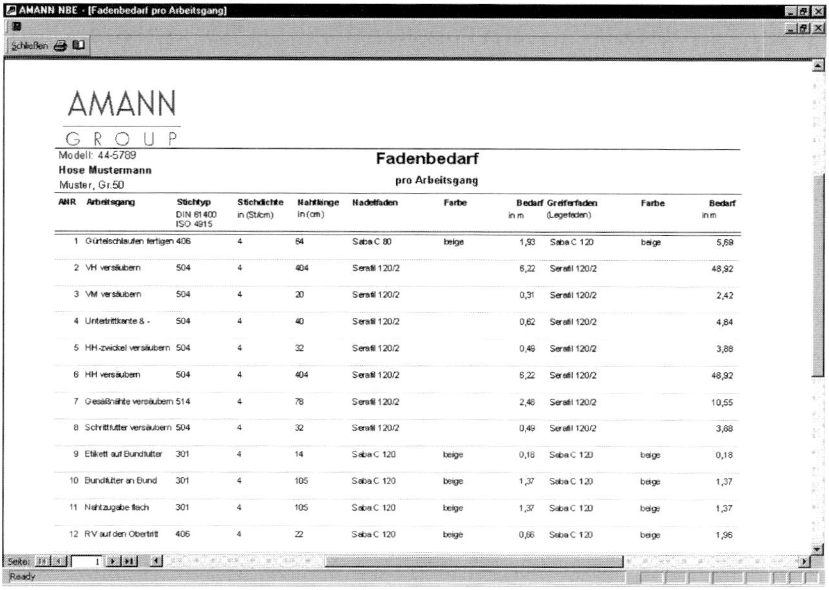
AMANN NBE - [Fadenbedarf pro Arbeitsgang]

Schließen

AMANN GROUP

Modell: 44-5789
Hose Mustermann
Muster, Gr.50

Fadenbedarf
pro Arbeitsgang

ANR	Arbeitsgang	Stichtyp DIN 61400 ISO 4915	Stichdichte in (St/cm)	Nahtlänge in (cm)	Nadelfaden	Farbe	Bedarf in m	Greiferfaden (Legefaden)	Farbe	Bedarf in m
1	Gürtelschlaufen fertigen	406	4	64	Saba C 80	beige	1,93	Saba C 120	beige	5,69
2	VH versäubern	504	4	404	Serafil 120/2		6,22	Serafil 120/2		48,92
3	VM versäubern	504	4	20	Serafil 120/2		0,31	Serafil 120/2		2,42
4	Untertrittkante & -	504	4	40	Serafil 120/2		0,62	Serafil 120/2		4,84
5	HH-zwickel versäubern	504	4	32	Serafil 120/2		0,49	Serafil 120/2		3,88
6	HH versäubern	504	4	404	Serafil 120/2		6,22	Serafil 120/2		48,92
7	Gesäßnähte versäubern	514	4	78	Serafil 120/2		2,48	Serafil 120/2		10,55
8	Schrittfutter versäubern	504	4	32	Serafil 120/2		0,49	Serafil 120/2		3,88
9	Etikett auf Bundfutter	301	4	14	Saba C 120	beige	0,18	Saba C 120	beige	0,18
10	Bundfutter an Bund	301	4	105	Saba C 120	beige	1,37	Saba C 120	beige	1,37
11	Nahtzugabe flach	301	4	105	Saba C 120	beige	1,37	Saba C 120	beige	1,37
12	RV auf den Obertritt	406	4	22	Saba C 120	beige	0,86	Saba C 120	beige	1,96

Seite: 1

Ready

Bild 14. Fadenbedarf pro Arbeitsgang

- Fadenbedarf pro Arbeitsgang (Bild 14)
- Gesamtfadenbedarf pro Artikel mit Preisen (zur internen Modellkalkulation – Bild 15)
- Gesamtfadenbedarf pro Artikel ohne Preise (zur evtl. Weitergabe an den Lohnkonfektionär)

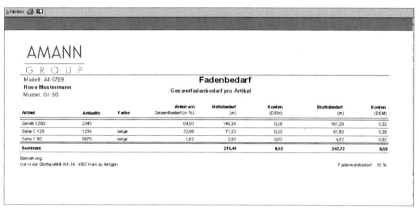

Bild 15. Gesamtfadenbedarf pro Artikel

Für die Disposition ist der nächste Schritt die Hochrechnung des Fadenbedarfes auf die Auftragsgröße sowie die direkte Bestellung. Zur Abrundung einer Materialdisposition liegt der Wunsch nahe, daß eine weiterführende, direkte EDV-Anbindung (Warenwirtschaftsprogramme) erfolgt. Aufgrund der teilweise sehr unterschiedlichen EDV-Standards bei Unternehmen, sind jedoch häufig zunächst interne, firmenspezifische EDV-Lücken zu überbrücken, bis „ganzheitliche", durchgängige EDV-Lösungen realisiert werden können.

Diese Software wurde in enger Zusammenarbeit mit einem bedeutenden Konfektionär erarbeitet und spiegelt deshalb in besonderer Weise die aktuellen Anforderungen an ein modernes Kalkulationsinstrument wider. Die Einrichtung und Anwendung einer Softwarelösung zur Nähfadenkalkulation bedarf zunächst eines hohen zeitlichen und personellen Aufwandes; die Vorteile liegen jedoch bei effektiver Ausnutzung des Programms auf der Hand. Neben den anderen vorgestellten Möglichkeiten, wird sich daher voraussichtlich die computergestützte Anwendung – zumindest für große Konfektionäre mit hoher Produktvielfalt – als exakte und professionellste Lösung durchsetzen.

Mensch – Technik – Organisation, Future Work
Der Wandel der Arbeitswelt

von Sabine Gimpel und Birgit Siegl *

Rasante Veränderungen, hervorgerufen durch den vielfältigen Einsatz der Informations- und Kommunikationstechnologien, prägen die Arbeit der Gegenwart. Ständig werden neue Werkzeuge entwickelt, die uns unter verkaufswirksamen Schlagworten präsentiert werden. E-Business, E-Markets, Supply Chain, Knowledge Manangement usw. weisen auf die zahlreichen Anwendungsgebiete hin. Aufgrund der Dominanz der EDV sprechen Experten vom Übergang des Industrie- in das Informationszeitalter.

Die mit den neuen Medien verbundenen Chancen und Möglichkeiten wirken auf gesellschaftliche, kulturelle, soziale und ethische Belange gleichermaßen. Wie wird unter diesen Bedingungen die zukünftige Arbeitswelt in unserem Industriezweig aussehen? Dies soll in diesem Beitrag diskutiert werden.

In utopischen Filmen faszinieren uns immer wieder fremde Wesen, die unseren Planeten besuchen. Sie werden in den fantasievollsten Varianten gezeigt. Lebewesen als Roboter, mit Panzer oder Schuppen werden effektvoll dargestellt, in den seltensten Fällen aber bestechen sie durch ihre Kleidung. Die Erdmenschen werden meist in einem maoistischen Kleiderstil gezeigt. Warum?

Was verleitet Maskenbildner dazu, eher bei Haarschmuck, Pappanzer, Schuppen oder der abstrakten Darstellung des Charakters im äußeren Erscheinungsbild Lösungen zu finden, als an kreativer lebensfroher Kleidung? Außer, daß man sich wohl künftig ständig an die Brust schlägt, um mit allen und jedem im Weltall kommunizieren zu können und das noch in einem Allerwelts-Strampelanzug, fällt ihnen hierzu kaum etwas ein.

Gegenwärtig liegt der Entwicklungstrend in der Erfüllung individueller Kundenwünsche, Multifunktionalität ist gefordert. Kann diese Tendenz Vorstufe für eine nachkommende Einheitskleidung sein, die dann intelligent, high-tech-fashioned auch für Otto Normalverbraucher erreichbar ist? Oder können wir weiter auf Mode hoffen? Werden sich Persönlichkeit und Einmaligkeit des Menschen auch weiterhin in seinem textilen Erscheinungsbild widerspiegeln?

---

* Die Autoren sind Mitarbeiter im Textilforschungsinstitut Thüringen-Vogtland e.V. Greiz

Der internationale Kunde wird sich zunehmend individueller kleiden und wird immer mehr Einfluß auf die (textile) Dienstleistungskette nehmen. Die Stufen dieser Dienstleistungskette sind internationalisiert und werden nicht mehr ausschließlich nur auf das Textil bezogen sein. Der Kunde wird selbst in der virtuellen Welt zugreifen können auf modische Stoffe aus Italien, auf kreative Entwürfe aus Design-Büros in München, Paris, Mailand oder London; diese wollen sie à la Made by Fashion Group gefertigt und mit intelligenten Accessoires einer Kommunikations-Group vervollständigt sehen. Diese individuellen Kreationen werden das Straßenbild beleben und gleichzeitig auch Anregung für weitere Entwicklungen sein.

Was wird aber das Machbare in der Fertigung werden? Wird die Nähmaschine weiterhin das Fertigungsbild bestimmen, oder ist die Automatisierung umgesetzt? Welche Organisationsformen werden diese Kundenindividualität unterstützen, und welche Stellung wird in dieser Entwicklung der Mensch einnehmen?

Wird er isoliert an seinem Computer sitzen und per Satellit die Produktion in anderen Betrieben überwachen, oder wird eine kommunikative virtuelle Arbeitswelt bestimmend sein?

Oder könnte es so sein?

„Wieder einmal macht die Solarzellenjacke Probleme. Sie ist die Basis für das neue Outdoor-Programm und muß bis zum Dienstag für den Fashion Marktplatz geliefert werden. Sie sitzen alle in ihren Kommunikationsräumen, der Designer Jean Claude in Paris, die deutsche Monika Lerch von der Solarzellenweberei in Chemnitz, der Bekleidungsmikroelektoniker Valery Alexandrow in Irkutsk und Li Ghunhui aus der Outdoorfashion in Peking. Alle reden durcheinander, als sie auf dem großen Bildschirm Li Ghunhui mit seinem Videoheadset an dem 3D-Nähautomat für die Jackenrumpfteile sehen. Der Liner verzieht das ganze Rumpfteil. Das läßt sich durch Maschineneinstellungen nicht beseitigen. Li Ghunhui meint, es muß unbedingt ein anderer Liner in derselben Farbe und mit geändertem technischen Profil eingesetzt werden. Da sind sich alle einig."

Die Phantasie wird angeregt durch Globalisierung und Internationalisierung, durch die rasante Entwicklung der Informations- und Kommunikationstechnologien und virtuellen Realitäten.

Schauen wir zunächst zurück, um den Blick für das wünschenswerte Künftige zu schärfen.

Future Work – Der Wandel der Arbeitswelt

Entwicklungsgeschichte von Organisation, Mensch und Technik

Für die Menschen waren Organisationen im Lebenskampf gegen äußere Gefahren, Hunger und Naturkatastrophen seit jeher eine Notwendigkeit. Kennzeichnend für frühere Organisationsformen war die Dominanz einer zentralen Person, die
- bei wichtigen Problemen allein die Entscheidungen für andere traf
- alles weiß und immer recht hat
- als Autorität anerkannt wird und bei Konflikten vermittelt
- über die anderen herrscht.

Ausgeprägt waren solche Hierarchien besonders beim Militär, in Kirche und Staat. [1]

Mit Beginn des industriellen Aufbruchs um ca. 1840 wurden Lösungen für den Aufbau und die Führung der entstehenden Industriebetriebe, Regelungen zum Verhalten der Mitarbeiter am Arbeitsplatz, Fragen zur Aufgabenverteilung, zur Weitergabe von Informationen in Hierarchien benötigt. Man begann, sich gezwungenermaßen methodisch-analytisch mit der Arbeitswelt zu beschäftigen.

F. W. Taylor (1856–1915) und Henry Ford (1863–1947) forcierten zu Beginn des 20. Jahrhunderts die Arbeitsorganisation und Arbeitstechnik. Während Taylor, ausgehend von Zeit- und Bewegungsstudien, durch räumliche und zeitliche Veränderung der Arbeitsabläufe maßgebliche Produktivitätsfortschritte erzielte, entwickelte Ford das Prinzip der Fließbandfertigung. Er teilte den Arbeitsablauf in so kleine und stark schematisierte Arbeitsschritte, daß auch ungelerntes Personal innerhalb kürzester Zeit in den Arbeitsablauf integriert werden konnte. Der Austausch eines Arbeiters wurde damit problemlos möglich.

In dem 1936 entstandenen Film „Modern Times" wurde von Charlie Chaplin diese Arbeitswelt und deren Folgen satirisch, aber prägnant dargestellt.

Das Prinzip der Fließbandfertigung hat sich im Laufe der Jahrzehnte immer weiter entwickelt und wurde nach dem 2. Weltkrieg in Europa eingeführt. Eine hierarchische Struktur wurde auch hier für die klassischen Führungsfunktionen wie Planung, Organisation und Kontrolle als Voraussetzung betrachtet, um den arbeitenden Menschen vollkommen zu erfassen und zu steuern. Dieses Denken prägt die Organisationsstrukturen in Groß-, Mittel- und Kleinbetrieben aller Industriezweige bis heute. Auch

Bild 1. Charlie Chaplin in „Modern Times"

die Unternehmen der Bekleidungsindustrie haben mit ihrer Version der Bandfertigung diese Auffassung vertreten, die wirtschaftlichen Erfolge, die mit dieser Arbeitsweise erreicht wurden, unterstützten diese Vorgehensweise bzw. gaben ihnen recht.

Die Rolle des Menschen ist in diesen Entwicklungsstufen in engem Zusammenhang mit dem vollzogenen gesellschaftlichen, wirtschaftlichen, sozialen und technischen Wandel zu sehen. Mit der Industrialisierung des Handwerks und der folgenden hochgradigen Arbeitsteilung, in der die Trennung von körperlicher und geistiger Arbeit favorisiert wurde, standen besonders technische Entwicklungen im Vordergrund, die durch Organisationskonzepte unterstützt werden mußten.

Die Psyche des Menschen wurde bei dieser Arbeitsform stark vernachlässigt, so daß die Arbeitsmotivation auf ein Minimum sank und die soziale Isolation stark zunahm. Die Zeit der Weltwirtschaftskrise, der steigende Einfluß der Gewerkschaften und die größer werdende Unzufriedenheit der Arbeiter, auch hervorgerufen durch den autoritären Führungsstil, bestimmten maßgeblich die bereits um 1930 in Amerika einsetzende Entwicklung zur Humanisierung der Arbeitswelt.

Die damit aufkeimende Sozial- und Verhaltensforschung unterstützte diesen eingeleiteten Wandlungsprozeß durch intensive Untersuchungen. Angefangen bei Mayo (1927), der den positiven Einfluß der sozialen Interaktion auf die Arbeitszufriedenheit und damit auf das Ergebnis der Arbeitsleistung dokumentierte, über die Motivationstheorie von Maslow (1954) bis hin zur XY-Theorie von Mc Gregor (1960) beschäftigt sich bis heute die Arbeitswissenschaft mit dieser Problematik.

Die Rolle des Menschen in den einzelnen Entwicklungsphasen kann in den im Bild 2 dargestellten drei Menschenbildern charakterisiert werden [2] (siehe Bild 2).

Durch die sich im Laufe der letzten Jahre verändernden Marktbedingungen, die ein Umdenken von der Plan- hin zur Kundenfertigung erfordern, ist eine Veränderung der starren, autoritären, kontrollintensiven Organisationsform zwingend notwendig. Das bedeutet, die Rolle des einzelnen Mitarbeiters (Menschenbild 3) stärker als bisher in den Vordergrund aller Überlegungen zu stellen. Egal unter welchem Konzept (Gruppenarbeit, Team, teilautonome Arbeitsgruppe usw.) man die dringend notwendigen Veränderungen in die Praxis umsetzt, entscheidend ist, daß Eigenverantwortung und Selbstorganisation des einzelnen dabei wesentlich erweitert und die notwendigen Voraussetzungen dafür geschaffen werden.

In dem von der Forschungsgemeinschaft Bekleidungsindustrie initiierten Projekt [3] konnten wir für die Einführung gruppenorientierter Organisationsstrukturen in der Bekleidungsindustrie folgendes Fazit ziehen:

Gruppenorientierte Fertigung ist eine Alternative, wenn es gilt, die bestehenden Marktanforderungen kurzfristig und qualitätsgerecht zu erfüllen. Die Einführung von gruppenorientierten Strukturen setzt voraus, die Bedeutung des

Future Work – Der Wandel der Arbeitswelt

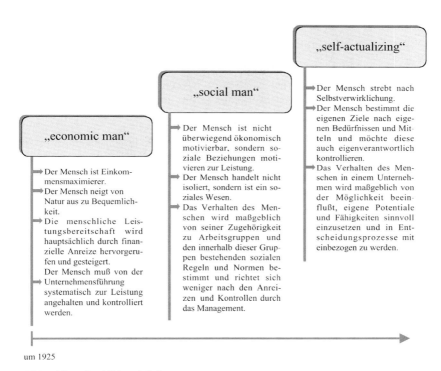

Bild 2. Menschenbild nach [2]

Mitarbeiters hervorzuheben und ihn zur Beteiligung an betrieblichen Veränderungsprozessen zu motivieren. Dies ist nur dann erfolgreich, wenn diese Beteiligung auch ernsthaft im Management gewollt ist. Die Entwicklung von Personalstrukturen, in denen Mitarbeitern Entscheidungsspielräume vermittelt, aber organisatorisch nicht umgesetzt werden, erscheint ebensowenig sinnvoll, wie die Einführung innovativer Strukturen ohne die systematische Vorbereitung von Qualifikation und die Entgeltgestaltung der Mitarbeiter.

Die (maschinen)technische Entwicklung in der Bekleidungsindustrie ist eng mit der materialspezifischen und organisatorischen Situation des Industriezweiges verbunden.

Singer ist heute noch das Synonym für die erste, den industriellen Ansprüchen gerecht werdende Nähmaschine, die um 1880/90 im Handwerk und der sich herausbildenden Bekleidungsindustrie eingesetzt werden konnte. Einen weiteren wesentlichen Vorschub für die technische Entwicklung leisteten Edison und Siemens mit der Anwendung der Elektrizität.

Fakt ist, daß in unterschiedlichen Ausprägungen zahlreiche Mechanisierungs- und Automatisierungslösungen trotz einer weitestgehend handwerklich

Bild 3. Förderanlage Fa. Dürkopp von 1959 [4]

gebliebenen Fertigung umgesetzt werden konnten. Besonders im Bereich der Vorarbeit wurden zahlreiche Arbeitsgänge automatisiert und in den unterschiedlichsten Branchen eingeführt.

Die Bandfertigung der Bekleidungsindustrie wurde durch intensive Arbeitsstudien ständig weiter optimiert. In allen Bereichen der Fertigung wurden nachhaltige Ergebnisse erzielt. So konnten zahlreiche Vorschläge und Anregungen für maschinentechnische Neuerungen und Transportlösungen, die darauf abzielten, die handhabungsintensive Fertigung zu verbessern, entwickelt werden. Ein Beispiel für eine intelligente Transportlösung, die bereits Ende der 50er Jahre der Bekleidungsindustrie zur Verfügung stand, zeigt Bild 3.

Neben technischen und organisatorischen Lösungen wurden auch Rationalisierungspotentiale für die Mitarbeiter erschlossen. Es wurden Eignungstests für Näherinnen entwickelt, durch die man schon vorab bewerten kann, bei welchen Tätigkeiten der neue Mitarbeiter sein bestes Leistungsergebnis erzielen kann. Eine gezielte Arbeitsunterweisung unterstützte den Einarbeitungsprozeß.

Die am Beginn ihrer Entwicklung stehenden Informations- und Kommunikationstechnologien haben besonders in den letzten zehn Jahren für eine rasante Entwicklung auch in unserer Industrie gesorgt. In vielen Bereichen der Bekleidungsindustrie unterstützen heute moderne Informations- und Kommunikationssysteme das tägliche Arbeiten. CAD-Systeme gehören zum Alltag. Wer denkt noch an die Probleme, die es gab, als Konstrukteure überzeugt werden mußten, ihre Schnitte nicht mehr per Hand, sondern am Bildschirm zu gradieren. Auftragsbearbeitung, Lohnrechnung, Materialdisposition u. v. m. sind der Standard, über den heute niemand mehr spricht. Gegenwärtig arbeitet man u. a. daran, wie mit Hilfe von Produktdatenmanagement-Systemen interne Abläufe effizienter, zielgerichteter und durchgängiger gestaltet werden können.

Als ein neuartiges Produktionswerkzeug im Sinne der Informationstechnik sind die Wissenspotentiale der Mitarbeiter anzusehen. Sie als eine wesentliche Wettbewerbsressource in moderne Unternehmensstrategien einzubinden, ist eine weitere große Herausforderung. Basis für die Bewältigung dieser Herausforderung wird es sein, Rahmenbedingungen zu schaffen, die das Teilen von Wissen über persönliche, organisatorische, zeitliche und andere Grenzen hinweg ermöglicht bzw. fördert.

Future Work

Für die Realisierung individueller, funktionaler, modischer Kundenwünsche wird die fachübergreifende Zusammenarbeit stark an Bedeutung zunehmen. Gemeinsam mit Flächenbildnern und Veredlern werden wir entlang der (textilen) Dienstleistungskette eigenwillige Erzeugnisse entwickeln. Die „noch Textiler" werden besser erkennen, warum Gewebefehler, Farbscheinigkeiten, Breitenschwankungen u. v. a. den „noch Konfektionären" soviel Probleme bereiten. Vielleicht werden diese Fehler auch gar nicht mehr auftreten. Die interdisziplinäre Zusammenarbeit wird noch mehr Anregungen für geeignete Entwicklungsrichtungen geben. Möglich wird dies künftig alles durch Globalisierung und Vernetzung.

Ein Phänomen der Kundenzufriedenheit, das uns seit vielen Jahrzehnten begleitet, ist die „genietete Drillichhose", heute Jeans genannt, von Levi Strauss. Bis heute wird dieses, immer wieder eine Renaissance erlebende Bekleidungsteil, von allen Altersgruppen mit Vorliebe getragen. Obwohl immer nach dem gleichen Schema aufbereitet, bieten die unterschiedlichen Färbungen, die Zutatenvariationen und die Modellgestaltung immer wieder neue Erscheinungsbilder dieses aus der Notwendigkeit heraus entstandenen Utensils. Hier wurde die Umsetzung des individuellen Kundenwunsches mit Bravour realisiert. Für jeden Kunden gibt es „seine Jeans", von hauteng bis weit, kurz oder lang, blau, farbig, bestickt, bedruckt, wie auch immer, auf jeden Fall passend.

Kundenzufriedenheit wird zukünftig stärker als bisher durch Individualität und Funktionalität erreicht werden, andererseits wird es auch weiterhin Moderichtungen geben, die einfach nur Spaß machen.

Der Utopie eines Allerwelt-Strampelanzuges kann man deshalb nur wenig abgewinnen. Sie ist langweilig und für die Globalisierung wenig kreativ. Hier bleiben die unterschiedlichen gesellschaftlichen, kulturellen und sozialen Gegebenheiten der Weltbevölkerung unberücksichtigt, die unser Leben doch erst so interessant und lebenswert machen. Warum soll es einer Frau in Europa nicht auch einmal Spaß machen, einen Kimono zu tragen? Wären sie als „Bekleidungs"dienstleister in der Lage, diesen Kundenwunsch schnellstens zu realisieren? Wo würden sie ihr Material hernehmen, wie würden sie an die Körpermaße des Kunden gelangen, wie würden sie den Schnitt konstruieren, welche Verarbeitung würden sie wählen, was würde das kosten? Der Schnellste wird das Rennen gewinnen. Wären Sie es?

Die Realisierung von Individualität wird nicht im Selbstlauf erreicht werden. Moderne technische, organisatorische und personelle Konzepte werden benötigt, in der kompetente und kurzfristige Entscheidungen getroffen werden

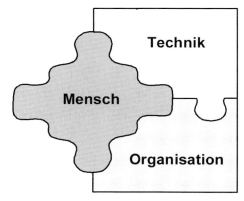

Bild 4. Puzzlearbeit ist das effiziente Zusammenwirken von Mensch, Technik und Organisation

können. Das hat weitreichende Konsequenzen auf die künftige Gestaltung der Arbeit.

Den Wandel der Arbeitswelt beschreibt [5] als eine sich „radikal ändernde Arbeitswelt", in der es „nichts Festgefügtes, nichts Langfristiges" mehr gibt, in den „noch als organisatorische Einheit fungierende Unternehmen als ein klares Auslaufmodell" gesehen werden. Ist das nicht ein interessanter und spannender Ansatz, in dem der Mensch und seine Erfahrung viel stärker gefordert werden?

Ein geeignetes Instrument für die Lösung der anstehenden Aufgaben vertritt das Konzept von Mensch, Technik und Organisation. Es zielt darauf ab, alle notwendigen Komponenten, also den Menschen, die Technik und die Organisation als ein Ganzes zu sehen und dementsprechend deren Entwicklung zu gestalten. Im Vordergrund steht dabei der teamorientierte Lösungsansatz. MTO ist eine Organisation, deren Annahme es ist, daß Mensch, Technik und Organisation nicht je für sich isoliert behandelt werden dürfen, sondern ein integratives Konzept verfolgt werden sollte. Danach verspricht die Planung und Einführung neuer Produktionssysteme nur dann Erfolg, wenn ein umfassender Ansatz zu Grunde liegt. Das bedeutet, der Einsatz der Technik, die Gestaltung der Organisation und die Entwicklung der Mitarbeiter müssen gemeinsam entwickelt werden. Nur der Mensch ist in der Lage, Technik zu schaffen und Organisation zu gestalten.[6]

Priorität hat hier letztendlich das ganzheitliche Denken. Es soll verhindern, daß z. B. kostspielige technische Lösungen als Investruinen enden, weil die Mitarbeiter nicht entsprechend auf ihre neuen Arbeitsaufgaben vorbereitet wurden oder weil organisatorische Engpässe eine ökonomische Auslastung nicht ermöglichten.

Weiterhin müssen für die Gestaltung von MTO verstärkt kulturelle, gesellschaftliche und politische Gegebenheiten berücksichtigt werden. Dies ist bei

Future Work – Der Wandel der Arbeitswelt

zunehmender Globalisierung und dem weltumspannenden Arbeiten in Netzwerken mit Hilfe der Informations- und Kommunikationstechnologien eine sehr anspruchsvolle Aufgabe und die Anforderungen, die an die Entwicklung dieser drei Komponenten gestellt werden, sind dementsprechend komplex und vielfältig.

Für den Menschen bedeutet dies, daß er kreativ, flexibel, kooperativ und kommunikativ an der Lösung seiner Arbeitsaufgaben arbeitet. Eigenverantwortung und Selbstorganisation gilt es, dabei stärker auf den einzelnen Mitarbeiter zu übertragen. Dies kann er nicht allein, es ist nur durch die Entwicklung von Fach-, Methoden- und Sozialkompetenz zu erreichen.

Neue, moderne Organisationen, Technologien und Arbeitsweisen entwickeln bei den Mitarbeitern andere Tugenden, Verhaltensweisen und Selbstbewußtsein. Das erkennt man immer wieder in Firmen, die das Qualitätsmanagementsystem zu ihrer Arbeitsgrundlage gemacht haben und es täglich praktizieren. Mitarbeiter, die hier arbeiten, zeigen gern, daß sie Teil einer Organisation sind, in der sie sich zugehörig fühlen und sich ihres Beitrages bewußt sind. Diese Mitarbeiter fühlen sich als gleichwertige, anerkannte Menschen, sie arbeiten motivierter und sind an der Lösung auftretender Probleme aktiv beteiligt. Entscheidend ist hier, wie bei vielen anderen neuen Methoden, daß das Management voll hinter dieser Entwicklung steht und selbst diese hohen Ansprüche verwirklicht.

Die Technik muß wesentlich flexibler gestaltet werden. Durch intelligente Betriebsmittel werden entlang der gesamten Wertschöpfungskette, die für die Verarbeitungsprozesse relevanten Daten erfaßt, diese bei Bedarf sofort abgerufen und auf mit Sensoren gesteuerte Maschinen geleitet. Über intelligente Transponder kann man jederzeit erkennen, wie das Produkt entstanden ist, wo es sich gerade befindet und welcher Kunde es erhält.

Beim vernetzten Arbeiten spielt die Verfügbarkeit von Informationen eine entscheidende Rolle. Wissen an den Ort des Geschehens, zum richtigen Zeitpunkt mit eindeutigem Inhalt und Aktualität zu transferieren, ist ein nicht triviales Problem. Allein das Herausfiltern des individuellen Erfahrungswissen eines jeden Mitarbeiters, das durch persönliche Sichtweisen, Charaktere und Ansichten geprägt wird, ist schwer. Allein das Erkennen des „Wer weiß, was er weiß?" erfordert noch intensive Forschung.

Dynamische Organisationsstrukturen werden die Fertigung kundenindividueller Anforderungen unterstützen. Die Transparenz und Klarheit von Handlungen und Entscheidungen muß dabei intensiver als bisher favorisiert werden. Im Gegensatz zur lokalen Arbeitsweise ist das verteilte Arbeiten komplexer, vernetzter intransparenter und dynamischer. Die Organisationen müssen demnach flexibler und vielschichtiger sein.

Durch die Entstehung dynamisch sich bildender und zerfallener Arbeitsgruppen können die vielfältigsten Aufgabenstellungen bearbeitet werden. Das heißt, es werden Mitarbeiter unterschiedlichster Fachgebiete und Nationalitäten interdisziplinär an einem Produkt arbeiten. Deren Wissen, die unterschiedlichen Erfahrungshintergründe, die Lebensumstände, gesellschaftspolitische

Gegebenheiten, das Ausbildungsniveau, technologische Veränderungen wirken hier allerdings stärker und müssen für die kommenden Entwicklungen mehr Berücksichtigung finden.

Den Menschen in gleicher Weise wie Technik und Organisation zu integrieren ist ein anspruchsvolles Ziel, das sich nur langsam entwickeln wird und eine entsprechende Unternehmenskultur braucht, um sich entfalten zu können. Führungskräfte und Mitarbeiter müssen diese neue Arbeitsweise gleichsam in sich aufnehmen, sonst ist sie zum Scheitern verurteilt. Die Unternehmenskultur sollte Teamgeist, selbständiges Arbeiten und Eigenverantwortung des Mitarbeiters durch Anerkennung seitens des Vorgesetzten unterstützen.

Trotz des steigenden Interesses an Freizeit wird Arbeit für sinnvolle menschliche Tätigkeit ihren Wert behalten, sogar noch erhöhen. Selbständig denkende Mitarbeiter, die bereit sind, Entscheidungen zu treffen, Risiken einzugehen, unternehmerisch denken, eigene Lösungsvorschläge einbringen, werden dringender als bisher benötigt. Durch kommunikationsorientierte Informationssysteme entsteht ein Handlungs- und Erfahrungsraum, der bisher ungeahnte Möglichkeiten der interaktiven Kommunikation mit sich bringt. Insbesondere zeichnen sich weitreichende technisch-technologische und kulturelle Veränderungen ab, deren Perspektiven noch nicht im einzelnen abzusehen sind.

Das Unternehmen der Zukunft ist ein dynamisches, komplexes System, das alle Unternehmensebenen einbeziehen wird. Die bisherige Trennung zwischen Arbeit und Lernen wird genauso aufgehoben werden, wie die starre Trennung von geistiger und körperlicher Arbeit. Das heißt nicht, daß wir zum Handwerk zurückkehren, wo jeder sein Teil von Anfang bis Ende fertigt. Es heißt, daß wir das Know-how von dort herbeziehen, wo es entstanden ist.

Das Denken und Arbeiten in Netzwerken muß strategisch vorbereitet werden, denn mit kurzfristigen und reaktiven Lösungsansätzen ist den zunehmend komplexer werdenden Anforderungen nicht mehr zu genügen. So wird der Aufbau und die Gestaltung virtueller Lernwelten dazu führen, daß die Mitarbeiter aus Unternehmen mit Partnern virtueller Bildungseinrichtungen gemeinsam auf Lern- und Wissensinhalte schnell und einfach zurückgreifen können und gemeinsam Lösungen erarbeiten. Theoretisches Fachwissen und praxisorientiertes Expertenwissen werden mehr und mehr verschmelzen. Videokonferenzen, bei denen man über große Entfernungen interessante Diskussionen mit den entsprechenden Partnern führen kann, werden zum Alltag gehören.

Die Gestaltung der künftigen Arbeitswelt bedeutet vor allem, Spielräume anzuerkennen und auszunutzen, um individuelle oder kollektive Perspektiven in offene Organisationen einzubringen. Der Mensch muß dabei genauso wie die Entwicklung von Organisation und Technik einbezogen werden.

Verstehen wir uns recht, wir gehen nicht illusorisch an diese kommende Entwicklung. Wir werden es auch weiterhin mit uns Menschen zu tun haben, mit unseren Stärken und Schwächen, unseren Mentalitäten und Eigenheiten, unseren Charaktereigenschaften, die das Arbeiten im Team oft nicht einfach werden

lassen. Aber ist es nicht reizvoll, weit über die Ländergrenzen hinaus manchmal virtuell und manchmal persönlich zusammenzuarbeiten. Und H.-J. Warnecke schreibt dazu:
„Wenn wir die Zukunft in intelligenten Produktionssystemen sehen, so stellt sich die Frage, wo diese Intelligenz angesiedelt ist. Die Antwort kann nur lauten: im Mitarbeiter, denn der Mensch ist ungeschlagen in seiner Leistungsfähigkeit bei der Verknüpfung von Informationsverarbeitung und zweckmäßiger Reaktion." [7]

Denken sie nicht auch, daß es sich lohnt, daß wir uns auf die Zukunft einstellen!

Literatur

[1] Graf-Götz, F.; Glatz, H.: Organsation gestalten, Beltz Verlag Weinheim und Basel 1999

[2] Strunk, S.: Selbstmanagement als Schlüsselfunktion moderner Arbeitsorganisationsformen, Dissertation 2000

[3] Gimpel, S.; Günter, S.; Liekweg, D.; Siegl, B.: Qualifizierungsmaßnahmen bei Gruppenarbeit, Bekleidungstechnische Schriftenreihe Band 139

[4] Dürkopp-Information; Bekleidung und Wäsche Heft 12 (1959), 815

[5] Volk, H.: Der flexible Mensch, Mega-Link, 6 (1999) 1, 24–25

[6] Hodel-Widmer, Th.:IT-ethische Maximen für den Einsatz von vernetzten Computersystemen, Troy, New York, Dezember 1997, http://www.synethos.org/itethics

[7] Warnecke, H. J.: Revolution der Unternehmenskultur, Springer Verlag Berlin Heidelberg New York

Technische Arbeitsvorbereitung der Auslandsfertigung über EXCEL-Modul

von Walter Herrmann[*]

Wie schon im Jahrbuch 2001 „Automatische Modellbeschreibung für Auslandsfertigung" versucht der Autor den Mittel- und Kleinbetrieben eine einfache Möglichkeit der Arbeitsvorbereitung vorzustellen.

MitarbeiterInnen mit guten PC-Kenntnissen können sich selbst ein wirksames Werkzeug erstellen. Diese Unternehmen sollen sich hier angesprochen fühlen, es soll auch kein Ersatz für bestehende Programme von kompetenten Anbietern sein.

In der Folge sind Beispiele zu sehen, die nur Anleitungen darstellen und keinen Anspruch auf Vollständigkeit der Daten haben. Sie sind aus dem Schulungsbereich entstanden und so auch zum Teil in die betriebliche Praxis als Module zur Weiterentwicklung eingeflossen.

Es geht um die Vermittlung einer Philosophie, die nach dem typischen EDV-Prinzip

„EINGABE – VERARBEITUNG – AUSGABE"

funktioniert und für ein breites Anwendungsspektrum ausgebaut werden kann.

Es wurde in diesem Modul aus Platzgründen auf die Sprachübersetzung verzichtet, da sie leicht in der gezeigten Weise anderer Daten auch in der gleichen oder in eine zusätzliche Struktur eingebaut werden kann. Ebenso könnte man verschiedene Textteile und/oder Titel als Symbole darstellen. Hier gibt es einige Institutionen, die hierfür Möglichkeiten entwickelt haben.

Es wurden bewußt verschiedene Bildtypen (gescannt, digital fotografiert, in Excel gezeichnet und von einer laufenden Video-CD geschnitten) verwendet, um die Breite der Informationen aufzuzeigen.

---

[*] (Abteilung Zürich) – Informatik-Koordinator der Schweizerischen Textil-, Bekleidungs- und Modefachschule, mit Abteilungen in Wattwil, St.Gallen und Zürich, ist in der Lehre, in Beratung und Projektmitarbeit der Textilwirtschaft tätig.

Auslandsfertigung über EXCEL-Modul 67

Ziel

Es wird ein Arbeitsplan erstellt und die Daten für
- die Vorgabezeit
- Betriebsmittel + Ausstattung
- Stichtyp
- Nahtbilder
- Nahtlänge mit Nähgarnberechnung einzelner Fadengruppen
- Stichlängenangaben (x Stiche pro 20 mm) mit Toleranz
- Bilder der Nahtsicherung
- Methodenhinweise über Dokumentationen auf Papier + hinterlegte Videoclips

werden automatisch von der Datenbank einfügt oder gerechnet.

Der Aufbau ist einfach für jeglichen Bedarf nach dem gleichen Muster anzulegen.
1. Anlegen einer Wahlmaske (neue und komfortable Form, von Excel so nicht vorgesehen)
2. Ausgabe aus einer einfachen Datenbankstruktur
3. Ausgabe auf geeignet strukturierten Datentabellen
4. Die Bilder werden via Makro in vorher definierte Zellen eingefügt.

Alle in diesem Artikel verwendeten Angaben sind Beispieldaten.
Es geht hier nur um den Aufbau und die Anfertigung eines solchen Projektes. Dazu sind einige Kenntnisse in MS-Excel notwendig, die wichtigsten Lösungsansätze werden in der Folge gezeigt.

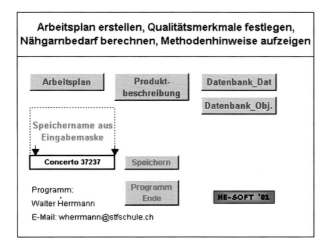

Das kleine **Programm hat ein Hauptmenu**, von dem aus makrogesteuert die wichtigsten Tabellen direkt angewählt werden können.

Der Speichername + Datum (als laufende Zahl) wird aus dem Arbeitsplan übernommen, sobald dort eine Eintragung vorliegt.
  Bei der Option SPEICHERN wird in einen vorher definierten Ordner abgelegt und mit PROGRAMM ENDE kann MS-EXCEL verlassen werden.

Ein einfaches Makro zum Wechsel zur Tabelle Arbeitsplan (AP) kann dabei so aussehen:
Menu Makro am 16.06.01 von W. Herrmann aufgezeichnet

```
Sub Menu()
   Sheets("Menu").Select
   Range("A1").Select
End Sub
```

Dieses Makro wird dem entsprechenden Schaltknopf zugewiesen, der Tabellenname ist in diesem Fall „Menu" und ist das Ausgangsmenu, von wo aus alle Tabellen angesteuert werden können. Das Symbol kann auf alle Tabellen kopiert und positioniert werden, von denen aus auf das Hauptmenu zurückgegangen werden soll.
  Die sogenannte „Schaltfläche" wird über ANSICHT – SYMBOLLEISTEN – FORMULAR erzeugt.

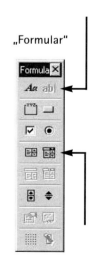

„Formular"

Makro zuweisen   Optionsschaltfläche

Auslandsfertigung über EXCEL-Modul

Der Arbeitsplan

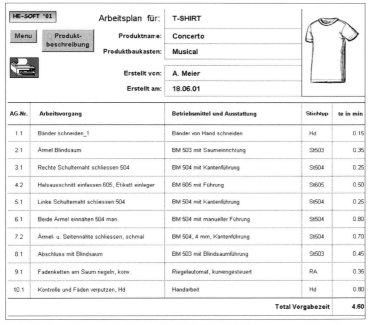

Der Arbeitsplan wird durch die Wahl beim Arbeitsvorgang erstellt und alle Daten aus der Datenbank übernommen.

In der Folge wird alles am 2. Arbeitsgang, dem Ärmelsaum erklärt.

Die Datenbank und der Zugriff

Der Zugriff ist hier in einer Form dargestellt, wie ihn EXCEL eigentlich nicht vorsieht. Dennoch ist eine komfortable Form, die gleichzeitig auch die Plausibilität erledigt.

Allerdings ist es wichtig, daß die Auswahl zuerst auf der gleichen Tabelle, von der aus der Zugriff gesteuert wird, sichtbar ist. Dies ist empfehlenswert unten oder auf der Seite und sollte bei der Bearbeitung nicht sichtbar sein. Später muß noch der Druckbereich definiert werden, da dieser Teil ja nicht gedruckt werden soll.

Beispiel: Die Zelle zeigt erst beim Anklicken diesen Pfeil.

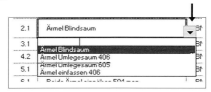

Um dies zu erreichen ist wie folgt vorzugehen:
Es werden die Zugriffsdaten auf die gleiche Tabelle verbunden

Wie man sieht, wird die Verknüpfung aus der Datenbank angezeigt. Aber so weit unten, daß die Daten beim Bearbeiten des Arbeitsplanes nicht sichtbar sind.

Jetzt wird über
DATEN - GÜLTIGKEIT
die Liste generiert, die
in der Auswahl erscheinen soll.

Die obere Leerzeile wird mitgenommen, damit die Zelle auf „leer" gesetzt werden kann. Damit sind gleichzeitig auch keine anderen Daten als die definierten anwählbar.

Die weiteren Daten im Arbeitsplan (hier an einem Beispiel erläutert) werden automatisch via SVERWEIS-Befehl (Spaltenverweis) eingetragen.

Auslandsfertigung über EXCEL-Modul

Zunächst muß der Bereich der DB markiert und ein Name vergeben werden. Die geht über EINFÜGEN – NAMEN – FESTLEGEN oder in der Kurzform über eine Eingabe im Namenfeld mit Bestätigung durch die Enter-Taste:

Im Bild die erfolgte Nameneingabe und der schwarz markierte Bereich der Datenbank DBAG = Datenbank „Arbeitsvorgänge".

Dieser Befehl ist wie folgt strukturiert:
=SVERWEIS (Bezugszelle; Datenbanknamen; Spalte;falsch)

C11		=	=WENN(B11="";"";SVERWEIS(B11,DBAG,3,FALSCH))		
	A	B	C	D	E
9	Nr.	Arbeitsvorgang			
10	1.1	Bänder schneiden_1	Bänder von Hand schneiden	Hd	0.15
11	2.1	Ärmel Blindsaum	BM 503 mit Saumeinrichtung	St503	0.35

Der erste Teil der Formel wird vom Autor immer verwendet und hat den Zweck, daß bei leeren Bezugszellen in den weiteren Zellen auch keine fehlenden Daten durch 0, #WERT oder ähnliches angezeigt werden.
Der 2. Teil zeigt die Zelle „B11" als Bezugszelle, hier wird gewählt, wie es in Bild 6 zu sehen ist.
DBAG steht für den Namen der Datenbank, aus der die Daten stammen.
Die Zahl „3" kennzeichnet die Spalte 3, aus der die Daten übertragen werden (s. unten)

Ärmel Blindsaum	2.1	BM 503 mit Saumeinrichtung	St503	0.35
Ärmel Umlegesaum 406	2.2	BM 406 mit Säumer	St406	0.40
Ärmel Umlegesaum 605	2.3	BM 605 mit Säumer	St605	0.45
Ärmel einfassen 406	2.4	BM 406 mit Einfassbandführung	St406	0.50

Der Begriff „FALSCH" wird in der ECXEL-Hilfe so interpretiert.

> Kann die Funktion SVERWEIS den als **Suchkriterium** angegebenen Wert nicht finden, und ist **Bereich_Verweis** gleich FALSCH, liefert SVERWEIS den Fehlerwert #NV.

In den folgenden horizontalen Zellen wird in der Formel nur der „Spaltenwert" geändert.
Die vertikal darunterliegenden Zellen können in der Regel dann kopiert werden.

Der nächste Teil beschäftigt sich mit der Produktbeschreibung. Auch hier soll die Vorgehensweise am Arbeitsvorgang Nr. 2 erläutert werden.
Natürlich können alle Komponenten geändert, ausgetauscht oder dem jewei-

ligen Bedarf angepaßt werden, so auch wie oben schon erwähnt, die Titelbeschreibung mehr symbolartig.

Produktbeschreibung

Grundsätzlich werden in der Tabelle alle Daten automatisch eingetragen, wählbar sind jedoch noch einzelne Optionen:

Wahl	Wahl	Wahl
Grösse	Material	Farbe
M	MatGruppe1	weiss

Die Wahl der Größe rechnet den Nähgarnbedarf um, über andere Nahtlängen, wird später noch erklärt.
  Die Materialwahl wechselt Nadelstärke und -spitze (Erklärung unten).
  Die Farbe ist nur die Basiswahl vor dem Druck, um den ermittelten Nähgarnbedarf in der richtigen Farbe eventuell auf die Auftrags- oder Losgröße zu disponieren.

Auslandsfertigung über EXCEL-Modul   73

Die Schaltköpfe auf der Tabelle Produktbeschreibung

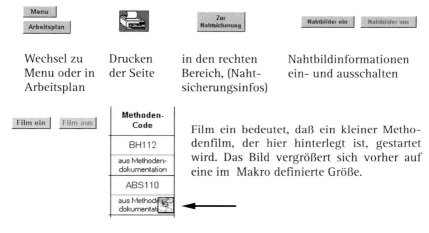

| Wechsel zu Menu oder in Arbeitsplan | Drucken der Seite | in den rechten Bereich, (Nahtsicherungsinfos) | Nahtbildinformationen ein- und ausschalten |

Film ein bedeutet, daß ein kleiner Methodenfilm, der hier hinterlegt ist, gestartet wird. Das Bild vergrößert sich vorher auf eine im Makro definierte Größe.

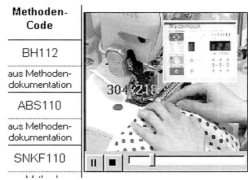

Der Methodenfilm muß als File im gleichen Verzeichnis liegen und kann dann gestartet werden. Die einzelnen Videoclips können so wie die Methodendokumente aus einer DB geladen werden. Gestartet läuft er im definierten Größenmodus ab.

Produktbeschreibung ab der Kopfzeile

Hier sind einzelne Datengruppen aufgeführt, die zur Qualitätssicherung, zum Nähgarnbedarf und zur Methodengestaltung wichtig sind. Natürlich kann jeder betriebliche Bedarf durch eigene Gestaltung der Datenstruktur anders aussehen.

AG-Nr.	Methoden-Kurzbeschreibung	Vorgabezeit in min	Stichtyp	NB NA	St./ 20 mm	Tol. +/-	Nahtbild	NSpitze NStärke	Naht-länge	NGNadel NGGreifer	Bedarf NadF	Bedarf GreifF	Bedarf LegeF	Bilder ein aus	Methoden-Code
1.1	Bänder von Hand schneiden	0.15	Hd	ohne	-	-		SES 70	ohne ohne	ohne				Länge +/- 1 Handschritt	BH112 aus Methodendokumentation
2.1	Ärmel Blindsaum mit Saumeinrichtung	0.35	St503	4	12	1 St.		SES 70	62.00 cm	120/2 PE 120/2 PE	4.15 m	3.10 m	m	nur maschinell	ABS110 aus Methodendokumentation

Ab hier wird nur der 2. Arbeitsvorgang beschrieben, alle anderen sind analog die gleichen.

Dieser Auszug aus der Datenbank (DBMT) zeigt die Verknüpfung zur Arbeitsvorgangs-DB, bringt Tätigkeiten und den jeweiligen Methoden-Code der dazugehörenden Dokumentation, die auch dem VideoClip-Namen entspricht.

	AL	AM	AN
1		DBMT (Name der Datenbank)	
2	AG-Nr.	Tätigkeit, Betriebsmittel, Zusatzgeräte	Methodencode
3	1.1	Bänder von Hand schneiden	BH112
4	1.2	Bänder mit Maschine schneiden	BM114
5	2.1	Ärmel Blindsaum mit Saumeinrichtung	ABS110
6	2.2	Ärmel Umlegesaum mit Säumer	AUS111
7	2.3	Ärmel Umlegesaum mit Säumer	AUS112
8	2.4	Ärmel einfassen mit Einfassbandführung	AEB110

AL7 = =C7

Dazu folgende Formel:
Der 1. Teil bezieht sich wieder auf „Leerzellen" im AP, daß hier auch keine Daten eingetragen werden. Diese Option zieht sich eigentlich durch alle Formeln.
Der 2. Teil ist wieder durch den SVERWEIS gesteuert, wie oben schon erklärt, in diesem Fall mit Zugriff auf die 2. Spalte in der „benamten" DB „DBMT".

B11 = =WENN(APIB11="";"";SVERWEIS(A11;DBMT;2;FALSCH))

	A	B	C	D	E	F	G	H	I	J
7	AG-Nr.	Methoden-Kurzbeschreibung	Vorgabezeit in min		Stichtyp		NB NA	St./ 20 mm	Tol. +/-	Nahtbild
8										
9	1.1	Bänder von Hand schneiden	0.15		Hd		ohne	-	-	✂
10										
11	2.1	Ärmel Blindsaum mit Saumeinrichtung	0.35		St503		4	12	1 St.	
12										

Der nächste Bereich mit je 2 verbundenen Zellen kommt in dieser Form aus der Tabelle AP (Arbeitsplan)

=WENN(B11="";"";APIE11)

C	D	E	F
0.35		St503	

Darstellung aus Produktbeschreibung

=WENN(E11="";"";SVERWEIS($E11;DBST;2;FALSCH))

hreibung	Vorgabezeit in min	Stichtyp	NB NA	St./ 20 mm	Tol. +/-	Nahtbild
...eiden	0.15	Hd	ohne	-	-	✂
	0.35	St503	4	12	1 St.	

Darstellung der DBST
DBST Stiche

Stichtyp	Nahtbreite/Nadelabstand	Stiche/20 mm	Tol. +/-
HdA	ohne	-	-
Hd	ohne	-	-
SE	ohne	-	-
ohne	ohne	-	-
RA	2 x 12 mm	24 Stiche	-
St301	ohne	8	1 St.
St401	ohne	9	1 St.
St406	4.8	11	1 St.
St503	4	12	1 St.
St504	4	12	1 St.

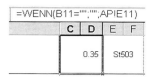

Auslandsfertigung über EXCEL-Modul 75

Gleiche Datenbank, nur Spalte 2, 3 oder 4.

Einfügen der Nahtbilder (analog auch die Bilder der Nahtsicherung)
Zuerst wird ein Bild erstellt, Skizze, Zeichnung digital fotografieren, scannen oder ähnliches und ein Name vergeben (im Namenfeld sichtbar).

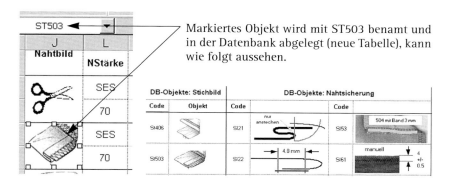

Markiertes Objekt wird mit ST503 benamt und in der Datenbank abgelegt (neue Tabelle), kann wie folgt aussehen.

Bild einfügen mit Makro (unten Teil des Gesamtmakros, bezogen auf das Bild der Zeile 2)

'Bild2 einfügen
  a = Range("e11")   ⎫
  If a = "" Then End   ⎭ Abfrage, ob Zelle mit Stichtyp leer ist, dann Ende

  i = Range("e11")   ⎫
  Sheets("DBB").Select   ⎪
  ActiveSheet.Shapes(i).Select   ⎬ Aus der Tabelle DBB (Bild-DB) wird das Bild mit Namen i (eingetragener Stichtyp oder sonstige Info) kopiert. Zelle K13 (hier ausgeblendet) beinhaltet den Abstand von oben
  Selection.Copy   ⎪
  Sheets("WB").Select   ⎪
  Range("K11").Select   ⎭

  b = Range("k11")   ⎫
  ActiveSheet.Paste   ⎪
  Selection.Left = 334   ⎬ Auf den aktiven Tabelle wird das Objekt eingefügt, mit allen Positions- und Grössendaten
  Selection.Top = b   ⎪
  Selection.Width = 42   ⎭

  Selection.Height = 37   ⎫
  Range("j11").Select   ⎬ In die darunterliegende Zelle wird ein Buchstabe (x) eingetragen, damit beim Löschvorgang eine Abfrage auf die besetzte Zelle funktioniert.
  ActiveCell.FormulaR1C1 = "x"   ⎭

Bild löschen mit Makro (unten Teil des Gesamtmakros, bezogen auf das Bild der Zeile 2)
'Bild2löschen
   x = Range("j11") ⎫
   If x = "" Then End ⎬ Wenn Zelle leer (kein Bild), dann Ende
   i = Range("e11") ⎫
   ActiveSheet.Shapes(i).Select ⎬ Markieren des Objektes in der Zelle, löschen des benamten Objektes
   Selection.Delete ⎭
   Range("j11").Select ⎫
   Selection.ClearContents ⎬ Inhalt der Zelle (Gefäß Objekt, hier „x") löschen

Alle weiteren Daten werden analog der vorgängigen Methode aus einer Datenbank über den SVERWEIS in die vorgesehenen Zellen eingetragen.
   Es gibt noch eine Abweichung. Der Nähgarnbedarf ist unter anderem von der Nahtlänge abhängig. Dieser Parameter wird auch von einer Datenbank geholt, aber mit dem Befehl: „WVERWEIS", ein Befehl der auf die Zeile zugreift.

Größe anwählen

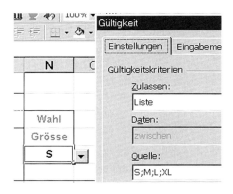

Statt wie oben erwähnt auf einen Tabellenteil via DATEN – GÜLTIGKEIT – LISTE zuzugreifen, kann bei wenig Informationen direkt in die Liste eingetragen werden.

Die Größen sind mit den Bezeichnungen und den zugehörigen Nahtlängen der definierten Nähte in einer Datenbank (DBGR) eingetragen.
   Der Vorgang beginnt mit der Anwahl (s. oben) der Größe S beispielsweise. Dies ist auf der Zelle N5, Tabelle WB plaziert.

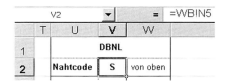

Der Zelleninhalt wird mit der Zelle V2 in der DBNL (Datenbank Nählänge) verknüpft (übertragen).

Auslandsfertigung über EXCEL-Modul

Das System greift auf die DBGR zu mit der folgenden Formel.

J	K	L	M	N
DBGR Datenbank Nahtlängen für Herren T-Shirt (Sollmass und Toleranz)				
Naht / Grössen	S	M	L	XL
Ärmelsaum	29.0	31.0	33.0	35.0
Schulternaht	17.0	17.5	18.0	18.5
Halsausschnitt hinten	9.0	9.5	10.0	10.5
Halsausschnitt vorne	18.0	18.5	19.0	19.5
Ärmel einnähen	52.0	54.0	56.0	58.0

=WVERWEIS(V$2;DBGR;2;FALSCH)*2

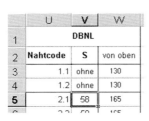

Der WVERWEIS geht von der Referenzzelle V2 mit dem Wert S in die Datenbank DBGR und trägt den Wert der Zeile 2 ein, die dann, da es sich um eine symmetrischen Naht mit 2 multipliziert wird. Hier könnte noch eine DB mit der Nahtanzahl die Formel ergänzen.

Excelkundige sollten damit in die Lage versetzt sein, ein eigenes Modul für eine ähnliche Anwendung zu kreieren. Alle Daten und Bilder, auch der Aufbau, sind hier nur beispielhaft für eine Vielzahl ähnlicher Lösungen entsprechend anderer Aufgabenstellungen.

Wie könnte nun noch die Sprachumsetzung erfolgen?

Ein kleines DB erstellen in einer neuen Tabelle, so würde die Tabellenstruktur aussehen.

| ▸ ▸| \ Menu / AP / WB / DB / DBB \ SprachDB / |

Dann eine kleine Datenbank erstellen, in der alle Referenzbegriffe aus der Produktbeschreibung in eine oder mehrere Sprachen übersetzt werden und einen Name für die DB vergeben (oben beschrieben, z. B. DBSP).

Nun kann die Tabelle WB kopiert werden (hier ist alles vorhanden), in jeder Zelle, deren Inhalt zu übersetzen ist, mit dem SVERWEIS entsprechend umgesetzt.

Beispiel: = SVERWEIS (Zelle mit Ref.Begr.in Deutsch; DBSP; Spalte 1 oder 2; falsch)

Wie auch schon oben erwähnt könnten noch mehr international erkennbare, sprachunabhängige Symbole zum Einsatz kommen. Zum Schluß wären noch die Makros zu kopieren und auf die neue Tabelle anzupassen (Austausch des Tab.-Namens).

Zusammenfassung

1. Erstellen von Datenbanken für die zur Verwendung kommenden Daten und Bilder, eventuell in verschiedenen Sprachen.
2. Kreation einer Ausgabetabelle mit den gewünschten Optionen, Arbeitsplan und Produktbeschreibung für Qualität und Leistung in verschiedenen Sprachen.
3. Gestalten von Methoden-Clips, die bei Bedarf die Unterweisung unterstützen.

Der Autor verwendet diese Lösungen, die in ähnlicher Art im Betrieb zur Anwendung vorgesehen werden, aber auch um im Informatikunterricht die Möglichkeiten von betrieblichen Anwendungen zu simulieren. Weiterhin gibt es aber auch Unternehmungen, die ihr Personal für die Erstellung solcher Module schulen lassen und dann diese Anwendungen als Optimierung und Ergänzung betrieblicher Softwaremöglichkeiten einsetzen.

Qualitative Überlegungen bei der Verlagerung von Fertigwarenabnahmen an dezentrale Standorte

von Jürgen Schnitzler und H.-Peter Werminghaus,

In der letzten Zeit sind vermehrt Bestrebungen der Bekleidungsindustrie zu erkennen, die Fertigwarenabnahme zu dezentralisieren, bzw. sie in fremde Hände zu geben. Dies ist ein für die Qualitätssicherheit des Unternehmens schwerwiegender Schritt, der sehr detailliert geplant und in seiner Konsequenz bewertet sein will. Die nachfolgenden Überlegungen sollen am Beispiel des Projektes einer Hängewarenverlagerung die zu beachtenden Kriterien etwas näher erläutern.

Ziel des Projektes

Als erstes gilt es, die Ziele, den Nutzen und die Risiken dieses Projektes zu definieren.

Mit der Umsetzung dieses Projektes soll an diversen Prüfstandorten (eigene oder Auftragsprüfung) eine vergleichbare, reproduzierbare und auswertbare Prüfung entstehen. Folgende Ziele stehen dabei im Vordergrund:
- Aufbau einer aussagekräftigen Prüfung für Hängeware, mit zeitnahen detaillierten Daten über die Qualität, die das Haus verläßt.
- Überprüfung und ggf. Anpassung von Zuständigkeiten und Entscheidungswegen bei Abweichungen.
- Qualifizierung des Prüfpersonals.
- Einführung einer statistischen Prüfung (AQL) zur Reduzierung des Prüfaufwandes bei gleichzeitiger Erhöhung der Aussagekraft. (Hierzu sind entsprechende Vorleistungen der Produktionsbetriebe notwendig.)

---

* Jürgen Schnitzler, Berater für Organisationsentwicklung und Qualitätsmanagement bei der BTI Beratungsgesellschaft
H.-P. Werminghaus, Geschäftsführer mit Beratungsschwerpunkt Personalentwicklung und Qualitätsmanagement bei der BTI Beratungsgesellschaft

- Aufbau eines Berichtswesens, um Entscheidungsträger mit Daten und Kennzahlen, die eine Entscheidung und Ursachenanalyse ermöglichen, zu versorgen, einschließlich Berichtswesen an Produzenten sowie interne und externe Stellen.
- optimale Daten für Lieferanten- und Produzentenbeurteilung sowie -auswahl.

Nutzen
- Es können Fakten und klare Aussagen geschaffen werden.
- Schnelle Entscheidungsfindung bei der Kontrolle und schnelles Erkennen der Einflußfaktoren.
- Statistiken werden aussagekräftig und zu jeder Zeit verfügbar.
- Vereinfachung der Abnahmeberichte.
- Vereinfachte Auswertung von Historiendaten zur Fehlerursachenanalyse.
- Schnelle Rückmeldung der Lieferqualität an die Produktionsbetriebe inkl. verbesserter Sprachbasis (ggf. Bildübertragung).
- Basis für eine Produzentenbewertung und -auswahl.
- Basis zur Schaffung einer mittelfristigen Personalplanung.
- Vorgelagerte Bereiche werden aufgrund der Ergebnisse in die Lage versetzt, ihre Prozesse zu optimieren und fehlerfreier zu gestalten.

Risiken
- Die Leistung muß mit fremden Partnern vertraglich gesichert werden, nicht nur bezüglich der Leistung, der Abrechnung und der Mitarbeiterqualifizierung, sondern insbesondere bezüglich der qualitativen Sicherheit der Prüfung.
- Auswahl und Training des Testpersonals sind nur in der Startphase zu sichern.
- Die Dokumentation muß per EDV in kurzen Zeitintervallen an die Zentrale übertragbar sein
- Prüfungen in Hochkonjunkturphasen können nicht durch die Erfahrung routinierter Prüfer „beschleunigt" werden
- Austausch des Prüfpersonals kann zu qualitativen Einbrüchen führen
- <u>Die Leistung kann bei einem Scheitern des Projektes nicht wieder „zurückgeholt" werden, da das Personal nicht mehr vorhanden ist</u>

1 Voraussetzungen für einen Prüfplatz

Die Voraussetzungen, um Prüfungen auch an dezentralen Orten durchführen zu können, müssen firmenspezifisch definiert werden. Wir haben hier typische Kriterien für einen DOB-Betrieb ausgewählt. Im Ausland läßt sich die Organisation auf Zuruf, die in der Zentrale häufig anzutreffen ist, nicht realisieren. Die Entscheidungsfähigkeit muß vielmehr durch deutlichere organisatorische Voraussetzungen gestützt werden. Dies können zum Beispiel sein:

Qualitative Überlegungen 81

- alle notwendigen Informationen, Referenzen und Unterlagen für die Prüfung
- Vorläufer / Größensatz vorhanden (Soll)
- Zutatenübersicht (Soll, auch farbbezogen)
- Farbabschläge (Labdips) (Soll)
- Muster aus freigegebener Produktionsware (s.a. 3.1.3) (Soll)
- Verarbeitungshandbuch
- Qualitätsberichte der Techniker
- Versandvorschriften (Soll zur Kontrolle der Anlieferung)
- Aktennotizen / Infos / Sonderfreigaben zu allen Modellen/Materialien
- qualitätsrelevante Grundlagen aus Verträgen
- Legeanweisung Liegeware (Soll zur Kontrolle der Anlieferung)
- Aufträge
- Models (Soll Paßform)
- Maßtabelle
- Arbeitsablaufbeschreibung / Prüfanweisung
- Codierter Fehlerkatalog

Modell der Fehlercodierung:

01	Bügelausfall	02	Materialausfall, Fläche	03	Materialausfall, punktuell
010	Fläche unruhig, schlecht durchgebügelt	020		030	
011	Bügelnester und Abdrücke	021	Wellen	031	Flecken
012	Brüche, Kniffe	022	Farbigkeit	032	Ziehfäden
013	Falten und Knicke	023	Farbablauf	033	Laufmaschen
014	Nähte haben Glanz	024	Brüche	034	Webansätze
015	Säume durchgebügelt	025	Knicke	035	Knoten, Fadenverdickg.
016	Fläche hat Glanz	026	Fremdfasern	030	
017	Futter hat Glanz	027		030	
018	Futterfalte zu tief eingebügelt	028		030	
019		029	Maschenbild fehlerhaft	030	

04	Materialausfall, Echtheit	10	Verarbeitung, Nähte	11	Belege, Kanten, Leisten, Blenden, Besätze
040	Futter färbt ab	100	Nähte offen	110	Belege zu kurz
041	Oberstoff färbt ab	101	Nähte kraus und wellig	111	Belege nicht glatt verarbeitet
042	Gürtel färbt ab	102	Weite eingehalten	112	Belege nicht angeheftet
043	Verschlüsse rostig	103	Nähte bogig	113	Kanten ungleich in der Länge
044	Druckknöpfe rostig	104	Nahtspannung zu fest	114	Kanten wellig
045		105	Nahtverriegelung unsauber, lange Enden	115	Kanten bogig, ungleich gesteppt
046		106	Nähte schlecht versäubert		..., Blenden

- Fehlermaßstäbe
- Abnahmeprotokoll am Abnahmeplatz

2 Gestaltung des Arbeitsplatzes

Die Gestaltung der Arbeitsplätze erfolgt nach ergonomischen und arbeitsphysiologischen Grundsätzen, um Ermüdung, körperliche Belastung und Konzentrationsverlust in Grenzen zu halten. Auch in sog. Niedriglohnländern muß diesen Komponenten Rechnung getragen werden, will man nicht die Prüfung im Stammwerk intensivieren.

AQL-Prüfplatz / 100%-Prüfplatz

Der Arbeitsplatz kann entsprechend des Forschungsprojektes: Prüfarbeitsplätze in der Bekleidungsindustrie (Bekleidungstechnische Schriftenreihe Band 131, Autoren: BTI: H.-P. Werminghaus, M. Paas / ifab: Prof. Zülch, S. Stowasser) konzipiert werden, oder in einfacherer Bauform, wie er in vielen Abnahmen bereits eingesetzt wird (Bild 1). Die Prüffläche ist blendfrei zu gestalten (Linoleum-Auflage, die immer wieder nachbehandelt werden kann, um blendfrei zu sein), die Lichtverhältnisse sollten zwischen 700 bis 1000 Lux liegen. Der Platz ist mit

„Kraftabbaumatten" (z. B. von Floortec, Lüneburg) auszustatten, um vorzeitigen Ermüdungen und Konzentrationsverlusten vorzubeugen, ggf. können zusätzlich Stehhilfen eingesetzt werden. Zum Platz gehören Prüfdatenerfassungsblatt, bildhafte Prüfablaufbeschreibung, ggf. Einlesegeräte, Fehlermarkiereinrichtungen und -hilfsmittel.

Maßkontrollplatz

Der Arbeitsplatz wird am sinnvollsten für eine Liegendkontrolle konzipiert. (Bild 2) Wie auch beim AQL-Platz sind hier die Ausführungen des

Qualitative Überlegungen

Bandes 131 der Bekleidungstechnischen Schriftenreihe „Prüfarbeitsplätze in der Bekleidungsindustrie" hilfreich.
Der Platz ist mit „Kraftabbaumatten" (z. B. von Floortec, Lüneburg) auszustatten, um vorzeitigen Ermüdungen und Konzentrationsverlusten vorzubeugen. Die Lichtbedingungen sind tageslichtunabhängig zu gestalten, der eingesetzte Lichtkasten darf keine Schattenbildung verursachen, die Lichtstärke an der Tischoberfläche hat mindestens 700 Lux zu betragen und die Tischoberfläche sollte blendfrei sein.

Paßformprüfplatz
Im wesentlichen handelt es sich hier um ein erhöhtes Podest (50 cm) mit Umkleidekabinen für Models in genügender Anzahl (2), um einen reibungslosen Ablauf zu gewährleisten. Die Lichtverhältnisse sollten sorgfältig ausgewählt werden (kritisches Licht erzeugt ein „künstliches" Fehlerniveau, weiches Licht läßt vieles nicht deutlich werden). Bewährt hat sich ein Tageslichtfeld von oben kombiniert mit einem Lichtkasten, der vor dem Podest aufgehängt, schräg von vorne die Models beleuchtet. Spotlicht und Strahler sind zu vermeiden.

3 Logistischer Ablauf und Lageranbindung Hängeware

Hier ist für entsprechende Bereitstellungszonen zu sorgen, aber es müssen auch Pufferzonen für geprüfte Fertigteile, die gesperrt sind und bei der über eine weitere Vorgehensweise noch nicht entschieden wurde, eingerichtet werden. Da ggf. auch ein Anschauungsmuster zur Entscheidungsfindung in die Zentrale unterwegs ist, muß hier mit größeren Zeitverschiebungen und damit auch logistischen Pufferzonen geplant werden.

4 Prüfung

Die Prüfung der Teile wurde in jedem Fall vom Auftragnehmer, ggf. auch schon stichprobenartig von einem Techniker vor Ort vorgenommen. Daher kann in der Regel auf eine 100% Prüfung verzichtet werden. Die gängigste Form der Prüfung in der Bekleidungswirtschaft ist die AQL-Prüfung (Annehmbare Qualitätsgrenzlage). Die nachfolgend beschriebenen Vorgehensweisen sind darauf abgestimmt. Die praktische Vorgehensweise bei der Begutachtung der Teile muß festgelegt, dokumentiert und trainiert sein.

AQL-Prüfplatz

Allgemeine Hinweise
Die folgenden Vorgaben sind bei allen abzunehmenden Formen zu berücksichtigen:
- Sämtliche Teile sind durch die Abnehmer zusätzlich auf Flecken, Fäden, helle bzw. dunkle Stellen zu kontrollieren
- Nach der Entscheidung des Abnehmers, ob es sich um Material- oder Produktionsfehler handelt, sind die Teile entsprechend zu kennzeichnen
- Gegebenenfalls erfolgt mit dem jeweiligen Vorgesetzten eine Absprache, welche Fehlerart bzw. Nacharbeit dem entsprechenden Teil zugeordnet wird
- etc.

Rock (1)
- Rock hängt lang am Bügel, Vorderteil (VT) nach vorn
- VT auf Bügelausfall überprüfen (Fläche glatt, Säume und Nähte nicht durchgebügelt)
- VT auf Materialfehler prüfen und aussortieren
- Seitennähte gerade genäht, glatte Nähte
- Bundsteppung ohne Fehlstiche und gerade im Verlauf
- Etiketten prüfen auf Textilkennzeichnung und Größe
- Rock mit beiden Händen anheben
- Säume kontrollieren, ob Fehlstiche vom Staffieren vorhanden oder durchgestochen sind
- Oberstoff leicht anheben, um Futterlänge zu kontrollieren
- etc.

Hose (2)
- Hose hängt lang am Bügel, VT nach vorn
- VT auf Bügelausfall überprüfen (Fläche glatt, Säume und Nähte nicht durchgebügelt, Bügelfalte-Verlauf ist gerade)
- ...
- ...

Maßkontrollplatz
Die Maßprüfung findet an einem eigenen Prüfplatz statt und sollte ebenso festgelegt werden, wie die AQL-Prüfung.

Paßformprüfplatz
Bei der Paßformprüfung wird in der Regel eine Anmutungsprüfung vorgenommen, da die Maßprüfung im Vorfeld bereits erfolgte. Hier wird im Team beurteilt, wie der Sitz des Bekleidungsstückes an einer lebenden Person ausfällt. Auch hier kann man mit Checklisten arbeiten.

Qualitative Überlegungen

Prüfsystem

Statistische Prüfung
Hier wurde vor einigen Jahren zwischen BTI und BRAX Leineweber eine Schulungsunterlage erarbeitet, die wir auszugsweise hier wiedergeben, da viele Betriebe immer noch „stichprobenartig", aber nie mit einer echten Stichprobe arbeiten.

AQL (Annehmbare Qualitätsgrenzlage)
Stichprobenverfahren ermöglichen eine sehr kostengünstige und dennoch aussagekräftige Beantwortung der Frage, ob die Bemühungen zur Erfüllung der nötigen Qualitätsforderung erfolgreich waren. Sie erfüllen ihre Aufgabe aber nur, wenn eine zweckmäßige AQL gewählt wird.
- Ein zu niedriger AQL-Wert beeinträchtigt wegen des unnötig hohen Prüfaufwandes die Wirtschaftlichkeit des Verfahrens.
- Ein zu hoher AQL-Wert birgt die Gefahr, Lieferlose mit einem zu großen Anteil fehlerhafter Teile, die unbeanstandet sind, zu erhalten.

Durch Festlegen der AQL entscheidet man über die Zahlenwerte, die für den Verlauf der Prüfprozedur und für die Schärfe der Qualitätsprüfung maßgebend sind. Damit ist gleichzeitig indirekt auch die Qualitätslage bestimmt, welche der Lieferant in seiner Fertigung mindestens haben muß, wenn er nicht das Risiko einer unwirtschaftlichen Rückweisequote eingehen will.

Voraussetzung ist, daß die Prüfprozeduren eines Stichprobensystems für qualitative Merkmale bei den Partnern bekannt sind. Sie müssen wissen, daß deren Anwendung aufgrund einer AQL nur für Lieferserien möglich ist, und das eine Prüfung nur dann den beabsichtigten Zweck erfüllt, wenn die technischen Spezifikationen (inkl. Grenzwerte) über die zu prüfenden Qualitätsmerkmale verständlich und eindeutig vereinbart sind.

Es muß bekannt sein, wie man Fehler bewertet, also klassifiziert und gewichtet.

Es müssen Fehlerlisten aufgestellt werden und Gruppen von Qualitätsmerkmalen gleicher Fehlerklasse – gleichen Fehlergewichtes gebildet werden.

In der Praxis ist für den Prüfer eine Fehlereinteilung wichtig, wenn Grenzfälle zu entscheiden sind:

Nicht definierte Fehler lassen sich mit einer hohen Anzahl definierter Fehler logisch eingrenzen.

Der Prüfer (Leiter Abnahme) muß im Einzelfall über die bestehenden Richtlinien hinaus die Entscheidung treffen, ein Qualitätsergebnis mit „noch gut" zu bewerten, weil die Auswirkung im Zusammenhang mit einem schwierig zu verarbeitenden Material durch Nachbessern mehr zu einer optischen Verschlechterung des fertigen Teiles führt als zu einer Verbesserung.

Das heißt, auch eine ausführliche Beschreibung von Richtlinien und Toleranzen kann nicht die Erfahrung und das Fachwissen des Prüfers in der Entscheidung von Grenzfällen ersetzen.

Prüfung auf Fehler

Die Stichprobenprüfung soll als Doppel-Stichprobe im Prüfniveau II normal erfolgen
(AQL-Wert 4,0). Dies reduziert den Prüfaufwand bei positiver Anlieferung der Ware erheblich. Der gewählte AQL-Wert ist in der Branche verbreitet und wird von nahezu allen Versendern und Konzernen verwandt.

Vorschlag zur Vorgehensweise:
1. Vorbedingung für eine Annahmeprüfung nach AQL-Wert ist eine einwandfreie Prüfung nach Vorgabe beim Lieferanten, da sonst die AQL-Prüfung Theorie bleibt und aufgrund von zu fehlerhaften Lieferungen immer wieder Vollprüfungen nötig werden und beim Auftraggeber nur zusätzlichen Aufwand bedeuten.
2. In Gesprächen mit den Lieferanten AQL-Wert festlegen.
3. Passus in Lieferverträge aufnehmen
4. zu prüfende Qualitätsmerkmale vereinbaren
5. Fehlerliste aufbauen (A - B - C Fehler)
6. Entscheidung bei nicht definierten Fehlern festlegen

Stichprobenprüfung
Doppel-Stichprobenplan für normale Prüfung
- Prüfniveau II -

Stichprobenplan		AQL 4,0
N	n_1 $n_1 + n_2$	c_1 / d_1 c_2 / d_2
2...8	alle	0
9...15	2 4	0 0
16...25	3 6	0 0
26...50	5 10	0 0
51...90	8 16	0/2 1/2
91...150	13 26	0/3 3/4
151...280	20 40	1/4 4/5
281...500	32 64	2/5 6/7
501...1.200	50 100	3/7 8/9
1.201...3.200	80 160	5/9 12/13
3.201...10.000	125 250	7/11 18/19

Vorgehensweise:
1. Gesamtauftragsgröße N nachsehen
2. Aus Tabelle Stichprobengröße n_1 ablesen
3. n_1 Teile nach dem Zufälligkeitsprinzip auswählen. Dabei Größenverteilung beachten.
4. Teile prüfen, Fehler markieren und aufschreiben, Retouren zählen = x_1
5. Ist $x_1 \leq c_1$, dann Lieferung ok
6. Ist $x_1 > d_1$, dann Vollprüfung
7. Liegt x_1 zwischen c_1 und d_1, dann $n_1 + n_2$ Teile auswählen und prüfen. Fehler markieren und aufschreiben
8. Retouren zu den anderen addieren = x_2
9. Ist $x_2 < c_2$, dann Lieferung ok
10. Ist $x_2 \geq d_2$, dann Vollprüfung

Beispiel:
1. N = 200 Teile
2. n_1 = 20
3. Wurden bei der Prüfung x_1 = 2 fehlerhafte Teile entdeckt, müssen weitere Teile geprüft werden da x_1 zwischen c_1 (1) und d1 (4) liegt.
4. $n_1 + n_2$ = 40 Teile
5. Wurden bei den zusätzlichen Teilen 2 weitere Fehler entdeckt, ist x_2 = 4
Somit ist $x_2 \leq c_2$ (4) und die Lieferung ist okay.

Qualitative Überlegungen

Vorteile der Stichprobenprüfung:
- geringe Prüfkosten
- wenig Hantierungsfehler
- Lieferungen sind schneller verfügbar
- Weniger Prüfpersonal ermöglicht bessere Auswahl und Schulung des Prüfpersonals
- Höherwertige und weniger monotone Arbeit führt zur besseren Motivation der Mitarbeiter. Fehler bei der Prüfung werden hierdurch auf ein Minimum reduziert.
- Die Nichtannahme von Lieferungen hat eine Signalwirkung. Sie stellt eine bessere Motivation für Maßnahmen der Fehlerverhütung oder Qualitätsverbesserung dar, als das Auslesen fehlerhafter Teile.
- Die erforderliche „Buchführung" über die Stichprobenergebnisse führt zu einer Dokumentation der Produktqualität und damit zu einer besseren Übersicht.

Nachteile der Stichprobenprüfung:
- Verbleibender Anteil fehlerhafter Teile, der bewußt in Kauf genommen wird. Dabei ist zu berücksichtigen, daß die Annahme, daß sich nach einer von Menschen durchgeführten 100 % Prüfung keine fehlerhaften Teile mehr in der Lieferung befinden würden, eine Illusion ist. Sortierwirkungsgrad (aussortierte zu ursprünglich vorhandenen fehlerhaften Teilen): 80 % bis 95 %.
- Die Auswahl des AQL-Wertes muß kundenorientiert und in Abstimmung mit seinem Prüfverhalten gesehen werden.
- Die „Vermeidung" einer 100 % Prüfung im Inland geschieht nicht durch die Auswahl des AQL-Wertes. Sie geschieht ausschließlich durch eine – nach den Auftraggebervorgaben durchgeführte – Prüfung in den Produktionsbetrieben.

Regelungen zum Verhalten bei Abweichung
Häufig wird exakt geregelt, wie die Abnahme abzulaufen hat, wie die Rückweisekriterien aussehen. Seltener gibt es Vorschriften, wie die Verhaltensweisen bei Abweichung sind. Der Fehler ist da; was nun? Bis zu welchem Punkt kann der Prüfer über die weitere Vorgehensweise entscheiden, ab wann ist der Abnahmeleiter betroffen und ab wann wird es nötig die Verbindung zum Stammhaus oder zum Auftraggeber aufzunehmen? Hier gilt es, ein Stufenmodell aufzubauen, es zu trainieren und damit Erfahrung zu gewinnen. Je eindeutiger und verbindlicher es gelingt, die Stufen zu definieren, desto weniger wird es Rückfragen und Unsicherheiten geben.

5 Datenmanagement

Das Datenmanagement kann eigentlich nur auf Datenbankservern erfolgen, die zentral im Zugriff und in kurzen Intervallen mit den Abnahmeservern abgeglichen werden. Leistungsfähig sind diese Systeme nur mit edv-gestützter Fehlererfassung am Arbeitsplatz, Auswertungsmöglichkeiten für den jeweiligen Abnahmeleiter und im kurzfristigen Zugriff für Technik und Q-Wesen, um die Handlungsfähigkeit sicherzustellen.

Datenauswertung / Berichte
Die Erfassung ist mit numerischen Terminals, mit Barcode-Lesestiften aber auch mit Berührungsbildschirmen und bildhafter, sprachneutraler Benutzerführung denkbar. Die Auswertung muß in Abhängigkeit vom Datenvolumen geplant werden. Die Berichte sollten in gestuftem Detaillierungsgrad unterschiedlichen Bereichen und Hierarchieebenen im Unternehmen zur Verfügung gestellt werden, um mehr Verbreitung / Reaktion zu gewährleisten.

Rückmeldung an Produktionsbetrieb, qualitätsbezogen
Der anfangs erwähnte codierte Fehlerkatalog macht in seiner Ausführlichkeit erst dann Sinn, wenn er auch zur Rückinformation an den Produktionsbetrieb genutzt wird. Hier wäre denkbar, die Fehlermeldungen nur noch numerisch zu melden, jeder Betrieb hat eine in der Landessprache abgefaßte Übersetzung und erhält verbindliche, nicht von der Beschreibungsfähigkeit der Briefverfassers abhängige Rückmeldungen, ggf. ergänzt durch Digitalfotos, die an die E-Mail angehängt werden. Somit haben wir schnelle, auswertbare und detailgetreue Berichte, die eine gute Basis für Produzentenbewertungen und Saisongespräche sind.

Belastungsregelungen / Nacharbeit
Bei externen Fertigwarenabnahmen müssen die Belastungsregelungen und die Entscheidung über Nacharbeit deutlicher und nachvollziehbarer geregelt sein, da im Schadensfall Entscheidungsträger nicht vor Ort sind, die Folgekosten nur bedingt einschätzbar sind und auch nicht jeder Auftrag an den Hersteller retournierbar ist.

6 Prüfpersonal

Die Anforderungen an Prüfpersonal sind eigentlich jedem bekannt, aber schon in Zeiten der Inlandsproduktion wurde oft gegen die Grundsätze verstoßen. Ungelerntes, mangelhaft angelerntes Personal sind keine Seltenheit, obwohl wir wissen, daß dies der letzte Filter vor einer Kundenverärgerung ist.

Wir haben daher in einer Maximalversion die Anforderung an Prüfpersonal definiert, im Bewußtsein, daß die Anforderungen aus angeblicher Notwendigkeit gerne unterschritten werden.

Qualitative Überlegungen

Fähigkeiten:	Bedingung:	Anforderung / Überprüfung:
Bereich A physisch:		
Herz-Keislauf-Stabilität	ja	
Stehapparat / Beine / Bandscheibe	ja/KO-KRITERIUM	
Sehvermögen	ja/KO-KRITERIUM	
Farbsehtauglichkeit	ja/KO-KRITERIUM	
Allergien (Textil)	ja	Griffprobe/ Transport der Teile
Tastsinn	ja	Warenvergleich
Bereich B psychisch:		
Langzeit - konzentrationsfähigkeit	ja/KO-KRITERIUM	
Daueraufmerksamkeit	ja	
Fähigkeit zur Tendenzerkennung	teilweise	
Bereich C fachlich:		
2 bis 3jährige Berufsausbildung in der Bekleidungsindustrie	ja	Alternativ mehrjährige Berufserfahrung in der Bekleidungsindustrie
Verantwortungsgefühl	ja	
Qualitätsbewußtsein für Produkte	ja	
Materialkenntnisse	teilweise	
Wertigkeit der Produkte zuordnen können	teilweise	
Bereich D organisationstechnisch:		
Präzision in der Arbeitsausführung	ja	
Entscheidungsfähigkeit	ja	
Beurteilungssicherheit	ja	
Systematik	teilweise	
Rationelles Arbeiten	teilweise	
Einhaltung von Prüfstandards	ja	
Leistungsbereitschaft/Einstellung zur Arbeit	Ja/KO-KRITERIUM	

Qualifizierung von Prüfpersonal

Die Qualifizierung von Prüfpersonal sollte in vier Schritten erfolgen:

Schritt 1:
Der Abnahmetrainer (Abnahmeleiter) kontrolliert eine definierte Anzahl von Prüfteilen eines Auftrages. Er erwähnt dabei laut seinen „Prüfweg" über das Teil, benennt die zu prüfenden Kriterien am jeweiligen Prüfort und das jeweilige Prüfergebnis (i. O. oder nicht i. O.). Die zu trainierenden Abnehmer beobachten ihn dabei.

Schritt 2:
Der Trainer prüft auf „Anweisung" eines der Abnehmer, dadurch soll der Abnehmer den Prüfablauf nachvollziehen und speichern. Anweisungen und

Beurteilungen werden wieder laut gesprochen, damit die anderen Teilnehmer lernen können. Dieser Schritt wird von allen in der Trainingsgruppe nacheinander durchgeführt.

Schritt 3:
Ein Abnehmer übernimmt die Prüftätigkeit. Er beschreibt dabei laut, welchen Weg er wählt, wie seine Beurteilungskriterien und seine Prüfentscheidungen sind. Dieser Schritt wird von allen in der Trainingsgruppe nacheinander durchgeführt.

Schritt 4:
Die Trainingsteilnehmer gehen an ihre Prüfplätze und üben eigenständig. Sobald der überwachende Trainer (Abnahmeleiter) am Platz erscheint, wird laut gesprochen. Der Trainer greift nur noch bei Abweichung ein.

Zum Training können Fotostandards (analog zur Fehlerkodierung) und ergänzend die „Fehlerkollektion" herbeigezogen werden.

Das Training wird über den nächsten Monat fortgeführt, indem die Abnehmer sich zu einem festen Zeitpunkt täglich treffen und jeder aus der Gruppe je 2 Teile laut sprechend geprüft hat. Die übrigen Teilnehmer greifen bei unterschiedlicher Fehlerbeurteilung ein. Der Trainer kann die Intervalle strecken, wenn er sieht, daß die Gruppe beurteilungssicher wird. Ein Intervall von einmal pro Woche muß beibehalten werden.

Um den gleichen Standard in allen Abnahmen zu erreichen, werden einmal pro Saison für zwei Tage die Abnahmeleiter und jeweils ein Abnehmer an einem der Standorte zusammengezogen. Durch intensive, gemeinsame Produktaudits soll der Beurteilungsstandard angeglichen werden.

Überprüfung der Leistung des Prüfpersonals (Qualität und Stückzahl)

Verfahrensaudit
In regelmäßigen Abständen soll die Prozeßsicherheit der Abnahmen untersucht werden. Dazu werden folgende Bereiche untersucht:

Eignung des Prüfpersonals
- Qualifikationsstand der Prüfer
- Einhaltung des vorgegebenen Prüfablaufes
- Einhaltung der Dokumentation
- Einhaltung der Berichterstattung
- Einhaltung der Entscheidungswege, z. B. bei Abweichung

Statistischer Vergleich
Über einen längeren Zeitraum ist davon auszugehen, daß die Anlieferung der Ware ein über alle Prüfplätze gleichmäßiges Fehlerniveau ergeben wird. Nimmt

Qualitative Überlegungen

man das Gesamtergebnis und schaut sich die Ergebnisse der einzelnen Prüfer an, kann es Abweichungen geben. Im Vergleich der einzelnen Prüfer kann sich ein unterschiedliches Bewertungsverhalten ergeben, das durch Schulung und Anweisung angeglichen werden muß.

Anwesenheitsprüfung
Die Prüfer können auch in ihrem Prüfverhalten durch persönlichen Augenschein in ihrem Prüf- und Beurteilungsverhalten kontrolliert werden.
Für eine gewisse Zeit (Vorschlag 30 min) sollte der Vorgesetzte oder ein Auditor aus der Firmenzentrale die Prüfung überwachen. Die Ergebnisse aus der Überwachungszeit sollten mit den Ergebnissen aus den eigenständigen Prüfungen verglichen, die Abweichungen mit den Prüfern besprochen und eventuell notwendige Maßnahmen daraus abgeleitet werden.

Doppelprobe
Variante 1: Ein Auftrag wird gesplittet auf zwei Plätze gesteuert und die Prüfergebnisse der Prüfer verglichen.
Variante 2: Der Auftrag wird ein zweites Mal auf einen „anderen" Prüfplatz gesteuert, anschließend werden die beiden Prüfdurchläufe verglichen.
Problem: Es ist kein objektiver Vergleich, da Bewertungsunterschiede je nach Qualifikation und „Empfinden" der Prüfer auftreten können.

Schlußbetrachtung

Wir sind uns bewußt, das unsere Sichtweise nur auf das Qualitätsmanagement abzielt. Wirtschaftliche Rahmenfaktoren, regelmäßige (geplante) Überlastung zu Lieferhöhepunkten, Rekrutierungsprobleme von Fachpersonal in Produktionsländern, angeblicher Kostendruck bei Verlagerung dürfen nicht davon ablenken, daß mit jeder negativen Veränderung der hier beschriebenen qualitativen Basis der Grundstein für reduzierte Marktakzeptanz, Retourenaufkommen, Kosten für Nacharbeit, Terminverzögerungen und unvollständige Auslieferung gelegt wird. Unser Ruf steht mit jedem gelieferten Teil auf dem Spiel.

Pflegekennzeichnung – Der lange Marsch zur weltweiten Harmonisierung

von Rolf Langenegger*

Ende Mai 2001 fand in Kapstadt eine weltweite Zusammenkunft der Normenorganisationen statt. Dabei stand die Thematik der Pflegekennzeichnung im Vordergrund des Interesses. Zum Zeitpunkt der Absprache dieses Aufsatzes bestand die Hoffnung auf eine umfassende Harmonisierung. Es kam jedoch anders, so daß weiterhin Handlungsbedarf vorliegt.

Im grossen und ganzen kann unter einem globalen Gesichtspunkt mit den Beschlüssen zwar gelebt werden. Mit der Verabschiedung zweier gleichwertiger Symbolreihen (nach Markenschutz oder Konsumgewohnheit) ergibt sich in der Praxis allerdings an Stelle der seit langem geforderten Harmonisierung die unliebsame Konsequenz, daß künftig exportorientierte Produzenten bzw. importorientierte Textilhändler und damit die Konsumenten mit zwei unterschiedlichen Reihenfolgen konfrontiert werden dürften. Dieser Umstand ist nicht nur unbefriedigend und teilweise verwirrend, er führt auch zu mehr Kosten, erfordert vermehrte (für den Laien schwer nachvollziehbare) Informationsarbeit und verunmöglicht eine weltweite Codierung der Pflegestufen. Es drängen sich daher dringend entsprechende Schritte zur Vermeidung einer solchen Situation auf. Die nationalen Arbeitsgemeinschaften sind gefordert!

In den folgenden Ausführungen wird
- ein Rückblick auf die Entstehung der Pflegekennzeichnung gegeben
- der technische und politische Hintergrund des Systems aufgezeigt
- auf die Situation der Normierung auf Ebene ISO und CEN eingegangen
- die Auswirkung einer Harmonisierung mit den USA beleuchtet
- ein Ausblick gegeben.

---

* Der Autor ist Volkswirtschaftler und verfügt über eine breite Verbandspraxis. Er ist seit rund 30 Jahren im textilen Verbandswesen insbesondere auf Stufe Bekleidung (früher Swissfashion, heute im Rahmen des Textilverband Schweiz) engagiert und gleichzeitig als Geschäftsführer der SARTEX (Schweizerische Arbeitsgemeinschaft für Textilkennzeichnung) tätig. In dieser Funktion ist er u. a. Mitglied von ISO TC 38 / SC 11 und Trésorier der GINETEX (Groupement International pour l'Etiquetage d'Entretien des Textiles, Paris)
Adresse:
SARTEX, Beethovenstrasse 20, Postfach 2900, CH-8022 Zürich
Tel.: 00 41 1 289 79 41, Fax: 00 41 1 289 79 81, E-Mail: rl@tvs.ch, Internet: www.sartex.ch

1 Ausgangslage

Die Pflegekennzeichnung hat in Europa heute einen Stand erreicht, der als nahezu lückenlos bezeichnet werden darf. Sie wird auf internationaler Ebene als Beispiel und Vorbild einer **fortschrittlichen Verbraucherinformation** anerkannt und hat sich als Informationssystem bestens bewährt. Dies bestätigt auch der in der EU für die textile Industriepolitik zuständige Kommissar Erkki Liikanen. Er stellte kürzlich im Rahmen eines Forums des europäischen Parlamentes u. a. zur Frage der differenzierten Kennzeichnungswünsche im Zusammenhang mit Textilerzeugnissen fest:

„Die Pflegekennzeichnung ist ein erfolgreiches Beispiel für eine freiwillige Kennzeichnung. In der ganzen EU ist das freiwillige Pflegeetikett auf dem Markt weitest verbreitet. Sie erfüllt damit ihren Zweck offensichtlich, die Konsumenten entsprechend zu informieren, ohne dabei den Markt zu behindern. Wir glauben deshalb, daß weder eine besondere Notwendigkeit besteht, die gegenwärtige Lösung der Freiwilligkeit der Pflegekennzeichnung zu ändern, noch diesbezüglich etwas zu unternehmen."

In Westeuropa konnte in der Tat auf freiwilliger Basis – mit Ausnahme von Österreich – in der Vergangenheit ein umfassendes Kennzeichnungssystem geschaffen werden, das eine weltweite Verbreitung kennt.

Die Auszeichnung von Textilien mag auf den ersten Blick ein banales und einfaches, alltägliches Problem sein. In Wirklichkeit ist diese jedoch eine umfassende, recht komplexe Materie.

Das Bedürfnis der Verbraucher nach optimaler Orientierung ist bei Textilien seit je besonders ausgeprägt. Dies weil die Vielfalt des Angebotes, der Paßformen, der Fasern und Mischungen, Färbungen und Ausrüstungen, Herstellungsbedingungen u. a. m., dem Konsumenten den Kaufentscheid erschweren. Der Kunde braucht und verlangt beim Kauf eines textilen Artikels deshalb heute mehr denn je Informationen zu den wichtigsten Auswahl- und Entscheidungskriterien.

Angesichts der Vernetzung der internationalen Beschaffungs- und insbesondere Absatzmärkte, ist die Frage der Kennzeichnung von Textilien aus einem übergeordneten, globalen Blickwinkel zu betrachten. Nationale Lösungen sind höchstens in Randgebieten gangbar, nicht aber in den vom Verbraucher geforderten informativen Hauptgebieten der textilen Auszeichnung.

Die Erfahrung lehrt, daß gesetzliche Regelungen im textilen Bereich der Produkteauszeichnung vielfach ungeeignet sind. Einerseits zeigte sich in der Vergangenheit die praktische Unmöglichkeit, Gesetze den mannigfaltigen Bedürfnissen der Praxis, den differenzierten Branchengegebenheiten sowie insbesondere der fortschreitenden technischen und modischen Entwicklung in der Textil- und Bekleidungsindustrie innerhalb angemessener Frist voll gerecht zu werden. Andererseits ist eine Koordination und Harmonisierung nationaler Gesetze eine höchst zeitaufwendige Aufgabe. Eine Gesetzgebung hinkt deshalb der Zeit zumeist stark hinterher. Statt sachgerechter Lösungen entstanden in verschiedenen außereuropäischen Ländern überdies auch politische Kompromisse. Das Instrument, das eine international einheitliche Anwendung dieser Textilkennzeichnungsregeln gewährleistet, heißt in diesem Fall Markenschutz und/oder Norm.

Das primäre Zielpublikum der Etikettierung von Textilien ist der Konsument. Gestützt auf diese Erkenntnis ergeben sich die allgemeinen **Anforderungen an die Kennzeichnung**. Diese muß grundsätzlich:
- gut lesbar und leicht verständlich für den Verbraucher sein
- es erlauben, Rückschlüsse auf das Produkt zu ziehen
- ehrlich und nachvollziehbar sein, um beim Kauf des Artikels die Entscheidungsfindung zu erleichtern
- transparent und vergleichbar bzw. einheitlich und überprüfbar sein
- praxisgerecht, d. h. einfach in der Produktion anzubringen und für Händler, Verbraucher, Reiniger und Kontrollinstanzen leicht auffindbar sein.

Wenn immer möglich, gilt es deshalb
- international einheitliche Regeln zu beachten oder zu schaffen
- sprachüberbrückende Informationen zu vermitteln.

In diesem Kontext ist allerdings nicht zu übersehen, daß der Textilkennzeichnung für den Verbraucher beim Kauf eines textilen Artikels vielfach nur eine zweitrangige Rolle zukommt. Primäre Kriterien sind in der Regel Preis, Qualität und Mode.

2   Historischer Rückblick

Die Pflegesymbole gehören längst zu den Selbstverständlichkeiten im textilen Alltag und haben in den meisten Industrieländern auch Eingang in die Schulbücher gefunden. Europa war **1958** der eigentliche Ausgangspunkt der Pflegekennzeichnung.

Bis Anfang der 50er Jahre bestand die Wäsche fast ausschließlich aus Naturfasern. Den aufkommenden Waschmaschinen wurden primär *Weiß- und Buntwäsche* aus Baumwolle und Leinen anvertraut. Zwei Waschprogramme genügten: 95 °C. für Kochwäsche und 60 °C. für nicht kochecht gefärbte Buntwäsche.

Dann aber wurden *Chemiefasern* entwickelt und für Naturfasern moderne *Veredlungsverfahren* (pflegeleicht etc.) eingeführt. Dazu kamen neue Fertigungstechniken bei der Herstellung von Bekleidung wie Frontfixieren, Verkleben und Schweißen von Nähten usw. Eine rasante modische Entwicklung setzte ein. Neue ausgeklügelte Waschmaschinen kamen auf den Markt. Die Pflege von Textilien – einst einfach und überschaubar – wurde immer schwieriger. Weder eine interessierte Verbraucherin, noch der bestens ausgebildete Gewerbefachmann waren stets in der Lage, die Situation zu überblicken, um Textilien effi-

Pflegekennzeichnungen

zient zu pflegen und Schadensfälle zu vermeiden. *Eine Pflegekennzeichnung wurde zur Notwendigkeit!*
Wie aber sollte ein Pflegekennzeichnungssystem aussehen? Worauf sollte es angesichts des grenzüberschreitenden Güteraustausches abgestützt sein? Wie läßt sich die Koordination auf internationaler Ebene gewährleisten?

3 GINETEX

Um all diese Fragen zu klären, wurde 1963 die internationale Vereinigung für Pflegekennzeichnung *GINETEX (Groupement Internationale d'Etiquetage pour l'Entretien des Textiles)* mit Sitz in Paris gegründet. Gründungsländer waren die Bundesrepublik Deutschland, Frankreich, die Benelux-Staaten und die Schweiz.
Die damals festgelegten Grundlagen der GINETEX haben heute noch weitgehend Gültigkeit. Um die Zusammenhänge zu sehen und die Politik im Interesse der Pflegekennzeichnung besser zu verstehen, ist es notwendig, etwas näher darauf einzutreten.
Die *Ziele* von GINETEX sind:
- die Verbraucher über die *angemessene Pflegebehandlung* von Textilien durch ein einheitliches, einfaches und sprachenunabhängiges Symbolsystem zu informieren
- den *Interessen* der *Textilwirtschaft*, der verschiedenen Bereiche der Textilreinigung sowie der Verbraucher in einem weltweiten Textilmarkt gerecht zu werden
- die *freiwillige Pflegekennzeichnung* auf internationaler Ebene mit einheitlichen Symbolen zu fördern und durchzusetzen sowie abweichende Lösungen zu verhindern
- verbindliche *Vorschriften* und Richtlinien *für den Gebrauch* der einheitlichen Symbole zu erarbeiten und deren Anwendung zu kontrollieren
- den *Rechtsschutz* der als internationale Marke hinterlegten Symbolreihe sicherzustellen sowie
- *Verwendungsrechte* der Pflegesymbole an *Länderorganisationen* im Rahmen von Vereinbarungen einzuräumen.

Das Pflegekennzeichnungssystem stützt sich dabei im wesentlichen auf die folgenden *Grundsätze* der GINETEX:
- Die Pflegesymbole haben Auskunft über die *maximal zulässige Behandlungsart* zu geben.
- Sie sind stets lückenlos in der vorgeschriebenen Reihenfolge zu verwenden.
- Die Pflegekennzeichnung muß **leicht verständlich**, problemlos anwendbar, sprachenunabhängig und klar sein.
- Die Pflegesymbole dürfen zu **keinen Fehlinterpretationen** durch den Verbraucher Anlaß geben.

- Ihre *einheitliche Anwendung* ist zu gewährleisten
- Eine möglichst einheitliche *Anbringung der Pfelegeetiketten* ist anzustreben
- Sie soll den *Konsumgewohnheiten* unter Verzicht auf komplizierte technische Daten *Rechnung tragen.*
- Die zur Pflege von Textilien eingesetzten Geräte sollen eine optimale *Durchführung* der empfohlenen Pflegebehandlung gewährleisten.
- *Anpassungen,* die sich aus der laufenden technischen, ökonomischen und ökologischen Entwicklung aufdrängen – nach Möglichkeit ohne neue Symbole und Zusätze – im Rahmen des bestehenden Systems vorzunehmen.

Bei der Durchführung der Pflegekennzeichnung sind die nationalen GINETEX-Organisationen, in denen die interessierten Kreise repräsentativ vertreten sein müssen, in ihrem Landesbereich autonom. Die Mitgliedschaft schließt die Anerkennung des Pflegekennzeichnungssystems in sich. Die Landesorganisation hat unabhängig zu sein und muß genügend Autorität besitzen, um GINETEX-Beschlüsse im eigenen Hoheitsbereich durchzusetzen. Wie sich die Landesorganisation national organisiert, ist ihr überlassen. So setzen Länder wie beispielsweise Frankreich, Belgien, Niederlande, Schweiz u. a. m. mit einem aktiven Markenschutz auf das Verursacherprinzip und finanzieren ihre Auslagen für die laufenden Informationen der Hersteller, Händler und Verbraucher bzw. die Arbeiten auf internationaler und nationaler Ebene über Lizenzverträge und Abgaben auf Etiketten. Andere Länder wie z. B. Deutschland, Italien und Österreich decken derartige Aufwendungen über Beiträge der Verbände aus der textilen Kette. Dies führte im Laufe der Jahre zum Teil dazu, daß diese Organisationen über zu wenige Mittel für ihre Aufgaben verfügen. Als Eigenheit ist anzuführen, daß in Europa bis dahin einzig Österreich eine gesetzliche Regelung der Pflegekennzeichnung kennt. Diese ist im Sinne einer Rahmenverordnung analog der GINETEX-Vorgaben zu verstehen. Es bleibt nämlich den textilen Fachverbänden überlassen, die Arbeiten auf technischem Niveau zu erledigen und darüber zu informieren.

Die fünf Basissymbole der GINETEX ▽ △ ⊟ ○ ⊡ werden als bekannt vorausgesetzt. Auch deren grundsätzliche Bedeutung und das Wissen um ihren technischen Inhalt darf in einer Fachpublikation als gegeben betrachtet werden.

Das GINETEX-Symbolsystem für die Pflegekennzeichnung hat europaweite Anerkennung und weltweite Verbreitung gefunden. Mit Ausnahme der skandinavischen Länder (Strukturfrage, halbstaatliche Konsumentenorganisationen) sind alle westeuropäischen Länder sowie Finnland Mitglieder. Als Folge der neuen politischen Landschaft im Osten Europas sind auch mitteleuropäische Staaten an einer GINETEX-Mitgliedschaft interessiert. Tschechien und Slowenien wurden bereits aufgenommen. Daneben laufen mit zahlreichen Ländern entsprechende Verhandlungen. Zur Zeit umfaßt GINETEX 15 Länder. Dank der EN-Norm 23758, die eigentlich das GINETEX-System beinhaltet, sind alle europäischen Staaten in das Pflegekennzeichnungssystem eingebunden. Der

Vorteil der GINETEX-Mitgliedschaft ist primär die Möglichkeit eines permanenten Erfahrungsaustausches und der direkten Mitwirkung an der Gestaltung des Symbolsystems. GINETEX ist unter der Webadresse „www.ginetex.org" im Internet.

4 NAFTA

Als Folge des NAFTA-Abkommens zwischen den USA, Kanada und Mexiko genügten in den Vereinigten Staaten die gesetzlichen Vorschriften für eine umfassende *Kennzeichnung in englischer Sprache* nicht mehr. Die Amerikaner sahen sich deshalb veranlaßt, ihre bisherige verbale Pflegekennzeichnung *durch ein Symbolsystem* zu ersetzen. In einem ersten Schritt wurde versucht, auf Grundlage der GINETEX sämtliche Wortaussagen in Symbole umzusetzen.

Die große Anzahl der Pflegestufen, die lokalen Pflegegewohnheiten und die amerikanische Mentalität führten jedoch notgedrungen zu einer übergroßen Vielfalt an Symbolen. Diese stimmten dadurch weder vollumfänglich mit den grafischen noch mit den technischen Inhalten der in Europa verwendeten Pflegekennzeichen überein. Um im internationalen Handelsverkehr Probleme zu vermeiden, nahmen die USA mit GINETEX Gespräche auf.

Die Amerikaner interpretierten nicht nur die Pflegestufen sehr eigen, sie lehnten auch den GINETEX-Markenschutz aus grundsätzlichen Überlegungen ab. Gleichwohl übernahmen sie deren Basissymbole in ihre Norm. Die entsprechende nordamerikanische Regelung diente darauf der Federal Trade Commission als Grundlage für eine Gesetzesänderung. Angesichts der sich ergebenden nichttarifären Handelshemmnisse wurde durch die europäischen Verbände und Regierungen im Rahmen der Welthandelsorganisation WTO dagegen Einsprache erhoben. Auch von GINETEX wurden mit Blick auf die markenrechtliche Situation entsprechende Schritte unternommen.

Zwei verschiedene Pflegesymbolsysteme auf den weltweit dominierenden Absatz- und Verbrauchsmärkten USA und Europa sind für alle Beteiligten ein Unsinn. Neben den handelspolitischen Hindernissen und den Zusatzkosten für die Industrie ergeben sich auch haftungstechnische Probleme. Letztlich wird auch die Glaubwürdigkeit der Pflegeinformation beim Verbraucher aufs schwerste erschüttert.

Durch hartnäckige Verhandlungen konnte eine erste Verminderung der Anzahl US-Pflegesymbole erreicht werden. Als Differenzen blieben:
- die Symbolreihenfolge, da die USA das Trocknungssymbol am Schluß der Symbolreihe setzen wollen
- die Ausweitung der Symbole durch Einbezug natürlicher Trocknungsmethoden
- die Erweiterung auf Nichtchlorbleiche durch Einschluß der Oxygenbleiche
- ein Symbol für Dampfbügeln

- die Temperaturangabe beim Waschen mittels Punkten statt Zahlen
- Symbole für Naß- bzw. Lederreinigung.

Bei den technischen Fragen konnten mit GINETEX weitgehend Lösungen gefunden werden. Die Amerikaner lehnten den Markenschutz ab, da sie eine gesetzliche Regelung nicht auf ein markenrechtlich geschütztes, privatrechtliches System abstützen wollen. Die umfängliche Harmonisierung der Systeme USA / Europa blieb schwierig. Es wurde klar, daß diese nicht in einem Schritt zu verwirklichen ist.

5 ISO

Am Beispiel der Entstehung der Pflegekennzeichnungsnorm und deren weitere Geschichte läßt sich nachvollziehen, wie lange es dauert und welche Vorarbeiten nötig sind, um eine weltweite Norm aufgrund der verschiedenen regionalen Pflegegewohnheiten und -möglichkeiten bzw. den entsprechenden Mentalitäten durchzubringen. Gleichzeitig zeigt die Entwicklung zur Norm auch die Vorteile von GINETEX (rasches, pragmatisches Handeln) und deren Nachteile (an Markenschutz gebunden) auf.

Die Frage der Pflegekennzeichnung wurde 1977 ins Arbeitsprogramm des technischen Komitees ISO TC 38 „Textilien" aufgenommen. Das Sekretariat von TC 38 obliegt der British Standard Institution (BSI). Das für die Pflegekennzeichnung zuständige Sous-Comité (SC 11) wurde von der AFNOR (Frankreich) geführt. Noch im selben Jahr legte dieses einen Normenentwurf für eine Vereinheitlichung der Pflegekennzeichnung vor. Weitere Konzepte folgten 1978 und 1980. Kein Vorschlag erreichte jedoch das für eine Veröffentlichung einer ISO-Norm notwendige Quorum. GINETEX als Markeninhaberin vereinbarte darauf mit der ISO ein Stillhalteabkommen von fünf Jahren. Aufgrund dessen stellte Frankreich das SC11-Sekretariat zur Verfügung. Noch vor Ablauf der vereinbarten Frist legte BSI als Sekretariat TC 38 einen neuen Normenentwurf vor.

Aufgrund dieser Entwicklung und der in einigen Ländern bereits vorliegenden Normen lag es im direkten Interesse von GINETEX, auf die ISO-Bestrebungen möglichst großen Einfluß zu nehmen. Die Mitglieder portierten die Schweiz zur Sicherung der langjährigen Aufbauarbeiten, um das Gesetz des Handelns in die eigene Hand zu nehmen. So übernahm die SNV 1986 das Sekretariat von ISO TC 38 / SC 11.

Im Rahmen der ISO galt es in einem ersten Schritt, die markenrechtlichen Aspekte sicherzustellen. Der Markenschutz wird in der Regel für zwanzig Jahre gewährt und kann stets verlängert werden. Für die ISO stellte der Markenschutz einen Präzedenzfall dar, zumal diese zuvor höchstens Patente in einer Norm übernahm. Die internationale Hinterlegung der Symbolreihe als Kollektivmarke

Pflegekennzeichnungen

ermöglichte GINETEX, aus einer Position der Stärke zu verhandeln. **1987** wurde alsdann mit dem ISO-Generalsekretariat eine Vereinbarung über die markenrechtlichen Verwendungsmodalitäten der GINETEX-Pflegesymbole abgeschlossen.

Gleichzeitig wurde unter Ägide der SARTEX (Schweizerische Arbeitsgemeinschaft für Textilkennzeichnung) ein neuer, technisch und rechtlich mit den GINETEX-Bestimmungen abgestimmter Entwurf für eine weltweit einheitliche Pflegekennzeichnung zur Stellungnahme und Abstimmung im Rahmen der ISO erarbeitet. Fünf Ablehnungen aus Übersee (Australien, Kanada, Japan, Trinidad/Tobago und USA) ließen es nicht zu, den Vorschlag zu verabschieden.

Die wichtigsten **Vorbehalte** betrafen die
- Berücksichtigung der verbalen Pflegekennzeichnung
- Übereinstimmung mit nationalen Gesetzgebungen
- Aufnahme von Symbolen mit regionaler Bedeutung
- Ablehnung des Markenschutzes von GINETEX.

1989 fand deshalb in Zürich eine weitere Sitzung des ISO TC 38 / SC 11 mit 38 Delegierten aus 14 Ländern statt. Es ging darum, vorhandene Lösungsmöglichkeiten aufzuzeigen und zu besprechen sowie darzulegen, weshalb einige Wünsche für eine internationale Norm nicht berücksichtigt werden können. Den Teilnehmern wurde klar gemacht, daß nach jahrzehntelangen Bemühungen die Zeit eines Entscheides überreif sei. Entweder stimme man dem Entwurf allenfalls mit geringfügigen Änderungen zu oder die Unmöglichkeit einer Konsensfindung sei einzugestehen und gestützt darauf, die Normung der Pflegekennzeichnung definitiv vom Arbeitsprogramm zu streichen. Darauf wurde der Entwurf unwesentlich geändert.

Der erarbeitete Normenentwurf wurde zur weltweiten Abstimmung gebracht. 83 % der abstimmenden Länder bejahten die Vorlage. USA und Australien (Gesetze für verbale Pflegekennzeichnung) sowie Kanada und Japan (technische Einwände) lehnten die Vorlage ab. Das notwendige Quorum (75 %) zur Annahme der Norm war trotzdem erreicht. **1991** konnte deshalb die **ISO-Norm 3758 „Textilien – Pflegekennzeichnungs-Code auf der Basis von Symbolen"** publiziert werden. Jahrzehntelange Bemühungen schienen erfolgreich abgeschlossen zu sein.

Als Konsequenz daraus wurde **1993** die ISO-Norm auch als EN 23758 veröffentlicht. Im Gegensatz zur ISO-Norm, die bekanntlich nur unverbindlichen Charakter hat, ist eine EN-Norm verbindlich und national nicht abänderbar. Dies bedeutet, daß auch Staaten wie z. B. Dänemark und Schweden, welche abweichende Normen kannten und gegen die ISO-Norm seinerzeit massive Einwände vorbrachten, verpflichtet waren, diese EN-Norm anzuerkennen und zu übernehmen.

Die ISO-Norm 3758 stand **1997 zur Revision** an. Zwischenzeitlich gab die Schweiz aus strukturellen und finanziellen Überlegungen das SC 11-Sekretariat zurück. Die Ausgangslage von GINETEX drohte sich daraufhin zu verschlechtern, nach dem sich die USA um dessen Übernahme bewarb. Letztlich bewirkten die europäischen Länder, daß DIN das federführende Sekretariat zugesprochen erhielt.

1999 nahmen in Porto an der zur Revision von ISO 3758 notwendigen Sitzung 44 Delegierte aus 15 Ländern teil. Mit den USA konnte ein Kompromiß erarbeitet werden. Folgende Anpassungen wurden vorgeschlagen:

Waschen
- die sehr milde Behandlung mittels eines Doppelbalkens ⊠ ⊠ auszudrücken
- die Symbole 30 °C- und 50 °C-Wäsche für normale Behandlung als zusätzliche Waschgänge einzuführen
- die Definitionen zu vereinfachen und zu vereinheitlichen bzw. die Behandlungsabstufung stets als *normal, mild* (Balken) und *sehr mild* (Doppelbalken) zu kennzeichnen
- beim durchgestrichenen Waschsymbol den Satz „Vorsicht bei Behandlung im feuchten Zustand" zu streichen
- in einem informativen Anhang die in den USA gängigen Punkte zu erklären, die zusätzlich zu den Waschtemperaturen in °C gebraucht werden könnten.

⊠ ⊠ ⊠ ⊠ ⊠ ⊠

Bleichen
- das Dreieck als generelles Symbol für Bleichen zu nutzen △ ▲
- die Bleichprozesse unter Einbezug der Oxygenbleiche neu zu definieren ⚠
- die Empfehlung, sich nach den Produkthinweisen zu richten, zu streichen.

Chemischreinigung
- die Auswirkungen der neuen Umweltgesetze (Kiloreinigung nicht mehr möglich!) in das Chemischreinigungssymbol einzubeziehen
- die Naßreinigung (Wetcleaning) in diese Pflegestufe einzubauen Ⓦ
- die Definition des Buchstabens A mit dem Hinweis *normale Behandlung* zu ergänzen
- die Behandlungsabstufung generell mit *normal, mild* (Balken) und *sehr mild* (Doppelbalken) zu umschreiben.

Trocknen
- grundsätzlich notwendige Ergänzungen bezüglich des natürlichen Trocknens in Worten oder mittels Symbolen auf der zweiten Linie auszudrücken
- die symbolisierten natürlichen Trocknungsmethoden in einem informativen Anhang zusammenzufassen. Diese sollen sich auf: *Line dry, drip dry, flat dry* und *dry away from sun* beziehen. ⊓ ⊞ ⊟ ⊠

Pflegekennzeichnungen

Glossary
Das gegenwärtige Symbolsystem deckt nicht alle Pflegevorgaben ab. Es besteht deshalb eine gewisse Notwendigkeit für ein Glossary. Als sinnvolle Ergänzung zu den Pflegesymbolen werden daher folgende verbale Ausdrücke vorgeschlagen: *wash inside out, with like colors, wash separately, no wring or twist, no optical brighteners, do not add fabric softener, use net, damp wipe only, do not steam iron, steam only, iron wrong side only, do not iron if decorated, use press cloth, steam ironing recommended, keep away from direct heat, reshape whilst damp, professional leatherclean only, professional fur clean only, line dry, drip dry, dry flat, dry in shade*
    In einem Anhang sollen der Norm 3758 entsprechende **Prüfnormen** und Testkriterien angefügt werden.
    Ohne darauf besonders einzutreten, wurden die **Markenrechte** von GINETEX bestätigt. **Die Reihenfolge** der Symbole wurde als gegeben betrachtet.

Die Harmonisierung der Pflegekennzeichnung zwischen Europa, den USA, Japan und Afrika schien erzielt und die Revision von ISO 3758 galt als abgeschlossen. Die formale Abstimmung im Rahmen von ISO TC 38 ergab allerdings eine Zustimmung von lediglich 66 % (erforderliches Quorum: 75 %). *Der Vorschlag wurde von den USA, Japan, Indien, Grossbritannien, Dänemark, Spanien und Polen abgelehnt.*

    Einige Begründungen der ablehnenden Länder zeugen von einem mangelnden Verständnis des Pflegekennzeichnungssystems schlechthin, andere sprachen sich gegen die Festlegung von Prüf- und Testmethoden aus. Weitere Länder opponierten gegen die vorgesehene Lösung für die Naßreinigung bzw. verlangten die Einführung der natürlichen Trocknung als sechstes Symbol und letztlich wurde zum Teil auch die vorgegebene Symbolreihenfolge als unlogisch empfunden und abgelehnt.

    2001 drängte sich daher eine weitere Sitzung des SC 11 zur Bereinigung der Pflegekennzeichnungsnorm ISO/CD 3758 rev. auf. In Kapstadt nahmen daran 36 Delegierte als Vertreter von 18 Ländern teil.

    Im Mittelpunkt der Tagung standen die in Dokument N 286 (50 Seiten) festgehaltenen Kommentare zur Abstimmung des in Porto ausgearbeiteten Vorschlages. Sämtliche Kritiken wurden besprochen. Bei Zustimmung zu einer Beanstandung wurde die Norm entsprechend korrigiert. Bei zahlreichen Änderungen handelte es sich um redaktionelle Präzisierungen, Ergänzungen und logische Anpassungen bzw. um orthographische und darstellerische Korrekturen.

    Materiell von Bedeutung sind allerdings die gefaßten Resolutionen, die teilweise nur mit knapper Mehrheit und dem Funktionieren einer Allianz USA – Kanada – Südafrika – Schweden zu Stande kamen. *Hauptdiskussionspunkte* waren die Fragen des Wetclean-Symbols, der Stellenwert des natürlichen Trocknens und insbesondere der Symbolreihenfolge (USA: nach Verbrauchergewohnheit / GINETEX-Länder: nach Markenschutz). Folgende Anpassungen werden vorgeschlagen:

professionelle Textilpflege
- der durchgestrichene leere Kreis heißt „Keine Chemischreinigung möglich"
  ⊗
- der durchgestrichene *gefüllte* Kreis bedeutet „Kein Wetcleaning möglich"
  ⊗
- das Chemischreinigungssymbol ist stets innerhalb der Symbolreihe aufzuführen
- die Verwendung des Wetclean-Symbols ist fakultativ.
- das Chemischreinigungssymbol mit dem Buchstaben A entfällt.

Reihenfolge
- in Ländern, in denen die Symbole markenrechtlich geschützt sind, ist folgende Reihenfolge zu verwenden: *waschen – bleichen – bügeln – professionelle Textilpflege – trocknen im Tumbler* (5er Symbolreihe) ⊠ △ ⊟ ○ ◙
- in gewissen anderen Ländern sind die Symbole in der Reihenfolge ihres Gebrauchs: waschen – bleichen – trocknen – bügeln – professionelle Textilpflege aufzuführen. ⊠ △ ◙ ⊟ ○
- für Länder, in denen keine entsprechende Vorschrift vorgegeben ist, muß entweder die eine oder andere der obigen Reihenfolge verwendet werden.

Trocknen
- für das Trocknen ist als Symbol ein Quadrat zu verwenden □
- für das Trocknen im Tumbler nach dem Waschen ist ein Quadrat mit einem innenliegenden Kreis zu gebrauchen ◙
- die Informationen bezüglich des fakultativen Symbols für natürliche Trocknung sind in einem informativen Anhang enthalten.

Auf die **Markenrechte** von GINETEX wurde materiell nicht eingetreten. Die Führung von TC 38 unterstrich jedoch ihre Absicht, das Zentralsekretariat in Genf aufzufordern, Gespräche mit GINETEX aufzunehmen, um diesen Anhang *mindestens* zu aktualisieren (Website / EURO statt FRF u. a.m.)

Seitens von Südafrika wurde angeregt im Hinblick auf die nächste Revision (ca. 2007) rechtzeitig eine *Arbeitsgruppe* (WG) betreffend Minimalanforderungen an Pflegeetiketten (USA: Mindestgrösse des Symbols 20 Punkte / Schweden: Symbolinhalt mindestens 3mm hoch) und deren Anbringungsarten und -orte einzusetzen. Kanada schlug gleichzeitig vor, eine WG für das Tumblersymbol einzusetzen, da sie für eine Dreiteilung des Temperaturbereiches (1 Punkt 55 °C. – 2 Punkte 65 °C. – 3 Punkte 75 °C. / Prüfnormen liegen vor) plädieren.

Die überarbeitete ISO/CD 3758 rev. soll vor Ende 2001 mit einer Frist von sechs Monaten als DIS zur Abstimmung gebracht werden. Wird eine Zustimmung von 75 % oder mehr erreicht, könnte die *Inkraftsetzung der neuen Norm* gegen Ende 2002 erfolgen.

6 Ausblick

In Europa sind dank der Leistungen von GINETEX und deren Mitgliedern über 95 % der Textilien mit den Pflegesymbolen versehen. Diese Leistung auf freiwilliger Ebene wurde letztlich dank einer vorbildlichen, interdisziplinären Zusammenarbeit der betroffenen und interessierten Stufen möglich. Es liegt also im Interesse aller Beteiligten der textilen Kette, über eine kompetente und schlagkräftige Stelle im eigenen Land zu verfügen. Wer *Lösungen will, die seinen Ansprüchen genügen*, muß agieren. Bereits Goethe sagte: *Das Tun interessiert, das Getane nicht.*

Im grossen und ganzen darf unter einem globalen Gesichtspunkt festgestellt werden, daß sich die Pflegekennzeichnung in einem dynamischen Prozeß befindet, der in die richtige Richtung geht. Eine gewichtige Ausnahme bei dieser Beurteilung bildet zum Zeitpunkt dieser Niederschrift die **Symbolreihenfolge**.

Mit der von der ISO vorgesehenen, gleichwertigen Reihenfolgen (nach Markenschutz oder Konsumgewohnheit) ergibt sich in der Praxis die Konsequenz, daß exportorientierte Produzenten bzw. importorientierte Textilhändler und damit die Konsumenten mit zwei Reihenfolgen konfrontiert werden. Dieser Umstand dürfte nicht nur unbefriedigend und teilweise verwirrend sein, er führt auch zu mehr Kosten, erfordert vermehrte (für den Laien schwer nachvollziehbare) Informationen und verunmöglicht eine weltweite Codierung der Pflegestufen.

Gestützt darauf hat GINETEX zwei Alternativen: den neuen Vorschlag abzulehnen oder den Markenschutz den unbestritten logischen Marktgegebenheiten anzupassen. In der Praxis dürfte das Rad der Zeit kaum zurückgedreht werden können. GINETEX kann nach meiner Auffassung nur durch eine offensive Strategie Glaubwürdigkeit beweisen. Es liegt im Interesse der europäischen Textilwirtschaft, rasch zu handeln und gleichzeitig den Markenschutz entsprechend den Vorgaben der neuen Norm sicherzustellen.

Des weiteren dürfte in absehbarer Zeit das Wetclean-Symbol – trotz verbreiteter Beurteilung, daß dieses primär auf Marketingüberlegungen aufgebaut ist – als sechstes Symbol dazukommen. Dies insbesondere deshalb, weil die GINETEX-Lösung mit der Aufführung des Zeichens unterhalb der eigentlichen Symbolreihe, sich in der Praxis kaum bewähren bzw. durchziehen lassen dürfte. Ferner "droht" am Horizont die natürliche Trocknung als siebentes Symbol.

Will GINETEX und damit Europa weiterhin maßgebend die Pflegekennzeichnung beeinflussen, gilt es liberal und unternehmerisch zu denken bzw. strategisch zu handeln und alten Ballast so rasch als möglich über Bord zu werfen.

Überblick Pflegekennzeichnung 2002

Optimierung der „In-Shop-Quality" durch aufbereitungs- und logistikorientiertes Qualitätsmanagement

von Dr.-Ing. Hans-Jürgen Steger u.A.*

Vor dem Hintergrund der wirtschaftlichen Rahmenbedingungen einer global agierenden Bekleidungsindustrie werden die logistischen Abläufe vom Auslandsproduzenten bis hin zum Endkunden detailliert analysiert. Insbesondere die Aufrechterhaltung und Optimierung der Qualität vor dem Endkunden, bezeichnet als „In-Shop-Quality" sind Gegenstand der Analysen. Ausgehend von heute üblichen Verfahren werden neue Ansätze zu einem logistikumfassenden Qualitätsmanagement mit dem Ziel entwickelt, Qualitätsanforderungen, Logistik und Aufbereitung optimal aufeinander abzustimmen. Neben qualitativen Verbesserungen können dadurch, abhängig von der Entwicklung der Transportkosten, zum Teil erhebliche Einsparungspotentiale realisiert werden.

Rahmenbedingungen

In einem zunehmend dynamischer verlaufenden Prozeß hat sich die Bekleidungsproduktion für den westeuropäischen Raum seit den 80er Jahren nahezu vollständig ins Ausland verlagert. Die an den Rohölpreis gekoppelten Transportkosten waren in diesem Zeitraum keinen extremen Schwankungen unterworfen und die gestiegenen Aufwendungen für die Qualitätssicherung an den fernöstlichen Produktionsstätten fielen durch die Einsparungen bei den direkten Produktionskosten kaum ins Gewicht.
  Waren es zu Beginn die Hersteller, die unter dem Kostendruck des Handels den Weg in die Billiglohnländer fanden, so folgten ihnen bald die Filialisten, die erfolgreich durch direkte Produktion und straffe Logistik den traditionellen Handel erneut unter Druck setzten.
  Seit Ende der 90er Jahre ist die anfängliche Dynamik zunehmend durch sta-

---

* Dr.-Ing. Hans-Jürgen Steger, Geschäftsführer, IBS - Ingenieurgesellschaft mbH
   Karin Ullerich, Bereichsleiterin Produktion, MOTEX Mode-Textil-Service GmbH & Co.KG
   Frank Wollboldt, Bereichsleiter Technik, MOTEX Mode-Textil-Service GmbH & Co.KG

bile und etablierte Beschaffungsnetzwerke ersetzt worden. Den damit verbundenen Vorteilen der Sicherung einer gleichmäßigen Qualität und einer gestiegenen Liefertreue steht jedoch gegenüber, daß jeder Wettbewerber heute darüber verfügt und die unmittelbaren Vorteile einer kostengünstigeren Produktion wegfallen. Nach einem harten Ausleseprozeß der vergangenen Jahre teilen sich nun hinsichtlich der Beschaffungsmöglichkeiten nahezu gleichwertige Wettbewerber den Markt.

Ein weiteres prägendes Element der heutigen Situation ist die gegenüber den 80er Jahren erheblich gestiegene Variantenvielfalt. Dies führte zum einen zu geringeren Mengengerüsten pro Variante und einem erheblich gesteigerten Aufwand für Lagerung und Beschaffungslogistik. Zum anderen steigt auch das wirtschaftliche Risiko, wenn der Absatz hinter den Erwartungen zurückbleibt und die verbleibenden Lagerbestände an Discounter abgegeben werden müssen. Der Handel hat darauf mit schlanken Strukturen und einer Erhöhung der Bestellzyklen reagiert, wodurch das Risiko heute größtenteils beim Hersteller und Distributor liegt.

Zudem ist damit zu rechnen, daß die langjährige Konstanz bei den Transportkosten zumindest die nächsten Jahre nicht mehr weiter bestehen wird. Bedingt durch die Öko-Steuer und die Diskussionen um eine erhöhte Besteuerung des Flugzeugtreibstoffes haben sich besonders in Deutschland die Transportkosten speziell für auf den „letzten Metern" der Distribution in die Filialen empfindlich erhöht.

Vor dem Hintergrund dieser Entwicklungen steht die Bekleidungsindustrie vor neuen Herausforderungen, um im globalen Wettbewerb nicht nur zu überleben, sondern auch zukunftssichernde Steigerungsraten zu erwirtschaften.
- Bei vergleichbaren Herstellkosten werden Qualität und Design als Kaufanreiz gegenüber dem Preis wieder mehr in den Vordergrund treten.
- Die Variantenvielfalt bei kleinen Stückzahlen und das wirtschaftliche Risiko der Lagerhaltung zwingen zu flexibleren Beschaffungszyklen.
- Die Kosten für Logistik und Aufbereitung gewinnen gegenüber den reinen Herstellkosten an Gewicht und bieten zukünftig die größtmöglichen Spielräume zur wirtschaftlichen Optimierung.

Qualität in den Augen des Kunden und wirtschaftliche Logistik sind Kernpunkte dieser Anforderungen und stehen in einem sehr engen Zusammenhang. Zur Verdeutlichung sollen daher nachfolgend einige Stationen des Weges der Bekleidung vom Produzenten zum Endkunden näher unter dem Aspekt der Qualitätssicherung betrachtet werden.

Optimierung der „In-Shop-Quality" 107

Situationsbeschreibung des gängigen Weges vom Produzenten zum Endkunden

Klassische Qualitätssicherung in der Bekleidungsindustrie beschränkt sich auf den reinen Herstellungsprozeß. Material, Verarbeitung und Maßhaltigkeit stehen dabei im Mittelpunkt der Prüfkriterien, nachfolgende Prozesse sind dabei von untergeordneter Bedeutung. Im Laufe des Herstellungsprozesses findet ein wesentlicher Teil der Formgebung des Kleidungsstückes durch konstruktives Bügeln statt. Entscheidende Parameter dieses Prozesses sind Feuchtigkeit und Temperatur, die die unterschiedlichen Fasermaterialien erst formfähig machen, sowie die nachfolgende mechanische Ausformung durch den Druck des Bügeleisens. Abschließend wird der Verformungsprozeß durch eine möglichst gezielte Abkühlung und Trocknung des Materials fixiert, und das Teil erhält sein gewünschtes Aussehen.

Im Idealfall ist dieser Zustand mit der Präsentation im Laden identisch und abgesehen von relativ kurzen Transportwegen war das auch der Standard in den Jahren, als Produktion und Vertrieb noch in Westeuropa stattfanden. Mit der Verlagerung der Produktion, speziell in Länder mit extremem Klima im asiatischen und pazifischen Raum, bestimmen eine Vielzahl zusätzlicher Faktoren das Aussehen und die Qualität der Ware an ihrem endgültigen Bestimmungsort.

Bereits unmittelbar nach der Fertigung und deren qualitativer Abnahme können erste Veränderungen an der Ware auftreten. So führen Wärme und hohe Luftfeuchtigkeit in Verbindung von „memory–effekten" speziell in modernen Mischgeweben zu einer Rückbildung der durch Bügeln erreichten Formgebung. Im schlimmsten Fall kann das bis zum Öffnen der Innennähte führen. Spannungen zwischen Obermaterial und Faden, bedingt durch unterschiedliche Materialien oder eine nur ungenügend angepaßte Fadenspannung beim Nähen werden sichtbar. Es kann daher davon ausgegangen werden, daß in Abhängigkeit von der Jahreszeit im Herstellungsland bereits erste Veränderungen an der Ware aufgetreten sind, bevor diese für den hängenden oder liegenden Versand verpackt wird.

Der überwiegende Teil der in Fernost produzierten Ware wird heute hängend per Luft- oder Seefracht oder als Liegeware im Karton per Seefracht transportiert. Wird aus Qualitätsgründen ein hängender Versand gewählt, spielen Verpackung und Füllgrad der Container die entscheidende Rolle bei der Vermeidung weiterer negativer Veränderungen an der Ware. Zum Schutz der Ware vor Feuchtigkeit ist insbesondere im Seetransport das Verpacken in Folien notwendig. Wird die Ware jedoch bei zu hoher Luftfeuchtigkeit oder ohne ausreichende Trocknung nach dem Finishbügelprozeß verpackt, dann hält das Klima in der Verpackung die Ware in einem verformungsfähigen Zustand. Dieser Effekt wird bei einer kühleren Außentemperatur durch zusätzliche Feuchtigkeit in Folge der Kondensation des in der Luft gelösten Wasserdampfes noch verstärkt. Kommt hierzu eine zu geringe oder zu hohe Beladungsdichte des Containers, müssen zum Teil schwere Qualitätsminderungen in Kauf genommen werden. Im ersteren Fall führt die unvermeidliche Bewegung des Schiffes zum Rutschen der Ware mit einem erheblichen Druck auf die an den Wänden anliegenden Teile. Im zweiten Fall hat schon der Druck zwischen den Teilen eine vermehrte Faltenbildung zur Folge. Ebenfalls nicht unterschätzt werden darf die Form des Bügels beim Transport. Große Jacken auf einem zu schmalen Bügel fallen an den Schultern zusammen und bilden eine ausgeprägte Rückenfalte, die auch bei einem hängenden Transport tief eingeprägt wird. Qualitätsunterschiede abhängig von der Größe der Ware sind hier die Folge.

Wesentlich höhere Packungsdichten und damit günstigere Transportkosten werden durch liegenden Versand im Karton erreicht. Entsprechend höher sind hierbei jedoch die Veränderungen der Ware, beginnend mit den Liegefalten bis hin zu Knopf- oder Reißverschlußabdrücken. Analog zur hängenden Verpackung kommt es zu einer verstärkten Ausprägung durch Feuchtigkeitseinwirkung, wenn die Ware bei zu hoher Temperatur und Luftfeuchtigkeit verpackt wird.

Diese Aufzählung möglicher Veränderungen der Warenqualität ließe sich noch weiter fortsetzen. Der entscheidende Punkt ist jedoch, daß das Erscheinungsbild der Ware in Folge dieser Vorgänge nicht mehr ausschließlich von der Fertigungsqualität, sondern im wesentlichen von der Qualität der Aufbereitung nach dem Transport geprägt wird. Diesem Umstand trugen die Hersteller mit der Einrichtung eigener Bereiche Rechnung, die sich speziell der Belange der Qualität nach der Aufbereitung annehmen. Die Aufbereitung selbst, durchgeführt in einem Land mit einem wesentlich höheren Lohnniveau als beim Hersteller, wird dabei zunehmend zu einem entscheidenden Kostenfaktor.

Die preiswerteste, weil als einzige Methode automatisierbare Art der Aufbereitung, ist der Durchlauf durch einen Tunnelfinisher. Durch die Einwirkung von Dampf und Wärme wird die Faser der auf dem Bügel hängenden Ware dabei verformbar gemacht und durch Überströmen mit Luft geglättet. Schon diese sehr vereinfachte Beschreibung der Vorgänge macht zwei Dinge deutlich. In einem Tunnelfinisher werden alle Veränderungen, die bereits bei den Risiken der Lagerung nach der Fertigung beschrieben wurden, verstärkt zum Tragen kommen. Die zur Glättung eingesetzte Luftströmung kann dabei niemals formgebend, sondern höchstens formnehmend sein. Trotz aller Anstrengungen der Hersteller dieser Geräte und der unbestrittenen Fortschritte in den letzten Jahren wird sich an diesem Punkt aus physikalischen Gründen kaum etwas ändern.

Alle weiteren Form gebenden Methoden mit Geräten wie Hosentopper, Puppe, Formfinisher, Pressen bis hin zum traditionellen Handbügeln sind personalintensiv und entsprechend teuer. Ähnlich einer Qualitätskontrolle beim Hersteller wird auch nach der Aufbereitung nach bestimmten Qualitätskriterien geprüft. Diese sind jedoch in hohem Maß den technischen Möglichkeiten und wirtschaftlichen Kriterien unterworfen. Man veranschauliche sich nur den Eindruck eines perfekt gefertigten, jedoch ohne jede Form von Aufbereitung im Schaufenster hängenden Teils.

Um die Ablaufbeschreibung vom Hersteller zum Kunden zu vervollständigen, muß auch der Weg nach der Aufbereitung über die Distributionslogistik mit einbezogen werden. Insbesondere in Deutschland verbieten die steigenden Entsorgungskosten die erneute Verpackung in eine schützende Folie bzw. die Ware wird zu Packs zusammengefaßt und gemeinsam verpackt. Längere Lagerzeiten, Handling beim Sortieren, Laden und Entladen der Transportbehälter hinterlassen zwangsläufig ihre Spuren. Zudem ist Stauraum in der Distributionslogistik teuer und auch hier wird aus Kostengründen tendenziell dichter gepackt.

So stellt sich oftmals die Frage, was bleibt von einer qualitativ hochwertigen und entsprechend teuren Aufbereitung letztendlich, wenn die Ware vor dem Kunden hängt. Denn nur diesem einen Moment des Kaufanreizes gelten alle qualitativen Bemühungen einer hochgradig globalen Beschaffungslogistik.

Im folgenden sollen Wege aufgezeigt werden, durch eine zusammenfassende Betrachtung diese Prozesse von der Herstellung zum Kunden eine wirtschaftlich optimierte „In-Shop-Quality" sicherzustellen.

Ansatz eines logistikübergreifenden Qualitätsmanagements

Qualitätsmanagement ist, wie der Begriff schon andeutet, ein weit über die traditionelle Qualitätssicherung hinausreichendes Gebiet. Während die Qualitätssicherung vorrangig mit dem Produktionsbereich verknüpft ist, schließt das Qualitätsmanagement auch Marketing, Vertrieb, Design und Produktmanagement mit ein. Betrachtet man den Gesamtprozeß, so muß dieser Kreis um den Logistik- und Aufbereitungsdienstleister erweitert werden. Kernpunkt ist die Anforderungsdefinition der „In-Shop-Quality", also das Profil, wie ein bestimmtes Produkt beim Endkunden, in diesem Fall dem Einzelhändler oder der Filiale, ankommen soll. Dies beinhaltet selbstverständlich eine intensive Diskussion zum Kosten-Nutzen-Aspekt, denn „so gut wie möglich" bedeutet hier auch „so teuer wie nötig". Eine ganz entscheidende Rolle innerhalb dieses Entscheidungsprozesses kommt dabei dem Design zu, denn mit der Wahl von Materialzusammensetzung und Accessoires wird der Grundstein für die Möglichkeiten und Risiken während des Transports und der Aufbereitung gelegt. So sind z. B. einige Naturfasern oder Gemische nahezu nur durch Handbügeln aufzubereiten, wenn eine glatte Oberflächenstruktur gewünscht ist. Wärme und Feuchtigkeit lassen diese Strukturen aufquellen und ohne den mechanischen Preßvorgang ist eine glatte Fläche nicht zu erreichen. Ein weiterer wesentlicher Faktor sind Rückstände von Emulsionen aus den Herstellungsprozessen von Faser und Gewebe, die oftmals eine Feuchtigkeitsaufnahme bei Naturfasern stark behindern, was wiederum den Aufbereitungsprozeß erschwert.

Ein Austausch von Informationen dieser Art soll dabei auf keinen Fall als Ansatz zu einer Einschränkung des Designs verstanden werden, sondern im Gegenteil helfen, den möglichst optimalen und kostengünstigsten Weg zu finden, dieses Design auch entsprechend zu präsentieren. Dies kann auch dazu führen, daß lange bekannte, aber aus den verschiedensten Gründen bis heute kaum genutzte Techniken wie die Vakuumverpackung wirtschaftlich interessant werden.

Welche Möglichkeiten hierbei bestehen, soll an einem fiktiven Produktspektrum gemäß Bild 1 erläutert werden. Die Option des Hängeversandes wurde bewußt vernachlässigt, da sich diese abgesehen von einem anderen Grundniveau der Transportkosten völlig analog verhält.

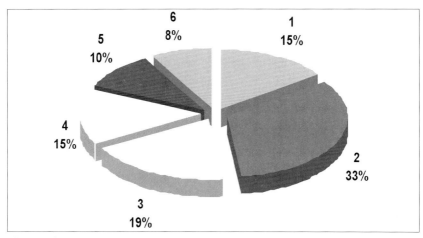

Bild 1. Aufteilung der Importware nach Aufbereitungsverfahren

Der Anteil 1) umfaßt die Ware, die nach der liegenden Anlieferung bereits den geforderten Kriterien entspricht. Gründe hierfür können eine besondere Verpackung, eine spezielle Verpackungsart oder einfach nur ein Preisniveau sein, das keinen Spielraum für weitere Aufwendungen läßt. Warengruppe 2) umfaßt Qualitäten, die mit der Methode des Tunnelfinishens erheblich an Qualität zurückgewinnen. Zu dieser Gruppe gehören vorrangig Rein- oder Mischgewebe aus Kunstfasern, beschichtete Materialien etc., die vorrangig mit dem Einsatz von Wärme verformt werden können. Voraussetzung ist jedoch, daß die Ware keine der bereits angesprochenen Fertigungsmängel aufweist. Dies kann über eine Erweiterung der Qualitätssicherung am Produktionsort gewährleistet werden, indem in enger Abstimmung mit dem Aufbereiter entsprechende Testkriterien in die produktionsbegleitende Qualitätssicherung aufgenommen bzw. durch den Hersteller geprüft werden. Bei Warengruppe 3) ist davon auszugehen, daß die geforderte Qualität nur durch einen mehrstufigen Aufbereitungsprozeß hergestellt werden kann. Ein Ansatzpunkt zur Kosteneinsparung ist hier zu prüfen, in wie weit der Hersteller das Teil überhaupt Finishbügeln muß, wenn es anschließend ohnehin nochmals einen entsprechenden Prozeß durchläuft.

Optimierung der „In-Shop-Quality"

Denkbar ist es, z. B. eine Herrenhose nur zu nähen und dann vor Ort mit dem entsprechenden Maschinenpark zu pressen und finishzubügeln.

Die Vakuumverpackungstechnik, die der Behandlung der Warengruppen 4) und 5) zu Grunde liegt, wird bis heute noch kaum genutzt und die entsprechenden Warenströme sind in den Gruppen 1) bis 3) zu finden. Dabei ist es eindeutig nachgewiesen, daß vorrangig Naturfaser- und Naturfasermischgewebe durch den möglichst vollständigen Entzug von Feuchtigkeit stabilisiert werden können. Das Material reagiert auf eine Verformung in diesem Zustand nicht mit einer bleibenden Strukturänderung. Bei der Aufnahme von Luftfeuchtigkeit kommt es zu einem „memory-effekt", der dazu führt, daß die Faser die vor dem Feuchtigkeitsentzug bestandene Struktur wieder annimmt. Dieser Vorgang dauert je nach Warengewicht einige Stunden, in denen die Ware mehr und mehr ihr ursprüngliches Aussehen annimmt. Durch eine gezielte Feuchtigkeitszugabe im Rahmen einer speziellen Aufbereitung ist es jedoch möglich, den Vorgang wesentlich zu beschleunigen.

Darüber hinaus wird durch die Vakuumverpackung insbesondere bei Winterware zusätzlich Stauraum eingespart und die Packungsdichte erhöht, wodurch Transportkosten eingespart werden.

Gründe für die nur zögerliche Umsetzung dieser Technik sind daher auch weniger Kosten-Nutzen-Überlegungen, sondern die Notwendigkeit einer engen Verzahnung von Qualitätssicherung am Produktionsort und in der Aufbereitung. Nur die enge Abstimmung sichert den Gesamtprozeß und realisiert die mit der aufwändigeren Verpackung zu erzielenden Kostenvorteile. Die richtige Auswahl der geeigneten Materialgruppen, die detaillierte Abstimmung des zu erwartenden Aufbereitungsaufwandes und die entsprechend im Vorfeld definierte Qualität erst eröffnen die wirtschaftliche Nutzung dieser Techniken.

Vorrangiges Ziel des logistikübergreifenden Qualitätsmanagements ist das Erreichen der definierten Qualität im Shop auf dem wirtschaftlichstem Weg unter Vermeidung jeder Form von Doppelarbeit. Dies setzt einen intensiven Diskussionsprozeß voraus, in dem die Auswirkungen verschiedener Transportbedingungen und deren Kosten diskutiert und neue Wege gesucht werden. Es wird dabei auch ein Bewußtsein dafür geschaffen, daß sich manche Veränderung an der Ware auch durch größte Sorgfalt beim Transport zu den Filialen nicht vermeiden läßt und alle Anstrengungen in der Aufbereitung an diesen Stellen letztendlich nutzlos sind. Auch der Einfluß der verschiedenen Kleiderbügel, deren mangelnde Schulterunterstützung für Qualitätseinbußen sorgt oder die Temperaturempfindlichkeit, die der im Tunnelfinsher erreichbaren Qualitätssteigerung besonders im Kunstfaserbereich teilweise enge Grenzen setzt, ist Gegenstand dieses Qualitätsmanagementverfahrens.

Da sich die Rahmenbedingungen sowohl hinsichtlich der Ware als auch der Kostenseite laufend verändern, kann diese Aufgabe nur von einem bereichsübergreifenden Arbeitskreis wahrgenommen werden. In der nachfolgenden Grafik werden die einzelnen Schritte sowie die notwendigen Rückkoppelungen nochmals grafisch veranschaulicht.

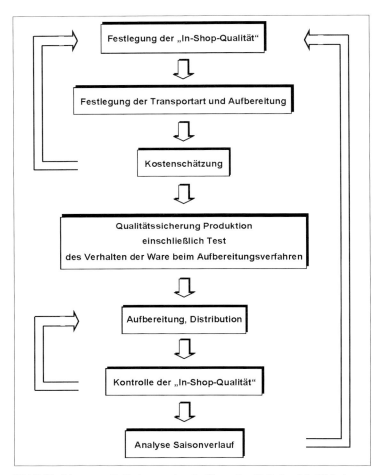

Bild 2. Verfahren zur Optimierung der „In-Shop-Quality" einschließlich der notwendigen Rückkopplungsprozesse

Neben der qualitativen Optimierung der Transportlogistik eröffnen sich zusätzliche Einsparungspotentiale bei der Lagerhaltungspolitik. Werden für den Einzelhändler oder die eigenen Filialen Kommissionslager geführt, so stellen diese neben der reinen Kapitalbindung bei Rückgang des Absatzes ein erhebliches Risiko dar. In dem Bemühen, jederzeit und in allen Varianten lieferfähig zu sein, bauen sich bedingt durch die zunehmende Variantenvielfalt und die reduzierte Gesamtstückzahl leicht große Bestände auf. Durch eine Untersuchung amerikanischer Wissenschaftler, die im Harvard Business Manager 3/2001 veröffentlicht wurde [1], konnte nachgewiesen werden, daß sich unter den geschilderten Voraussetzungen erhebliche Gewinnsteigerungen durch eine teilweise Verlagerung der Produktion in Inlandwerke mit kurzer Reaktionszeit erzielen lassen. So offensichtlich es ist, daß die Minimierung der Lagerhaltung und die notwendige Produktergänzung über einen kurzfristig reaktionsfähigen Produktionsbetrieb im nahen Ausland die dort höheren Produktionskosten mehr als aufwiegt, so stellt sich auch hier die Frage der Qualitätsabsicherung.

Ware aus der ursprünglichen Produktion und nachproduzierte Ware müssen ohne für den Kunden erkennbare Unterschiede nebeneinander hängen. Gefordert ist also nicht die optimal erreichbare Qualität in der Ergänzungsproduktion, sondern die Angleichung an den Standard der aufbereiteten Fernostware. Erst die perfekte Abstimmung der beiden Beschaffungswege ermöglicht eine optimale Lagerbestandsführung zur Risikominimierung und die Realisierung der damit verbundenen Möglichkeiten zur Ertragssteigerung.

Die Bekleidungsindustrie war in den beiden letzten Jahrzehnten einem gewaltigen Veränderungsprozeß unterzogen, und es ist davon auszugehen, daß dieser Prozeß vor dem Hintergrund der erfolgten Globalisierung weitergehen wird. Die Einbeziehung von Transportlogistik und Aufbereitung in ein umfassendes Qualitätsmanagement erschließt dabei neue Kostenoptimierungspotentiale und sichert die Qualität dort, wo letztendlich die Kaufentscheidung des Endkunden fällt.

Literatur

[1] Wie Hersteller ihre Produktlager besser managen, Frederick H. Abernathy, John T. Dunlop, Janice H. Hammond, David Weil, Harvard Business Manager 3/2001, Manager Magazin Verlagsgesellschaft, Hamburg

Zuverlässigkeit von Fertigteilen aus Textillaminaten

von Dipl.-Ing. Ellen Wendt* und Prof. Dr.-Ing. habil. Hartmut Rödel**

1 Einleitung

Medizintextilien müssen ihr Eigenschaftsprofil über möglichst viele Gebrauchszyklen sicher gewährleisten und den gesetzlichen Bestimmungen genügen. Zur zerstörungsfreien Prüfung der Dichtigkeit von Textillaminaten gegenüber Bakterien, Viren und kontaminierten Flüssigkeiten wird mit der Thermografie experimentiert. Mit Hilfe validierter Wiederaufbereitungsprozesse werden verschiedene OP-Laminate beansprucht und anschließend thermografisch untersucht. Parallel dazu werden vergleichend normierte Prüfungen durchgeführt.

Möglichkeiten und Grenzen der thermografischen Untersuchungen der OP-Laminate werden aufgezeigt. Der Grenzwert der Detektion liegt bei 140 bis 170 µm, bei Anwendung erweiterter Optik konnten Fehlstellen von 80 µm sicher detektiert werden.

2 Anforderungen an Medizintextilien

Durch die zunehmende Komplexität invasiver Eingriffe infolge der Weiterentwicklung medizinischer Diagnostik und Technik sowie durch ein steigendes Infektionsrisiko wird den Anforderungen an medizinische Ge- und Verbrauchsmaterialien immer größere Bedeutung beigemessen [1]. Das betrifft vor allem:
- den Schutz des Patienten vor postoperativen Infektionen,
- den Schutz des Personals vor Infektionen und
- den physiologischen Tragekomfort für Patienten und Personal.

---

* Frau Dipl.-Ing. Ellen Wendt war von 1999 bis 2001 als wissenschaftliche Mitarbeiterin der Professur Konfektionstechnik am Institut für Textil- und Bekleidungstechnik der Technischen Universität Dresden tätig

** Herr Prof. Dr.-Ing. habil. Hartmut Rödel ist Professor für Konfektionstechnik am Institut für Textil- und Bekleidungstechnik der Technischen Universität Dresden

Dies führte Anfang der 70er Jahre zu einer teilweisen Verdrängung der klassischen Medizintextilien aus Baumwolle durch Vliesstoffe. Der nachweisbare Rückgang von Wundinfektionen bestätigte den Einsatz der Barrieretextilien und regte die Entwicklung geeigneter, mehrfach nutzbarer, textiler Produkte an. Heute werden neben Baumwollgeweben und Vliesstoffen auch Mikrofasergewebe, hydrophob ausgerüstete Mischgewebe CO/PES und textile Laminate für Schutztextilien angewandt.

Textile Laminate sind durch ihren gezielten Aufbau in ihren Eigenschaftsprofilen variabel einstellbar, so daß sie sich neben dem Einsatz im Freizeit- und Wetterschutzsektor auch für andere Schutztextilien eignen. Schutztextilien haben die Aufgabe, sowohl den Träger als auch dessen Umgebung vor potentiellen Gefahren zu schützen [2] Die Eigenschaften Wasserdampfdurchlässigkeit, Partikelarmut, Thermoisolation sowie die Barrierewirkung sowohl gegen Bakterien und Viren als auch gegen Flüssigkeiten und partikuläre Substanzen als Trägermedien eröffnen den Laminaten den Einsatz als Barrieretextilien im medizinischen Bereich. Die Methoden der Nahtabdichtung sind hinlänglich bekannt, dennoch werden auch in dieser Richtung Weiterentwicklungen getätigt [3].

Der Einsatz derartiger Flächengebilde in mehrfach nutzbaren, funktionellen Textilien für OP-Abdecksysteme und Schutzkleidung unterliegt hohen hygienischen Anforderungen und bedingt daher die Sicherung ihrer Leistungsfähigkeit über die gesamte Zeit der Anwendung. Im Hinblick auf das Produkthaftungsgesetz, das Medizinproduktegesetz und auch die Forderung der Berufsgenossenschaften nach Schutzkleidung mit gleichbleibend hoher Schutzwirkung ist eine umfassende Überwachung und Prüfung der Produkte notwendig.

Derzeit können diese Überwachungen nur an Stichproben mit meist zerstörenden Prüftechniken durchgeführt werden. Die Endkontrolle der Produkte und die Produktüberwachung nach der Wiederaufbereitung erfolgen durch eine subjektive Begutachtung auf Leuchttischen.

Das Ziel des Forschungsvorhabens besteht darin, eine Möglichkeit zu finden, das Leistungsprofil textiler Laminate und daraus hergestellter 3D-Hüllen für den Einsatz im medizinischen Bereich während des Gebrauchs und der Pflege (Wäsche, Entwässern, Falten, Legen, Sterilisation) zu gewährleisten und reproduzierbar zu gestalten. Dabei soll die in anderen Bereichen bewährte Thermografie als zerstörungsfreies, bildgebendes Verfahren auf seine Praxisrelevanz in diesem Einsatzgebiet untersucht werden.

3 Stand der Forschung

Das Leistungsprofil von OP-Textilien umfaßt die folgenden Eigenschaften [4]:
- Feuchtigkeits- und keimdichte bzw. -abweisende Eigenschaften
- leicht aufsaugende Oberflächen

- geringer Partikelabtrag
- Wasserdampfdurchlässigkeit zur Sicherstellung der Dampfsterilisation und des Komforts
- Thermoisolation
- Antistatik
- Flexibilität und Drapierbarkeit zur Anpassung an Körperoberflächen
- sichere Handhabung und Funktion
- Haltbarkeit

Ein Schwerpunkt der textilen Forschung auf dem Gebiet der medizinischen Schutztextilien liegt derzeit auf der Weiterentwicklung der Laminattextilien. Die Optimierung der einzelnen Flächengebildeschichten und ihrer Haftung im Flächenverbund stehen dabei im Vordergrund. Darüber hinaus sind Optimierungen der Methodik zur qualitativen und quantitativen Bewertung der genannten anwendungstechnischen Qualitätsmerkmale Ziel zahlreicher Studien und Untersuchungen. Die frühzeitige Detektion von Delaminationen, Strukturfehlern und Kleinstlöchern in Laminaten, die die geforderten Eigenschaften gefährden, kann mit der üblichen Technik nicht gewährleistet werden [5].

Dem menschlichen Auge sind bezüglich der Auflösung natürliche Grenzen gesetzt, so daß Löcher oder Risse in der Membran eines Laminates im Mikrometerbereich nicht sicher detektierbar sind. Die Fertigteile im Gebrauchs- und Pflegezyklus sollen deshalb zerstörungsfrei auf derartige Schwachstellen untersucht werden, um die Produktsicherheit bedeutend zu erhöhen.

Diese Produktüberwachung muß durch ein geeignetes Verfahren der zerstörungsfreien Prüftechnik realisiert werden. Das Prinzip derartiger zerstörungsfreier Prüfverfahren beruht darauf, daß das Prüfobjekt einer spezifischen Anregung ausgesetzt und sein Antwortverhalten untersucht wird. Die Anregung kann durch elastische oder elektromagnetische Wellen oder auch mit Wärmetransport erfolgen [6]. In Tabelle 1 sind einige Verfahren der zerstörungsfreien Prüftechnik – unterteilt nach Wirkprinzip – aufgeführt.

Bei der Detektion von Fehlerstellen, bei der Vorhersage und dem Nachweis von Werkstoffversagen spielen Grenzflächen eine besondere Rolle. Beispiele sind Beschichtungen, Grenzflächen zwischen verschieden orientierten Schichten von Laminaten und auch Faser-Matrix-Grenzflächen. Es ist genau zu prüfen, welches dieser Verfahren für die jeweilige Werkstoffkombination geeignet ist.

Zur zerstörungsfreien Prüfung im Sinne von Produktüberwachung und Qualitätskontrolle textiler Verbundsysteme bietet sich die Thermografie an. Die Thermografie ist ein bildgebendes Verfahren, das die Strahlungsemission von Objekten auswertet. Es ist kein mechanischer Kontakt mit dem Prüfobjekt erforderlich. Sicherheitsmaßnahmen, wie dies z. B. bei Röntgenstrahlen notwendig wäre, entfallen [7].

Die Thermografie ist eine relativ junge Prüftechnik, die seit der Bereitstellung leistungsfähiger Infrarotkameras für den zivilen Markt zunehmend an Bedeutung gewinnt. Das Prinzip der Thermografie besteht darin, das thermische

Zuverlässigkeit von Fertigteilen aus Textillaminaten

Tabelle 1. Verfahren der zerstörungsfreien Prüftechnik [6]

Elektromagnetische Wellen	Elastische Wellen	Thermische Verfahren
Röntgenverfahren	Mechanische Spektroskopie	Thermografie
Laser-Scanning-Mikroskopie	Schwingungsanalyse: • berührungslose Vibrometrie	Abkühlungsthermografie
Speckle-Interferometrie ESPI	Ultraschallverfahren: • C-Scan • Laufzeitmessungen • Dämpfungsmessungen	Photothermik
Mikrowellensensorik	Ultraschallspektroskopie	Lockin-Thermografie

Gleichgewicht des Prüflings gezielt zu stören und somit einen Wärmefluß zu erzeugen. Fehler, Geometrieabweichungen oder Inhomogenitäten, die diesen Wärmefluß und damit die Temperaturverteilung an der Bauteiloberfläche verändern, können mit einer Thermografiekamera sichtbar gemacht werden [8]. Abhängig davon, ob die Prüflinge extern energetisch angeregt werden oder ob die Wärme im Probeninneren z. B. durch mechanische Belastung entsteht, werden passive und aktive Verfahren unterschieden [9].

Je nach Werkstoff und erwarteten Fehlertypen ist es erforderlich, das Thermografie-Prüfsystem und die Parameter an die jeweilige Prüfsituation anzu-

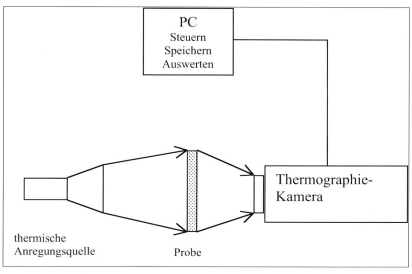

Bild 1. Prinzip der Thermografie [10]

Tabelle 2. Vorteile und Nachteile radiativer Energiequellen [11]

Radiative Energiequellen	Vorteile	Nachteile
Blitzlampen	• sehr kurze Impulsdauer (< 1 ms möglich) • sehr homogene Strahlungsverteilung	• sehr hoher Preis
Halogenlampen	• sehr preiswert • große Auswahl an Reflektoren für entsprechendes Strahlprofil	• niedrigere Bestrahlungsstärke (längere Bestrahlungszeiten notwendig) • Anwendung von IR-Filtern, um Reflektionen im spektralen Detektionsbereich der Kamera zu vermeiden
Laser	• hohe Bestrahlungsstärke • modulierbar • pulsbar • keine direkte Reflektion	• sehr hoher Preis • eingeschränkte Mobilität durch Laserschutzbestimmungen

passen und zu optimieren. Eine sehr große Bedeutung dabei hat die Wahl der geeigneten thermischen Anregungsquelle [11]. Man unterscheidet *radiative* und *konvektive* Energiequellen sowie die Anregung durch *induktive* oder *elektrische Erwärmung*.

Radiative Energiequellen können Blitzlampen, Halogenlampen, Laser, Laserdioden oder Mikrowellen sein. Dabei muß sichergestellt sein, daß sie in ausreichend hoher Bestrahlungsstärke zur Verfügung stehen, damit die zu detektierenden Fehler einen entsprechenden Temperaturgradienten auf der Bauteiloberfläche verursachen können. Vorteile und Nachteile der einzelnen Energiequellen sind in Tabelle 2 aufgeführt.

Konvektive Anregungsquellen sind Heißluftsysteme, die in einer großen Auswahl dem Anwender zur Verfügung stehen. Sie eignen sich besonders für Langzeit-Erwärmungsimpulse bei Werkstoffen mit hoher Wärmekapazität und geringem Emissionskoeffizienten und zeichnen sich durch ihre leichte Handhabung und einen geringen Preis aus. Der Nachteil dieser Heißluftsysteme besteht in der Inhomogenität des Wärmestrahls.

Eine *induktive* Erwärmung erfolgt durch HF-Generatoren, setzt aber elektrisch leitende Werkstoffe voraus. Diese Werkstoffe können aufgrund ihres spezifischen elektrischen Widerstandes auch durch elektrischen Strom homogen erwärmt werden.

Beispiele der Anwendung derartiger Techniken sind Arbeiten des DTNW e. V. Krefeld zur Thermoemissionsanalyse [12] für die berührungslose Erfassung von spannungsinduzierten Wärmeeinträgen in polymere Werkstoffe und zu Möglichkeiten der Photothermischen Infrarot-Radiometrie sowie der Photoakustikspektroskopie zur zerstörungsfreien Prüfung von Polymeren [13]. Weitere textilrelevante Anwendungen finden sich in der Fachliteratur [14-16].

Bei der Anwendung der Thermografie zur Qualitätssicherung und Prozeßkontrolle ist es erforderlich, die Prüftechnik auf die entsprechende Fehlerart und die eingesetzten Materialien abzustimmen. Dabei werden die thermophysikalischen und spektralen Eigenschaften der verwendeten Materialien so ausgenutzt, daß die Impulsquelle und der Signalempfänger ein optimales Ergebnis liefern [16]. Beim Einsatz der Thermografie für mehrschichtige Konstruktionen müssen die thermophysikalischen Eigenschaften der einzelnen Schichten sowie das Strahlungsverhalten bekannt sein, um die Meßeinrichtung optimal auf die Aufgabenstellung abzustimmen [17].

Das betrifft die Kenntnis der Transmission, der Temperatur- und Wärmeleitfähigkeit sowie der Emission der zu prüfenden Materialien [18]:

4 Die Bestimmung der thermophysikalischen Eigenschaften

Der Transmissionsgrad ist das Verhältnis zwischen dem von einem Material durchgelassenen Strahlungsfluss und dem auffallenden Strahlungsfluss [19]. Eine berührungslose Messung der Oberflächentemperatur gelingt mit gutem Erfolg bei den Wellenlängenbereichen, wo das Infrarotspektrum ein Transmissionsminimum aufweist. Für PU-Membranen wurden beispielsweise die Wellenlängenbereiche 3 µm, 3,4 µm und 6,4 ... 10 µm als geeignet ermittelt.

Die Wärmeleitfähigkeit textiler Flächengebilde wird durch die experimentell bestimmbaren Kennwerte Wärmeleitzahl und Temperaturleitzahl charakterisiert. Für textile Materialien ist wesentlich, daß Änderungen der Temperaturverteilung auf der Probenoberfläche, verursacht durch Fehler, Geometrieabweichungen oder Inhomogenitäten, auf Grund der geringen Werte für Wärme- und Temperaturleitzahl von einer Thermografiekamera nur in den ersten Millisekunden des Wärmeflusses detektiert werden können, da nach relativ kurzer Zeit ein stationärer Wärmezustand auf der Probenoberfläche erreicht wird.

Der Emissionsgrad ist das Verhältnis zwischen der spezifischen Ausstrahlung eines Objektes bei bestimmter Wellenlänge und der Temperatur und derjenigen des schwarzen Körpers [19]. Er ist ein Maß für das Vermögen eines Körpers, Infrarotstrahlung auszusenden. Um mittels der berührungslosen Temperaturmeßtechnik exakte Oberflächentemperaturen angeben zu können, ist die genaue Kenntnis des Emissionsgrades notwendig, in der Praxis aber sehr schwierig zu realisieren [9].

Da das Ziel beim vorliegenden Forschungsvorhaben nicht eine exakte Temperaturmessung auf der Probenoberfläche ist, sondern die Detektion von Temperaturdifferenzen und -verläufen, kann im speziellen Fall auf die Bestimmung des Emissionsgrades der Materialien verzichtet werden.

5 Experimenteller Versuchsaufbau zur Aufzeichnung von Wärmebildern

Thermografiegeräte erzeugen ein Abbild der Wärmeverteilung des Objektes und stellen dies in einer für das menschliche Auge wahrnehmbaren Form dar [18]. Der Infrarot-Strahlungsdetektor, der diese Bildinformation in ein elektrisch auswertbares Signal wandelt, ist das Kernstück eines jeden Thermografiemessgerätes. Am Markt sind mehrere Bildaufnahmeprinzipien präsent [18]. Zu unterscheiden sind Thermografiemessgeräte nach der Aufnahmewellenlänge (kurzwellig/langwellig), nach der Bildaufnahmefrequenz (Echtzeit/SlowScan) und dem Geräteaufbau.

Für die vorliegenden Untersuchungen wurde ein Infrarot-Kamerasystem der JENOPTIK GmbH vom Typ VARIOSCAN 3021 eingesetzt. Es ist ein im langwelligen Spektralbereich messendes Slow Scan-System und zeichnet sich durch eine hohe thermische und geometrische Auflösung aus. Die Auswahl eines im langwelligen Spektralbereich messenden Systems erfolgte aus zwei Gründen, die aus den physikalischen Gesetzmäßigkeiten resultieren:

1. In den vorliegenden Untersuchungen werden die meist thermoplastischen Proben nicht über 80 °C erwärmt, so daß der langwellige Spektralbereich zu bevorzugen ist, um ein Maximum der spezifischen Ausstrahlung zu erhalten.
2. Bei der Thermografie als berührungsloses Verfahren wird die Infrarotstrahlung durch die infrarotoptischen Eigenschaften der Übertragungsstrecke beeinflußt. Die Durchlässigkeit von Luft ist sehr stark wellenlängenabhängig, wobei im langwelligen Spektralbereich die Durchlässigkeit auch über große Entfernungen gleichmäßig hoch ist. Im kurzwelligen Spektralbereich treten meßbare Abschwächungen durch die Atmosphäre auf.

In nachfolgender Tabelle 3 sind die gerätespezifischen Parameter des verwendeten Kamerasystems aufgeführt [22].

Die Auswahl einer geeigneten thermischen Anregungsquelle wurde durch verschiedenste Vorversuche unterstützt, wobei Halogenlampen (500 W, 1000 W) und Blitzlampen (1000 Ws, 1500 Ws, 750/16 Ws, 750/4 Ws) als radiative Energiequellen sowie ein Wärmeschrank, eine Kälteplatte bzw. ein Warmluftgebläse als konvektive Energiequellen zur Anwendung kamen. Auch die Integration der Fehlerdetektion in den Bügelprozeß auf einer Bügelpuppe wurde untersucht.

Eine konvektive Lösung in Transmissionsanordnung wurde favorisiert, die im Aufbau Bild 1 entspricht.

Die thermische Anregungsquelle ist ein Warmluftgebläse, welches die Probenrückseite mit einem konstanten, homogenen Warmluftstrom von ca. 50 °C beaufschlagt. Ist die ansonsten luftdichte Membran fehlerhaft, muß die IR-Kamera auf der Probenvorderseite diese Temperaturdifferenz detektieren können. Ein Diffuser unterstützt eine gleichmäßige Luftstromführung und Probenerwärmung bei einer Temperatur am Ausgang des Diffusers von ca. 50 °C und

Tabelle 3. Geräteparameter der VARIOSCAN 3021

Geräteparameter	VARIOSCAN 3021
Spektralbereich (µm)	8 ... 12
Aufnahmeverfahren	Scansystem
Detektormaterial	HgCdTe
Detektorkühlung	Flüssigstickstoff
Bildfrequenz (Hz)	1,1
Temperaturauflösung (K)	± 0,03
Temperaturmessbereich (°C)	-40 ... 1200
Messgenauigkeit	< 2 K (Messbereich bis 100 °C), sonst 1 % d.E.
Geometrische Auflösung (mrad)	1,5
Bildfeld mit Standardoptik (°)	30 x 20 (ohne Zoom) bis 5 x 3,3 (mit max. Zoom)
Bildformat (Pixel)	360 x 240
min. Messentfernung (m)	0,2
Speichermedium intern	nichtflüchtiger RAM
Speichermedium extern	Flash-Card 10 MB
PC-Kopplung, Speichermedium	Ethernet, PC-Festplatte

einem Volumenstrom von ca. 500 l/min, was einer Luftaustrittsgeschwindigkeit von ca. 0,2 m/s, bezogen auf den Probenquerschnitt, entspricht.

Um die Grenzwerte der Infrarot-Thermografie hinsichtlich der Detektion von Fehlerstellen in 3-Lagen-Laminaten zu bestimmen, wurden definierte Schadstellen unterschiedlicher Größe in Rasteranordnung mittels Eximerlasers erzeugt.

Bild 2. Versuchsstand mit Heißluftdiffuser

6 Versuchsplanung

Aus dem derzeitigen Angebot an Mehrweg-OP-Textilien wurden für die Untersuchungen fünf Flächengebilde ausgewählt (Tabelle 4).

Tabelle 4. Charakterisierung der verwendeten Versuchsmaterialien

Probe	Beschreibung	Flächengewicht (g/m^2)	Materialdicke (mm)
1	Trägermaterial: PES-Maschenware Membran: Polyetherblockamid (hydrophil kompakt)	217	0,88
2	Trägermaterial: PES-Maschenware Membran: mikroporöse Membran aus PU	208	0,88
3	Trägermaterial: PES-Maschenware, Velours Membran: Membran PU	238	1,26
4	Trägermaterial: PES-Maschenware, Velours Membran: mikroporöse Membran PTFE	242	1,17
5	PES Mikrofilamentgarn, beschichtet mit Silikon	216	0,24

7 Beanspruchung der Laminate durch Verfahren der Wiederaufbereitung

Der Einsatz von wiederverwendbaren Artikeln ist nur dann sinnvoll, wenn durch eine Wiederaufbereitung die Gebrauchsfähigkeit wiederhergestellt und Schutzeigenschaften, wie z. B. die Barrierewirkung gegenüber Blut und Körperflüssigkeiten, nicht negativ beeinflußt werden. Aus der Literatur ist bekannt, daß OP-Laminate bis zu 80 Zyklen der Wiederaufbereitung erfahren [20]. Ziel dieser Untersuchung ist es unter anderem, den Einfluß der Wiederaufbereitungsverfahren anhand gewaschener und sterilisierter Flächengebilde und Fügeverbindungen zu betrachten. Die Wiederaufbereitung erfolgte durch validierte Wasch-, Trocken- und Finishverfahren entsprechend ihrem Einsatz in der Praxis.

Im Rahmen dieses Projektes wurden orientierende Wasch- und Trockenversuche sowie Sterilisationen an verschiedenen Materialien durchgeführt. Dazu wurden Prüflinge der in Tabelle 4 beschriebenen Materialien Waschbehandlungen in einer Wasch-Schleuder-Maschine vom Typ FOM 71 MP der Firma Elektrolux unterzogen. Getrocknet wurde mit einem Trommeltrockner der Firma Electrolux. Die Sterilisation erfolgte gemäß Normenreihe DIN 58946 sowie den Richtlinien des Robert-Koch-Instituts mit einem Dampfsterilisator, Modell 3850, der Firma Tuttnauer.

Die Parameter des hier angewandten Waschverfahrens basieren auf den Waschempfehlungen der Textilhersteller. Nach jeweils 20 weiteren Wiederaufbereitungszyklen wurden Proben für weiterführende Prüfungen entnommen.

8 Ergebnisse

Die Aufnahmen (Beispiel Bild 3) der durch den Eximerlaser geschädigten 3-Lagen-Laminate zeigen, daß der Volumenstrom des Heißluftgebläses trotz Diffusers sehr inhomogen ist. Dies ist eine für Praxisgeräte wesentliches Qualitätskriterium.

Für die Detektion sind maximal 2 bis 3 s zur Verfügung, danach sind durch die Übererwärmung der Probe keine Temperaturunterschiede mehr feststellbar.

Löcher in der Membran konnten ab einer Größe von 140 bis 170 µm unter der Bedingung der gleichmäßigen Wärmeverteilung detektiert werden.

Bei den Prüflingen, die 20, 40 oder 60 Wiederaufbereitungszyklen durchlaufen hatten, konnten keine Defekte in der Membran detektiert werden. Lediglich großflächige Veränderungen der Struktur waren sichtbar.

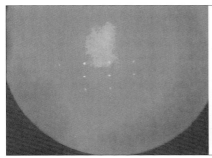 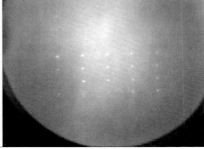

Bild 3. Thermografische Aufnahme einer Probe mit Fehlerstellen von 75 mm (oberer Teil, nicht detektiert) und 185 mm (unterer Teil, detektiert)

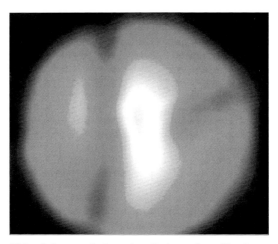

Bild 4. Infrarotaufnahme einer Probe nach 40 Waschzyklen mit vielen Falten

9 Zusammenfassende Wertung

Aussagekräftige Prüfmethoden zur zerstörungsfreien Prüfung der Barrierewirkung von OP-Textilien sind wünschenswert. Es konnte geklärt werden, inwieweit Fehler, Inhomogenitäten, Defekte bzw. Delaminationen mit einer Thermografiekamera qualitativ und quantitativ erfaßbar sind. Parallel dazu ausgeführte normierte textilphysikalische Prüfungen dienten der Kontrolle der gewonnenen Erkenntnisse.

Die thermografischen Untersuchungen brachten nicht in vollem Umfang die gewünschten Ergebnisse. Das hat verschiedene Ursachen, die u. a. in den physikalischen Gesetzmäßigkeiten der Thermografie zu finden sind. Textilien weisen eine sehr inhomogene Oberfläche, bestehend aus verschiedenen Grenzflächen, auf sowie ein infolge hoher Lufteinschlüsse sehr geringes Wärmeleitvermögen. Aufgrund dieser Inhomogenität kommt es zu hohen Verlusten durch diffuse Reflektionen, so daß die thermische Welle nicht mit hinreichender Stärke zu der zu detektierenden Grenzschicht gelangen kann.

Des weiteren beträgt die Dicke der Proben etwa das Dreifache der thermischen Eindringtiefe (die aufgrund der Wärmeleitzahl sehr gering ist), so daß das mögliche Meßsignal im Rauschen verschwindet.

Mit Hilfe eines Makroobjektives war es möglich, eine Fehlerstelle von 80 µm sicher zu detektieren. Die Aufnahmen zeigen, daß die Temperaturempfindlichkeit von < 0,1 K ausreichend ist, um kleinste Membrandefekte, jedoch keine Delaminationen zu detektieren. Da das geometrisch aufgelöste Bildfeld jedoch nur 6 mm x 6 mm beträgt, wäre die Thermografie für die Qualitätssicherung unter Praxisbedingungen nur mit extremem Technikeinsatz oder extrem großen Prüfzeiten realisierbar.

Das bedeutet zusammenfassend, daß die Thermografie als zerstörungsfreie Prüftechnik gegenwärtig nicht geeignet ist, das Anforderungsprofil an Mehrweg-OP-Textilien an der gesamten Produktoberfläche über einen längeren Gebrauchszeitraum zu gewährleisten und reproduzierbar nachzuweisen.

Literaturverzeichnis

[1] Wolff, M. H.: Aids – virologische und klinische Aspekte mit Blick auf die Krankenhauswäsche. Hohensteiner Report Nr. 52 (1994), S. 9–14.

[2] Rabe, M.: Analyse und Optimierung der Barrierewirkung textiler Fügeverbindungen gegenüber kontaminierten Körperflüssigkeiten am Beispiel von OP-Schutzsystemen. Dissertation, Technische Universität Dresden, Fakultät Maschinenwesen, 1999.

[3] Hottner, M.: Nahtdichtheit bei Textiien. Vortrag. Denkendorfer Kolloqium „Konfektion technischer Textilien". 08./09. 11. 2000.

[4] Hoborn, J.; Urech, D.; Werner, H.-P.: Standardisierung von OP-Mänteln und Abdeckmaterialien als Voraussetzung für eine sichere Infektionsprävention. Hygiene und Medizin 23 (1998), Heft 5, S. 174–176.

[5] Rödel, H.; Wendt, E.: Zuverlässigkeit von OP-Laminaten – Die Thermografie, eine Möglichkeit der berührungslosen Produktkontrolle. Vortrag. 5. Dresdner Textiltagung 2000. Dresden, 28./29. 06. 2000.

[6] Busse, G.: Aktivitäten der Abteilung Zerstörungsfreie Prüfung in Forschung und Anwendung. Broschüre des Institutes für Kunststoffprüfung und Kunststoffkunde, Universität Stuttgart, 03 (1998).

[7] Thermografie-Kolloquium 1999. Deutsche Gesellschaft für Zerstörungsfreie Prüfung e.V. Universität Stuttgart, 09 (1999).

[8] Zenzinger, G.: Thermografie – Neue Möglichkeiten in der Zerstörungsfreien Prüfung. Fachbeitrag online. http://www.dgzfp.de.

[9] Schollmeyer, E.: Wissenschaftliche Grundlagen für den Einsatz der Thermoemissionsanalyse zur berührungslosen Spannungsmessung in der Prüftechnik und zur Prozeßkontrolle. Abschlußbericht, AiF-Forschungsvorhaben Nr. 8409. Deutsches Textilforschungszentrum Nord-West e. V., Krefeld, 1993.

[10] Wu, D.; Busse, G.: Zerstörungsfreie Prüfung mit Lockin-Thermografie. Jahrbuch 1997/98, S. 87–95.

[11] Neuhäusler, S.: Innovative Anregungstechniken und Methoden für die Thermografie-Prüftechnik in der Zerstörungsfreien Prüfung. Konferenzeinzelbericht, Thermografie-Kolloquium, Stuttgart, 09 (1999).

[12] Schollmeyer, E.: Wissenschaftliche Grundlagen für den Einsatz der Thermoemissionsanalyse zur berührungslosen Spannungsmessung in der Prüftechnik und zur Prozeßkontrolle. Abschlußbericht, AiF-Forschungsvorhaben Nr. 8409. Deutsches Textilforschungszentrum Nord-West e. V., Krefeld, 1993.

[13] Eickmeier, A.; Bahners, T.; Schollmeyer, E.: Zerstörungsfreie Prüfung von Polymeren mittels Photothermischer Messmethoden. Die Angewandte Makromolekulare Chemie 185/186 (1991), S. 239–248.

[14] Dornig, D. u. a.: Erfassung bekleidungshygienischer Eigenschaften von Textilien mit der Infrarot-Thermografie. Melliand Textilberichte 10 (1996), S. 698–699.
[15] Vogel, C.: Berührungslose und zerstörungsfreie Nahtkontrolle geschweißter Schichtstoffe im Herstellungsprozeß. Technische Textilien 41, 02 (1998).
[16] Flir AG, Infrarottechnik, Kriens, Schweiz. Erkennen von Haftungsfehlern, verminderter Haftung oder Beschädigungen an Folien, in Transportbändern oder Antriebsriemen. Firmen-Information.
[17] Flir AG, Infrarottechnik, Kriens, Schweiz. Messgeräte für die kontinuierliche und berührungslose Produktionskontrolle. Firmen-Information.
[18] Infra Tec, Infrarotsensorik und Meßtechnik, Dresden. Einführung in Theorie und Praxis der Infrarot-Thermografie. Firmenschrift, 2000.
[19] Walter, L.; Gerber, D.: Infrarotmeßtechnik. Verlag Technik, Berlin, 1983.
[20] Neddermeyer, P.: GORE® OP-Laminate aus mikrobiologischer und ökologischer Sicht. Krankenhaushygiene und Infektionsverhütung 18 Heft 2 (1996).

Danksagung

Die Autoren danken dem Forschungskuratorium Textil e. V. für die finanzielle Förderung des Forschungsvorhabens AiF-Nr. 11973 B, die aus Mitteln des Bundeswirtschaftsministeriums über einen Zuschuß der Arbeitsgemeinschaft industrielle Forschungsvereinigung e. V. (AiF) erfolgte.

Der Forschungsbericht ist bei den Autoren abrufbar.

Objektivierte Absatzmengenplanung durch Einsatz moderner systemgestützter Planungs- und Prognosesysteme in der Bekleidungsindustrie

von Manfred Zimmermann[*]

Einleitung

Eine optimierte Planung und eine damit verbundene Absatzmengeneinschätzung wird gerade in der Bekleidungsindustrie mit ihren schnell aufeinander folgenden Saisons und den zum Teil erheblichen Vorlaufzeiten immer wichtiger, um riesige Kostenblöcke für Lagerbestände in wirtschaftlichem Rahmen zu halten und vor allem die Lieferfähigkeit zu optimieren.

Verläßliche und frühzeitige Aussagen über das Kaufverhalten der Kunden, den Produkterfolg und die zu erwartenden Verkaufsmenge sind für alle Unternehmen von vitalem Interesse und helfen, die Konkurrenzfähigkeit sicherzustellen.

Durch Planungsabweichungen/Planungsfehler entstehen überhöhte Lagerbestände und daraus resultierende Abwertungsverluste.

Fehler und Fehleinschätzungen können erheblich das Gesamtergebnis negativ beeinflussen.

Frühzeitiges Reagieren ermöglicht Kosteneinsparung einerseits und Sicherstellung der Profitziele andererseits.

Insbesondere der Einsatz von Planungs- und Prognosesystemen sowie die notwendigen Prozeßoptimierungen sind ein wichtiger Bestandteil, die Herausforderungen des Marktes anzunehmen und die richtigen Marktbedarfe (Mengen) bereitzustellen.

Es gibt daher grundsätzlich keine Alternative zu einer systemgestützten Absatzmengenprognose.

---

[*] Manfred Zimmermann ist Geschäftsführer und Inhaber der SalesPrognos Unternehmensberatung in Bubenreuth.

Objektivierung von Mengenentscheidungen auf Basis systemgestützter Absatzmengenprognosen

Um die in der Bekleidungsindustrie gestiegenen Anforderungen wie z. B. Kostenminimierung mittels eines zeitgemäßen Planungs-Managements erfüllen zu können und um die angestrebten Verbesserungen schnell und effizient umzusetzen, ist der Einsatz von systemgestützten Planungs- und Prognoseinstrumenten als objektive Entscheidungsgrundlage unabdingbar.

Die „Maschine" soll hier aber nicht den Menschen mit all seiner Erfahrung ersetzen, sondern helfen, die oft subjektiven Einschätzungen zu objektivieren und zu einem nachvollziehbaren Entscheidungskriterium zu machen.

Wie eine Untersuchung der Universität Amsterdam[1] aufzeigt, beruht eine Mengenentscheidung in den meisten Unternehmen „auf Gefühl und Erfahrung" und ist dadurch von vielen Zufällen abhängig.

Mengenentscheidungen, d. h. die Einschätzung einer zukünftigen Verkaufsmenge und die daraus resultierenden Beschaffungs- und Absatzmengen, werden in den meisten Unternehmen der Bekleidungsindustrie auf subjektiven Erfahrungswerten einzelner begründet. Eine den heutigen Möglichkeiten der Prognostik entsprechende, auf objektivem Zahlenmaterial aufbauende dynamische marktorientierte Planung wird nur in den seltensten Fällen durchgeführt. Die Angst vor einem „undurchschaubaren" System überwiegt. Des weiteren wird unterstellt, daß diese „Expertensysteme" teure Spezialisten erfordern, die wiederum nur „in ihren Zahlen leben und vom Markt/Kunden keine Ahnung haben", so ein Zitat aus der Praxis.

Ein weiterer Nachteil aus dem „Nichtvorhandensein" eines Planungssystems ist der überproportional hohe manuelle Aufwand, Zahlenmaterial für eine Entscheidungsgrundlage aufzubereiten und die damit verbundenen zeitlichen Probleme, so daß notwendige Beschaffungsentscheidungen, Kapazitäts- oder Produktionspläne zu spät erstellt werden und zur Verfügung stehen. Daraus ergeben sich wiederum hohe Kostenblöcke und ein geringer Lieferservicegrad.

Das Planungs-Know-how wiederum ist auf wenige oder einzelne Personen (Spezialisten) beschränkt, die durch Ausfall (Krankheit, Urlaub, Kündigung etc.) Entscheidungen verzögern können.

Ein weiterer Schwachpunkt einer (subjektiven) manuellen Planung ist eine hohe Ungenauigkeit in der Einschätzung der zukünftigen Abverkaufsmengen. Dies bedeutet in der Regel hohe Restbestände am Ende der Saison, die wiederum durch erhebliche Preisreduzierungen (Margenverlust) abverkauft werden müssen. Gerade in Unternehmen mit saisonalen Verkaufszyklen wie der Bekleidungsindustrie betragen diese Restbestände häufig 30 % der produzierten Artikelmengen.

---

[1] Software für integrierte Bestandsoptimierung. Eine Untersuchung der Universität Amsterdam, 1997

Objektivierte Absatzmengenplanung

Eine Nachvollziehbarkeit des Zahlenmaterials ist meistens nicht gegeben, so daß u. U. jede Saison die gleichen Planungsfehler begangen werden.
Darüber hinaus werden innerhalb vieler Unternehmen mehrere „Planzahlen" verwaltet, die auch für die verschiedensten Abteilungen differente Gültigkeit haben.
Gerade die Möglichkeiten, die heute moderne Planungs- und Prognosesysteme bieten, werden von vielen Unternehmen unterschätzt und somit nicht bzw. nur eingeschränkt zur Optimierung der Unternehmensergebnisse genutzt.

Welche Informationen liefern geeignete Planungs- und Prognose-Systeme?

Moderne systemgestützte Planungsinstrumente, die eine marktgerechte Absatzmengenplanung unterstützen, liefern grundsätzlich alle für die Entscheidung einer Planmenge (Verkaufsmenge) relevanten Daten und Informationen, wie z. B.:
- Analyse der Verkaufsmengen der vergangenen Saison (Historie)
- Prognose für eine zukünftige Verkaufsperiode (basierend auf Vergangenheitsanalyse)
- Dispositionsmengen-Vorschlag
- Mengen- und Umsatzsimulationen

Für die speziellen Belange der Bekleidungsindustrie und zur Optimierung der Planung sollten folgende zusätzliche Kriterien unbedingt abgedeckt sein:
- Mengensimulationen müssen zu jedem Zeitpunkt möglich sein. (U.U. ohne Artikelstammdaten; manuelle Eingabe von Daten, z. B. Artikel Nr./ Dummy Nr., sollte möglich sein).
- Frühzeitige Information und Analyse von Markttendenzen. (Chancenerkennung in engem Wettbewerbsumfeld)
- Informationen bzw. Prognosen zur Ausschöpfung des Umsatzpotentials
- Beachtung der Saisonalität. Datenvergleich nur mit korrespondierender Saison (FS – FS; HW – HW)
- Abdeckung der „Blindflugphase", d. h. vor Ordereingang
- Referenzartikellogik
- Planung auf Artikel und Größenebene
- Automatische Saison- und Monatsverteilung der Zahlen sollte möglich sein.
- Exception-Bearbeitung, um manuellen Aufwand in Grenzen zu halten.
- Begrenzte Auswahl von mathematischen Modellen, um Bearbeiter nicht zu überfordern.
- Je nach Situation und Einsatz von abgestimmten spezifischen Modulen

Welche Vorteile ergeben sich aus dem Einsatz solcher Systeme?

Die Vorteile einer marktgerechten, systemgestützten Absatzmengen- und Beschaffungsplanung liegen insbesondere in der Funktion eines Frühwarnsystems und dadurch einer dramatischen Reduzierung der Kosten (Lagerhaltung, Restanten etc.) und dem schnellen Überblick über das Marktgeschehen (Welche Mengen werden wann in welchem Marktsegment verkauft werden können). Die Objektivierung von Entscheidungsgrundlagen führt zur Minimierung von teuren Fehlentscheidungen. Dies verschafft vielen Unternehmen, die solche Systeme nutzen, einen entscheidenden Informations- und dadurch Marktvorteil.

Der Rückfluß der getätigten Investitionen erfolgt schneller, als bei anderen Projekten. Dies wird ausnahmslos von allen Unternehmen, die Planungssysteme eingeführt haben, bestätigt.

Weitere nachweisbare Vorteile sind u. a.:
- strukturierter, nachvollziehbarer Planungsprozeß
- Erhöhung des Liefergrades
- frühere Entscheidungs- und Planungsgrundlagen
- Reduzierung der manuellen Arbeiten
- nur 1 für alle gültige Zahl im Unternehmen („One Number Prinzip")
- schneller Investitionsrückfluß
- Unabhängigkeit von Mitarbeitern als einzige Know-how Träger
- Profitsteigerung von 1 bis 3 % des Jahresumsatzes
- schnelle „Online-Bearbeitung". Zeitersparnis
- steigender Informationsbedarf kann befriedigt werden
- Verbesserung der Zahlenqualität im gesamten Unternehmen
- Steuerungsinstrument für Vertrieb und Marketing
- Prozeßoptimierung

Welche Systeme sind für die speziellen Belange der Bekleidungsindustrie geeignet?

- Alle Systeme und Softwarelösungen, die in ihren Prognosen auf Zeitreihen basieren, sind durch die speziellen Erfordernisse der Bekleidungsindustrie (Saisonalität, neue Produkte, zu kurze Zeitreihen durch kurzlebige Produkte etc.) nur bedingt einsetzbar.
- Da diese Prognoselösungen auch als zusätzliche oder integrierte Module in Supply-Chain-Management (SCM)-Systemen angeboten werden, erscheint der Einsatz von vorgelagerten, auf die Bedürfnisse der Bekleidungsindustrie zugeschnittenen (kurzlebige, saisonale Artikel) Software-Lösungen angeraten. Dies führt dann wiederum zur besseren Datenversorgung von SCM-Systemen.

Objektivierte Absatzmengenplanung

- Lösungen, die Trend-, Saison- und Absatzmuster erkennen.
- Softwarelösungen, die auf logischen und praxisorientierten Algorithmen basieren und eine auf aktuellen Kunden-Orders basierende „Hochrechnung" erlauben, ist der Vorzug zu geben.
- Vernetzung mit anderen Systemen und Softwarelösungen muß möglich sein.
- geringer Installationsaufwand
- einfache Anpassung des Systems an betriebliche Abläufe und Erfordernisse
- verläßliche Prognosen
- Ein integriertes Planungs-Konzept (System) mit modular aufgebauten Planungsbausteinen (Bild 1) – die jedoch auch unabhängig und einzeln benutzt werden können – hat sich bewährt und bringt auf jeder Informations- und Planungsebene die besten Ergebnisse.

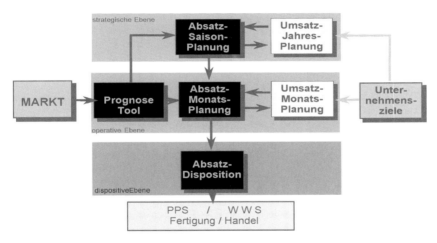

Bild 1. Modularer Aufbau eines Planungs- und Prognosesystems

- Geeignet sind insbesondere Systeme, die zusätzlich als Marketing-, Vertriebs- und Kundendatenbank genutzt werden können.
- Eine Einflußnahme des „Planers/Entscheiders", basierend auf dessen Marktkenntnissen, sollte im Planungssystem sichergestellt sein.

Resümee

Die Einführung eines marktorientierten Absatzmengenplanungs- und Prognosesystems ist ein wichtiger Schritt, um den Herausforderungen zukünftiger Marktentwicklungen entgegentreten zu können. Das schnelle und frühzeitige Erkennen von Fehlern erspart nachfolgende Kostenblöcke und steigert die Wettbewerbsfähigkeit.

Durch die steigende Komplexität, insbesondere bei einer globalen Beschaffungs- und Produktionssituation und dramatisch steigender Daten- und Informationsflut, ist eine sinnvolle Planung manuell nicht durchführbar. Nur Unternehmen, die sich frühzeitiger als andere auf die richtige Beschaffungsmenge festlegen können, werden die begehrten Kapazitäten bei den guten Produzenten/Lieferanten erhalten.

Ein weiterer Aspekt einer guten Absatzmengenplanung ist das frühzeitige Erkennen von Absatzrückgängen einerseits und das „Aufspüren" von zusätzlichem Umsatzpotential andererseits.

Die durch Planungssysteme bereitgestellten Informationen machen die Planung zur Informationsdrehscheibe im Unternehmen.

Die strategische Bedeutung einer optimierten Planung wird von vielen führenden Unternehmen erkannt und als wichtiges Instrument der zukünftigen Positionierung im Markt genutzt.

Management und Controlling von Projekten (Teil 1)

von Prof. Dr. Walter Sorg*

1 Bedeutung für Unternehmen der Bekleidungsindustrie

Die Unternehmen stehen vor gewaltigen Herausforderungen. Dies gilt insbesondere für die Unternehmen der Bekleidungsindustrie. Sich verändernde Rahmenbedingungen, steigender Konkurrenzdruck durch Billigimporte, hohe Kundenansprüche, zunehmender Kostendruck. Die Preiselastizität der Nachfrage ist nach oben durch den harten Wettbewerb begrenzt.

Die Zusammenarbeit mit vielen Zulieferern, ausländischen Produktionsstätten und unterschiedlichen Handelskunden läßt den Koordinationsbedarf steigen. Gleichzeitig sind Investitionen in neue Produkte und Serviceleistungen erforderlich.

In dieser Situation sehen sich viele Unternehmen der Bekleidungsindustrie an einem strategischen Scheideweg. Soll eine defensive Strategie gefahren werden, d. h. Kooperation mit anderen Unternehmen, um Größe und Synergien zu gewinnen? Oder ist eine offensive Strategie zu empfehlen, d. h. Mobilisierung der eigenen Kräfte – Ausbau der vorhandenen Stärken, Konzentration auf die Kernkompetenz?

2 Grundsätze des Projektmanagements

2.1 Begriffliche Grundlagen

Entscheiden sich die Unternehmen in dieser Situation für eine offensive Strategie, dann bedeutet dies, erhebliche Investitionen zur Stärkung der eigenen Position am Markt vorzunehmen. Ob es sich dabei um Baumaßnahmen, Errichtung von Großanlagen, Designentwicklung, IT oder um einen Umzug handelt,

---

* Prof. Dr. Walter Sorg, Fachhochschule Gelsenkirchen Abt. Bocholt, Fachbereich Wirtschaft; Lehr- und Arbeitsgebiet: Rechnungswesen und Finanzierung (Controlling)

mag sich zwar banal anhören, in Wirklichkeit handelt es sich um Projekte, ggf. mit mehreren Teilprojekten.

Immer mehr Aufgaben werden in Projekten durchgeführt. Projektarbeit hat nach wie vor einen hohen Stellenwert in den Unternehmen. Sie stellt jedoch hohe Anforderungen an Handlungs-, Führungs-, Methoden- und Sozialkompetenz der am Projekt beteiligten Personen. Ohne ein effizientes Projektmanagement und Projektcontrolling sind auch noch so enthusiastisch angegangene Projekte häufig zum Scheitern verurteilt. Viele Projekte laufen schief, es wird über Überschreitung von Kosten und Terminen sowie demotivierte Mitarbeiter geklagt.

Betriebliche Abläufe und Strukturen müssen analysiert, individuelle Lösungen abgelöst, Listen, Tabellen und Programme entsprechend den neuen Anforderungen angepaßt und die Mitarbeiter geschult werden. Folglich erhalten das Management und das Controlling von Projekten ein immer stärkeres Gewicht.

Die Begriffe „Projekt" und „Projektmanagement" werden aber auch zunehmend inflationär gebraucht. Daher ist eine inhaltliche Klärung unverzichtbar. Besondere Vorhaben größerer Tragweite und komplexer Art werden als Projekte bezeichnet. Die dazu erforderlichen Maßnahmen und Maßnahmenbündel lassen sich als zielorientierte Aktionsfolgen (Aufgabenerledigung) interpretieren.

Ein **Projekt** *ist ein Vorhaben, das im wesentlichen durch Einmaligkeit der Bedingungen in ihrer Gesamtheit gekennzeichnet ist (DIN 69901).*

Ein so definiertes Projekt kann durch bestimmte Merkmale gekennzeichnet werden:
- Zielorientierung (was?)
- Zeitbegrenzung – definierter Anfangs- und Endtermin – (wann?)
- finanzielle, personelle oder andere Begrenzungen, d. h. Ressourcenbegrenzung (womit?)
- Komplexität – technisch, organisatorisch (große Anzahl an Aktionen, Vermaschung, d. h. bezieht sich auf mehrere Funktionsbereiche, hoher Schwierigkeitsgrad)
- Einmaligkeit, Neuartigkeit (Wiederholung ist nicht absehbar, zumindest selten)
- Risiko des Fehlschlags (Aktionen sind mit Unsicherheit verbunden)
- spezifische Organisationsform
- Abgrenzung gegenüber anderen Vorhaben
- standardisierte Vorgehensweise (Phasenmodell)

Beispiele:
- Produkteinführung
- Forschungsvorhaben
- Großinvestition, Neubau
- Beteiligungserwerb
- Kapitalerhöhung
- EDV-Einführung, IT
- Rationalisierungen

2.2 Prinzipien und Bereiche des Projektmanagements

Was heißt „managen"?
Management von Unternehmen und Organisationen bezieht sich auf die Aspekte Führung und Leitung in bestimmten Verantwortungsbereichen. Management wird dabei als *Koordination arbeitsteiliger und multipersonal zugeordneter zielorientierter Aktivitäten unter sparsamem Mitteleinsatz* verstanden.

Im englischen Sprachgebrauch bedeutet Management: „The process of planning, organizing, leading and controlling the work of organization members and of using all available organizational ressources to reach stated organizational goals."[1]

Unter **Projektmanagement** versteht man dann die Gesamtheit von
- Führungsaufgabe,
- Führungsorganisation,
- Führungstechniken und
- Führungsmittel

für die Durchführung eines Projekts.

Das Projektmanagement nimmt also dispositive Aufgaben wahr: Ziele setzen, planen, kontrollieren, koordinieren, steuern, entscheiden zur Sicherung des Projekterfolgs.

Im traditionellen Sinne werden unter Projektmanagement überwiegend betriebswirtschaftliche Projekte verstanden, die nach professionellen Gesichtspunkten geplant, ausgeführt und bewertet werden. Sie werden abgegrenzt von öffentlichen, sozialen, militärischen oder privaten Projekten.

In Anlehnung an die traditionelle Managementlehre[2] kann Projektmanagement daher definiert werden als das *Leiten, Entscheiden, Planen, Organisieren und Verantworten von Vorhaben größeren Ausmaßes, die relativ einmalig, komplex, zeitlich begrenzt in ihrer Verwirklichung, ergebnis- und ressourcenorientiert und konzentriert im Vorgehen sind.*

Folgende drei Bereiche des Projektmanagements lassen sich unterscheiden:

Projektführung Projektleitung	Funktionelles Projektmanagement	Institutionelles Projektmanagement
- Führung, Leitung - Kommunikation - Gruppenprozeß, Team	- Projektplanung - Projektsteuerung - Projektkontrolle	- Projektorganisation - Kommunikationssystem - Informationssystem - Koordinationssystem

---

1 Stoner, J. A. F.; Freeman, R. E.: Management, New Jersey, 1992, S.6
2 vgl. Steinmann, H.; Schreyögg, G.: Management, Wiesbaden, 1990

Im funktionellen Sinn kann das Projektmanagement in die Bereiche Planung, Steuerung (Aktivitäten, Führung) und Kontrolle unterteilt werden.

Im institutionellen Sinne übernehmen Manager das „Managen", d. h. das „an der Hand führen"; Gegenstand ist somit die Organisation von Projekten.

Zur Bewältigung komplexer Vorgänge ist die Einteilung in verschiedene *Phasenabschnitte* sinnvoll. Sie verschaffen Überblick und geben einen Orientierungsrahmen (Ordnungssystem).

Phasen sind zeitliche Abschnitte, die oft durch Erreichen eines bestimmten Zustandes (Ergebnisses) gekennzeichnet sind (Ablaufstufe).

In Anlehnung an Hahn[3] können grundsätzlich sechs Phasen unterschieden werden:

1. Problemstellung: Ermittlung der Entscheidungsaufgabe (des Problems)
2. Suchphase: Ermittlung von Handlungsmöglichkeiten (Alternativen)
3. Beurteilung: Bewertung der Handlungsmöglichkeiten (Entscheidungsvorbereitung)
4. Entscheidung: Festlegung der zu realisierenden Handlungsmöglichkeiten (Entscheidungsfällung)
5. Realisationsphase: Durchsetzung der gewählten Handlungsmöglichkeit (Durchführung)
6. Kontrollphase: Ermittlung des Handlungserfolges (Vergleich der Ergebnisse – Soll/Ist)

Eine Projektphase stellt dann einen zeitlichen Abschnitt eines Projektablaufs dar, der sachlich gegenüber anderen Abschnitten getrennt ist.

Darauf aufbauend kann folgendes **Phasenmodell**[4] für ein Projektmanagement abgeleitet werden:

1. Projektauslösung: Erkennen eines Problems ⇨ Orientierungsstudie
2. Projektplanung: Festlegung von Projektgegenstand, Vorgehensweise, Terminen usw.
3. Projektdurchführung: eigentliche Projektarbeit, Projektsteuerung und Kontrolle, Abnahme, Inbetriebnahme
4. Dokumentation, Soll-Ist-Vergleich

Diese lassen sich zusammenfassen in
- Projektplanung
- Projektverfolgung
- Projektnachrechnung

---

3 Hahn, D.: PuK, Controllingkonzepte, 5. Auflage, 1996, S. 45
4 Ein bewährter Ansatz ist auch das Systems Engineering. Das Projekt wird hier in den Phasen Vorstudie – Hauptstudie – Detailstudie – Systembau – Systemeinführung und Übergabe – Abschluß des Projekts – unterschieden.

Das Phasenmodell
- legt eine Ablaufstruktur fest („eins nach dem andern"),
- stellt eine grobe Terminplanung dar („Meilensteinkonzept"),
- verknüpft den logischen Ablauf mit organisatorischen Regeln („Genehmigungsverfahren", „Reporting")

Der Projektablauf ist eine Folge aufeinander aufbauender Phasen; die Phasenergebnisse sind Meilensteine des Projekts.
Zum Projektstart sind das Projekt-Team und der Projekt-Leiter zu bestimmen!
Zusammenfassend heißt also ein Projekt „managen":
- den Organisationsbedarf des Projekts decken
- jederzeit klar erkennbar machen, was soll wann und wie ablaufen
- Steuerung der Beteiligten durch
  - Zielplanung (was soll erreicht werden),
  - Mittelplanung (mit welchen Ressourcen, mit welchem Aufwand),
  - Verfahrensplanung (wie soll es erreicht werden).

2.3 Projektorganisation

Die Organisationskonzeption des Projektmanagements hat von der zeitlich befristeten Organisationsstruktur auszugehen. Hinzu kommen die genau definierte Aufgabenstellung, die in Zusammensetzung und Arbeitsstil weder an die hierarchisch gegliederte, funktional orientierte Unternehmensstruktur gebunden ist, noch in sie hineinpaßt. Vielmehr ist ein großes, nicht routinemäßiges Problem schnell und umfassend im Gesamtinteresse des Unternehmens zu lösen.

In der Regel wird eine spezielle Organisation errichtet, damit eine rasche und konsequente Projektdurchführung erreicht wird. Da bestehende Organisationsstrukturen nur geringe Spielräume bieten, sind diese häufig wenig geeignet. Bei Großprojekten wird zudem ein eigenes Projektteam für die Dauer des Projekts gebildet und organisatorisch verselbständigt.

Die Erscheinungsformen des Projektmanagements lassen sich daher zu drei Grundtypen zusammenfassen:
- reine Projektorganisation
- Stabs-Organisation
- Matrix-Organisation

Die *reine Projektorganisation ("task force")* rekrutiert die beteiligten Projektmitarbeiter aus den vorhandenen Mitarbeitern der bestehenden Funktionsbereiche (zeitweise oder vollständig). Benötigte Fachleute können eigens für das Projekt eingestellt und in das Projektteam integriert werden. Der Projektleiter besitzt die alleinige, volle Verantwortung für das Projekt und seine Durchführung. Entsprechend besitzt er außerordentliche Kompetenz für die bereitgestellten Ressourcen.

Bei der *Stabs-Organisation* besitzt der Projektleiter keine Entscheidungs- und Anweisungskompetenz gegenüber den Funktionsbereichen (Linie), die Projektaufgaben durchführen. Daher obliegt ihm im wesentlichen die Koordination der durchzuführenden Teilaufgaben und Überwachung der Projektdurchführung (typische Stabsfunktion).

Die *Matrix-Organisation* räumt dem Projektleiter Weisungsbefugnis gegenüber den beteiligten Funktionsabteilungen ein. Er bestimmt, was wann für das Projekt zu tun ist. Für die Dauer des Projekts kommt es zu einer Überschneidung zwischen projektbezogener Anweisungsbefugnis des Projektleiters und hierarchischer Kompetenz des Funktionsmanagers.

Daraus ergibt sich folgende organisatorische Einbettung:
- Reines Projektmanagement: selbständige Organisationseinheit
- Stab-Projektmanagement: Priorität/Einfluß der Linienorganisation
- Matrix-Projektmanagement: Kompetenzaufteilung auf Projekt und Linie

3 Projektplanung

Wenn die Entscheidung für ein Projekt gefallen ist, muß festgelegt werden, was wann und womit zu geschehen hat. Dies ist Gegenstand der Projektplanung. Die Planung ist eine der wichtigsten Aufgaben des Projektmanagements. Vor allem große und komplexe Projekte erfordern eine Gliederung des Projekts in einzelne Segmente, Funktionen, Arbeitspakete und Phasen, um sie effizient managen zu können. Ein Projekt ist also sinnvoll zu strukturieren. Dies sichert die Transparenz und ist Voraussetzung für die Projektkontrolle.

Planung bedeutet die gedankliche Vorwegnahme der Zukunft, des künftigen Geschehens. Das ist Prognose (Vorschau auf künftige Ereignisse bzw. Ergebnisse). Planung zwingt, sich Ziele vorzugeben, Erwartungen zu konkretisieren

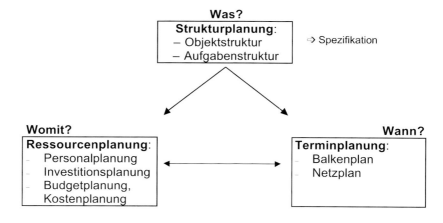

und Absichten zu formulieren, um die Zukunft zu bewältigen. Dies bedeutet auch die Überwindung von Schwierigkeiten. Durch die verbindliche Vorgabe von Plangrößen werden im Unternehmen Verantwortlichkeiten geschaffen. Planung ist zugleich die Voraussetzung für spätere Kontrolle. Bezogen auf Projekte erfordert dies die Planung der Leistung und der Qualität (was?), der Ressourcen, Kosten und Finanzierung (womit?) sowie der Termine (wann?) eines Vorhabens.

Hierzu sollte eine einheitliche Struktur verwendet werden, um die erforderliche Transparenz und Überwachung des Projektplanes zu gewährleisten. Notwendig ist daher die systematische und ganzheitliche Zerlegung des Projekts in plan- und kontrollierbare Arbeitspakete (Teilprojekte, Vorhaben, Aktivitäten).

Geeignete Instrumente hierzu sind die Strukturplanung, die Ressourcenplanung und die Terminplanung, die eine klare Beschreibung des Gegenstandes (Objektes), der Beteiligten und der Aufgaben sowie der zeitlichen Dimension vornimmt.

Die detaillierte Projektplanung beinhaltet die Planung der Leistung, der Qualität, der Ressourcen, Kosten und Finanzmittel sowie der Termine.

3.1 Strukturplanung

Die Projektplanung (PP) dient der inhaltlichen und zeitlichen Ermittlung und Festlegung (Vorausbestimmung) von Aktionen (Tätigkeiten) zur Erreichung des festgelegten Projektziels (vorausschauende Festlegung der Projektdurchführung). PP beschreibt also die künftige Vorgehensweise zur Erreichung des Projektziels unter eingeschränkten Randbedingungen, insbes. Zeit/Termin, Kosten, Kapazität.

PP umfaßt:
- Festlegung der Projektziele (Zieldefinition)
- Aufstellung eines Aktions- oder Tätigkeitskatalogs (Aufgabenplanung)
- Ressourcenplanung: Personal, Sachmittel, Termine (Zeitermittlung)
- Kostenplanung, ggf. Liquiditätsplanung

Je mehr Aufwand in der Projektplanung betrieben wird, desto geringer ist der Aufwand später in den einzelnen Phasen der Realisierung.

Eine *Problemanalyse* sowie eine grobe Konzeption sollten vorliegen. Ansonsten gehört die Erstellung einer Konzeption zum zweiten Aufgabenkomplex der PP.

Ausgangspunkt für die PP sind die generellen Unternehmensziele bzw. Teilziele.

Mit der Formulierung des Projektziels wird das geplante Ergebnis beschrieben: Was soll erreicht werden? Die Zieldefinition ist die Ausgangsbasis für die Projektarbeit und sollte mit den im Projekt involvierten Mitarbeitern erfolgen.

Gut eignet sich der Einsatz der Metaplantechnik.

Mit der **Aufgabenplanung** werden alle Projektteile bestimmt:
Schrittweise Zerlegung/Aufspaltung in einzelne Bestandteile, d. h. Teilprojekte bis hin zu einzelnen Tätigkeiten. Basis ist die Aufgabenanalyse: Was soll getan werden?

Damit wird eine hierarchische Strukturierung (Strukturdiagramm, Baumdiagramm) vorgenommen. Die Projektstruktur ist eine hierarchische Darstellung aller Aufgaben, die im Projekt zu lösen sind. Sie ergibt sich aus der zu erbringenden Leistung und hängt von deren Komplexität ab. Die dadurch festgelegte Leistungsstruktur legt insofern die Leistungsergebnisse zu voraus bestimmten Terminen (Meilensteine) fest.

Der Inhalt muß für jedes Projekt/Teilprojekt/Tätigkeitsfeld analysiert werden, da es sich ja um ein „einmaliges" Vorhaben handelt. Die Tiefenstruktur hängt von der Projektgröße und der Komplexität ab.

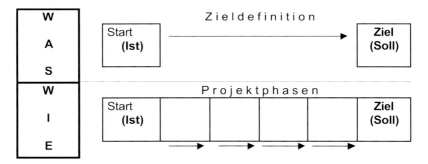

Die so ermittelten Projektteile müssen nun in einen **Ablaufplan** gebracht werden. Damit werden die sachlogischen Zusammenhänge und Abhängigkeiten der einzelnen Vorgänge bestimmt. Kriterien hierfür sind:
- Bezeichnung des Projekts/Teilprojekts/Aufgabe (Tätigkeit),
- Aufgabenbeschreibung,
- vorhergehender und nachfolgender Projektteil mit entsprechender Abgrenzung,
- Personalbedarf, Terminierung,
- Abhängigkeiten in sachlicher, zeitlicher und arbeitsmäßiger Hinsicht,
- Restriktionen bei Projektdurchführung,
- Einsatz/Organisation der Sachmittel (Optimierung)

Denkbar sind ein linearer, paralleler oder vernetzter Projektablauf.

Der Aufgabenplan enthält die Sollvorgaben, denen später die Istdaten gegenüber gestellt werden.

Der Projektablaufplan ist die Basis für die weitere Projektplanung, d. h. die **Terminplanung** und die **Ressourcenplanung**:

Management und Controlling von Projekten – Teil 1

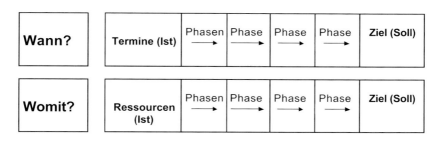

3.2 Terminplanung

Die Terminplanung ist die zeitliche Festlegung der einzelnen Vorgänge. Dazu ist ihre Dauer zu schätzen unter Berücksichtigung ihrer Abhängigkeiten und der eingesetzten Ressourcen (Zeitmanagement).

Für die Terminplanung müssen die einzelnen Tätigkeiten und ihre Abhängigkeiten definiert sein (siehe Ablaufplan) und der Zeitbedarf aus der Personalbedarfsplanung abgeleitet werden.

Ist der Projektanfang bestimmt, erfolgt eine Vorwärtsterminierung in die Zukunft hinein, um den Projektendtermin festzulegen. Ist der Termin für das Projektende vorgegeben, wird eine Rückwärtsterminierung vorgenommen. Liegt dabei der Projektstarttermin in der Vergangenheit, muß versucht werden, durch Verkürzung des Zeitbedarfs einzelner Projektteile, einen realistischen Terminplan aufzustellen.

Die Terminplanung ist für die Steuerung und Kontrolle der Projektbearbeitung unverzichtbar.

Mit der Terminplanung werden somit zugleich die Meilensteine festgelegt:

Meilensteine sind zeitlich und inhaltlich genau umschriebene Projektergebnisse (grundsätzliche Ereignisse, Teilergebnisse).

Vorgehensweise:
Bei nur wenigen Vorgängen bzw. Phasen oder bei geringen Abhängigkeiten erfolgt die Ablaufplanung in der Regel ohne methodische Hilfsmittel. Die einzelnen Schritte werden in einen Übersichtsplan gestellt oder in einem Balkendiagramm dargestellt. Dabei können auch Pufferzeiten berücksichtigt werden.
- Die einzelnen Projektteile werden aufgelistet und ihre Dauer ausgewiesen. In Abhängigkeit von der Projektstruktur werden die jeweils einzelnen Start- und Endtermine ermittelt.
- Bei komplexeren Projekten eignen sich Balkendiagramme, die über eine Zeitachse grafisch dargestellt werden analog ihrem Start-/Endtermin und der Zeitdauer. Bestehen zeitliche Abhängigkeiten, ergeben sich automatische Pufferzeiten (die i. d. R. gestrichelt dargestellt werden).

Für Großprojekte bietet sich die *Netzplantechnik* an (vgl. DIN 69900!). Sie umfaßt alle Verfahren zur Analyse, Beschreibung, Planung und Steuerung von Abläufen auf der Grundlage der Graphentheorie. Berücksichtigt werden Zeit (Anfangs- und Endzeitpunkt, Dauer), Kosten, Einsatzmittel und weitere Einflußgrößen. Sie dient also der graphischen Darstellung von Ablaufstrukturen und zeigt die logische und zeitliche Abfolge der Vorgänge. Voraussetzung ist ein systematisches und vollständiges Durchdenken des gesamten Projekts mit allen Beteiligten. Angewandt werden überwiegend zwei Varianten:

1. Pfeiltechnik (Darstellung eines Vorgangs durch einen Pfeil, der Ausgangs- und Folgeereignis verbindet und damit den Ausweis der logischen Anordnungsbeziehung zeigt: Schleifen und parallele Vorgänge mit identischen Ereignissen sind nicht gestattet.)
2. Knotentechnik: Darstellung eines Vorgangs/einer Tätigkeit durch einen Knoten (als Rechteck gezeichnet); die Ereignisse sind Teile des Knotens. Pfeile zwischen den Knoten dienen lediglich der logischen Anordnungsbeziehung (Folgebeziehungen).

Das gesamte Projekt wird so in einen Netzplan gezeichnet (grafischer Ausweis der Abhängigkeitsstruktur der Vorgänge) mit Terminierung der Vorgänge, Bestimmung der Pufferzeiten. Die Anwendung erfolgt mit Hilfe der EDV.

Ein Netzplan ist somit die grafische Abbildung einer Tätigkeitsfolge mit ihren Beziehungen und logischen Verknüpfungen. Die Beziehungen zwischen den Tätigkeiten des Netzplanes sind Folgebeziehungen.

Ziel ist es, jene Tätigkeits- oder Aktionsfolge zu bestimmen, die mit bestimmten Zeiten und Kosten bei Beanspruchung spezifischer Aktionsträger das Projektziel am besten erfüllt.

Vorteile sind:
- Verständliche und aussagekräftige Darstellung des gesamten Projektablaufs,
- schneller Überblick über Personal- und Zeitaufwand sowie Projektdauer,
- Aufzeigen der Zusammenhänge und Abhängigkeiten zwischen den einzelnen Phasen sowie
- von Engpässen und möglichen Störungen.

3.3 Ressourcenplanung

Der zweite wichtige Komplex ist die Ressourcenplanung: benötigte *Sachmittel* (Räumlichkeiten, Ausstattung, Büroräume, Maschinen, EDV) sowie *Personalplanung* (Personalbedarf: Qualifikation, Anzahl) und ggf. eine *Investitionsplanung*. Sie wird ergänzt durch eine Aufteilung auf die Projektteile und Bestimmung der Zeitdauer des Projektteils. Dabei sollte auf Kapazitätsengpässe geachtet werden.

Die wichtigste Ressource stellen die Projektmitarbeiter dar. Der Personalauf-

wand bestimmt sich aus der Anzahl der Mitarbeiter und der geplanten Einsatzzeit. Maßeinheit ist das Jahr, der Monat oder der Tag.
Von folgender Formel kann ausgegangen werden:
Personalaufwand = Anzahl der Mitarbeiter x Anzahl der Einsatztage

Beispiel: Projektteil I
Personalbedarf = 8 Mann–Monate (MM); Einsatz von 2 Mitarbeitern; Ausführungszeit folglich 4 Monate.

Ist die Durchführungsdauer gegeben, kann alternativ die erforderliche Anzahl einzusetzender Mitarbeiter bestimmt werden. Die unterschiedliche Qualifizierung der Mitarbeiter ist zu berücksichtigen.

Damit erfolgt eine sachliche und personelle Konkretisierung des Projekts. Durch eine Zuordnung zu den einzelnen Phasen wird festgelegt, wie viele und welche Mitarbeiter in den einzelnen Vorgängen beteiligt sind.

Geht man bei der Kapazitätsplanung vom gesamten Projekt aus, ergeben sich für die einzelnen Projektphasen unterschiedliche Kapazitätsbedarfe.

Die **Investitionsplanung** erfolgt unter Verwendung der traditionellen oder modernen Verfahren der Investitionsrechnung. Das Ergebnis der Wirtschaftlichkeitsrechnung geht in das Projektbudget ein.

Die **Budgetplanung** bzw. **Kostenplanung** beschäftigt sich mit den Projektkosten und den Systemkosten. Projektkosten entsprechen der Definition des Projekts; sie entstehen, weil das Projekt durchgeführt wird und sind insofern einmalig.

Eine das gesamte Projekt umfassende Vorkalkulation auf der Basis einer Vollkostenrechnung erfaßt alle direkten und indirekten Kosten (also Projekteinzelkosten und Projektgemeinkosten) für das Projekt.

Die Projektkosten werden aus dem Ressourcenverbrauch abgeleitet und beziehen sich auf Zahlungsvorgänge (Auszahlungen, Ausgaben); sie erfassen aber auch nicht zahlungswirksamen Werteverzehr.

Als problematisch erweist sich im allgemeinen das Errechnen der unterschiedlichen *Projektgemeinkosten*. In Anlehnung an die traditionelle Vollkostenrechnung werden sie in Form von Kalkulationssätzen entweder pauschal umgelegt (Zuschlagssatz) oder in einen Stundenverrechnungssatz eingearbeitet.

Die Kostenplanung für die Projektabwicklung dient der Vorschau der Kosten des gesamten Projekts und der einzelnen Projektteile. Sie ermittelt den zeitlichen Kostenverlauf und ist Ausgangspunkt für die Liquiditätsplanung.

Ein weiteres Problem ist die Bestimmung des Projektbudgets. Insbesondere bei langfristigen Projekten ist die Festlegung der Gesamtkosten und die Zuordnung auf die Projektphasen nicht einfach. Üblicherweise erfolgt eine Zuordnung der Kosten im Zeitablauf auf die Phasen Vorplanung, Planung, Projektierung, Realisierung, Kontrolle.

Typische Kostenarten sind:
- Personalkosten der Projektmitarbeiter
- Materialkosten (sie betreffen die Projektmittel, die zur Erarbeitung des Systems oder Produkts benötigt werden)
- Kapitalkosten (Abschreibungen, Zinsen, Mieten)
- Finanzierungskosten
- Reisekosten, Versicherungen, Transportkosten, Schulungskosten
- EDV-Kosten
- Fremdleistungskosten, insbesondere Beratung, externe Mitarbeiter
- Verwaltungskosten, zentrale Dienstleistungen

Um das durch das Projekt zu entwickelnde neue System oder Produkt beurteilen zu können, ist es erforderlich, auch die Kosten für das neue System bzw. Produkt festzustellen. Dies können einmalige und dauernd anfallende Kosten sein. Daher sind sie zwangsläufig mit großen Unsicherheiten verbunden. Einmalige Kosten sind Kosten der Einführung, Umstellung und Implementierung des neuen Systems. Die Dauerkosten setzen sich ebenfalls aus Personal-, Material-, Kapital- und Fremdleistungskosten zusammen und können nur geschätzt werden.

Zu empfehlen ist die Einführung einer Projektkostenrechnung. Sie umfaßt die Planung, Steuerung und Überwachung der Projektkosten sowie die Projektabrechnung. Dazu gehören die Erfassung der Kosten, ihre Gliederung, systematische Aufbereitung, Verteilung und Zurechnung auf geeignete Kostenzurechnungsobjekte. Daher ist die Erstellung eines Kostenartenplans (Kostenartenrechnung – welche Kosten fallen in welcher Höhe an?), von Kostenzurechnungsobjekten und -kriterien (Kostenstellenrechnung – wo fallen die Kosten im Projekt an?) sowie einer Kostenträgerrechnung (wer trägt die Kosten, d. h. welches Projekt(teil)ergebnis?) sinnvoll. Insofern umfaßt die Projektkostenrechnung erwartete bzw. geplante Kosten und die tatsächlich angefallenen Kosten. Durch die erwarteten Kosten wird ein Kostenrahmen vorgegeben, der nicht überschritten werden darf. Durch die Kostenfreigabe wird dann sozusagen die Erlaubnis für die Kostenentstehung innerhalb des Kostenrahmens gegeben. Bezüglich des zeitlichen Anfalls der Kosten kann daher unterschieden werden in zukünftige (Plankosten) und vergangenheitsbezogene (Istkosten) Kosten.

Die Projektkostenrechnung ermöglicht insbesondere die Preiskalkulation für den Gegenstand des Projekts. Kostenträger ist das Projekt, aber auch Projektteilergebnisse (Teilprojekte) bis hin zu Vorgängen, Teilaufgaben, Arbeitspaketen oder anderer Strukturelemente.

Die Kosteneinhaltung wird als Erfolgsmaßstab für das Projektmanagement bzw. -controlling angesehen.

Die Projektkostenrechnung kann auch als Teilkostenrechnung in Form der Deckungsbeitragsrechnung durchgeführt werden. Dies setzt dann eine projektbezogene Leistungsrechnung (Erlöse) sowie eine Aufspaltung der Kosten in ihre variablen und fixen Bestandteile voraus.

3.4 Projektstrukturplan

Diese Vorgehensweise zwingt das Projektmanagement dazu, das zunächst unüberschaubare Projektvorhaben schrittweise auseinanderzunehmen und zu analysieren, um es durch gedankliche Strukturierung transparent, überschaubar, planbar und steuerbar zu machen. Das Projekt wird so in Teilprojekte (Teilaufgaben), Arbeitspakete und Vorhaben zerlegt, die sich an die am Projekt Beteiligten verteilen lassen. Aus dieser Gliederung wird der Projektstrukturplan, aus dem die Projektmeilensteine definiert werden können, die wiederum markante Punkte am Ende einer abgeschlossenen Projektphase, also zu bestimmten Terminen, darstellen und vorgegebene Teilergebnisse beschreiben bzw. zu erreichende Teilziele des Projekts darstellen.

Die Projektstrukturierung führt zu einer zeitlichen Ablaufplanung, z. B. in Form des Netzplans.

Der Projektstrukturplan kann sowohl objekt- als auch funktionsorientiert oder in Mischform erstellt werden. Dabei wird auf die zu erstellenden physischen Projektteile oder auf die unterschiedlichen Verrichtungen (Aktivitäten) abgestellt. Er besteht aus verschiedenen Ebenen und Elementen, die nach vertikalen und horizontalen Regeln gebildet werden. Die kleinste Einheit ist der einzelne Arbeitsauftrag (Contract), der eine klare Leistungsbeschreibung, Zielvorgabe, Terminierung, Angabe der Schnittstellen, die benötigten Ressourcen und Zuständigkeiten beschreibt und festlegt.

Es sollte eine geeignete Gliederungsstruktur ausgewählt werden, wie z. B. nach dem Phasenschema oder auch nach Teilen des Projektendergebnisses.

4 Projektkontrolle

Planung ist nur sinnvoll in Verbindung mit Kontrolle. Jede Planung und ihre Durchführung muß auf ihre Wirksamkeit kontrolliert werden. Ansonsten besteht die Gefahr, daß der Plan nicht erreicht wird.

Die **Projektkontrolle** umfaßt die interne Kontrolle der Projektdurchführung und der Projektzielerreichung durch den Projektleiter. Er überwacht seine Mitarbeiter und das zu erarbeitende neue System.

Die Kontrolle kann zu festen Zeitpunkten (wöchentlich, monatlich, vierteljährlich) oder zu bestimmten Projektereignissen erfolgen. Letzteres wird durch den Projektfortschritt determiniert.

Kontrollkriterien sind:
- Termineinhaltung
- Personaleinsatz
- Sachmitteleinsatz
- Zielerreichung (bezüglich des zu entwickelnden Systems)
- Kostenentwicklung

Die Projektkontrolle erfolgt üblicherweise durch Soll-Ist-Vergleich (SIV), d. h. die Projektvorgabe aus der Projektplanung wird mit den Ist-Daten verglichen.

Aus der Kontrolle resultieren Steuerungsmaßnahmen. Die **Projektsteuerung** bedeutet die Sicherung der Aufgabenerledigung bei der Projektdurchführung und der Zielerreichung der Systementwicklung. Hier ist ein wichtiger Ansatzpunkt für das Projektcontrolling. Aufgabe ist es, die Projektpläne zu überwachen und zu koordinieren, um rechtzeitig Abweichungen zu erkennen und Maßnahmen zur Gegensteuerung zu entwickeln.

Insofern bezieht sie sich auf die Einhaltung der Projektplanung als dem wesentlichen Ziel der Projektsteuerung. Das erfordert eine sach- und fachgerechte Aufgabendurchführung durch die Projektmitarbeiter. Sollten nicht beeinflußbare Abweichungen von der Projektplanung erkennbar werden, müssen andere Maßnahmen getroffen werden bis hin zur Plankorrektur bzw. -revision.

Die laufende Kontrolle der einzelnen Projektgrößen ist nur dann sinnvoll, wenn dieselben Größen auch Gegenstand der Planung waren. Nur so ist eine gezielte Steuerung der Projektabwicklung möglich.

Schließlich sind im Verlauf der Projektdurchführung immer wieder Entscheidungen zu treffen. Die Projektsteuerung hat dafür zu sorgen, daß diese Entscheidungen vorbereitet und fundiert werden.

Da die Projektdurchführung arbeitsteilig erfolgt, muß die Durchführung der einzelnen Aufgaben koordiniert werden.

Die erforderlichen Sachmittel müssen termin-, mengen- und qualitätsgerecht verfügbar sein. Der Einsatz der Projektmitarbeiter muß planmäßig erfolgen. Bei Ausfall von Mitarbeitern ist für Ersatz zu sorgen.

Über das Projekt ist zu informieren durch Aufbau eines geeigneten Informations- und Berichtssystems.

Zusammenfassend ergeben sich daher folgende wichtige Aspekte im Rahmen der Projektkontrolle:
- Maßstab für die Wirtschaftlichkeit der Projektdurchführung: Sind mehr oder weniger Kosten angefallen als geplant bezogen auf den tatsächlich realisierten Projektfortschritt.
- Zeitabweichung des Projekts: Differenz zwischen Kontrollzeitpunkt und dem Zeitpunkt, zu dem der realisierte Projektfortschritt planmäßig hätte erreicht werden sollen
- Nach Ermittlung der noch erforderlichen Kosten (Cost to complete) für die Realisierung der noch zu schaffenden Projektleistung (Performance to complete) sowie der hierfür noch notwendigen Zeit (time to complete) lassen sich durch Vergleich von voraussichtlichen Gesamtkosten des Projekts und voraussichtlicher Gesamtdauer des Projekts mit den jeweiligen ursprünglichen Planzahlen die entsprechenden Kosten- und Terminabweichungen des Projekts ermitteln.

Durch eine integrierte Meilenstein-Trendanalyse (MTA) kann auch ein SIV für spezifische Meilensteine eines Projekts erfolgen.

Der Artikel wird fortgesetzt mit Teil 2: Ansatz eines Projektcontrollings im Jahrbuch für die Bekleidungswirtschaft 2003

Literaturhinweise

Burghardt, Manfred: Projektmanagement, 4. Aufl., München 1997
Diethelm, Gerd: Projektmanagement, Herne/Berlin 2000
Eschenbach, Rolf: Controlling, Stuttgart 1994
Madauss, Bernd J.: Handbuch Projektmanagement, 6. Aufl., Stuttgart 2000
Peemöller, Volker H.: Controlling. Grundlagen und Einsatzgebiete, 2. Aufl., Herne/Berlin 1995

Coachingfacetten eines modernen Dienstleistungsangebotes

Weshalb Coaching so an Bedeutung gewonnen hat

von Hartmut Volk

Management-Coaching, die berufsbezogene Beratung von Unternehmern und Führungskräften 'unter vier Augen', wie einer der bekanntesten und profiliertesten deutschen Coaches, der Darmstädter Dr. Wolfgang Looss[1], diese Dienstleistung treffend nennt, hat in den letzten Jahren stetig an Bedeutung gewonnen. Wer in herausgehobener Stellung zum Beispiel gedankliche Probeläufe machen, Problemstellungen abklären, Konflikte analysieren, Denk- und Verhaltensgewohnheiten überprüfen, sich auf neue Aufgaben vorbereiten, an seiner Selbstentwicklung arbeiten und last but not least ganz gezielt-konzentriert Neues im weitesten Sinne lernen will, bedient sich eines Coaches.

Dennoch, die Idee des Coaching ist kein Kind unserer Zeit. Diesen Dialog zwischen einer in Handlungs- und Entscheidungsverantwortung stehenden Persönlichkeit und einer vertrauenswürdigen wissenden und/oder erfahrenen Person hat es schon immer gegeben. Persönliche Berater sind letztlich so alt wie es Personen in herausgehobener Stellung gibt. Neueren Datums ist lediglich ihre wohl aus dem Sport entlehnte Berufsbezeichnung. Doch warum tritt diese „uralte" Dienstleistung in den letzten Jahren auf einmal so massiv aus ihrer verschwiegenen Hintergrundposition heraus und in das Licht der Öffentlichkeit?

Der wesentliche Grund dafür dürfte in dem liegen, was der Philosoph und Soziologe Jürgen Habermas einmal „die wachsende Unübersichtlichkeit unserer Welt" genannt hat. Stichwortartig zusammengefaßt also in der immensen Explosion des Wissens, der beschleunigten Infragestellung bewährter Denk- und Verhaltensmuster, der radikalen Auflösung vertrauter beruflicher, sozialer und urbaner Strukturen. „Schon immer gehört die Veränderung zu den Grunderfahrungen des Menschen: Panta rhei – alles fließt lehrte der griechische Philosoph Heraklit bereits im 5. vorchristlichen Jahrhundert. Noch nie jedoch", so

---

[*] Diplom-Betriebswirt Hartmut Volk, freier Wirtschaftspublizist, Am Silberborn 14, D 38667 Bad Harzburg – Telefon +49 (0) 53 22/24 60 – Fax -24 50 – E-Mail Hartmut.Volk@t-online.de

[1] Dr. Wolfgang Looss in Beratungssozietät Lanzenberger Dr Looss Stadelmann, Bessungerstrasse 30-32, 64285 Darmstadt, Tel. +49 (0) 61 51 / 66 20 10, e-mail: lalosta@t-online.de

der Düsseldorfer Bildungsforscher und Pädagogikprofessor Heiner Barz, „vollzogen sich Wandel und Umgestaltung so allgegenwärtig und so rasant wie heute."

Aber, so Barz, „nicht allein das Tempo des Wandels ist ein anderes geworden, die Veränderung selbst hat sich verändert. Früher galt Veränderung als ein in sich abgegrenzter Zwischenschritt, der lange Phasen der Stabilität und Kontinuität für kurze Zeit unterbrach. Heute dagegen müssen wir uns darauf einstellen, daß das Leben in und mit dauerhaft instabilen, turbulenten, unkalkulierbaren Umwelten zum ganz normalen Alltag gehört." Wandel, so sein Fazit, werde in Zukunft immer häufiger, immer schneller, immer umfassender und radikaler erfolgen. Der zweite Hauptsatz der Thermodynamik – nämlich die natürliche Tendenz, daß die Welt sich auf einen Zustand immer größerer Unordnung hinbewegt – beanspruche Gültigkeit offenbar immer mehr auch für die kognitive Welt.

Die wachsende Nachfrage nach Coaching, so ließe sich vor diesem Hintergrund sagen, ist die Antwort von Unternehmern und Managern auf die Ansprüche der hoch dynamischen globalen Wirtschaft an ihre – wie es heute allgemein heißt – Performance. Die enormen Leistungsanforderungen und Ertragserwartungen[2], die unablässigen Neuorientierungszwänge und die sich daraus und aus der zunehmend zu verzeichnenden Aufweichung ehemals gültiger geschäftlicher wie zwischenmenschlicher Verhaltensnormen ergebenden beträchtlichen Belastungs- und Verunsicherungspotentiale sind, so ist hinter den Kulissen zu hören, „im Alleingang kaum noch in den Griff zu bekommen".

Vor den Kulissen gibt es eine etwas andere Sprachregelung. In offizieller Lesart stellt sich Coaching als professioneller Beratungsprozeß mit dem Ziel dar, das berufliche Potential des Klienten zu optimieren und auszuschöpfen. Wie diese sibyllinische Formulierung zu deuten ist, sagt Wolfgang Looss. „Eine zentrale Grundlage des Führungshandelns ist die permanente Herstellung und Aufrechthaltung von Entscheidungsfähigkeit sowohl im operativen Tagesgeschäft wie auch hinsichtlich der bedeutenderen unternehmenspolitischen und strategischen Fragen. Eben diese Entscheidungsfähigkeit ist von Führungskräften angesichts potentierter Komplexität der Rahmenbedingungen, Abläufe und Situationen aber immer schwieriger zu bewahren. Zu häufig geschehen externe Veränderungen. Immer weniger prognostizierbar sind die Abläufe, die mit Managemententscheidungen in Gang gesetzt werden; die Anpassungsbemühungen werden immer aufwendiger. Unter diesen Bedingungen suchen Unternehmer und Manager nach zusätzlichen Ressourcen, um ihre komplexer und risikoreicher gewordene Funktion auch weiterhin erfüllen zu können."

Diese Notwendigkeit der permanenten Herstellung und Aufrechthaltung von Entscheidungsfähigkeit darf nun aber nicht zu der Annahme verleiten, die Nachfrage nach der Dienstleistung 'Coaching' als homogenes Ganzes zu begreifen. Die Last unserer Zeit und ihrer Umstände wird von jedem Unternehmer und

---

2 Aufschlußreich dazu: Andreas Nölting: Die neue Supermacht Börse – Wie die Fondsmanager unsere Welt verändern. Rowohlt Verlag, Reinbek 2000, 282 Seiten, DM 42,–

jedem Manager im Mikrokosmos seines Aufgabenbereichs anders empfunden und löst andere Beratungsbedürfnisse aus. Coaching, so ließe sich sagen, spielt sich mit fließender bzw. ineinander übergehender Schwerpunktbildung innerhalb der Eckpunkte 'Belastung', 'Vereinsamung' und 'Zögern' ab.

Belastung: Der Coach als Kraftquelle

Dorothee Echter, nach über 20jähriger Tätigkeit als Managerin in internationalen Konzernen seit 1996 ausschließlich als Top Executive Coach tätig, konstatiert vor dem Hintergrund ihrer beruflichen Erfahrung nüchtern: „Die Anforderungen an Führungskräfte in Unternehmen sind heute extrem." Und sie verweist auf den renommierten Personalexperten Professor Oswald Neuberger, der an der Universität Augsburg Psychologie mit Schwerpunkt Personalwesen lehrt. Der habe Führungshandeln schon in den achtziger Jahren als Durchwursteln zwischen verschiedenen Dilemmata, ohne Aussicht auf endgültigen Erfolg, beschrieben. „Die meisten Manager", konstatiert die Münchnerin, „würden sich dieser Definition heute mehr denn je anschließen."

Sei in den neunziger Jahren der ganz normale Wahnsinn erreicht gewesen, wenn die Führungskraft „unmögliche" Aufgaben erfüllen mußte, wie siebenmal die Woche 14 Stunden zu schuften, an allen Orten des Globus verfügbar zu sein, in der Sandwich-Position zwischen Oben und Unten die widersprüchlichsten Anforderungen zu vereinen, oder sich selbst durch gezielte Rationalisierungsmaßnahmen überflüssig zu machen, nimmt Echter kein Blatt vor den Mund, so könne sie heute nicht einmal mehr mit solchen Vorgaben rechnen: „Sie muß sich selbst 'unternehmerisch' verhalten, Risiken nehmen, und wird dafür nicht selten mit Job-Verlust belohnt. Sogar dann, wenn das Unternehmen im Geld schwimmt und die Leistung stimmt."

Selbst wenn wir Unternehmenslenker durchaus als seelisch robuste Menschen kennen, die ihre Neurosen im Zweifel eher mit gesteigertem Dominanzgebaren nach außen kehren als sich innerlich bedrücken zu lassen oder nächtens schlaflos an Selbstzweifeln zu nagen, so sei doch unübersehbar, daß Führungskräfte mittlerweile jede Unterstützung gebrauchen könnten. Und sie sich auch holen. Das, so Echter, „ist die Stunde der Management-Coaches."

Für Echter wäre es jedoch eine gravierende Fehleinschätzung zu meinen, daß sich nur Angeschlagene oder Überforderte ihren persönlichen Coach leisten. Sozusagen aus der Not heraus; als Netz über dem Abgrund. „Irrtum", sagt sie, „im Gegenteil, es sind die Erfolgreichen, die zunehmend erkennen, daß sie sich nur durch gelegentliches Aussteigen mit hochkarätiger Begleitung topfit halten können."

Da Zeit knapp, zu knapp für Seminare und Lernen leider auch nicht delegierbar ist, wird Coaching als die effiziente Methode gewählt, den Kopf aufzuklären, das Wissen aufzufrischen, den Blick nach vorne zu fokussieren und – nicht nur

Coachingfacetten eines modernen Dienstleistungsangebotes

in größeren Unternehmen – im Spiel um Macht und Einfluß ein gutes, besser noch überlegenes Standing zu haben und nicht – wie es vielfach der Fall ist – tendentiell nur aus der Verteidigerposition heraus zu agieren: „Just in time, just on target. So wie es gebraucht wird, so wie die Aufgaben, die Zielsetzungen oder die zwischenmenschlichen Umstände es fordern", kommentiert Dorothee Echter aus der Position der Wissenden.

Echter, die ihre berufliche Wirkungsstätte vornehmlich in weltweit aufspielenden Unternehmen wie beispielsweise VW, Siemens, BASF, Zeiss hat, weiß: Vorstände und Personalverantwortliche schätzen gezieltes Management Coaching nicht nur als Beitrag zur employability (= Behauptung der Arbeitsmarktfähigkeit) und zur kognitiv-emotionalen Fitness ihrer Leistungsträger. Sie erfahren gerade auch, wie Coaching zur Wertsteigerung des Unternehmens beiträgt. Für Unternehmensbewertungen vor geplanten Verkäufen/Übernahmen und somit auch für den Börsenwert spielen das 'Management-Portfolio', sprich die Qualität der Personen an der Spitze, heute eine zunehmend wichtige Rolle.

Unternehmen wie BMW, Volkswagen, BASF, Viag Interkom, Carl Zeiss, aber auch fast alle großen Banken und Versicherungen, implementieren Management-Coaching als eine wirksame Methode der Qualitätssteigerung von Management-Ergebnissen. Ferdinand Piech hat als CEO (= chief executive officer = Vorstandsvorsitzender) von Volkswagen auch deshalb eine enorm erfolgreiche Unternehmensperiode eingeleitet, weil er u. a. jedem der 100 weltweit tätigen Top-Manager einen Coach an die Seite gestellt hat.

„Mit Unterstützung von Dr. Piech gründete VW-Konzernpersonalchef Dr. Peter Hartz am 1.1.1995 die Volkswagen Coaching GmbH in Wolfsburg", informiert Dr. Christine Kaul, Leiterin Geschäftsfeld Coaching der Volkswagen Coaching GmbH[3]. VW Coaching beschäftigt heute stolze 795 Mitarbeiterinnen und Mitarbeiter, „von denen sich ein Team allein mit der Vermittlung von externen Coaches für das Top Management befaßt. Der Grund: Seminare zur persönlichen Weiterentwicklung werden von dieser Zielgruppe kaum besucht. Sie sind für die oberen und obersten Führungskräfte viel zu wenig gezielt." Hinzu kommt: Sie tragen weder deren Diskretionsbedürfnis Rechnung, noch genügen sie der Zeitökonomie dieser getriebenen Klientel.

Folge der wachsenden Bedeutung von Coaching ist für Dorothee Echter „der steigende Bedarf an exzellenten, spezialisierten Management-Coaches, die sich anspruchsvollen, differenzierten Qualitätsstandards verpflichtet und Communities of Practice verbunden fühlen." Kurz, die top sind und sich an einen berufstypischen Verhaltenskodex halten.

Gerade weil Coaching im geschützten, vertrauensvollen Rahmen eines Zweiergespräches stattfindet, sei die Sicherheit über Kompetenzen, Qualität und Professionalität eines Coaches noch entscheidender, als das für die Leitung von Managementseminaren gelte, betont Echter. Ihre Konsequenz aus dieser

---

[3] Dr. Christine Kaul in Volkswagen Coaching GmbH, Brieffach 1057/1, 38436 Wolfsburg, Tel. +49 (0) 53 61-92 45 40, E-Mail: christine.kaul@volkswagen.de

Erkenntnis: Sie gründete 1999 das Executive Coaching Quality®, Kompetenzzentrum.[4]

Denn was für Unternehmer und Führungskräfte unabdingbar sei, betont sie mit kaum zu überhörendem Engagement, hätte selbstverständlich auch für Management-Coaches Gültigkeit: Neues zu lernen, sich neuen Sichtweisen, Erfahrungen und Erkenntnissen zu öffnen und die Eigenreflexion zu fördern.

Nur durch den fortgesetzten Austausch in der Community of Practice von qualifizierten Coaches sei es möglich, zugrunde liegende Werte und gelebte Qualität des Coachings transparent zu machen. „Meinen Klienten oder um Rat Fragenden kann ich doch nur eine Kollegin oder einen Kollegen empfehlen, mit der oder mit dem ich schon sehr lange persönlich zusammenarbeite und auch schon einmal einen Strauß ausgefochten habe", legt Echter die Messlatte hoch, „denn ich bin ja schließlich bei den Coachings selbst nicht dabei."

Sie fordert deshalb für jeden Management-Coach neben der regelmäßigen Einzel- und Gruppensupervision (einer Art freiwilliger psychologischer Selbst- und Qualitätskontrolle), neben dem Erlernen immer neuer Methoden und Tools, neben dem Aneignen der wichtigsten aktuellen wirtschaftlichen Informationen und Trends auch den Austausch mit anderen Beratungs-Experten.

Und auch hier wieder scheut Echter das unmißverständliche offene Wort nicht: Coaches, ihrer Natur nach Einzelkämpfer und meist in der überlegenen, weil lehrenden und helfenden Position, könnten nur so das Berufsrisiko „Größenwahn" eindämmen und ihr Ego auf ein verträgliches Maß zurechtstutzen: Durch den kritischen Diskurs mit anderen hervorragenden Geistern der selben Profession.

Wieder in die lernende, auf- und annehmende Rolle zu schlüpfen, das solle von Zeit zu Zeit jeder Coach üben, ist sie überzeugt. Das fördere einerseits die Empathie (= Bereitschaft und Fähigkeit, sich in andere Menschen einzufühlen) mit den eigenen Klienten, anderseits Respekt und Dankbarkeit denjenigen gegenüber, von denen man selbst lernt und profitiert.

Ein deutlicher Dorn im Auge ist Echter die Verwässerung des Coachingbegriffs. Krankengymnasten als Gesundheitscoaches, Software-Experten als Projektcoaches, Vorgesetzte als Coaches ihrer Mitarbeiter – der Phantasie sind keine Grenzen gesetzt. Was Wunder, wenn sich immer mehr Personen mit selbsterkanntem Talent zu Gesprächsführung (und zum Verkaufen) als Coach anbieten?

Vereinsamung: Der Coach als Gesprächspartner

Manager, fordert die Galionsfigur der deutschen Unternehmensberater, Roland Berger, müssen sich täglich neu erfinden. Ist es nicht schon genug damit, daß die tosenden Veränderungswogen unserer innovationsgeschüttelten Zeit sämt-

---

4 Dorothee Echter Unternehmensberatung, Vohburger Strasse 8, 80687 München, Tel. +49 (0) 8 95 46 62 21 00, E-Mail: DorotheeEchter@t-online.de

liche gewachsenen Strukturen unterspülen? Muß ihnen der Leistungsfähigkeit zuliebe nun auch noch jede lebensgeschichtliche Ich-Ausprägung preisgegeben werden?

Wer Richard Sennetts kluges zeitkritisches Buch 'Der flexible Mensch – Die Zukunft des neuen Kapitalismus' oder auch das 'Schwarzbuch Kapitalismus – Ein Abgesang auf die Marktwirtschaft' des Gesellschaftskritikers Robert Kurz gelesen hat, mag sich das im ersten impulsiven Aufwallen der Gefühle wohl fragen. Doch erfaßt er damit tatsächlich den Sinn von Bergers provokant anmutender Forderung?

Plädiert der erfahrene Unternehmens- und Personalberater wirklich dafür, personale Identität zu opfern, um Leistungsfähigkeit zeitgeistig zu optimieren? Oder zielt seine Forderung nicht auf das genaue Gegenteil ab: hohe Leistungsfähigkeit durch kontinuierliche Persönlichkeitsentwicklung abzusichern?

Im Gespräch mit dem Professor für Religionsphilosophie am bischöflichen Priesterseminar in Mainz, Dr. Dr. Rudi Ott[5], wird schnell deutlich, daß Bergers Forderung auf letzteres gemünzt ist. „Ich kann keine Probleme lösen, wenn ich mir nicht immer wieder Denkmuster aufbaue und pflege, die mir neue Möglichkeiten eröffnen. Jeder geht mit der Zeit kaputt, wenn er sich nicht die Zeit nimmt, passendere geistige Strukturen aufzubauen", stellt Ott unmißverständlich klar.

Für den gestandenen Versicherungsmanager und Coach Frank Steffen[6] aus Wuppertal liegt in dieser Erkenntnis ein weiterer Grund für die wachsende Nachfrage nach Coaching. Manager, legt Steffen seine Alltagserfahrungen aus seinen beiden beruflichen Aktionsräumen offen, suchen aus mehreren, letztlich eng miteinander verbundenen Gründen immer häufiger jemanden, mit dem sie sich in geistige Klausur zurückziehen können:

- Sie wissen, daß bei einer Verdoppelungsrate des Wissens von 5 bis 7 Jahren 'gut sein' in Können und Verhalten eine Eigenschaft mit einem sehr kurzen Verfallsdatum geworden ist, die intensiver Pflege bedarf. Sie nutzen den Coach als Einzeltrainer, der Wissenslücken auf der Sach- und Beziehungsebene schließt.
- Sie setzen darauf, den rasanten Innovations- und Tempoanforderungen in ihrer herausgehobenen Position mit professioneller Unterstützung besser gerecht zu werden. Der Coach fungiert für sie als Fachmann für das Training mentaler Bewältigungsstrategien und den Aufbau mentaler Kompetenzen.
- Ihnen ist bewußt, daß sowohl zur persönlichen Weiterentwicklung als auch zur geistig-seelischen ‚Entschlackung' und 'Wiederaufarbeitung' der Dialog, das Gespräch, der offene Gedankenaustausch mit anderen zwingend dazu

---

5 Auch für Führungskräfte als Gegengewicht zur fordernden Alltagsdynamik eine stabilisierende Lektüre: Rudi Ott : Wertvoller als alles Gold ist die Seele – Die Weisheit großer Philosophen nutzen', Kösel Verlag, München 1999, 207 Seiten, DM 32,–
6 Frank Steffen, Obere Rutenbeck 6a, 42349 Wuppertal, Tel. +49 (0) 202 40 22 64, E-Mail:frank.steffen@gerling.de

gehört. Der Coach übernimmt für sie den in ihrer alltäglichen Praxis kaum mehr zu findenden uneigennützig-kompetenten Partner für gemeinsames Reflektieren

Für Steffen liegt in diesem dritten Punkt „bei ganz genauem Hinsehen überdurchschnittlich häufig der eigentliche Hund begraben und insbesondere auf Unternehmer- und Top-Management-Ebene der letztlich ausschlaggebende Grund, sich nach einem passenden Coach umzusehen": Es mangelt an unvoreingenommenen, nicht nur an der Eigenstrategie orientierten, zum offenen Erfahrungs- und Wissensaustausch bereiten und zum fundiert-konstruktiven Feedback fähigen Gesprächspartnern.

Die wachsende Nachfrage nach Coaching kann und sollte für Steffen deshalb auch als indirekte Offenlegung des Preises für den Erfolg gedeutet werden. Denn je höher Führungskräfte in der Hierarchie aufsteigen, desto mehr sind sie von abhängigen Mitarbeitern, konkurrierenden Kollegen und ständig Erfolge einfordernden Vorgesetzten resp. Konkurrenten umgeben.

Steffen: „Der Manager wie der Unternehmer muß deshalb zu Recht befürchten, er habe es im wesentlichen mit Menschen zu tun, die ihre Kommunikation und Kooperation mit ihm hauptsächlich nach eigenen Interessen und taktischem Kalkül steuern und gestalten."

So bleiben ihm – sofern der Kontakt zu ihnen noch nicht ganz der Karriere geopfert wurde – als Ausweichmöglichkeit Ehepartner und Freunde. Jedoch, als wirklich hilfreiche Ersatzgesprächspartner „sind sie oft überfordert, da ihnen meist das für ein klärend-unterstützendes Gespräch erforderliche fachliche wie betriebliche und auch 'psychologische' Wissen fehlt", so Steffen. Außerdem seien diese Personen in der Regel auch kaum neutral.

Selbst wenn sich unter Ehepartnern oder Freunden, ja sogar unter vertrauteren Wirtschaftsprüfern oder Anwälten kompetente Dialogpartner fänden, stoße deren Meinung selten auf wohlwollende Aufnahme, weiß Steffen zu berichten. Vielmehr werde das, was sie zu bedenken gäben, häufig als persönlicher Angriff mißverstanden. Eine kontraproduktive Sensibilität, die nicht unerheblich aus einem falschen Selbst- und auch Rollenverständnis gespeist wird: Die meisten Unternehmer und Manager möchten bei der eigenen Ehefrau, vor Freunden, den Geschäftspartnern, vor allem aber nicht vor Vorgesetzten, Kollegen oder Mitarbeitern den Anschein erwecken, sie hätten die Dinge nicht mehr so ganz im Griff und könnten ihr Pensum nicht mehr allein bewältigen.

Steffen: „Das hält sie natürlich auch davor zurück, zumindest zu versuchen, im unmittelbaren beruflichen und/oder privaten Umfeld offen an- und auszusprechen, was ihnen durch den Kopf geht oder sie als Probleme mit sich herumschleppen."

Aus dieser Gesamtkonstellation heraus baut sich die oft zitierte 'Einsamkeit an der Spitze' auf, die zu einem ernst zu nehmenden Problem geworden ist. Isolation, nicht nur innerhalb des Unternehmens, sondern auch innerhalb der Familie und des Freundeskreises, wird als offenbar unausweichliche Konsequenz der Karriere begriffen und vordergründig akzeptiert.

Hintergründig jedoch wird dieser Zustand je nach Naturell als mehr oder weniger belastend, auf jeden Fall aber als unbefriedigend und blockierend empfunden. Und dieses Mangelempfinden gibt, wie Steffen sagt, „für immer mehr Unternehmer und Manager schließlich den letzten Anstoß, sich gezielt nach einem diskret-neutral-professionellen Gesprächspartner umzusehen."

Denn, so darf vermutet werden, deutlicher als jedem Durchschnittsberufstätigen zeigt ihnen ihr Alltag die Richtigkeit dessen, was der Präsident der Max-Planck-Gesellschaft (MPG), Professor Dr. Hubert Markl, so ausdrückt: „Wer nur kann, was alle schon können, und nur weiß, was alle schon wissen, kann auch nur tun, was alle schon tun können. Berufs- wie Wettbewerbserfolg setzt immer den Willen, die Kraft und die Fähigkeit voraus, anderen mit eigenständigen Wissensfortschritten vorauszugehen."

Zögern: Der Coach als Schrittmacher für Wege ins Unbekannte

Längst heißt das Gebot der Stunde für alle verantwortlichen Kräfte in der Wirtschaft 'try something new'. Die Begegnung mit der Praxis zeigt indes, daß dem Innovationsdruck und den Anforderungen der Märkte immer noch und immer wieder aufs Neue mit Bewältigungsstrategien begegnet wird, die in ihrer Grundtendenz eher auf dem gewohnten 'try harder', also auf dem vertraut-überkommenen Handlungsmuster basieren, dasselbe nur mit noch größerer Anstrengung zu probieren.

Woran liegt das? Offensichtlich nicht unerheblich mit daran, daß sich so manches von dem, was mit bemerkenswertem Feldgeschrei als der Unternehmensführung Weisheit letzter Schluß (an)gepriesen wird, bei etwas weniger zeitgeistig gläubigem, dafür aber genauerem Hinsehen letzlich nur sehr bedingt wirklich als das erweist, was es sein zu wollen vorgibt: nützlich.

Doch erklärt dieser Ernüchterungsprozeß zur Gänze die Bevorzugung von 'try harder'? „Nein", sagt Regina Mahlmann, die als Unternehmensberaterin, Trainerin und Coach in Neuried[7] nahe München lebt. Das tatsächliche Motiv, sich so schwer von ehemals durchaus bewährten Denk- und Verhaltensmustern zu lösen und neuen An- und Herausforderungen auch mit neuen Überlegungs- und Vorgehensweisen zu begegnen, liegt für sie nur sehr bedingt in der Frustration über pausenlos neue halbgare Managementvorschläge.

Die promovierte Soziologin ist überzeugt davon, daß sich Unternehmer wie Manager dessen ungeachtet durchaus Gedanken über neue Lösungswege und und die dazu passenden neuen Handlungsmöglichkeiten machen und auch wissen, daß neue Wege beschritten werden sollten. Für Mahlmann liegt die Lösung des Rätsels in folgendem: „Das Neue ist eben auch das Fremde – und so ist der

---

[7] Dr. Regina Mahlmann, Am Haderner Winkel 1, 82061 Neuried, +49 (0) 89 / 75 09 01 60. E-mail: infor@dr-mahlmann.de

Ausgang einer Aktion ungewiß. Deshalb widerstrebt es ihnen, anderes zu wagen – und sie beschreiben die alten Wege weiter."

„Gewohnheit als Bewegen im Vertrauten auf der einen und die Angst vor Fehlern, präziser: die Angst vor den Folgen der Fehler auf der anderen Seite", macht Mahlmann das Problem weiter verständlich, „haben einen gemeinsamen Nenner: Prognostizierbarkeit von Verhalten und Ergebnissen." Damit steht für sie fest: Es sind auch Denkstrukturen, die Manager daran hindern, neues Land zu betreten und damit fremde, noch nicht vorhersagbare Möglichkeiten in Optionen, in faktische Chancen zu verwandeln.

Bis weit in die 70er Jahre sei es möglich gewesen, verweist die temperamentvolle Weiterbildungsspezialistin auch auf die historischen Wurzeln des Problems, Management als eine Tätigkeit zu begreifen, „die vorhersagbare, berechenbare Folgen herstellt." Damit sei es aber heute vorbei. Heute stelle sich die Unternehmensführung in ihrer Gesamtheit als Tätigkeit in nicht mehr vollständig überblickbaren Feldern dar.

Wie sein Kollege Barz unterstreicht auch Karlheinz A. Geißler, Professor für Wirtschafts- und Sozialpädagik an der Universität der Bundeswehr in München, diese neue sozio-ökonomische Realität: „Wir wissen: Morgen geht gestern nicht weiter. Aber wir wissen nicht: Wie soll's weitergehen? Die permanente Unsicherheit wird zum Normalzustand."

Und das hat für Manager wie Unternehmen eine drastische Konsequenz: Sie müssen sich von jedweden Sicherheiten in der Voraussage verabschieden und sich statt dessen permanent auf alles gefaßt machen. „Und das macht Angst, und diese Angst mündet häufig in (scheinbare) Untätigkeit", erklärt Mahlmann das auf den ersten Blick unverständlich erscheinende Sich-Drücken vor notwendigen 'try something new'.

Interessant und aufschlußreich auch, was der Leiter der Zentraleinrichtung Studienberatung und Psychologische Beratung der Freien Universität Berlin, Hans-Werner Rückert, zu dieser Problematik zu sagen hat. Für den Diplom-Psychologen, der sich in seinen beiden beruflichen Wirkungskreisen – Rückert ist nebenberuflich noch als Psychotherapeut und Trainer tätig – intensiv mit dem Aufschieben anstehender Aufgaben auseinandergesetzt hat[8], offenbart sich in dieser Angst vor Fehlern auch ein innovationsfeindlicher Perfektionismus, die Kehrseite von Größenideen: „Der Manager, der darauf angewiesen ist, sich als der Größte zu sehen, als nahezu unfehlbar, kann sich die Lust am Experimentieren nicht mehr leisten."[9]

Aber genau diese Lust und die untrennbar mit ihr verwobene Bereitschaft, Risiken ein- und mit Risiken umzugehen, ist heute mehr als jemals zuvor eine

---

8 Lesenswert: Hans-Werner Rückert: Schluss mit dem ewigen Aufschieben – Wie Sie umsetzen, was Sie sich vornehmen. Campus Verlag Frankfurt/Main, 4. Aufdlage 2001, 274 Seiten, DM 29,80

9 Für psychologisch Interessierte unbedingt lesenswert zum Verhalten von Führungskräften: Manfred F.R. Kets de Vries: Führer, Narren und Hochstapler – Essays über die Psychologie der Führung. Verlag Internationale Psychoanalyse, Stuttgart 1998, 216 Seiten, DM 49,–

unverzichtbare unternehmerische Alltagstugend. Wie also können sich Unternehmer und Führungskräfte aus dem ihren Erfolg und längerfristig auch ihre Existenz und Lebensfreude bedrohenden Rückzugsmechanismus auf 'try harder' befreien und ihn durch 'try something new' als geistig-seelischen Alltagsweiser ersetzen? Das Mittel der Wahl heißt auch hier wieder Coaching.

Coaching bietet für verantwortliche Kräfte die Möglichkeit, ihre nicht selten durchaus erkannte, häufig aber auch nur gespürte Zwiespältigkeit und Zögerlichkeit und die sich daraus ergebenden Gefahren im Vier-Augen-Gespräch mit einem versierten, absoluter Vertraulichkeit und Verschwiegenheit verpflichteten Gegenüber anzusprechen und zu bearbeiten.

Eine gerade derzeit besonders wichtige Funktion des Coaches besteht deshalb darin, sagt Frank Steffen, „Unternehmer und Führungskräfte zu stützen und zu ermutigen, wenn Ängste und innere Widerstände ihr Blickfeld und ihr Verhalten einengen und ihre Entscheidungs- und Entwicklungsmöglichkeiten blockieren." Der Coach, spezifiziert Steffen diesen Aspekt der Einzelberatung, „gibt ihnen Feedback und konfrontiert sie mit ihren perspektivischen Horizontverengungen. Er vereint in seiner Person Spiegel, Gesprächs- und geistigen Sparringspartner, kurz, den Mut machenden Begleiter für den Weg ins Unbekannte."

Speziell vor diesem Hintergrund sieht Steffen Coaching deshalb auch „als einen Prozeß gemeinsamer perspektivischer Erweiterungsarbeit" an. Mit Hilfe des Coaching solle das immer wieder die Oberhand gewinnende gewohnte, das selbstverständlich gewordene, das spontan-unreflektierte Fühlen, Denken, Handeln und Reagieren offen gelegt, infrage gestellt und Schritt für Schritt durch ein weniger routinehaftes, weniger in sich befangeneres und dadurch insgesamt zukunftsoffeneres, innovativeres Verhalten ersetzt werden.

Dazu sei es nicht ungewöhnlich, daß Führungskräfte ihren Coach bitten, sie in ihrer unmittelbaren beruflichen Tätigkeit zu begleiten, um so direkte Eindrücke von ihrer Arbeit, ihrer Arbeitsumgebung, ihrer Arbeitsatmosphäre, vor allem aber ihrem 'on the job' gezeigten Denken und Verhalten zu bekommen, berichtet Michael Kastner, Professor für Organisationspsychologie an der Universität Dortmund.

Denn, so Kastner, der auch in der Organisationsentwicklung als Berater und als Coach tätig ist, „die heute geforderten Denk- und Verhaltensweisen unterscheiden sich doch drastisch vom dem Gewohnten." Und das heißt für ihn konkret: „Auf der emotionalen Ebene, also im Bauch-Bereich, müssen wir lernen, mit Unsicherheiten, Intransparenz und Ängsten zu leben. Auf der kognitiven Ebene, also im Kopf-Bereich, müssen wir lernen, mit Komplexität, Vernetzungen und Dynamiken umzugehen".

Und um dieses Überlebenselexier aus Flexibilität, Kreativität und Unerschrockenheit wirklich zu voller Wirkung zu bringen, müßten unsere gewohnten eindimensionalen Denkmethoden überwunden werden. Das Denken in jeweils gradlinigen Zweierbeziehungen nach dem Muster „wenn, dann" (lineares, binäres und kausales Denken) stamme noch aus unserer Zeit als Jäger und

Sammler. Noch heute seien wir solche monokausalen Denkmaschinen, die in unserer multikausalen, sprich von einer Vielzahl von Einflüssen beherrschten Welt keine Chancen mehr hätten.

Kontakt/Lesetip

Rat zum Thema findet der interessierte Leser auch bei Christopher Rauen, Rosenstrasse 21, 49424 Goldenstedt, +49 (0) 44 41 / 78 18, E-Mail: christopher@rauen.de, Internet: www.rauen.de. Der von Rauen konzipierte Coaching-Report mit Fakten, Neuem und Hintergrundinformationen ist im Internet unter www.coaching-report.de zu finden

Christopher Rauen: Coaching – Innovative Konzepte im Vergleich. Hogrefe Verlag & VAP, Göttingen, 2. Aktualisierte Auflage 2000 , 232 Seiten, DM 69,-

Christopher Rauen (Hrsg.): Handbuch Coaching. Hogrefe Verlag & VAP, Göttingen 2000, 324 Seiten,. DM 69,-

Britt A. Wrede: So finden Sie den richtigen Coach – Mit professioneller Unterstützung zu beruflichem und privaten Erfolg. Campus Verlag, Frankfurt 2000, 233 Seiten, DM 44,-

Wolfgang Looss: Unter vier Augen – Coaching für Manager. Verlag Moderne Industrie, Landsberg, 4. völlig überarbeitete Auflage 1997, 215 Seiten, DM 79,-

Karlheinz Tüchthülsen / Hans-Peter Bando / Wolfgang Krüger: Ganzheitliches Business-Coaching in der Praxis. C. H. Beck Wirtschaftsverlag, München 2001, 480 Seiten, DM 98,–

Horst Rückle: Coaching – So spornen Manager sich und andere zu Spitzenleistungen an. Verlag Moderne Industrie, Landsberg 2000, 270 Seiten, DM 79,-

Rainer Niermeyer: Coaching – sich und andere zum Erfolg führen. Haufe Verlag, Freiburg 2000, 154 Seiten, DM 48,80

Alberto Gandolfi: Von Menschen und Ameisen – Denken in komplexen Zusammenhängen. Orell Füssli Verlag, Zürich 2001, 256 Seiten, DM 59,-

Mokka Müller: Das vierte Feld – Die Bio-Logik der neuen Führungselite. Econ Verlag, München 2001, 400 Seiten, DM 44,-

Regina Mahlmann: Selbsttraining für Führungskräfte – Ein Leitfaden zur Analyse der eigenen Führungspersönlichkeit und eine Anleitung zum persönlichen Change-Management. Beltz Verlag, Weinheim, 2. akualisierte Auflage 2001, 248 Seiten, DM 68,-

Robert B. Cialdini: Die Psychologie des Überzeugens – Ein Lehrbuch für alle, die ihren Mitmenschen und sich selbst auf die Schliche kommen wollen. Verlag Hans Huber, Bern, 2.Auflage 1999, 347 Seiten, DM 49,80

Hans-Werner Rückert: Schluß mit dem ewigen Aufschieben - Wie Sie umsetzen, was Sie sich vornehmen. Campus Verlag, 4. Auflage 20001, 274 Seiten, DM 29,80

Michael Kastner: Stress-Bewältigung – Leistung und Beanspruchung optimieren. Maori-Verlags- und Organisationsberatungs-Gesellschaft mbH, Herdecke, 2. durchgesehene Auflage 1999, 293 Seiten, DM 49,-

Hans Eberspächer: Ressource Ich – Der ökonomische Umgang mit Stress. Hanser Verlag, München 1998, 169 Seiten, DM 49,80

Stress – Neurobiologie der Angst. Spektrum der Wissenschaft Dossier 3/1999. Spektrum der Wissenschaft Verlagsgesellschaft, Darmstadt 1999, 98 Seiten, DM 16,80

Vertikalisierung der Informationsstrukturen in der Bekleidungsindustrie zwischen Hersteller und Einzelhändler

von Hannes Rambold*

1 Einführung

Abgesehen von Detailänderungen verkauft man heute Bekleidung wie in alten Zeiten. Ein Designteam erstellt auf Basis eines mit Vergangenheitserfahrung gebildeten Kollektionsrasters neue Modelle, die vom Außendienst anschließend dem Einzelhandel angeboten werden. Unsicherheiten in der Beurteilung der Marktfähigkeit der Modelle versucht man, durch Anhäufung von Alternativen und Farben zu kompensieren. Die ersten Erfahrungen der Kollektionen bei der Orderrunde führen zu weiteren Vergrößerungen der Kollektion.

Der Informationsaustausch zwischen Hersteller und Händler wird in freien Gesprächen während der Order und bei unregelmäßigen Besuchen hergestellt. Abverkaufserfahrungen werden mit einem Zeitverzug von mehreren Monaten über dem Händler bekannt.

Diese Praxis hat ihren Ursprung in Zeiten, da der Designer – der „Modeschöpfer" – den Trend vorgegeben hat und die Konsumenten die vorgegebenen Trends brav übernommen haben. In halbjährigen Saisons wurde Mode vom Hersteller definiert.

Heute haben wir ein permanentes Wechselspiel zwischen dem vom Konsumenten, also von der Straße vorgelebten Trends und der Kreativität des Designs. Saisons lösen sich auf. Die Welt ist schnellebiger und emanzipierter geworden.

Neben der textilen Kette haben auch sogenannte Vertikale Gruppen Herstellung und Handel mit Mode in einem Unternehmen verbunden und versuchen, durch intensivere Informationsstrukturen eine verbesserte Wertschöpfung zu erzielen.

---

* Vorstand der MobiMedia AG, Softwarehersteller von Kundenbeziehungssoftware und Auftragserfassung für die Bekleidungsindustrie, Mitglied des Präsidiums des Bayerischen Textil und Bekleidungsverbandes

Die Internettechnologie stellt uns heute revolutionierende Möglichkeiten im Informationsaustausch zur Verfügung. Die Umsetzung dieser neuen Möglichkeiten kann erhebliche Vorteile und Potentiale erschließen, insbesondere die Wettbewerbsvorteile der Vertikalen ausgleichen. Darüber hinaus muß jedes Unternehmen die Folgen einer effizienten Kommunikation auf den gesamten Wertschöpfungsprozeß prüfen.

2 Informationsaustausch Hersteller – Handel (Ist- und Soll-Zustand)

Nach dem Stand der heutigen Technik wird dem Einzelhändler über Messen, Show-rooms und Besuchen eine Kollektion vorgeführt und ein Auftrag eingeholt. Bei dieser Gelegenheit erfährt der Außendienst des Herstellers marktrelevante Informationen über Abverkauf, Wettbewerb und Erfolgseinschätzungen der Händler für die neuen Produkte. Der Hersteller erhält die Orderinformationen über computergestützte Systeme per Datentransfer. Qualitative Informationen erhält der Hersteller meist über telefonisch geführte Gespräche mit seinen Außendienstmitarbeitern anlässig von Vertreterkonferenzen oder über seine eigenen Gespräche mit dem Handel bei Messen. Viele marktrelevante Informationen gehen verloren, da weder Informationswege noch Techniken organisiert sind.

Aufgrund unstrukturierter meist zufällig anfallender Informationen bleibt eine Auswertung weitestgehend aus.

Soweit im zeitlichen Engpaß möglich, werden Korrekturen im Kollektionsaufbau durchgeführt. Änderungen werden am Folgetag beim Außendienst wirksam. Also zwei Tage nach Eingang der Informationen.

Eine Analyse bei einem führenden Hersteller ergab, daß etwa 4 % der georderten Ware nicht verbucht werden kann, da der Artikel beim Ordereingang bereits gesperrt war.

Obwohl die Einzelhändler bereits weit vor der Präsentation der neuen Kollektion ihre Einkaufspläne in detaillierten Limitplänen erarbeitet haben, erhält der Hersteller diese wertvollen Informationen erst beim Ordertermin mitgeteilt, zu einem Zeitpunkt, in dem er in seiner Kollektionsstruktur nicht mehr reagieren kann.

Informationswünsche des Einzelhandels werden meist noch telefonisch oder über den Außendienst abgewickelt. Vereinzelt existierende Weblösungen sind nicht gekoppelt mit den vorhandenen Außendienstsystemen und Call-Center-Lösungen. Daher wird es die Gefahr unterschiedlicher Informationsstände geben. Bestehende Web-Shops verkaufen lediglich Basics. Alle Daten sind meist unstrukturiert und nicht individualisierbar. Oftmals existiert noch keine Schnittstelle zur Host für den Datenabgleich.

Vertikalisierung der Informationsstrukturen in der Bekleidungsindustrie

Für künftige Informationsstrukturen wünsche ich mir folgende Änderungen:
- Auflösung des Timelags durch Einführung von Online-Systemen
- Überführung frühzeitiger, qualitativer, marktrelevanter Informationen in quantitative Ergebnisse und entsprechende Umsetzung in die Kollektionsarbeit.
- kostengünstige Erfassung von relevanten Informationen zum Zeitpunkt des Entstehens
- Werkzeuge und Systeme zur marktgerechten Umsetzung der Einkaufspläne in die neuen Kollektionen.
- alternative Distributionswege für sogenannte „Schnellschüsse" mit voller Anbindung an die betriebliche IT.
- einheitliche, administrierbare IT-Systeme zur Handhabung einer effizienten Informationsstruktur.

3 Aktuelle technische Möglichkeiten

Zusammengefaßt unter dem Stichwort „Internettechnologien" steht heute eine kostengünstige Infrastruktur bereit, die eine sachgerechte firmenübergreifende Vernetzung von IT-Systemen eröffnet. Die oben genannten Ziele lassen sich mit modernen Technologien verwirklichen.

Unter der Nutzung der Internettechnologie verstehen wir häufig neben den E-Mail-Funktionen meist das Lesen und Bearbeiten von HTML-Seiten. Über eine Standardsoftware „Browser" werden graphisch erstellte Seiten eines fremden Servers komplett geladen, gelesen, bearbeitet und zurückgeschickt. Die Verarbeitung der Daten für Antworten geschieht auf dem Server. Die richtige Adressierung der Datenverbindung wird durch die Internettechnologie gesteuert. Dieses System ist im Kern nichts anderes als die bekannte mittlere Datentechnik.

Jedoch müssen wir diese Errungenschaften mit einem Rückschritt auf die Struktur der mittleren Datentechnik erkaufen. Wartezeiten und Serverausfälle im Internet sind daher auch sehr häufig. Damit gibt es auch Bedenken, dieses Medium bei der Auftragserfassung einzusetzen.

Neu ist nun die Idee, das Internet wie bei einer Client-Server-Struktur allein als Transportmedium zu nutzen. Ansonsten wird die Software dezentral arbeiten und zentrale Daten abfragen.

Vorteile sind Schnelligkeit, Komfort und Datensicherheit. Im Prinzip die gleichen Vorteile, die wir beim Wechsel von der mittleren Datentechnik auf die Client-Server-Lösung genossen haben.

Einige Probleme mußten jedoch noch gelöst werden.

Bisher war die Installation von Software auf einem Rechner wartungsaufwendig.

Nun gibt es die Möglichkeit, Software per Web oder über E-mails per Knopfdruck zu installieren. Die Installation inklusive Datentransfer benötigt bei einer komplexen Auftragserfassung etwa zwei Minuten.

Durch immer effizientere Datenkompressionsverfahren hat sich das Problem der Datentransferdauer aufgelöst. Installation und Datentransfer werden über das Internet durchgeführt. Dies bedeutet weltweite Verfügbarkeit, geringe Transferkosten und wartungsfreie Installation der Clients.

Unter dem Stichwort „Plug-in" ist diese Lösung bereits weitverbreitet. User bemerken weitgehend nicht mehr, daß auf ihrem Rechner Software geladen wird.

Nun hat Software meist auch einen Schulungsaufwand. Dies läßt sich heute lösen indem die Softwarefunktionen auf einer vollgraphischen Oberfläche wie auf HTML-Seiten bedient werden kann. Diese auf der Software liegenden „Folien" nennt man „Skins". Damit wird eine schulungsfreie komfortable Bedienung möglich.

Der Client benötigt keine Wartung, da lediglich eine „exe"-Datei ohne Datenbankverwaltung benötigt wird.

Vorhandene Datenformate wie HTML lassen sich ebenfalls integrieren. Damit wird in allen Bereichen eine einheitliche Informationsstruktur gewährleistet.

Was tun, wenn die Datenverbindung unterbrochen wird oder ein Rechner ausfällt?

Amerikanische Entwickler haben eine neue Technologie entwickelt, die das berücksichtigt.

Alle von der Software benötigten Daten werden als Kopie in einem neuen Datenformat (Suitcase) auf den dezentralen Rechner übertragen. Bei einem Ausfall der Verbindung arbeitet die Software automatisch lokal weiter. Ist das System wieder „online" werden alle Arbeitsschritte automatisch nachgebucht. Alle Arbeiten werden zentral und dezentral gesichert. Beim Ausfall des Servers dient der Client als Datensicherung und umgekehrt.

Internetverbindungen sind heute nicht mobil genug und oft sehr langsam. Mit der neuen Struktur werden keine kompletten Seiten transferiert, sondern nur kleine Datensätze. Dies ermöglicht einen kostengünstigen Einsatz mit der uns bevorstehenden UMTS-Technologie und erlaubt einen extrem mobilen Einsatz.

Modulweise aufgebaute Softwarestrukturen lassen sich nunmehr je nach benötigter Funktion unterschiedlich installieren. Webbasierende Lösungen für den Einzelhandel, Call-Center und Außendienstlösungen werden in einem einheitlichen System mit einheitlicher Datenstruktur vereint. Bereits realisierte Funktionen einer Software lassen sich über das Internet auch vom Einzelhandel bedienen. Alle Bereiche nutzen dabei die identischen Softwaretools. Eine kosten- und zeitintensive Neuprogrammierung wird vermieden. Die Administration der Systeme wird wesentlich vereinfacht.

José Monteagudo, IT-Projektmanager bei S´Oliver zu dieser Lösung:

„Einer der vielen Internetmythen ist zu glauben, daß zur Zeit alles mit einem Browser zu lösen sei. Dem ist leider nicht so. Wir waren auf der Suche nach einer Lösung, welche es uns ermöglicht, die Internet-Technologien zu benutzen bei gleichzeitiger Gewährleistung der Möglichkeiten der Clientprogrammierung unter Windows. Wir möchten damit überall in der Welt verkaufen, und alle Verkaufsstellen greifen auf die gleichen Daten und Ressourcen zu."

4 Einheitliche Informationsstrukturen und Online-Auftragserfassung

Die oben beschriebenen technologischen Möglichkeiten haben eine enorme Auswirkung für die Vertriebsaufgaben.

Es können nun alle Funktionen, die dem Außendienst in der Kundenbetreuung und im Kundenbindungsmanagement zur Verfügung stehen, auch gleichzeitig übers Internet dem Einzelhändler angeboten werden. Vom Außendienst erfaßte Aufträge können übers Netz vom Händler verfolgt werden. Alle bisher telefonisch zur Verfügung gestellten Informationen stehen im Web bereit.

Nachdem das Call-Center mit den identischen Werkzeugen arbeitet, ist das System flächendeckend unabhängig von der Internetverbreitung im Handel einsetzbar.

Die Order von Basics, NOS und kurzfristigen Angeboten kann auch direkt vom Einzelhändler ohne Aufbau eines aufwendigen Web-Shops durchgeführt werden. Die zugrundeliegenden Daten sind individualisiert. Kundenindividuelle Preislisten, Artikel und Orderinformationen werden berücksichtigt. Individuelle Orderlisten, Bestellvorschläge, Verwaltung virtueller Einzelhandelsläger werden möglich.

Aufgrund der Schnelligkeit der Anwendung ist ein Bedienen am Point-of-Sale vorgesehen.

Internetbasierende Schnittstellentechnologien wie XML schaffen ein Koppelung dieses Websystems mit den Warenwirtschaftssystemen.

Die vereinzelt gestellte Forderung auf „standardisierte" Oberflächen für Webshops wird erfüllt, da die Grafik unabhängig von der Software gestaltet wird. Standardisierung über Evolution ist erfolgversprechender als Festlegung durch Arbeitskreise, so lernen wir aus der Natur.

Diese Informationen müssen nicht einseitig laufen. Das Verhalten des Handels auf der Web-Software kann ausgewertet werden und dient zur Prognose der modischen Nachfrage der Konsumenten.

Kurze Umfragen durch eingearbeitete „Fragebögen" im Handel mit zeitgleicher Auswertung schaffen eine sehr schnelle zeitsparende Übersicht über die Lage am Markt.

Alle qualitativen Informationen können ohne zusätzlichen Erfassungsaufwand automatisiert ausgewertet werden.

Die Gründe für mangelnden Erfolg einer Kollektion werden nun nicht mehr von der subjektiven Einschätzung eines Außendienstmitarbeiters gemessen, sondern von objektivierten Ergebnissen der Interviews.

Alle möglichen Kommunikationswege zwischen Händler und Hersteller werden berücksichtigt und mit identischen Informationen versorgt.

Persönliche Kundenbetreuung, telefonischer Service und Web-Service arbeiten mit identischen Daten und Funktionen.

Wir erhalten damit ein verbundenes kostengünstiges Netzwerk mit allen an der Wertschöpfung beteiligten Partnern. Alle Beteiligten sparen aufgrund der möglichen Strukturierung der Informationen Aufwand ein. Statt ungeordneter, teilverfügbarer Information erhalten wir eine geregelte, auswertbare Kommunikationsstruktur.

5 Orderstrukturplanung

Mit oben genannten Werkzeugen nur Interviews durchzuführen und einen Orderstatus bekanntzugeben, ist nicht ausreichend für eine Verbesserung der Kommunikationsstruktur.

Wie können wir in strukturierter Form relevante Daten vom Handel zurück zum Hersteller transportieren, die eine effizientere Kollektionserstellung ermöglichen?

Hier sei beispielhaft ein Planungstool diskutiert, das tief in die Führungsebene eines Bekleidungsherstellers eingreifen kann.

Von anderen Branchen unterscheidet sich die Bekleidungsindustrie nach weitläufiger Meinung darin, daß mit jeder Saison die gesamte Produktpalette wechselt. Diese Meinung teile ich nicht.

Bei der Diskussion um den Wert einer „Marke" wird immer die Kontinuität einer Kollektion hervorgehoben. Alle namhaften Hersteller arbeiten heute mit vorgegebenen Kollektionsrastern. Hier wird dem Design vorgegeben wie viele Teile in allen benötigten Produktklassen kreiert werden sollen. Die Kollektionsaussage und die modische Beschreibung der Modelle wird festgeschrieben.

Also haben wir es doch mit einem relativ konstanten Produkt zu tun, das allerdings dem fortlaufend veränderten Trends angepaßt sein muß.

Die permanenten Änderungen des Produktes ermitteln wir durch die Intuition des Designs sowie durch Erfahrung am Point-of-Sale. Hier spielen die vertikalen Anbieter ihre Vorteile aus. Ausgiebige Auswertung der Abverkaufsergebnisse, schnelle Umsetzung von erkannten Trends heben die Chance für ein aktuelles wettbewerbsfähiges Angebot.

Schnelle Trends werden über kurze Produktentwicklungszeiten abgefangen. Der durch die Order des Einzelhandels entstehende Zeitverlust wird aufgehoben.

Nun ist es Ziel der Horizontalen, diese Informationsvorteile auch zwischen den Partnern Handel und Hersteller zu erzielen. Dies scheiterte bisher an der Schwierigkeit der Informationsgewinnung.

Nachdem geklärt ist, daß eine Vernetzung der Partner heute möglich ist, bleibt die Frage nach dem Werkzeug, nach der gemeinsamen Sprache, mittels der eine verbesserte Kollektionserstellung möglich gemacht werden soll.

Vertikalisierung der Informationsstrukturen in der Bekleidungsindustrie

Bei genauer Analyse erkennen wir vom Handel und Hersteller gemeinsam genutzter Werkzeuge. Das Kollektionsraster der Herstellers ist nämlich nichts anderes als die altgediente Limitplanung der Einkäufer, die weitläufig als Strichlistensystem bekannt ist.

Einkäufer planen ihre Order mit tiefstrukturierten Limits für Produktklassen, Preisniveaus, Größenverteilung, Modellbreite, Auftragswerten, Lieferanten. Diese Limits werden von Saison zu Saison fortgeschrieben und aufgrund von Abverkaufserfahrung, modischer Einschätzung und der wechselnden Zufriedenheit mit den angebotenen Kollektionen verändert.

Im Prinzip gleich aufgebaut ist das Kollektionsraster. Auch hier werden Produktklassen definiert, Preislagen festgelegt u.s.w. Auch hier gibt es eine möglichst statische Fortschreibung relativiert durch Verkaufserfahrung der modischen Einschätzung der Verantwortlichen.

Wenn es gelingt, beide Systeme zu synchronisieren, würde der Hersteller die Nachfrage nach seiner Kollektion als Durchschnitt der Einkäuferlimits bereits vor Fertigstellung der neuen Kollektion kennen und daran die Angebotsstruktur seiner Kollektion anpassen können.

Genau diesen Versuch unternehmen nun die ersten Hersteller in Verbindung mit Einzelhandelskonzernen. Unter Nutzung der oben beschriebenen webbasierenden Kundeninformations- und Auftragserfassungssysteme sollen die Limits der Einzelhändler aufgenommen werden. Diese Limits, Fortschreibung von Vergangenheitsdaten verändert durch aktuelle Erfahrungen im Abverkauf, zeigen frühzeitig das geplante Einkaufsverhalten der Händler. Sie berücksichtigen sowohl subjektive als auch objektive Tatbestände. Da es sich um aggregierte, bereits ermittelte Daten handelt, ist der Erfassungsaufwand relativ gering.

Hersteller, die ihre Händler in individuelle Profile einteilen, haben die Möglichkeit, mit Stichproben zu arbeiten. Der Durchschnitt dieser Daten ergibt die tief strukturierte erwartete Gesamtnachfrage des Handels für die nächste Kollektion. Soweit sich diese von den Vorstellungen des Designs unterscheidet, werden Entscheidungen gefordert.

Unabhängig von diesen Entscheidungen, deren Bedarf übrigens nun zeitlich wesentlich früher anfällt, erreicht man immer eine bessere Übereinstimmung von Angebot und Nachfrage, damit das Potential die Erwartungen der Einkäufer mit reduzierten Kollektionen zu erfüllen.

Bei der realen Order hilft nun das Ordersystem, eine bessere Orderstruktur zu erreichen, indem die ermittelte Sollstruktur mit der tatsächlichen Order permanent verglichen wird. Neukunden erhalten auf Basis ihres Geschäftsprofils eine geeignete Orderstruktur zugewiesen, die eine profilgerechte Interpretation der Kollektion auf die individuellen Bedürfnisse des Kunden erlaubt.

Und so wird bereits diskutiert, ob das Erfassungssystem mit der Orderstrukturplanung den Auftrag automatisch erstellen soll. Der Einkäufer beschränkt sich dann auf die Auswahl gewünschter Teile und die Angabe, ob er sie schön oder sehr schön findet.

Umfangreiche Langzeitanalysen von Orderstrukturen in Relation zum Kundenprofil und Abverkauf ermöglichen eine dynamische qualitative Verbesserung der Einkaufsplanung. In strukturierter Form werden Erfahrungen dem Einzelhändler vermittelt, die er bisher nur durch aufwendige „Erfagruppen" einholen konnte. Alle bisherigen unorganisierten Informationen über erfolgsbestimmende Faktoren einer Kollektion lassen sich in ein quantitatives System einbinden und auswerten.

Trotzdem werden modische Einflüsse und bewußt durchgeführte Veränderungen der Kollektion von der Nachfragestruktur ermöglicht, ja gerade herausgefordert.

Soweit diese bewußt durchgeführten Abweichungen vom Handel voraussichtlich nicht ausreichend angenommen werden, besteht schon vor der Kollektionspräsentation die Möglichkeit, entsprechende Aktionen zu setzen. Denkbar wäre eine verstärkte modische Vorinformation oder ein gestärktes Angebot bei Produktklassen mit erhöhtem Risiko.

Gerade das Wissen um geplantes Einkaufsverhalten sollte Freiheiten für modische Ideen geben.

6 Der Außendienst als Kundenmanager

Hinsichtlich der aktuellen technischen Entwicklung der Kundenkommunikation in unserer Branche stellt sich für Vertreter und Reisende eine entscheidende Frage: „Wie sieht es mit meiner Zukunft aus?"

Nun es ist naheliegend. Ein Außendienstmitarbeiter, der weiterhin seine Aufgabe in der Erfassung von Stückzahlen sieht, hat keine Zukunft. Verzeihung, er hat auch keine Gegenwart. Wenn er seine wirklichen Aufgaben wahr nimmt, wird er sich nicht sorgen müssen.

Die detaillierten Bestellwünsche sind wie gezeigt nicht mehr die einzigen Informationen und nicht mehr die wichtigsten, die zwischen Handel und Hersteller transportiert werden. Leider hören wir heute noch viel zu oft die Aussage: „Dafür hat unser Außendienst keine Zeit!", wenn wir diskutieren, wer relevante Informationen erfassen soll.

Gerade weil der Informationsaustausch zunehmend automatisiert wird, gerade weil die Information aus dem Handel immer wichtiger für eine markt- und preisgerechte Kollektionserstellung wird, kommt dem Außendienst eine enorm wichtige Aufgabe zu. Er muß den persönlichen Kontakt aufrechterhalten und die Marke, die Philosophie und den Benefit der Zusammenarbeit beim Handel verkaufen. Er muß dafür Sorge tragen, daß die Zusammenarbeit nicht „einschläft". Er muß den Informationsfluß am Leben erhalten.

In der FoodsIndustrie wird zu über 90 % automatisiert geordert.

Die Anzahl der Außendienstmitarbeiter wurde nicht verringert.

7 Wertschöpfungspotentiale

Wir haben versucht zu zeigen, daß wir mehr Möglichkeiten haben, relevante Marktinformationen zu nutzen, als dies bisher möglich erschien. Wenn es uns gelingt, die benötigten Marktinformationen zwischen Händler und Hersteller in geordneter Form auswertbar zu bekommen, erhalten wir einen sehr wichtigen Zeitvorsprung und gleichen die Informationsnachteile durch unsere horizontale Organisation aus.

Das Reizvolle an der Sache ist, daß wir dabei an unterschiedlichsten Stellen Aufwand sparen, da wir bisher Kommunikation höchst unstrukturiert betrieben haben.

Wo liegen nun die entscheidenden Wertschöpfungspotentiale?

Diese können wir in einem Satz zusammenfassen:

„Mit einem reduzierten Angebot eine verbesserte Nachfragedeckung zu erzielen."

Mit einer faktisch erhobenen Nachfragestruktur des Handels beantworten wir die Frage: Was erwartet der Händler von der nächsten Kollektion?

Dies erhöht die Sicherheit bei der Kollektionserstellung und ermöglicht eine kleinere Kollektion. Eine kleinere Kollektion bewirkt faktisch eine höhere durchschnittliche Auflage und geringere Kollektionserstellungskosten. Eine sichere Kollektion verringert das Risiko.

An der geplanten Struktur kontrollierte Aufträge erhöhen die Wahrscheinlichkeit für guten Abverkauf, zumal geringere Produktkosten auch die Preise bewegen. Schnell wandelnde Trends können über Korrekturen des Angebotes berücksichtigt werden, da eine unkomplizierte Kommunikation und Order von „Schnellschüssen" über den Webshop möglich ist.

All dies sollte als Führungsinstrument eines modernen Modeherstellers angesehen werden.

Lösungsansätze zur Optimierung der operativen Prozesse in der Bekleidungslogistik

von Thomas Blattner [*]

Veränderte Anforderungen der Kunden zwingen alle Unternehmen der Bekleidungsbranche zu ständiger Optimierung ihrer Prozesse, um auch weiterhin am Markt bestehen zu können. Die bedarfsorientierte Versorgung des Handels mit Ware stellt höchste Anforderungen an den Waren- und Datenfluß. Nur gemeinsam können Handel und Industrie sich erfolgreich diesen Herausforderungen stellen, insbesondere um auch gegen die Vertikalen der Branche bestehen zu können. In diesem Artikel soll neben der Darstellung von Anforderungen und Trends auch ein Einblick in moderne Materialfluß-Technologie und Lagerverwaltungs-Systeme aus Sicht eines Systemanbieters vermittelt werden.

Berlin im Oktober 2000: Auf dem Logistik-Kongreß gibt es nur ein beherrschendes Thema: „eLogistic" in allen Variationen, egal wohin man sieht. Es scheint, als könnten durch bloßes Voranstellen eines „e" gigantische Potentiale erschlossen werden. Hohe Zuwachsraten werden prognostiziert, es herrscht „Goldgräberstimmung".

Doch wie sieht die Realität aus? Welche Erfahrungen haben Unternehmen in anderen Branchen gemacht? Fast täglich erreichen uns Meldungen über neue Verluste oder sogar Insolvenzen von Unternehmen, die leider nicht sehr erfolgreich im elektronischen Handel agieren. Also „eBusiness" und „eLogistic" als sicherer Weg in die Pleite? Wohl kaum, aber eine realistische Einschätzung der Chancen und Risiken wäre hier wohl doch angemessen und hilfreich. Sicherlich wird der elektronische Handel in Zukunft eine Rolle spielen, die hohen prognostizierten Anteile am Gesamtaufkommen, speziell in der Relation zum Endkunden (B2C), werden jedoch wohl erst langfristig erreichbar sein. Besonders in der Bekleidungsbranche wird auch in Zukunft der „klassische" Verkauf die dominante Rolle spielen.

---

[*] Dipl.-Ing. Thomas Blattner, 37, befaßt sich seit mehr als 12 Jahren bei der Dürkopp Fördertechnik GmbH mit den Prozessen in der Bekleidungsbranche. Insbesondere die optimale Kombination von Materialfluß- und IT-Lösungen stellen einen Aufgabenschwerpunkt dar, wobei die Planung und Beratung der Kunden im Mittelpunkt steht.

Welche Anforderungen stellt der Markt?

Doch auch im „klassischen" Handel zeichnen sich wachsende Anforderungen ab, die entsprechende Maßnahmen notwendig machen. Handel und Industrie haben erkannt, daß man näher zusammenrücken muß, um sich auch in Zukunft eine gute Position im Wettbewerb zu sichern. Der Trend zum Shop in Shop und zur Vermietung von Flächen macht es zwingend erforderlich, diese Zusammenarbeit noch zu verstärken. Dort sind sicherlich auch Ansätze für „eBusiness" zu sehen. Der Austausch von Bestellungen, Rechnungen, Liefervoranzeigen und weiteren Dokumenten auf elektronischem Weg vereinfacht das Handling insbesondere an den Schnittstellen – zwischen Industrie und Handel. Gerade die bedarfsorientierte Nachlieferung von Ware stellt höchste Anforderungen an den Daten- und Warenfluß.

Die Mengen pro (Kunden-)Auftrag sinken bei gleichzeitiger Verkürzung der Lieferzeiten, zusätzlich soll die kapitalbindende Bevorratung von Ware möglichst weit reduziert werden. Wie lassen sich alle diese Anforderungen unter dem zunehmenden Kostendruck noch erfüllen?

Zunächst einmal muß die Bereitschaft in den Unternehmen vorhanden sein, alte „Gewohnheiten" abzulegen und etablierte Prozesse über den Haufen zu werfen. Das klingt vernünftig, ist aber in der Praxis oft die schwierigste Hürde, die es zu nehmen gilt. „Das machen wir seit 30 Jahren so, wir haben den Ablauf voll im Griff" hört man nur allzu oft von allen Beteiligten. Erfolgreich sind aber in der Regel nur die Unternehmen, die bereit sind, auch einmal neue Wege zu gehen und die den Mut haben, auch grundlegende Veränderungen umzusetzen.

Veränderungen sind ein kontinuierlicher Prozeß, der allerdings schrittweise vollzogen werden muß. Die klare Definition von abgegrenzten Projekten innerhalb des Prozesses muß daher der erste Schritt sein.

Bevor aber nun alle existierenden Abläufe über den Haufen geworfen werden, müssen zunächst klare Ziele formuliert werden. Was wollen wir bis wann erreichen und, nicht zu vergessen, welches Budget steht zur Verfügung?

Wo stehen wir heute?

Am Anfang steht zunächst einmal die klare Analyse der Ist-Situation. Neben dem Warenfluß muß dazu insbesondere auch der Datenfluß betrachtet werden. Dabei darf nicht nur das eigene Unternehmen berücksichtigt werden, sondern auch Lieferanten und Kunden müssen mit einbezogen werden. Insbesondere an den Schnittstellen in der Supply Chain entstehen wesentliche Aufwände, die sich negativ auf Kosten und Performance auswirken. Es ist sicherlich leicht nachvollziehbar, daß eine Wareneingangserfassung sehr effizient stattfinden kann, wenn alle Informationen vorher elektronisch avisiert wurden und die Ware durch einen Barcode leicht erfaßt werden kann. Bei der Ist-Analyse kann sicherlich externe Unterstützung hilfreich sein, entscheidend ist, daß alle Prozesse mit den relevanten Parametern dokumentiert werden.

Wie wollen wir in Zukunft arbeiten?

Nach der Ist-Analyse kommt der schwierigste Teil. Nun müssen die zukünftigen Prozesse definiert werden. In dieser Phase ist dringend externe Beratung notwendig, wenn wirkliche Veränderungen angestrebt werden. Nun muß auch eine Beurteilung der zukünftigen Entwicklung erfolgen, da insbesondere die erwarteten Mengen und der Durchsatz die Planung entscheidend beeinflussen. Diese Einschätzungen orientieren sich eng an der geplanten Geschäftsentwicklung.

In dieser Phase stellt sich natürlich auch die Frage, welche Prozesse in Zukunft selber abgewickelt werden sollen und welche Aufgaben extern vergeben werden sollen. Diese Entscheidung hängt von vielen Faktoren ab, die Beherrschung der operativen Prozesse wird in Zukunft aber mehr und mehr zum entscheidenden Wettbewerbsvorteil werden. Die Differenzierung zum Mitbewerber wird in Zukunft entscheidend durch hohe Qualität und guten Service bestimmt.

Die konkrete Planung und die Prozeßdefinition stehen in enger Relation zueinander. Optimale Prozesse lassen sich möglicherweise in der gewünschten Art und Weise gar nicht umsetzen oder nicht in dem vorgegebenen Kostenrahmen. Das Ergebnis dieser Phase ist eine Art „Lastenheft".

Wie kann eine Lösung aussehen?

Nach der Definition der Prozesse stellt sich die Frage, welche Lösung allen Anforderungen am besten gerecht wird. Entscheidend für diese Lösung ist die optimale Kombination aus Materialfluß-Systemen und IT-Lösungen.

Insbesondere die klare Zuordnung aller Funktionen zu den verschiedenen Ebenen ist eine wesentliche Voraussetzung für eine erfolgreiche und zukunftssichere Realisierung. Nur durch sinnvolle und übertragbare Schnittstellen ist es möglich, weitestgehend auf Standards zurückzugreifen, eine Forderung, die heute immer häufiger gestellt wird.

Wie kann ein Gesamtsystem strukturiert werden? Zunächst einmal muß zwischen internen (eigene) und externen (Lieferanten, Kunden) Systemen unterschieden werden.

Die interne Sicht gliedert sich in die drei Ebenen Warenwirtschaft (ERP), Lagerverwaltung (LVS oder WMS) und Materialfluß (MFS).

Optimierung der operativen Prozesse

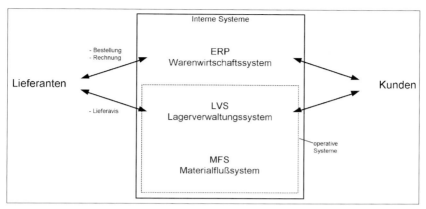

Bild 1. Struktur einer Gesamtlösung

In diesem Artikel sollen in erster Linie die Systeme für die operativen Prozesse betrachtet werden, d. h. die Bereiche LVS und MFS mit ihrer Anbindung an externe Systeme stehen im Mittelpunkt.

Warenwirtschaft

Das Warenwirtschaftssystem deckt in erster Linie den betriebsswirtschaftlichen Teil der Operation ab. Hier werden u. a. Aufträge, Rechnungen, Lieferanten, Kunden etc. verwaltet. Bestände werden zumindest „ihrem Wert nach" geführt. Viele Anbieter von Warenwirtschaftssystemen versuchen, auch einen Teil der Lagerverwaltung mit abzudecken. Das ist sicherlich bei einfachen Operationen noch möglich. Immer dann, wenn es um komplexe Prozesse mit größeren Mengen und ggf. hohem Automatisierungsgrad geht, sind Warenwirtschaftssysteme jedoch mit dem operativen Handling schnell überfordert. Hier sollte dann ein „echtes" Lagerverwaltungssystem zum Einsatz kommen.

Lagerverwaltung

Die Verwaltung aller Bestände und die absolute Transparenz im gesamten System ist eine wesentliche Voraussetzung für einen optimalen und effizienten Ablauf. Permanente kurzfristige Lieferfähigkeit und hohe „Lieferqualität" (Vermeidung von Fehlern) verbunden mit möglichst niedrigen Kosten stellen den Maßstab dar, an dem sich die Dienstleistung „Logistik" zu messen hat.

Lagerverwaltung bedeutet heute mehr als die Verwaltung von Beständen. Die optimierte Versorgung von Mitarbeitern mit entsprechenden Aufgaben und die Transparenz in den einzelnen Prozessen werden von modernen Systemen gewährleistet. Die einfache und sichere Bedienung durch den Anwender spielt dabei eine sehr wichtige Rolle, da insbesondere in der Bekleidungsbranche in Spitzenzeiten auch mit Aushilfskräften die erforderliche Performance und Qualität gewährleistet sein muß. Die Bezeichnung „Lagermanagement" (oder „Warehousemanagement") ist daher wohl eine treffendere Bezeichnung als „Lagerverwaltung" für die umfangreiche Funktionalität heutiger Systeme.

Auch die externe Anbindung von Kunden und Lieferanten ist ein wichtiger Aspekt. Der Hersteller, der eine bedarfsgerechte Belieferung des Handels (z. B. Shop in Shop) gewährleisten soll, muß dazu natürlich Einblick in den aktuellen Bestand im Shop haben.

Dazu ist die sog. „Mandatenfähigkeit" eines Systems ein wichtiges Kriterium, denn dadurch ist zu gewährleisten, daß alle Beteiligten nur Einblick in ihre eigenen Daten und Informationen erlangen.

Zunehmend setzt sich die Erkenntnis durch, daß der Einsatz von Standardsystemen, speziell im Hinblick auf die rasante Entwicklung der eingesetzten Technologien, langfristig der bessere Weg ist. Das durch einen Standard die „lieb gewonnenen" Abläufe vielleicht nicht in exakter Weise abzubilden sind, läßt sich unter Berücksichtigung der erkauften Vorteile „verschmerzen". Häufig helfen Standardprozesse auch, die eigenen Abläufe objektiver und kritischer zu betrachten.

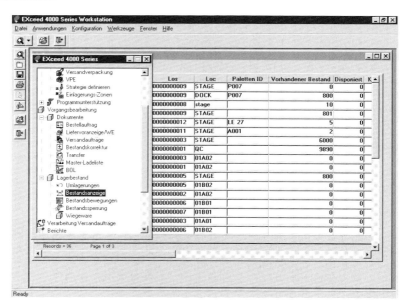

Bild 2. WMS – Funktionen und Bestand

Optimierung der operativen Prozesse

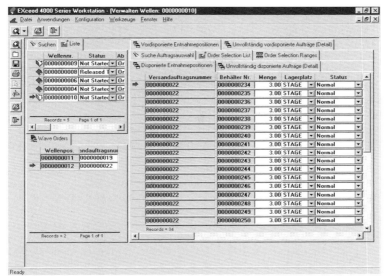

Bild 3. WMS – Wellenbildung zur Kommissionierung

Materialfluß

Von der manuellen Trolleyhängebahn bis zu Hochleistungs-Sortiersystemen für Einzelteile gibt es heute für nahezu alle Anforderungen die geeignete Materialfluß-Lösung.

Die klassischen Systeme mit Trolley werden dabei zunehmend durch sog. „trolleylose" Systeme verdrängt. Dafür ist in erster Linie der Trend zu kleineren Wareneinheiten verantwortlich. Diese Systeme bieten unabhängig von der Größe der Einheit ein Optimum zwischen Performance und Nutzungsgrad. Nur dort, wo wirklich große gleichartige Mengen bewegt werden müssen, hat der Trolley auch in Zukunft noch seine Berechtigung.

Bild 4. Lkw-Entladung „trolleylos"

Bild 5. WE-Abtransport „trolleylos"

Bild 6. WE-Puffer und Bearbeitungsbereich Bild 7. Warentransport

An einem Beispiel soll verdeutlicht werden, wie sich alle Abläufe vom Wareneingang bis zum Warenausgang trolleylos realisieren lassen:

Im Wareneingang wird mit Hilfe eines Teleskops die Ware aus dem Lkw entladen. Anschließend wird die Ware zunächst nur gezählt und dann in einen Wareneingangspuffer transportiert. Dadurch wird vermieden, daß es im Entladebereich zu Engpässen kommt.

Anschließend kann die Ware im Wareneingangspuffer dann exakt erfaßt werden. Weitere Bearbeitungsschritte wie beispielsweise die Preisauszeichnung können durchgeführt werden. Anschließend kann die Ware dann in Lagerbereiche transportiert und dort eingelagert werden.

Die Einlagerung kann in automatische Speicherstrecken oder aber auch in herkömmliche Regale erfolgen.

Zur Kommissionierung wird dann die Ware aus dem Lager entnommen (manuell oder automatisch) und einem Sortiersystem zugeführt. Dort werden dann große Mengen in kürzester Zeit auf die einzelnen Kunden verteilt. Auch mehrstufige Sortierprozesse lassen sich realisieren. Dadurch ist es beispielsweise möglich, die Ware exakt in einer gewünschten Reihenfolge dem Kunden zur Verfügung zu stellen.

Bild 8. Lagerebene mit automatischen Speicherstrecken

Bild 9. Sorter

Optimierung der operativen Prozesse

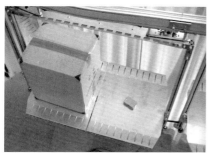 

Bild 10. Liegewaresorter Kippschale Bild 11. Liegewarensorter Bomb-Bay

Nun kann die Ware ggf. noch vertütet werden und ist dann zum Versand bereit. Die Verladung kann ähnlich der Entladung mit teleskopierbaren Transportsystemen erfolgen.

Auch im Bereich der Liegeware läßt sich insbesondere die Sortierung automatisieren. Mit sog. Bomb-Bay-Sortern (Klappe) läßt sich die Ware unter bestimmten Bedingungen sogar direkt in einen Versandkarton stapeln. Auch die gleichzeitige Nutzung eines Systems zur Sortierung von kleinen Einzelteilen und großen Paketen läßt sich realisieren.

Datenfunk

Eine optimale Unterstützung aller manuellen Prozesse wird durch den Einsatz von Datenfunk-Lösungen erreicht. Datenfunk gewährleistet, daß die Mitarbeiter unabhängig von ihrem Standort jederzeit online mit der Datenbank verbunden sind. Erfaßte Daten werden sofort verarbeitet, Vorgaben oder andere Informationen aus der Datenbank werden direkt an den Mitarbeiter weiterge-

Bild 12. Datenfunk bei der Kommissionierung Bild 13. Datenfunk im Lager

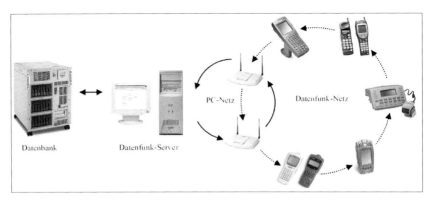

Bild 14. Datenfunk Systemstruktur

leitet. Datenverlust ist selbst beim Ausfall von Geräten ausgeschlossen. Die erfaßten Daten können sofort verifiziert werden, Fehleingaben werden vom System abgelehnt.

Besonders in Spitzenzeiten, wo auch Aushilfskräfte eingesetzt werden, ist die effiziente Unterstützung der Mitarbeiter der Schlüssel zu Qualität und Geschwindigkeit.

Jede Transaktion kann mit den jeweils relevanten Prozeßdaten (einschließlich Benutzer und Zeitstempel) protokolliert werden. Diese Daten können dann in beliebiger Weise ausgewertet und dargestellt werden. Eine integrierte Benutzerverwaltung ermöglicht die Vergabe von Rechten im System.

Moderne Datenfunk-Systeme basieren auf einer modularen, skalierbaren Struktur. Es ist durchaus möglich, heute in einem Bereich (z. B. Wareneingang) mit wenigen mobilen Geräten und einem Access-Point (Antenne) zu starten und morgen das System entsprechend der gestiegenen Anforderungen zu erweitern.

Dabei kann die „eigentliche" Applikation auf einem „Datenfunk-Server" liegen. Auf den mobilen Geräten läuft dann nur eine sog. „Terminalemulation", die lediglich die Ein- und Ausgaben der eigentlichen Applikation darstellt. Diese Emulation ist für nahezu alle Geräte der namhaften Hersteller verfügbar. Dadurch lassen sich Änderungen an der Software problemlos implementieren und je nach Bedarf die unterschiedlichsten Geräte in einem System einsetzen.

Durch die Verwendung eines internationalen Standards für das Datenfunknetz (IEEE 802.11) sind auch die Systeme der verschiedenen Anbieter untereinander kompatibel, d. h. das Netzwerk des einen Anbieters läßt sich mit den Geräten eines anderen Anbieters kombinieren.

Identifikation

Die optimale Identifikation des Einzelteils (bzw. der zu betrachtenden Einheit) ist eine wichtige Voraussetzung für einen effizienten Ablauf im Gesamtsystem. Die Anforderungen an diese Identifikation sind insbesondere überall dort hoch, wo automatisch erfaßt werden soll. Prinzipiell können folgende Varianten der Identifikation unterschieden werden:

1. **Identifikation durch Bezeichner**
   Dabei wird das Teil (die Einheit) durch einen sog. „Bezeichner" identifiziert. Dieser Bezeichner kann eine Artikel-Nummer, eine Artikel-Bezeichnung oder auch eine unikate Identnummer sein.
   Bei all diesen Varianten stellt der Bezeichner lediglich eine Referenz zu weiteren Informationen dar. Die Artikel-Nummer (ggf. mit Größe etc.) verweist auf eine Artikel-Bezeichnung und einen Preis.
   Diese Variante ist bei der Identifikation von Einzelteilen häufig anzutreffen und findet sich auch in Codierungen wie EAN-13 oder EAN-128 wieder.

2. **Identifikation mit allen Parametern**
   Hier werden neben einer Bezeichnung auch alle anderen relevanten Informationen mit hinterlegt. Eine typische Anwendung ist die Kodierung eines Lieferscheins in einem sog. „2-dimensionalen Barcode".
   Diese Variante findet man beispielsweise im Bereich der Paketidentifikation.

Die technische Realisierung der Identifizierung erfolgt hauptsächlich durch:
- Barcode
  Hier haben sich verschiedenen Varianten etabliert:
  - 2/5 interleaved: Industrie, kompakt
  - EAN-13:   Handel, zunehmend Industrie
  - EAN-128:   Erweiterung EAN-13, z. B. Nummer der Versandeinheit (NVE), zunehmend auch „kleinere Einheiten"
- Transponder
  Hier setzt sich zunehmend die sog. „Schreib-/Lese-Technologie" durch, d. h. dieses Medium ist auch in der Lage, Informationen aufzunehmen. Prinzipiell läßt sich ein Transponder auch „im Pulk" lesen (und schreiben), d. h. eine Menge von Ware in der Verpackung (z. B. Jeans im Karton) läßt sich gleichzeitig erfassen (und beschreiben). Hier kann man sicherlich von einem entscheidenden Vorteil gegenüber herkömmlichen ID-Medien sprechen.

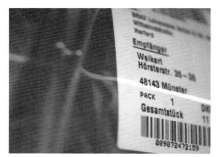
Bild 15. Barcodeerfassung

Bild 16. Transponder

Fazit

Die optimale Kombination aller Systeme unter Einbeziehung von Kunden und Lieferanten ist der Schlüssel zum Erfolg in der Logistik. Dabei sollte eines jedoch stets berücksichtigt werden:
  Logistik ist Dienstleistung und kein Selbstzweck. Eine wirklich funktionierende Logistik kann allerdings möglicherweise der entscheidende Wettbewerbsvorteil sein. Die Wünsche der Kunden (auch die eigenen Filialen sind Kunden!) sollten dabei im Mittelpunkt stehen.

Textile Wertschöpfungsketten rücken zusammen – auch ohne SCM-System

von I. Aghte und V. Hillebrand[*]

1 Zusammenfassung

Die Zusammenarbeit der Akteure entlang der Lieferketten der Textil- und Bekleidungsindustrie gewinnt stetig an Bedeutung. Das Supply Chain Management stellt in diesem Zusammenhang einen der praktikableren Ansätze dar. Insbesondere in der jüngsten Vergangenheit werden Supply Chain Management-Bemühungen mit der Notwendigkeit zum Einsatz funktionsmächtiger SCM-Systeme immer stärker in Verbindung gesetzt. Die Einführung derartiger Systeme kann sehr zeit- und kostenaufwendig werden und stellt daher für die stark mittelständisch geprägte deutsche Textil- und Bekleidungsindustrie nur eine begrenzte Handlungsoption dar. Der nachfolgende Bericht über die Erfahrungen und Ergebnisse des RAPTIL-Projektes soll zeigen, daß auch ohne kostspielige SCM-Systeme, sondern mit betriebsorganisatorischer und informationstechnischer „Hausmannskost" gute Ergebnisse für alle Akteure entlang der Lieferkette erreicht werden können.

2 Ausgangssituation

Zur Sicherung der Wettbewerbsfähigkeit sind Hersteller- und Zulieferunternehmen aller Branchen aufgefordert, passende Differenzierungsstrategien, z. B. bezüglich des Produktspektrums, der Logistikleistung oder des Services, als essentielles Ziel zu verankern. Auf diesen Innovationsdruck können Unternehmen durch Kooperation entlang der gesamten überbetrieblichen Prozeßkette von den Subzulieferunternehmen bis zum Kunden reagieren. Zur Steigerung der Produktions- und Lieferflexibilität sind Unternehmen darauf angewiesen, die eigene Position durch geeignete Kooperationen zu stärken und sich in einem

---

[*] Dipl.-Ing. Ingo Aghte und Dipl.-Ing. Volker Hillebrand sind wissenschaftliche Mitarbeiter am Forschungsinstitut für Rationalisierung (FIR) an der RWTH Aachen

oder mehreren konkurrenzfähigen Verbünden zu integrieren (vgl. Ahlert 1999, Simchi-Levi et al. 2000). Voraussetzung für flexible und kooperationsfähige Unternehmen ist die Schaffung geeigneter inner- und überbetrieblicher Organisationsformen sowie eine effiziente Unterstützung durch Kommunikations- und Informationssysteme.

Der Beschaffungsablauf in der Textil- und Bekleidungsindustrie ist durch eine hohe Komplexität gekennzeichnet, u. a. verursacht durch eine erhebliche terminliche Unsicherheit zum Zeitpunkt der Materialbestellung. Weiterhin muß eine hohe Variantenvielfalt berücksichtigt werden, welche bereits nach Kombination von Artikel, Farbe und Größe einer Produktgruppe eine fünfstellige Anzahl an Produktvarianten umfassen kann. Das in der Textilindustrie verwendete Rohmaterial ist zumeist ein Naturprodukt, so daß die weiteren Prozesse den Einflüssen der Natur unterliegen und somit nur unscharf zu prognostizieren sind. Darüber hinaus unterliegt die Bekleidungsindustrie einem ausgeprägten Mode- und Saisoneinfluß, die eine weitere Komplexitätskomponente für die Planung bedeuten. Eine Vielzahl von Unternehmen der Textilindustrie befinden sich zudem im Wandel vom Lagerfertiger zum Auftragsfertiger. Hieraus ergeben sich neue Anforderungen sowohl an die Aufbau- als auch Ablauforganisation der Unternehmen.

Die Textil- und Bekleidungsindustrie fertigt und vermarktet Produkte, die sehr individuellen Anforderungen des Verbrauchers entsprechen müssen. Dies führt zu einer hohen Komplexität der Produktvarianten in bezug auf Grundartikel, Farbe, Größe, Aufmachung und weiteren Produkteigenschaften.

Die hohe Variantenvielfalt führt zu einem gleichermaßen hohen Flexibilitätsbedarf in der Auftragsabwicklung und dem Bestreben nach kurzen Reaktionszeiten bezüglich Mengen-, Termin- und Spezifikationsänderungen (vgl. Piller, Lohoff 1998, S. 40). Für Hersteller, die aus Vertriebsüberlegungen heraus in das Variantenwachstum der Produkte investieren, bedeutet dies zum einen einen vergrößerten Koordinationsbedarf und zum anderen eine Verkleinerung ihrer Auftragsgrößen. Durch die Umstellung der Materialwirtschaft der Einzelhändler, wie z. B. eine zunehmende Point-of-sale-Bestellung (POS) oder etwa eine steigende Anzahl von Direktanlieferungen, ergibt sich eine weitere Problemstellung in diesem Zusammenhang, eine Rationalisierung der Produktion kann hier nur in begrenztem Umfang Abhilfe schaffen. Vielmehr muß die Bewältigung der Komplexität der über- und innerbetrieblichen Prozeßabwicklung im Vordergrund stehen.

Um der beschriebenen Problematik zu begegnen, sehen sich die Unternehmen veranlaßt, eine verbesserte Planung durchzuführen, welche durch eine hohe Flexibilität sowie eine simultane Zeit- und Mengenplanung gekennzeichnet ist. Eine überbetriebliche Betrachtung der Prozeßkette über eine oder mehrere Stufen im Sinne der Kooperation zwischen Hersteller- und Zulieferunternehmen kann hierbei signifikante Verbesserungspotentiale erschließen. Bislang waren jedoch vor allem kleine und mittlere Unternehmen der Textilindustrie bei der Realisierung entsprechender Kooperationsbestrebungen auf sich allein

Textile Wertschöpfungsketten rücken zusammen

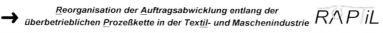

Bild 1. Zielsetzungen des Projekts RAPTIL

gestellt, so daß die Erfolgsquote derzeit sehr gering ist (vgl. Grüneberg et al. 2001; Erzen, Klaschka 1998, S. 14f.).

Ziel des nachfolgend vorgestellten Projektes „RAPTIL – Reorganisation der Auftragsabwicklung entlang der überbetrieblichen Prozeßkette in der Textil- und Maschenindustrie", ist die Erarbeitung von Lösungen für eine Supply Chain Management-orientierte Steuerung der gesamten Lieferkette zur Integration von überbetrieblicher Auftragsabwicklung und Logistik, zur vernetzten Planung und Produktion, zur Verbesserung der Transparenz in der Bestellabwicklung sowie zur Verkürzung der Produktdurchlaufzeit bei den beteiligten Unternehmen (Bild 1).

Wesentliche Maßnahmen dieses vom Ministerium für Wirtschaft und Mittelstand, Technologie und Verkehr des Landes Nordrhein-Westfalen geförderten Projektes sind die Erstellung eines ganzheitlichen Konzepts zur Optimierung der überbetrieblichen Prozeßkette zwischen Kunden und Lieferanten sowie die Umsetzung des Konzepts unter Nutzung innovativer Kommunikationstechnologien.

Für die praktische Anwendung der Projektergebnisse wurden drei geeignete Lieferketten ausgewählt. Projektpartner sind neben der Falke Gruppe, welche die Kundenseite vertritt, Baumwoll- und Wollgarnlieferanten von Falke (die Leinefelder Textilwerke GmbH, die Schoeller Eitorf AG, die Schoeller Textil GmbH & Co. KG sowie die WGF Colcoton-Garn Hasenack & Co.). Diese Lieferanten sind Standard-Lieferanten mit einer stabilen Geschäftsbeziehung zur Falke Gruppe. Darüber hinaus waren neben dem Forschungsinstitut für Rationalisierung (FIR) als projektkoordinierendem Forschungsinstitut das Institut für Textil- und Verfahrenstechnik Denkendorf (ITV) mit der Bereitstellung von

Informationstechnologie und Logistik

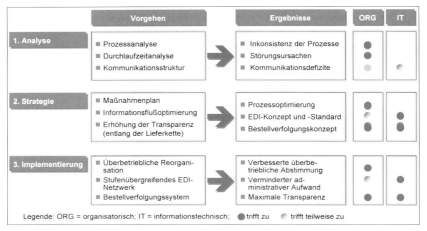

Bild 2. Vorgehensweise und Ergebnisse des Projekts RAPTIL

EDI(Electronic Data Interchange)-Grundstandards für die überbetriebliche Kommunikation beteiligt. Für die informationstechnische Umsetzung der Ergebnisse, d. h. die Implementierung der EDI-Kommunikation sowie eines überbetrieblichen, internetbasierten Bestellverfolgungssystems (BVS), wurde die Seeburger AG beauftragt.

3 Supply Chain Management in textilen Wertschöpfungsketten

Die Vorgehensweise im Projekt RAPTIL wurde in drei Phasen aufgeteilt (Bild 2). In der ersten Phase, der Analysephase, wurden im wesentlichen die vorhandenen Prozesse der überbetrieblichen Auftragsabwicklung zwischen den beteiligten Partnern analysiert, wobei der Schwerpunkt auf den Prozessen lag, welche die Bestellverfolgung betrafen.

Mit der Analyse der Prozesse waren eine Durchlaufzeiterhebung sowie die Untersuchung der Kommunikationsstrukturen der überbetrieblichen Auftragsabwicklung verbunden. Als Ergebnisse dieser Analysephase konnten vor allem Inkonsistenzen der Prozesse der überbetrieblichen Bestellverfolgung sowie Defizite im überbetrieblichen Informationsaustausch festgestellt werden. Vor allem mit Hilfe der Durchlaufzeitanalyse konnten die Ursache-Wirkungs-Zusammenhänge ermittelt werden, die anschließend die Ausgangspunkte für die Optimierung der überbetrieblichen Prozeßkette darstellten (Bild 3).

Textile Wertschöpfungsketten rücken zusammen 183

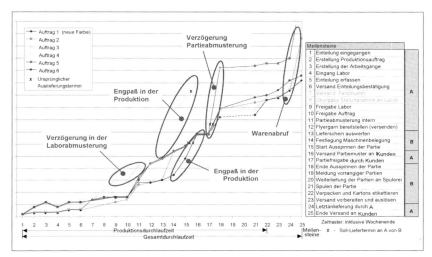

Bild 3. Ergebnisse der Durchlaufzeitanalyse

3.1 Analyse und Reorganisation der überbetrieblichen Prozeßkette

Die Aufnahme der Prozesse der überbetrieblichen Auftragsabwicklung erfolgte bei den beteiligten Unternehmen in Workshops vor Ort. Darauf aufbauend wurde einerseits innerbetrieblicher Reorganisationsbedarf identifiziert, andererseits zusätzlich notwendiger Informations- und Abstimmungsbedarf entlang der Lieferkette ermittelt.

In den insgesamt drei Lieferketten wurden im Rahmen der Durchlaufzeitanalyse die Durchlaufzeiten verschiedenster Auftragstypen über mehr als 20 Meilensteine aufgenommen. Es konnten die charakteristischen Störungen und ihre Ursachen in Aufträgen für bekannte sowie für neu einzustellende Artikel bzw. Farben identifiziert und erklärt werden. Zu den bedeutendsten Ursachen zählten unter anderem Verzögerungen innerhalb der Abmusterungsprozesse von Labor- und Partieabmusterungen, Engpässe in der Produktion oder etwa verspätete Warenabrufe aufgrund zuvor verschobener Terminprioritäten.

Der Analysephase schloß sich unmittelbar die Strategiephase an, in der ein Maßnahmenplan zur überbetrieblichen Prozeßoptimierung erarbeitet wurde, Informationsflüsse stabilisiert und beschleunigt wurden sowie insgesamt die Transparenz in der Lieferkette erhöht werden sollte (vgl. Bild 2). Als Ergebnis konnte in Workshops mit den beteiligten Unternehmen neben der Optimierung der Prozesse ein Konzept für den elektronischen Datenaustausch sowie ein damit verbundener Standard entwickelt werden. Ziel des Standards, der auf dem EDITEX-Subset beruht, ist es, die Übertragbarkeit der Nachrichtenformate auf ähnliche Lieferketten zu maximieren.

3.2 Supply Chain Optimierung mit internetbasierter Bestellverfolgung

Aus der Analyse- und der Strategiephase konnten ohne weiteren Aufwand die Aufgabenschwerpunkte der Umsetzung abgeleitet werden. Die Garnfertigung ist kein vollständig planbarer Prozeß, was zur Folge hat, daß die Durchlaufzeiten nicht einheitlich und nicht ausreichend prognostizierbar sind. Daher kommt es gerade bei der Einhaltung von Lieferterminen zu größeren Problemen. Die bisherigen Formen der überbetrieblichen Kommunikation sind ineffizient, liegezeitbehaftet und außerordentlich verzögerungsanfällig. Zwischen Hersteller und Lieferant kommen innovative Informations- und Kommunikationstechnologien in den wenigsten Unternehmen zum Einsatz.

Neben der Reorganisation der Geschäftsprozesse, die vor allem eine Verbesserung der überbetrieblichen Abstimmung sowie eine Verringerung der Reibungsverluste bewirken soll, bildeten der elektronische Austausch von Geschäftsdaten sowie die Verbesserung der überbetrieblichen Bestellverfolgung und -abstimmung die Schwerpunkte der Umsetzungsphase. Um die EDI-Datenübermittlung effizient umzusetzen, sind organisatorische Verbesserungen sowie klare Kommunikationsregelungen unabdingbar. Hierzu wurden Workflows entwickelt, welche die zum Teil sehr komplexen Prozesse klar strukturieren und somit dem Umsetzungspartner die Abfolge für den elektronischen Datenaustausch detailliert aufzeigen. Da die EDI-Technologie aus Branchen stammt (z. B. Automobilindustrie), in der die Hersteller eine derart dominante

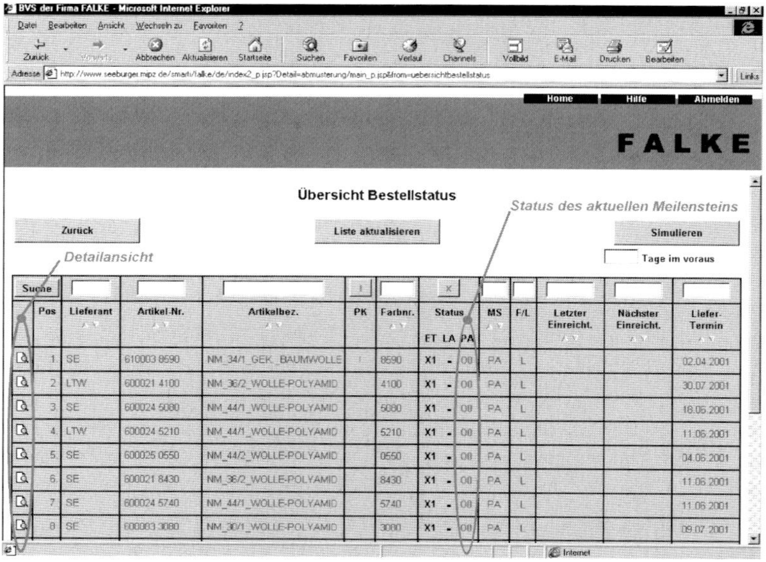

Bild 4. Screenshot BVS – Übersicht Bestellstatus

Position genießen, daß Verhandlungen ausbleiben, stellt dies eine erhebliche Erweiterung gegenüber der Standard-EDI-Technologie dar. Der somit gestaltete EDI-Datenfluß bildet für das zu entwickelnde BVS die Basis, da auf diesen Datenfluß unmittelbar zugegriffen wird und die Daten zu den entsprechenden Meilensteinen in das BVS eingelesen werden. Zuvor soll jedoch ein kleiner Exkurs die Zielsetzung der Entwicklung des BVS noch einmal deutlich machen.

Lieferverzögerungen auf Seiten der Lieferanten werden für den Einkauf des Kunden zu spät ersichtlich, eventuelle Zusagen gegenüber eigenen Kunden geraten hierdurch in Gefahr. Die eigentlichen Fehlerquellen und Störungsursachen können in den klassischen Transaktionssystemen (PPS, WWS etc.) nur in Einzelfällen unter erheblichem Aufwand identifiziert werden. In Folge des damit intransparenten Bestellstatus werden auf beiden Seiten falsche Terminprioritäten gesetzt. Somit entstehen hohe Kosten durch Ausnahmelogistik und Produktionsplanänderungen. Bei rechtzeitiger Information des Kunden (z. B. Falke) stellt die Umplanung der kundenseitigen Produktion keine Herausforderung dar, da die Rüst- und Produktionsdurchlaufzeiten aufgrund der geringen Produktionslosgrößen in der Maschenindustrie vergleichsweise kurz sind. Aus diesen Beobachtungen heraus manifestierte sich die Notwendigkeit eines Systems zur Bestellverfolgung, welches ein ausnahmeorientiertes Arbeiten ermöglicht. Dies bedeutet, daß vor allem jene Aufträge anzeigt und bearbeitet werden, bei denen ein Lieferverzug wahrscheinlich werden kann (Bild 4). Durch die erhöhte Transparenz ist gewährleistet, daß Bestelländerungen gezielter und schneller bearbeitet werden können. Darüber hinaus kann auf verspätete Lieferungen früher reagiert werden. Insgesamt wird hierdurch der Bestellprozeß sowohl für den Kunden als auch für den Lieferanten transparenter, eine vernetzte Planung und Produktion wird unterstützt, die Supply Chain wird stabilisiert.

Das BVS überwacht die termingerechte Erfüllung kritischer Meilensteine im überbetrieblichen Leistungserstellungsprozeß (Bild 5).

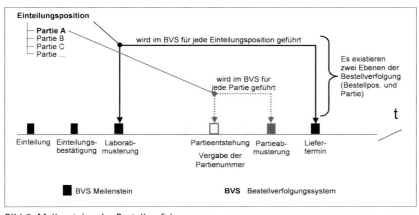

Bild 5. Meilensteine der Bestellverfolgung

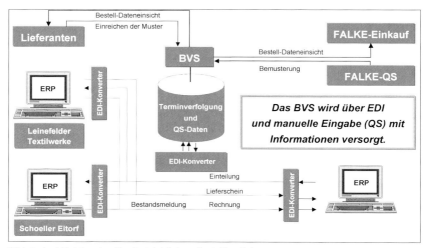

Bild 6. Architektur des überbetrieblichen Bestellverfolgungssystems

Ausgangspunkt der Bestellverfolgung ist die Einteilung, welche, bezogen auf Kontrakte zwischen Kunden und Lieferanten, eine festgelegte Menge an Artikeln zu bestimmten Lieferterminen vorgibt und somit eine Art Bestellrahmenplan darstellt. Der Lieferant reagiert mit der Einteilungsbestätigung, die mitunter abweichende Liefertermine enthält. Als kritischer Meilenstein erweist sich weiterhin die Laborabmusterung, bei der ein Farbmuster einer neu zu produzierenden Farbe an den Kunden versandt wird, der seinerseits dieses Muster mit Vorgaben vergleicht und dem Lieferanten je nach Güte und Qualität des Musters zur Produktion freigibt. Dieser Meilenstein ist insofern kritisch, da beide Partner von der zügigen Bearbeitung der jeweils anderen Seite abhängig sind, den Arbeitsfortschritt des Partners jedoch nicht unmittelbar einsehen können und somit häufig unnötige Verzögerungen durch Liegezeiten und falsche Prioritäten entstehen. Nach der Vergabe der Partienummer beim Lieferanten erfolgt die Partieabmusterung (Muster aus laufender Produktion) mit vollkommen analogen Abläufen. Infolgedessen ist auch dieser Meilenstein als kritisch anzusehen. Abschließender Meilenstein innerhalb der überbetrieblichen Bestellverfolgung ist der eigentliche Liefertermin, welcher u. U. verschoben werden muß. Das frühzeitige Aufzeigen dieser Notwendigkeit ist Hauptaufgabe des BVS.

Neben der Klärung der organisatorischen Abläufe sowie der Definition von überbetrieblichen Workflows war im weiteren Verlauf die technische Realisierung von Bedeutung. Eine Hauptanforderung war in diesem Zusammenhang, daß die Mitarbeiter der beteiligten Firmen keine zusätzlichen Dateneingaben außerhalb der Stammsy-steme tätigen. Daher wurde der bereits implementierte EDI-Datenaustausch als Informationsquelle genutzt (Bild 6). Manuelle Eingaben erfolgen nur im Rahmen der Qualitätssicherung (Abmusterung), die bislang über keine Systemunterstützung verfügte.

Die Daten werden vom BVS verarbeitet und anwenderspezifisch aufbereitet. Insofern kann dieses System vom Anwender als weiteres betriebliches Informationssystem neben dem eigentlichen Transaktionssystem angesehen werden. Neben der unmittelbaren Einbindung der Partner des RAPTIL-Konsortiums wurden weitere Szenarien der Kunden-Lieferantenintegration erarbeitet. So wurde für Kleinstlieferanten eine Anbindung per internetbasiertem Web-EDI entwickelt und für größere Lieferanten mit geringerer Bindungsstärke als Standard-Lieferanten eine Zusammenarbeit via EDI jedoch ohne Bestellverfolgung vorgesehen. Erst die vollständig elektronische Zusammenarbeit zwischen Kunde und Lieferant ermöglicht eine stufenübergreifende Zusammenarbeit entlang der Lieferkette.

4 Bewertung der Ergebnisse

Das erarbeitete Konzept der überbetrieblichen Bestellverfolgung wurde bei den beteiligten Unternehmen eingeführt und befindet sich derzeit in der Testphase. Die ersten Anwendungen zeigen, daß sich die Zielsetzungen des Konzepts erreichen lassen. Hierzu wurden Expertengespräche nach den ersten Tests mit den Anwendern auf beiden Seiten in allen beteiligten Unternehmen durchgeführt. Sowohl auf der Seite der Lieferanten als auch auf der Seite der Kunden wurden nach diesen ersten Tests Schätzungen abgegeben, nach denen die durchschnittliche Gesamtdurchlaufzeit der Aufträge um 3 bis 6 Tage reduziert werden kann. Dies ist zurückzuführen auf die Erhöhung der Transparenz durch das BVS sowie die EDI-bedingte Beschleunigung der überbetrieblichen Kommunikation. Der Einkauf und die Qualitätssicherung des Kunden sehen aktuell den Status der einzelnen Aufträge und können bei Problemen frühzeitiger nachfassen sowie Maßnahmen einleiten.

Durch die Einrichtung größerer Partien für Standard-Produktvarianten über den gesamten Prozeß der Bestellabwicklung hinweg können darüber hinaus Herstellungskosten gesenkt und Kapazitäten besser ausgelastet werden. Die Bestände können durch die Erhöhung der Transparenz und die Verringerung der Durchlaufzeit ebenfalls reduziert werden, der Aufbau von Zwischenlagerkapazitäten kann deutlich reduziert werden. Die Auftragsabwicklungsprozesse modischer Saisonfarben bleiben davon unberührt. Aufgrund der implementierten Workflows und der damit einhergehenden Standardisierung der Bestellvorgänge kann der Zeit- und Personalbedarf für die Bestellabwicklung reduziert werden. Bestelländerungen können sehr viel früher erkannt und verarbeitet werden, die Lieferflexibilität sowie die Termintreue über die gesamte Lieferkette vom Lieferanten bis zum Kunden steigen an. Eine Multiplikation der Ergebnisse auf andere Geschäftspartner ist sehr schnell zu realisieren, die Anbindung weiterer Lieferanten aus der Sicht des Kunden sowie auch weiterer Lieferanten oder Kunden aus der Sicht der hier beteiligten Lieferanten gelingt ebenfalls zügig.

Zusammenfassend läßt sich feststellen, daß die im hier beschriebenen Projekt erarbeiteten Ergebnisse es insbesondere kleinen und mittelständischen Unternehmen der Textil- und Bekleidungsindustrie ermöglichen, innovative Technologien aus dem Bereich der Informations-, Kommunikations- und Datenübertragungstechnologie mit vergleichsweise geringen Investitions- und Betriebskosten einzusetzen, um damit der gestiegenen Komplexität der Auftragsabwicklungsprozesse innerhalb der Lieferkette gezielt begegnen zu können.

5 Erfolgsfaktoren einer effizienten Lieferkettenorganisation

Die untersuchten Lieferketten weisen eine Reihe von Besonderheiten hinsichtlich der Auftragsabwicklung und des überbetrieblichen Qualitätsmanagements auf. Die Evaluation der Projektergebnisse macht dennoch deutlich, daß sich die Ergebnisse und Erfahrungen des Projekts dennoch auf weitere Bereiche der Bekleidungsindustrie übertragen lassen.

Die wesentlichen Erfolgsfaktoren eines Supply Chain Managements lassen sich in kompakter Form zusammenfassen(Bild 7). Der vorrangige Erfolgsfaktor einer effizienten Lieferkettenorganisation liegt in der Integration des überbetrieblichen Bestellwesens, der Logistik und der Qualitätssicherung.

Dazu werden zunächst stabile interne Prozesse benötigt, bevor überbetriebliche Zusammenhänge angegangen werden können. Derartige Bemühungen können nur dann erfolgreich sein, wenn die Parteien Kenntnis über die Geschäftsprozesse der Partner besitzen und diese auch verstehen. Nur durch dieses Verständnis ist eine kooperative Verständigung zwischen den Partnern möglich. Anderenfalls kann sich das Projekt zugunsten eines Projektpartners

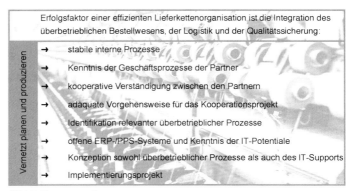

Bild 7. Zusammenfassung

verlagern, der Teilnahmewillen der übrigen Partner und somit auch die Erfolgsaussichten würden erheblich minimiert. Sind diese Voraussetzungen geschaffen, können die für die Aufgabenstellung relevanten überbetrieblichen Prozesse identifiziert und verbessert werden. Dabei ist auch eine Kenntnis der aktuellen IT-Potentiale des eigenen Unternehmens sowie der aktuell am Markt verfügbaren Informationstechnologien hilfreich. Die ERP-/PPS-Systeme sowie auch optional die vorhandenen Warenwirtschaftssysteme sollten offen sein, d. h. Techniken wie EDI müssen problemlos angebunden werden können. Schließlich sollten sich zuletzt die beteiligten Partner darauf verständigen, die erarbeiteten Konzeptionen auch in einem gemeinsamen Implementierungsprojekt umzusetzen. Nach erfolgreicher Implementierung können die Projektergebnisse auf weitere Partner und Lieferketten angewendet werden.

Literatur

Ahlert, D.: Vertikalisierung der Distribution: Die kundenorientierte Neugestaltung des Wertschöpfungsmanagements, In: Distribution im Aufbruch. Bestandsaufnahme und Perspektiven, Hrsg.: O. Beisheim, Vahlen-Verlag, München 1999, S. 333-350

Erzen, K., Klaschka, M.: Kooperationsausgestaltung für kleine und mittlere Produktionsunternehmen – zielsicher und erfolgreich, In: Industrie Management, 14(1998)6, S: 14-17

Grüneberg, U., Becke, G., Ammon, U., Reinartz, P.: Internetvernetzung, ökologische Innovationen und soziale Standards in der textilen Kette: Zu den Voraussetzungen eines ökologischen Informations- und Kommunikationsnetzwerkes in der textilen Kette, Landesinstitut Sozialforschungsstelle Dortmund (sfs), 2001

Piller, F., Lohoff, A.: Potentiale und Implementierung von Lieferantenlägern, In: Beschaffung aktuell (1998)3, S: 40-43

Simchi-Levi, D., Kaminksy, P., Simchi-Levi, E.: Designing and Managing the Supply Chain. Concepts, Strategies, and Case Studies, Irwin McGraw-Hill, Boston, New York 2000.

Die Entwicklung eines EDI-Clearing-Centers zur vereinfachten Abwicklung des elektronischen Geschäftsverkehrs in der Bekleidungswirtschaft

von Dr. Siegfried Jacobs[*]

Zusammenfassung

Bei den Bemühungen um eine Intensivierung der Kooperation zwischen dem Textileinzelhandel und seinen Lieferanten gewinnt der elektronische Datenaustausch (EDI) immer stärker an Bedeutung. Die Potentiale von EDI wie Rationalisierung und Beschleunigung von Geschäftsprozessen oder Optimierung der Warenversorgung am Point of Sale lassen sich nur dann von den Marktpartnern ausschöpfen, wenn möglichst viele Unternehmen aus Industrie und Handel diese Technologie einsetzen. Mit der Zielsetzung, die EDI-Anwendung zu vereinfachen und der Vielzahl kleiner und mittelgroßer Marktteilnehmer den Zugang zu eröffnen, entwickelte der Bundesverband des Deutschen Textileinzelhandels (BTE) mit Unterstützung der Forschungsgemeinschaft Bekleidungsindustrie ein EDI-Clearing-Center.

1 Die Ausgangssituation

1.1 EDI zur Unterstützung aktueller Marktprozesse

Die Modebranche bemüht sich seit einigen Jahren intensiv darum, die herkömmlichen Produktions- und Distributionsstrukturen den veränderten Kundenanforderungen und Wettbewerbsbedingungen anzupassen. Der Markt verlangt nach kürzeren Warenbeschaffungszeiträumen, schnelleren Reaktionen auf modische Trends und häufigerem Wechsel in den Warenbildern der Einzelhandelsgeschäfte. Wettbewerb und Renditeverfall zwingen die Unternehmen

---

[*] stellv. Hauptgeschäftsführer des Bundesverbandes des Deutschen Textileinzelhandels (BTE), Köln.

zudem, die Produktions- und Logistikkosten zu senken und Verwaltungsabläufe noch stärker zu rationalisieren.

Der elektronische Geschäftsverkehr bzw. Electronic Data Interchange (EDI) unterstützt die Marktpartner bei der Bewältigung dieser Aufgabe. Dabei handelt es sich um den elektronischen Versand und Empfang von Geschäftsdokumenten wie Artikelstammdaten, Bestellung, Auftragsbestätigung, Lieferavis, Rechnung und Abverkaufsmeldung. Diese Vorgänge, die bisher auf Papier dokumentiert und zwischen Lieferanten und Handelsbetrieben per Brief oder Fax verschickt wurden, werden per EDI über eine Datenleitung an den Geschäftspartner übertragen. Dort können die Informationen über vorab vereinbarte Standard-Formate automatisch in der EDV weiterverarbeitet werden.

1.2 Die Vorteile von EDI

Der Einsatz von EDI zeichnet sich im einzelnen durch folgende Vorteile aus:
- Minimierung des Datenerfassungsaufwandes
- Beschleunigung der Beleglaufzeiten
- Senkung von Erfassungsfehlern
- Reduktion der administrativen Kosten für das Sammeln, Verteilen und Archivieren von Papierdokumenten
- Senkung der Übermittlungskosten
- Übereinstimmung der Daten bei Handel und Industrie
- kürzere Lieferzeiten
- schnellere und rationellere Warenauszeichnung und Filialverteilung
- bessere Warenpräsenz im Verkauf
- geringere Lagerbestände und niedrigere Kapitalbindung
- Intensivierung der Geschäftsbeziehung zwischen Industrie und Handel

1.3 Die Hemmfaktoren der EDI-Anwendung

Obwohl die maßgeblichen Lieferanten von Warenwirtschaftssystemen mittlerweile EDI-Module anbieten, ist der elektronische Geschäftsverkehr im deutschen Textileinzelhandel noch nicht sehr weit verbreitet. Es kommunizieren schätzungsweise lediglich 300 der insgesamt rund 38 000 Bekleidungsgeschäfte mit ihren Vorstufen auf elektronischem Wege, und dies häufig zudem in einem sehr begrenzten Ausmaß. Ähnliches gilt für die Bekleidungs- und Textilindustrie. Dort dürfte die EDI-Technologie bei weniger als 100 Unternehmen im Einsatz sein. Die Rationalisierungs- und Beschleunigungs-Potentiale liegen demzufolge in der Branche derzeit vielfach noch brach.

Warum hat sich EDI bisher nicht in der Breite des Marktes durchgesetzt? Die größten Hindernisse im Mittelstand liegen in einem unzureichenden EDV-Know-how, zum Teil auch in Vorbehalten gegenüber dem Einsatz moderner

Informationstechnologien wie EDI. Oftmals fehlt es an ausreichenden Informationen darüber, was EDI ist und was es leistet.

Hinzu kommt ein hoher organisatorischer Aufwand, der mit dem elektronischen Datenaustausch verbunden ist, da sich nicht alle EDI-Teilnehmer an die Vorgaben der Standard-Datenformate halten oder gegebene Freiräume innerhalb der Standards nutzen, was dann zu Interpretationsproblemen bei den EDI-Partnern führt.

2 Die Entwicklung des BTE-Clearing-Centers

Vor dem Hintergrund der Vorteile der EDI-Technologie einerseits und der Umsetzungsprobleme in der Textilwirtschaft andererseits stellte der BTE Überlegungen an, wie er die EDI-Anwendung – über die bisherigen Maßnahmen hinaus – fördern kann. Als Ergebnis dieser Überlegungen und mit der Zielsetzung, die EDI-Anwendung erheblich zu vereinfachen, startete der BTE im Frühjahr 2000 mit der Entwicklung eines branchenspezifischen EDI-Clearing-Centers.

Das Clearing-Center soll es insbesondere mittelständischen Unternehmen des Textileinzelhandels ermöglichen, kostengünstig und ohne spezielle technische Ausstattung und Kenntnisse am elektronischen Geschäftsverkehr teilzunehmen. Mittels dieser Clearing-Einrichtung werden Unternehmen der Textilwirtschaft in die Lage versetzt, die EDI-Anbindung ihres eigenen EDV-Systems auf einen spezialisierten Dienstleister zu übertragen (Outsourcing).

2.1 Realisierung und Vorteile

2.1.1 EDI-Nutzung mit vorhandener EDV-Ausstattung

Ein zentraler Vorteil des zu entwickelnden Clearing-Centers sollte darin liegen, daß die Unternehmen des Textileinzelhandels mit ihrem vorhandenen Warenwirtschaftssystem an die EDI-Technologie angebunden werden können, ohne daß sie einen EDI-Konverter (Übersetzungsprogramm) anschaffen und in EDI-Know-how investieren müssen.

Der BTE schaffte in Kooperation mit bedeutenden Systemanbietern der Branche die erforderlichen Rahmenbedingungen. Gemeinsam mit den Softwarehäusern Becker EDV, b.u.s., Collection Software, CompEx, Fee, Futura/Topfashion, Höltl, Robeck, Limmer Soft und STS sowie dem EDI-Dienstleister GLI, der mit dem operativen Betrieb des Clearing-Centers betraut wurde, erarbeitete der BTE ein spezielles Flatfile-Format. Es basiert auf den spezifischen Anforderungen des Geschäftsverkehrs zwischen dem Textileinzelhandel und seiner Vorstufe, den Verarbeitungsmöglichkeiten der Warenwirtschaftssysteme des Handels und auf den inhaltlichen und formalen Vorgaben der internationalen EDI-Standard-Formate.

Entwicklung eines EDI-Clearing-Centers

Dieses zwischen den genannten Warenwirtschaftssystemen (WWS-Systemen) abgestimmte Flatfile-Format wurde für die EDI-Nachrichten
- Artikelstammdaten,
- Bestellung,
- Bestellbestätigung,
- Lieferavis und
- Abverkaufsmeldung

sowohl in den WWS-Systemen des Textileinzelhandels als auch im BTE-Clearing-Center programmiert. Über diese gemeinsame EDV-Schnittstelle können die WWS-Systeme des Handels mit dem Clearing-Center elektronisch kommunizieren, wo das (Inhouse-)Format der WWS-Systeme in das internationale Standardformat EANCOM übersetzt wird.

Auf diese Weise wurden die Warenwirtschaftssysteme im Textileinzelhandel in die Lage versetzt, ohne eigene EDI-Konvertersoftware am elektronischen Geschäftsverkehr teilzunehmen.

Die Forschungsgemeinschaft Bekleidungsindustrie begleitete den Aufbau des Clearing-Centers. Sie stellte sicher, daß die Anforderungen der Lieferanten an den elektronischen Datenaustausch mit ihren Handelspartnern in möglichst hohem Umfang Berücksichtigung finden.

2.1.2 Reduzierung des organisatorischen EDI-Aufwands

- Grundsätzliches zu EDI-Formaten

Damit sich die EDV-Systeme der Marktpartner verstehen, verwendet man üblicherweise im elektronischen Geschäftsverkehr genormte Datenaustausch-Formate. Unter diesen hat sich in den vergangenen Jahren das von den Vereinten Nationen entwickelte und für den weltweiten und branchenübergreifenden EDI-Einsatz empfohlene EDIFACT-Format durchgesetzt (Electronic Data Interchange For Administration Commerce and Transport).

Die EDIFACT-Nachrichten sind sehr komplex und mit zahlreichen Datenfeldern und Codes überfrachtet, die von Anwendergruppen oftmals nicht benötigt werden. Aus diesen Gründen wurden in der Praxis zahlreiche „EDIFACT-Subsets" entwickelt, in denen zum einen überflüssige Nachrichtenbestandteile weggelassen und zum anderen die Formate durch Anwendungsrichtlinien konkretisiert und präzisiert werden.

Für die Kosumgüterwirtschaft ist dies beispielsweise EANCOM, das weltweit von EAN International bzw. in Deutschland von der Mitgliedsorganisation CCG Centrale für Coorganisation „gepflegt" wird. Für die Textil- und Bekleidungsbranche wurde auf Basis des allgemeinen EANCOM-Formates wiederum ein textilspezifisches Subset entwickelt: EANCOM für die Textilwirtschaft.

Trotz aller Bemühungen um Standardisierung von EDI-Formaten ist die einheitliche Sprachregelung noch immer ein tägliches Problem der EDI-Praxis.

Zum einen werden die vorgegebenen Regeln der Standardformate wie EDIFACT oder EANCOM von den Geschäftspartnern nicht immer vorschriftsmäßig eingehalten, was zwangsläufig zu Mißverständnissen bei der elektronischen Kommunikation führen muß.

Zum anderen enthalten die Standardformate – und müssen dies wohl auch – Interpretationsspielräume einzelner Datenfelder, die es dann bilateral nochmals abzustimmen gilt. So haben sich in der EDI-Praxis innerhalb des Standards eine Vielzahl unterschiedlicher „Dialekte" gebildet, die es wiederum zu übersetzen gilt.

Und zu guter letzt müssen auch neue Releasestände der Standardformate - in EDIFACT sog. Directories - in den Konvertierungsprogrammen der Kommunikationspartner berücksichtigt werden.

- Format-Abstimmungen und -Kontrollen über das Clearing-Center

Ein wesentlicher Vorteil der Einschaltung des BTE-Clearing-Centers liegt nun darin, daß Format-Abstimmungen der Handelsunternehmen mit jedem einzelnen Lieferanten (und umgekehrt) nicht mehr erforderlich sind. Dies gilt auch für Artikel-Stammdaten, die nach einem einheitlichen Daten-Format und nach den Vorgaben der Lieferanten an die bezugsberechtigten Textileinzelhändler über das Clearing-Center verteilt werden können.

Die Feinabstimmungen und Datentests, die – wie erwähnt – aufgrund der vorhandenen Interpretationsspielräume selbst bei Verwendung von Standards nach

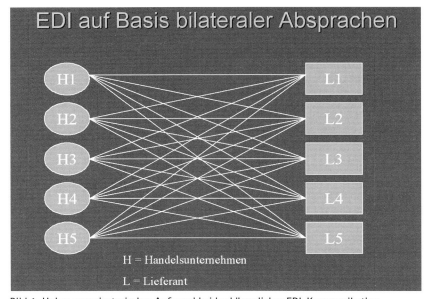

Bild 1. Hoher organisatorischer Aufwand bei herkömmlicher EDI-Kommunikation

Entwicklung eines EDI-Clearing-Centers 195

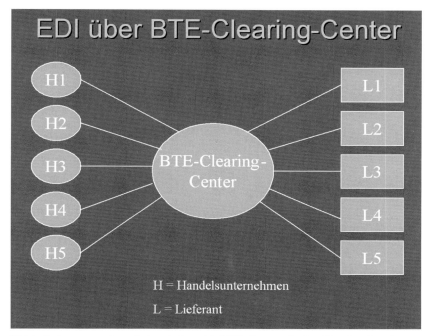

Bild 2. Geringer organisatorischer Aufwand bei EDI-Kommunikation über Clearing-Center

wie vor zwischen den Geschäftspartnern erforderlich und in aller Regel sehr zeitaufwendig sind, erfolgen pro Lieferant nur ein einziges Mal: im Clearing-Center, jeweils für eine Vielzahl von angeschlossenen Handelsunternehmen.

Künftige Releasewechsel bei EDIFACT bzw. EANCOM müssen ebenfalls nur einmal, nämlich im Clearing Center, softwaremäßig Berücksichtigung finden und stehen damit allen angeschlossenen Handelsunternehmen (und deren EDI-Partnern) automatisch zur Verfügung.

Die organisatorischen Vorteile des BTE-Clearing-Centers für EDI-Kommunikationspartner der Textilwirtschaft sollen die Bilder 1 und 2 im Vergleich verdeutlichen.

2.2 Die Funktionen des BTE-Clearing-Centers

Das Clearing-Center übernimmt im Rahmen des elektronischen Geschäftsverkehrs für die angeschlossenen Handelsunternehmen eine ganze Reihe von Aufgaben. Zu den wichtigsten gehören:
- die Einrichtung und Pflege der Konvertertabellen, in denen die jeweils realisierten Datenaustausch-Formate der Lieferanten hinterlegt sind,

- der Empfang von Daten,
- die Kontrolle der eingehenden Datensätze daraufhin, ob die vereinbarten Formatvorschriften eingehalten wurden,
- die Datenkonvertierung vom Inhouse-Format des Handelsunternehmens (z. B. bei Bestellungen und Abverkaufsmeldungen) in die vom jeweiligen Lieferanten genutzten EDI-Standardformate (EDIFACT/EANCOM),
- die Datenkonvertierung der eingehenden Lieferanten-Daten (z. B. Artikelstammdaten, Bestellbestätigungen, Lieferavise) aus EDIFACT/EANCOM in das Inhouse-Format des Handelsunternehmens,
- bei Bedarf Querkonvertierung zwischen verschiedenen EDIFACT-Releaseständen,
- die Datenweiterleitung an die Zieladressen über alle gängigen Kommunikationsverbindungen wie ISDN, Telebox 400, VANs (z. B. von General Electric oder IBM) sowie über Internet,
- eine Gateway-Funktion zwischen verschiedenen Kommunikationsnetzen,
- die Zwischenarchivierung der Daten,
- die Berücksichtigung (Einpflegen) neuer EDIFACT-Directories und
- eine EDI-Hotline.

2.3 Der Ablauf

Die Durchführung des elektronischen Datenaustausches über das BTE-Clearing-Center ist aufgrund der programmierten Inhouse-Schnittstellen der Handelssysteme und der vorab erfolgten Formatabsprachen mit den Warenlieferanten sehr einfach.

Bei einer elektronischen Bestellung beispielsweise wird folgendermaßen verfahren: Der Teilnehmer, ein Modehaus, wählt sich – zum Beispiel per ISDN-Anschluß – in das Clearing-Center ein und übersendet über Telefonleitung aus seiner Warenwirtschaft heraus eine Bestellung im eigenen Inhouse-Format. Das Clearing-Center nimmt den Datensatz in Empfang. Dort erfolgt unmittelbar die Datenkonvertierung in das spezielle EANCOM-Format des Bekleidungslieferanten und die Weiterleitung an die Zieladresse des Lieferanten, beispielsweise eine Telebox 400-Adresse.

Eine Bestellbestätigung läuft den umgekehrten Weg: Ein Lieferant schickt – z. B. über seine Telebox 400 – eine Bestellbestätigung im Format EANCOM an das Clearing-Center. Dort erfolgen Formatkontrolle und Datenkonvertierung in das Inhouse-Format des BTE-Clearing-Centers (und damit in das Datenformat des angeschlossenen Handelsunternehmens) sowie die Weiterleitung der Daten an das Warenwirtschaftssystem.

Entwicklung eines EDI-Clearing-Centers

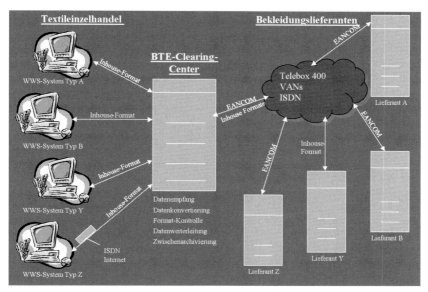

Bild 3. Der Datenaustausch über BTE-Clearing-Center im Überblick

2.4 Die Testphase

Nach der Programmierung der EDI-Schnittstellen wurden diese einem intensiven mehrmonatigen Test unterzogen. In der Testphase des Clearing-Centers waren folgende Unternehmen aus Industrie und Handel beteiligt:
- aus der Bekleidungs- und Wäscheindustrie die Firmen Cecil, Falke, Felina, Gardeur, Schiesser, Triumph, Olymp, Mac und Street One.
- aus dem Textileinzelhandel die Firmen Mode & Textil Hofmann (Hohenstein), Ganzer Moden (Hallein, Österreich), Modehaus Röttgen (Jülich), Pieper (Saarlouis), Specht/Henschel und Ropertz-Gruppe (Darmstadt) und Woll-Wanner (Ulm).

Am 1. Juli 2001 wurde das BTE-Clearing-Center nach bestandener Testphase für den Echtbetrieb freigeschaltet.

2.5 Die Kosten

- Handelsunternehmen

Die Teilnehmergebühren wurden vor dem Hintergrund der Zielgruppe mittelstandsfreundlich und transparent gestaltet. Das Gebührensystem ähnelt Telefontarifen. Es wird zwischen einer Grund- und einer Volumengebühr unterschieden. Je nach Höhe des durchschnittlichen täglichen Datenübertragungsvolumens ist der Wenignutzer-Tarif oder der Professional-Tarif für die angebundenen Handelsunternehmen vorteilhafter.

Die extrem niedrigen Kosten und der geringe organisatorische Aufwand für die Teilnehmer machen die Einzigartigkeit des BTE-Clearing-Centers aus. Bereits im ersten Realisierungsschritt werden einige Tausend inhabergeführte Bekleidungsgeschäfte technisch in die Lage versetzt, mit ihren WWS-Systemen EDI zu betreiben, ohne daß sie in teure EDI-Software und Serviceleistungen oder Schulungen für ihren Betrieb vor Ort investieren müssen.

- Bekleidungslieferanten

Die Konvertierungsleistungen des Clearing-Centers werden für die angeschlossenen Handelsunternehmen durchgeführt und diesen berechnet. Für die Marktpartner des Textileinzelhandels, die Bekleidungslieferanten, ist der Datenversand und -empfang über das Clearing-Center kostenfrei. Voraussetzung für die unentgeltliche Leistungserbringung gegenüber der Industrie ist, daß die Daten in den Standardformaten EANCOM bzw. EDIFACT geliefert oder empfangen werden.

Individuelle Datenformate (Inhouse-Formate) der Lieferanten können nur dann bedient werden, wenn entsprechende Datenschnittstellen (kostenpflichtig) programmiert werden. Die Firma GLI als technischer Betreiber des BTE-Clearing-Centers übernimmt in diesem Zusammenhang die üblichen Leistungen von EDI-Softwarehäusern. Dieser Dienstleister ist mit den speziellen EDI-Anforderungen der Bekleidungswirtschaft bestens vertraut.

3 Weiterentwicklung

Folgende Maßnahmen sind zur weiteren Optimierung des BTE-Clearing-Centers für die Zukunft geplant:
- Die Zahl der teilnehmenden Unternehmen aus Handel und Industrie gilt es zügig zu erhöhen. Dies umfaßt auch die Anbindung ausländischer Geschäftspartner.
- Dank des offenen Systems können und sollen weitere Warenwirtschaftssystemanbieter an die Clearing-Dienstleistung angebunden werden.
- Zum Repertoire elektronischer Geschäftsvorfälle wird die elektronische Rechnung hinzukommen.
- Das Spektrum der Warenbereiche wird um Heim- und Haustextilien erweitert.
- Vorgesehen ist ferner die Einrichtung einer Warengruppen-Umsetzungstabelle, damit handelsseitig über das Clearing-Center auf einen Standardschlüssel zugegriffen werden kann, was die Pflege von firmenindividuellen Warengruppenschlüsseln erleichtert.

Insgesamt sollen die vorgesehenen Erweiterungsmaßnahmen dazu dienen, den elektronischen Geschäftsverkehr in der Bekleidungs- und Textilwirtschaft auf eine möglichst breite Basis zu stellen.

Zentrales Artikelstammdatenmanagement in der Textilbranche

von Sascha Kasper*

Kernaussagen des Beitrages

Artikelstammdaten spielen im elektronischen Geschäftsverkehr eine immer wichtigere Rolle. Der vorliegende Beitrag beschreibt die Struktur und die Entwicklung des SINFOS-Stammdatenpools für die Textilbranche, als der Grundlage jeglichen elektronischen Geschäftsverkehrs zwischen Bekleidungsherstellern und Handel. Dem Leser soll damit ein Überblick über das Informationsprofil eines sog. NOS- (never out of stock) Artikel gegeben und die Bedeutung der einzelnen Informationsbestandteile und deren Datenqualität im Geschäftsprozeß gezeigt werden. Schließlich wird der enge Zusammenhang des zentralen SINFOS-Stammdatenmanagement mit ECR (Efficient Consumer Response) beschrieben.

Der SINFOS-Stammdatenpool besteht seit mehr als zehn Jahren. Er stellt eine Dienstleistung zur Förderung des elektronischen Geschäftsverkehrs zwischen Industrie, Handel und Dienstleistern dar. Was zunächst als „Best Practice", also als Gütesiegel in der Lebensmittelbranche entstanden ist, hat schnell seine Verbreitung in den angrenzenden Warensortimenten gefunden. Dieser Service ist nun auch auf den Textilsektor ausgedehnt worden. Seit April 2001 bildet SINFOS ein eigenständiges Stammdateninformationsprofil für Artikel der textilen Branche ab.

I SINFOS: „Best practice"

A Zentraler Artikelstammdatenpool

Jeder Stammdatenaustausch mit einem Partner im elektronischen Datenaustausch (EDI)[1] erfordert intensive Abstimmungsprozesse. So muß zunächst Einigung erzielt werden über:
- die auszutauschenden Informationsinhalte sowie
- über die Nachrichten- und Datenformate

---

* Sascha Kasper, Diplom Ökonom ist Projektmanager im Bereich SINFOS Releasemanagement – Bereich operative Stammdatendienste bei der Centrale für Coorganisation GmbH (CCG), Köln
1 Die Abkürzung EDI steht für Electronic Data Interchange.

Hierzu existieren bereits in der Praxis erprobte Nachrichtenstandards wie die EANCOM®-Nachrichtentypen[2] PRICAT[3] und PROINQ[4] sowie XML, die allen Marktteilnehmern einheitliche und transparente Strukturen garantieren. Beim bilateralen Stammdatenaustausch müssen jedoch zusätzlich mit jedem Geschäftspartner u. a. folgende Aspekte abgestimmt werden:
- Kommunikationsverbindungen (DFÜ),
- Nachrichten- und Datenformate,
- Informationsinhalte,
- Update-Rhythmen sowie deren Inhalte,
- Fehlerkontrollen,
- Fehlerbehandlungen und
- Pflege der Daten (Neuanlage, Änderungen sowie Löschungen).

Ein Marktteilnehmer mit beispielsweise 100 EDI-Partnern muß die genannten Abstimmungsprozesse beim bilateralen Datenaustausch hundert Mal durchlaufen (Bild 1). Ein kaum zu bewältigender Aufwand, der sich allerdings auf ein

Bild 1. Bilateraler Stammdatenaustausch

---

2 Das Kunstwort EANCOM® zusammengesetzt aus EAN und COMmunication bildet ein Subset von EDIFACT. EANCOM® ist auf den elektronischen Geschäftsverkehr der gesamten Versorgungskette zugeschnitten und aus mehreren Kategorien standardisierten Nachrichtentypen wie Stammdaten, Bewegungsdaten, Berichts- und Planungsdaten entstanden.
3 Die Bezeichnung PRICAT steht für Preisliste/Katalog und stellt damit die Nachricht für die Artikelstammdaten dar. Weitere Informationen unter: Centrale für Coorganisation GmbH (Hrsg.): Schnittstellenbeschreibung EANCOM®/PRICAT für SINFOS Release 3.0, Köln, 2000, S. 2ff.
4 Die Bezeichnung PROINQ steht für Produktdatenanforderung und stellt die Selektionsanforderung an einen Datenpool dar. Weitere Informationen unter: Centrale für Coorganisation GmbH (Hrsg.): Schnittstellenbeschreibung EANCOM®/PROINQ für SINFOS Release 3.0, Köln, 2000, S. 2ff.

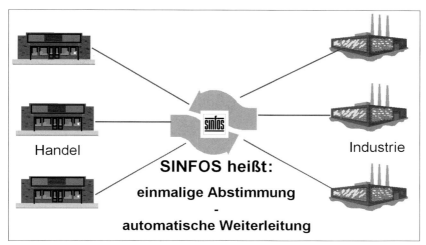

Bild 2. Zentraler Artikelstammdatenpool

einziges Mal reduzieren läßt, wenn der Austausch von Artikelstammdaten multilateral, d. h. über einen zentralen Datenpool, stattfindet (Bild 2).

Aus diesem Grund haben sich Handel und Industrie in Deutschland, den Niederlanden und Österreich auf die gemeinsame Nutzung von SINFOS geeinigt. Der zentrale Datenpool ist damit ein internationaler Konsens von Handel und Industrie. Im aktuellen SINFOS Releasestand 3.0 stellt dieser folgende Informationsprofile zur Verfügung:
- Lebensmittel (Deutschland, Niederlande, Österreich),
- Pfandartikel (Deutschland, Niederlande, Österreich),
- Textil (Deutschland, Österreich) und
- Agro (Deutschland)[5].

B Die SINFOS-Philosophie

Grundlage des elektronischen Stammdatenabgleichs mit SINFOS ist die möglichst vollständige Beschreibung der Artikel- oder Verpackungshierarchie von der kleinsten Einheit der Artikelbasis (Basisartikel oder Basissortiment) über alle Um- oder Transportverpackungen (Verpackungseinheiten) bis hin zur Palette, auf der der Artikel geliefert wird.

Für die Stammdaten der verschiedenen Sektoren und teilnehmenden Länder bietet SINFOS unterschiedliche Informationsprofile, die mit ihren Muß-,

---

5 Unter einem SINFOS Informationsprofil wird immer eine Kombination von Land und Sektor (Branchen oder Marktsegmente) verstanden. Für die Textilbranche werden im ersten Schritt zwei Profile für die Länder Österreich und Deutschland angeboten. Die Erweiterung auf die Niederlande wird kurzfristig angestrebt.

bedingten Muß- und optionalen Angaben in effizienter Weise allen Erfordernissen der Wirtschaftssysteme von Handel, Industrie und Dienstleistern entsprechen und damit auch die Voraussetzung für Efficient Consumer Response (ECR)[6] erfüllen. Strategisches Ziel ist die Synchronisation der Produktion mit der Kundennachfrage, also Efficient Replenishment[7].

Selbst komplexe Zusammenstellungen, in denen unterschiedliche Artikel oder auch Verpackungseinheiten unter einer EAN zusammengefaßt sind, können mit allen Einzelinformationen in SINFOS dargestellt werden. Voraussetzung ist, daß jede in der Zusammenstellung enthaltene Komponente über eine eigene EAN identifizierbar ist[8].

C SINFOS-Dienstleistungen

Um den teilnehmenden Unternehmen die Erfassung, Lieferung und den Abruf der Stammdaten zu erleichtern, bietet SINFOS umfangreiche Dienstleistungen an. Sie reichen von Hotline-Service, Beratung, Workshops, Schulungen und Seminaren bis hin zur leistungsfähigen Software SINFOS[plus] und der SINFOS[web]-Datenerfassung. Die Software SINFOS[plus] erlaubt neben der manuellen Datenerfassung, Datenverwaltung und Datenlieferung den Import und Export von bzw. nach Fremddatenbanken sowie die zeitsparende Massenaktualisierung der eigenen Artikelstammdaten. Mit der SINFOS[web]-Datenerfassung können die Artikelstammdaten vom eigenen Arbeitsplatz aus via Internet auf dem SINFOS[web]-Datenserver verwaltet und SINFOS zum Abholen zur Verfügung gestellt werden. Beide Applikationen bieten zahlreiche Plausibilitätsprüfungen, um die fehlerfreie Datenerfassung sicherzustellen. SINFOS bietet somit insgesamt eine optimale Lösung im Sinne eines Data Quality Managements und hilft, Fehlerquellen im elektronischen Geschäftsverkehr entscheidend zu minimieren.

Datenlieferungen an SINFOS sind zudem im EANCOM®-Nachrichtenformat durch die PRICAT-Nachricht, Datenabrufe in Form der PROINQ-Nachricht möglich. Über das Internet stehen die SINFOS[web]-Services zur Verfügung. Auf diesen Webseiten können die Kennzahlen, Auskünfte über die Plausibilitätsprüfungen und allgemeine Informationen bzw. News[9] über SINFOS eingesehen werden. Über die Poolrecherche stehen zudem sämtliche Artikelstammdaten im SINFOS-Pool zur Ansicht zur Verfügung. Auf Knopfdruck können von hier aus auch Selektionen spezifizierter Daten von SINFOS abgerufen werden. Schließ-

---

6 Unter ECR wird im Zusammenhang eines zentralen Artikelstammdatenmanagements die Zusammenarbeit aller Partner der Versorgungskette mit dem Ziel, den Verbrauchern ein Optimum an Qualität, Service und Produktvielfalt zu bieten, verstanden.
7 Das Konzept des Efficient Replenishment bildet eine der tragenden Säulen der ECR-Konzeption und verbindet Kunden, Verkaufsfilialen (Point of Sale), Handelslager und Unternehmenszentralen der Lieferanten in einem System, das langfristig die Synchronisation der Produktion mit der Kundennachfrage zum Ziel hat.
8 Die Abkürzung EAN steht für Internationale Artikelnummer. Weitere Informationen über die EAN siehe: Centrale für Coorganisation (Hrsg.): Die EANCodes in der Konsumgüterwirtschaft: Herstellung, Anwendung, Nutzen, Köln, 1998, S. 8ff.
9 Siehe unter http://www.sinfos.de oder http://www.sinfosbildpool.de.

Artikelstammdatenmanagement

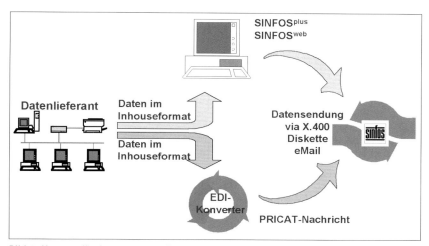

Bild 3. Kommunikationswege vom Datensender zum SINFOS-Pool

lich werden im Downloadbereich Dokumentationen, Systemtabellen, Formulare und Softwareupdates zum Herunterladen angeboten.

Mit diesem Full-Service für den Artikelstammdatenabgleich stellt SINFOS die unabdingbare Voraussetzung für jeden weiterführenden EDI-Prozeß dar. SINFOS ist damit Enabling Technology für ECR.

II Datenaustausch mit SINFOS

A Daten einstellen

Die datenverantwortlichen Unternehmen liefern die Artikelstammdaten ihrer Produkte an den zentralen SINFOS-Pool, um sie dort allen SINFOS-Teilnehmern zum Abruf zur Verfügung zu stellen. Für die inhaltliche Qualität und die regelmäßige Aktualisierung der Daten sind die Firmen selbst verantwortlich.

Die Lieferung der Artikelstammdaten erfolgt entweder
- im standardisierten EANCOM®-Nachrichtenformat PRICAT,
- per SINFOS^{plus} oder
- per SINFOS^{web}-Datenerfassung,
  und zwar wahlweise per X.400, per eMail oder per Diskette[10] (Bild 3).

Bei erfolgreicher Übernahme aller Daten in den SINFOS-Pool wird dem Datenverantwortlichen ein Übernahmeprotokoll übermittelt. Ist dies nicht der Fall,

---
10 Unter der Bezeichnung X.400 wird der von physikalischen Datennetzen unabhängige Standard zum Austausch elektronischer Geschäftsnachrichten verstanden.

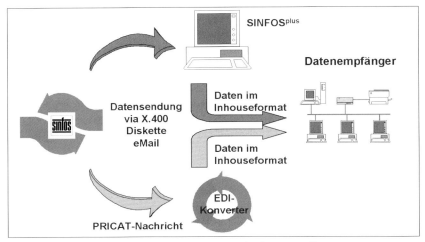

Bild 4. Kommunikationswege vom SINFOS-Pool an den Datenempfänger

wird ihm ein Fehlerprotokoll zugesandt. Fehlerhafte Stammdatensätze können korrigiert und erneut übermittelt werden.

B Daten abrufen und empfangen

Alle SINFOS-Teilnehmer können nach Bedarf gezielt und selektiv Artikelstammdaten vom SINFOS-Pool abrufen. Dies wird vor allem von Handelsunternehmen, aber auch von Datenlieferanten selbst genutzt.

Der Abruf einer Selektion von SINFOS-Daten erfolgt hier entweder
- im standardisierten EANCOM®-Nachrichtenformat PROINQ oder
- auch per SINFOS^{plus}-Datei,

und zwar wiederum wahlweise per X.400, per eMail oder per Diskette (Bild 4).

Zusätzlich kann auf den Webseiten der SINFOS^{web}-Poolrecherche eine Selektionsanforderung generiert und per Knopfdruck übermittelt werden. Für den selektiven Datenabruf stehen bestimmte Selektionskriterien auch in Kombinationen zur Verfügung. Diese sind im Überblick:
- die ILN des Datenverantwortlichen[11],
- die EAN des Basisartikels,
- das Änderungsdatum und
- die Produktklassifikation bzw. Warengruppe.

Der SINFOS-Pool übermittelt das Ergebnis der Selektion auf dem gleichen Wege als EANCOM® PRICAT-Nachricht oder im SINFOS^{plus}-Format an den Daten-

---

[11] Die Abkürzung ILN steht für Internationale Lokationsnummer. Weitere Informationen hierzu in: Centrale für Coorganisation (Hrsg.): Die Internationale Lokationsnummer, Köln, 1998, S. 8ff.

empfänger. Neben gezielten sog. einmaligen Selektionen der gewünschten Stammdatensätze können SINFOS-Teilnehmer auch ein regelmäßiges „Abonnement", d. h. eine permanente Selektion, der jeweils hinzugekommenen Stammdatenaktualisierungen, z. B. ihrer Lieferanten, Mitanbieter oder auch Komplett-Selektionen in Auftrag geben.

III Strukturen und Regeln

A SINFOS Grundbegriffe

1. Artikelbasis: Basisartikel und Basissortimente

SINFOS unterscheidet grundsätzlich zwischen:

- Basisartikeln: Hierbei handelt es sich um die kleinste verwendbare oder handelbare Größe oder Einheit eines Produktes (i.d.R. Verkaufs- bzw. Verbrauchereinheit). Als Beispiel kann hier ein Paar Socken oder ein T-Shirt einer bestimmten Farb- und Größenkombination angeführt werden. Diese Verbrauchereinheiten sind mit einem Strichcode ausgezeichnet und werden an der Kasse bzw. Point of Sale bei Abverkauf gescannt.
- Basissortimenten: Sie stellen Kombinationen von mindestens zwei verschiedenen Artikeln oder Sorten von Artikeln und/oder Verpackungseinheiten als Bestell- und/oder Liefergebinde und zur Präsentation für den Verkauf dar und werden ebenfalls über eine eigene EAN identifiziert. Die darin enthaltenen Sortimentskomponenten müssen mit eigener EAN im SINFOS-Pool bereits existieren. Beispiele für textile Basissortimente können eine Kombination aus Sakko und zwei Hosen, ein Set aus Mütze und Schal sowie Farboder Größenlots sein.

Übergreifend wird für Basisartikel und Basissortimente der Begriff Artikel bzw. zur Abgrenzung von den weiteren Verpackungseinheiten (Um- und Transportverpackung) der Begriff Artikelbasis verwendet.

Wie die Ausführungen zeigen, ist die Bezeichnung „Basisartikel" im SINFOS-System ein feststehender Grundbegriff. In der Textilindustrie steht diese Bezeichnung allgemein für solche Bekleidungsartikel, die nicht als Saisonware geführt werden, sondern dauerhaft zum Sortiment gehören und über automatische Bestellprozesse geordert werden können. Synonyme Bezeichnungen sind NOS- (never out of stock), Stamm- oder Präsenzartikel. In der Regel wird dieser Art von Artikeln kein Saisonparameter zugeordnet, weil sie als Durchläufer ganzjährig, d. h. permanent dem Handel zur Verfügung stehen. Sie werden in Absprache zwischen Lieferanten und Händlern über ausgefeilte sog. Quick Response Systeme[12] verwaltet und sind zentraler Bestandteil der effizienten

---

12 Das Quick Response-Konzept (QR), von der Unternehmensberatung Kurt Salmon Associates für die Textilindustrie entwickelt, ergab sich aus der Erkenntnis, daß obwohl in diesem Industrie-

Warenversorgung (Continuos Replenishment[13]), d. h. eine wichtige Säule von ECR. Ziele dieser automatischen Bestellverfahren bei Präsenzartikeln sind:
- die Steigerung der Umsätze durch höhere Warenpräsenz,
- kurze Bestellintervalle und damit höhere Verfügbarkeit der Ware sowie
- niedrigere Bestände.

Zur Vermeidung von Interpretationsfehlern wird hierfür der Begriff Präsenzartikel verwendet. Die Bezeichnung Basisartikel wird dagegen im Sinne der SINFOS-Regeln verstanden.

2. Verpackungshierarchie: Um- oder Transportverpackungen

Um die Stammdaten eines Artikels in ihrer Gesamtheit darzustellen, sollte in SINFOS die gesamte Verpackungshierarchie abgebildet werden. Dies beinhaltet neben der kleinsten Verpackungseinheit der Artikelbasis (Basisartikel oder Basissortiment) auch die zugehörigen Um- oder Transportverpackungen, also die höheren oder weiteren Verpackungseinheiten. Wie ein Textilartikel in seinen Hierarchiestufen abgebildet werden kann verdeutlich Bild 5.

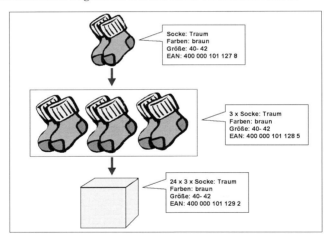

Bild 5. Beispiel einer Artikelhierarchie

---

zweig einige Teilprozesse effizient arbeiteten, das Gesamtsystem jedoch hochgradig ineffizient war. Der QR-Ansatz gilt daher als Vorläufer der ECR-Entwicklung, weil sich einerseits zeigte, daß ECR wie auch Quick Response, nur dann funktioniert, wenn sich das Top-Management dem Konzept „voll und ganz" verschrieben hat. Andererseits wird bei beiden Ansätzen deutlich, daß ausgefeilte Informationstechnologien die Durchsetzung der zugrundeliegenden Strategien zwar beschleunigen, gleichwohl nicht als Allheilmittel verstanden werden dürfen.

13 Continuous Replenishment ist die logistikorientierte ECR-Basisstrategie, die darauf abzielt, Effizienzen des Waren- und Informationsflusses entlang der Versorgungskette zu optimieren. Dabei werden herkömmliche Belieferungssysteme durch einen sich an der tatsächlichen bzw. prognostizierten Nachfrage der Kunden orientierten Prozeß ersetzt, wobei der Hersteller im Idealfall selbst für die Bestellung des Händlers verantwortlich zeichnet.

Artikelstammdatenmanagement

	Weiß	Grau	Schwarz
41/42	EAN 40 15000 01015 3	EAN 40 15000 01016 0	EAN 40 15000 01017 7
43/44	EAN 40 15000 01018 4	EAN 40 15000 01019 1	EAN 40 15000 01020 7
45/46	EAN 40 15000 01021 4	EAN 40 15000 01022 1	EAN 40 15000 01023 8

Bild 6. Farb- und Größenkombination eines Artikels und deren EAN

Voraussetzung ist, daß jede einzelne Verpackungseinheit bis hin zur Palette, auf der ein Artikel ausgeliefert wird, mit einer eigenen EAN ausgezeichnet ist. Zur Verknüpfung der Verpackungseinheiten untereinander und mit der Artikelbasis muß zu jeder Verpackungseinheit die EAN und die Anzahl der nächstniedrigeren darin enthaltenen Verpackungseinheit angegeben werden.

3. Farb- und Größenvarianten in SINFOS

Die meisten Artikel der Textilbranche liegen in mehreren Größen- und Farbvarianten vor. Aus Gründen der eindeutigen Identifizierung muß den EAN-Richtlinien[14] entsprechend in SINFOS jeder Farb-/Größenkombination eines Artikels eine eigene EAN zugeteilt werden. Dies bedeutet, daß es sich in SINFOS bei jeder Variante um einen eigenen Basisartikel handelt, dessen Größe und Farbe in den Stammdaten angegeben werden muß (Bild 6).

IV Das Informationsprofil SINFOS „Textil"

A Die Entwicklung der textilen Branchenlösung

Die Entwicklung des textilen Informationsprofils erfolgte im Rahmen einer SINFOS Arbeitsgruppe in der Centrale für Coorganisation (CCG)[15]. Beteiligt an

---

14 Vgl. Centrale für Coorganisation (Hrsg.): Die EAN-Codes in der Konsumgüterwirtschaft: Herstellung, Anwendung, Nutzen, Köln, 1998, S. 11f.
15 Die Centrale für Coorganisation ist ein Dienstleistungs- und Kompetenzzentrum für die deutsche Konsumgüterwirtschaft und ihre angrenzenden Wirtschaftsbereiche. Ihre Träger sind der Markenverband und das EuroHandelsinstitut (EHI). Ihr Auftrag ist die Förderung der Zusammenarbeit im Informationswesen und in der Logistik.

der Entwicklung des Branchenprofils waren Experten aus Industrie und Handel der folgenden Unternehmen:

Handel:
- Globus
- Karstadt AG
- Katag AG (vertreten durch das bedebe Rechenzentrum)
- Kaufhof AG
- Kaufring AG
- Metro MGE Einkauf
- SinnLeffers AG

Industrie:
- Bierbaum & Proenen
- Falke Gruppe
- Seidensticker Logistik GmbH
- Schiesser AG
- Klaus Steilmann GmbH
- Triumph International AG
- Gerry Weber AG.

Basis der Entwicklung war das bereits bestehende Informationsprofil für den Lebensmittelsektor und seinen Randsortimenten, in dem auch schon Textilartikel eingestellt worden waren. Aus diesem Profil wurden 43 bestehende Datenelemente unverändert übernommen. Bezogen auf die Gesamtmenge aller Informationsattribute macht dies einen Anteil von 64 % aus. Weitere zehn Datenelemente sind aus dem bestehenden Informationsprofil des Lebensmittelsektors in leicht überarbeiteter Form transferiert worden. Dies entspricht einem Anteil von 15 %. Zusätzlich hat die Branchengruppe noch weitere 14 Informationsattribute erarbeitet und als Erweiterungen in das Profil eingearbeitet. Damit sind rund 2/3 der bestehenden Datenelemente des SINFOS Pools in die textile Branchenlösung übernommen worden.

B Darstellung der textilen Stammdaten im SINFOS Pool
1. Informationsstatus und Bezugsebene der Datenelemente
Zur genauen Einordnung der Informationsattribute im SINFOS-Pool werden unterschiedliche Informationszustände und Bezugsebenen differenziert.

a) Globale, global/lokale und lokale Datenelemente
Bezogen auf den Verbreitungsgrad in den verschiedenen Ländern werden zunächst die folgenden Attribute unterschieden:
- Globale (G) Angaben: Diese Attribute kommen in allen Ländern des Sektors mit gleicher Bedeutung, mit gleichen zulässigen Ausprägungen oder gleichem Wertebereich und mit gleicher Abhängigkeit von anderen Inhalten vor.

- Global/lokale (GL) Angaben: Sie kommen ebenfalls in allen Ländern des Sektors vor, haben jedoch länderspezifisch unterschiedlich zulässige Ausprägungen.
- Lokale (L) Angaben: Diese Datenelemente kommen nicht in allen, sondern nur in einzelnen Ländern vor.

b) Mußangaben und optionale Angaben
Nach der Notwendigkeit der Angabe des Informationsinhaltes werden vier Zustände unterschieden:
- Mußangaben (M): Diese Attribute müssen zu einem Basisartikel oder -sortiment und/oder zu einer Verpackungseinheit in SINFOS zwingend gemacht werden, um eine konsistente und sinnvolle Arbeit mit den Daten zu gewährleisten (Mindestinformationsgehalt).
- Conditionale Mußangaben (CM): Diese Stammdaten sind Angaben, die erst unter einer bestimmten Bedingung bzw. Informationsinhalten zu Mußangaben werden.
- Optionale Angaben (O): Diese Datenelemente sind Stammdaten, die vom Datenverantwortlichen optional eingestellt werden können und den Informationsgehalt der Mußangaben sinnvoll ergänzen.
- Conditional optionale Angaben (CO): Hier handelt es sich um Stammdaten, deren Angabe in SINFOS nicht zwingend notwendig ist, die jedoch nur dann angegeben werden können, wenn bestimmte andere Informationsinhalte vorhanden sind.

c) Bezugsebene
Wird die Bezugsebene betrachtet, richtet sich die Differenzierung nach der Artikelhierarchie:
- Basisartikel (B): Hierbei handelt es sich um Angaben, die nur beim Basisartikel gemacht werden.
- Basissortiment (BS): Hier werden Stammdaten eingestellt, die nur das Basissortiment betreffen und sich nicht auf logistische Daten beziehen.
- Verpackungseinheit (VP): Diese Angaben werden ausschließlich bei einer weiteren Verpackungseinheit (Um- und Transportverpackung) gemacht und beziehen sich nur auf logistisch relevante Daten.

2. Darstellung eines Basisartikels im SINFOS-Pool
In Abhängigkeit von den Bezugsebenen und verschiedenen Informationszuständen läßt sich ein textiler Präsenz- bzw. NOS-Artikel – wie in der Bild 7 beispielhaft dargestellt – wie folgt abbilden:

C   Kurzdarstellung der wichtigsten textilen Datenelemente
Bild 7 zeigt, wie im SINFOS Informationsprofil des Textilsektors die komplexe Struktur eines Artikels ausführlich mit allen seinen zentralen Angaben beschrieben wird. Grundsätzlich ist es auch möglich, hochmodische Artikel ein-

Informationstechnologie und Logistik

Artikelbeispiel	Bezeichnung des Datenelementes in SINFOS	Eintrag und Abbildung im SINFOS Pool	Datenart Info-status	Art	Bezugs-ebene
		Kerndaten Artikelbasis			
	Informationsprofil (Sektor/Land)	TEXTIL Deutschland	G	M	BA/BS/VP
	EAN der Artikelbasis	**40 15000 01016 0**	G	M	BA/ BS
	Gültig-ab Datum	11.07.2001	G	M	BA/BS/VP
Herrenoberhemd, grau, bügelfrei, Größe 41/42	Artikellangtext	HERRENOBERHEMD BÜGELFREI 1/1 ARM	G	M	BA/BS
	ILN des Datenverantwortlichen	4000004000002	G	M	BA/BS/VP
		Basisinfo			
	Artikelkurztext	H-OBERHEMD BF 1/1	G	O	BA/BS
	Markenname	SIMON	G	O	BA/BS
	Kassenbontext	HEMD BF 1/1	G	O	BA/BS
	Thema/Programm	...	G	O	BA/BS
	Aktion	Business Wochen	G	O	BA/BS
	Saison: Parameter	FS (Frühjahr/Sommer)	G	O	BA/BS
	Saison: Kalenderjahr	2001	G	CO	BA/BS
	ILN des Herstellers	4000004000002	G	M	BA/BS
	Herstellername	SIMON AG	G	O	BA/BS
	Nettofüllmenge	1	G	O	BA/BS
	Nettofüllmenge: Maßeinheit	PCE (Stück)	G	CM	BA/BS
	Grundpreisrelevante Nettofüllmenge	...	G	O	BA/BS
	Grundpreisrel. Nettofüllmenge: Maßeinheit	...	G	CM	BA/BS
	Umsatzsteuer (%)	16 % (voller MwSt-Satz)	G/L	M	BA/BS
	Zolltarifnummer	...	G	O	BA/BS
		Eigenschaften			
	Produktklassifikation *(Standard-Warenklassifikation Deutschland)*	2350 (Herrenoberhemden, City-Hemden, 1/1 Arm)	G/L	M	BA/BS
	Warengruppenschlüssel 'BTE'	111210 (Cityhemden 1/1 Arm)	G	O	BA/BS
	Warengruppenschlüssel 'DTB'	11330 (Langer Arm City)	G	O	BA/BS
	Preisauszeichnung auf der Ware (j/n)	ja (zutreffend)	G	M	BA/BS
	Etikett: Art und Plazierung nach Gen. Spec (j/n)	nein (nicht zutreffend)	G	M	BA/BS
	Standardkleiderbügel nach SKRS (j/n)	nein (nicht zutreffend)	G	M	BA/BS/VP
	Grüner Punkt (j/n) *(nur im deutschen Informationsprofil)*	ja (zutreffend)	L	M	BA/BS
	Farbe: Lieferantennr./ -code	1880A	G	O	BA/BS
	Farbe: Lieferantenbezeichnung *(Farbgruppe;Farbbezeichnung)*	GRAU;NAVY	G	O	BA/BS
	Konfektionsgröße/Größenbezeichnung *(1. Größenbezeichnung)*	41/42	G	M	BA/BS
	Konfektionsform/Schnitt *(2. Größenbezeichnung)*	XL	G	O	BA/BS
	Ursprungsland	...	G	O	BA/BS

Artikelstammdatenmanagement

Bezeichnung des Datenelementes in SINFOS	Eintrag und Abbildung im SINFOS Pool	Datenart Info-status	Art	Bezugs-ebene
	Material			
Produktmaterial: Kurzbezeichnung	CO (Baumwolle)	G	M	BA/B
Produktmaterial: Prozentwert	100 (%)	G	M	BA/BS
	Kerndaten kleinste Verpackungseinheit			
Artikelbasis (j/n)	ja (zutreffend)	G	M	BA/BS/VP
Bewegungskennzeichen	Änderung	G	M	BA/BS/VP
Liefereinheit (j/n)	ja (zutreffend)	G	M	BA/BS/VP
Bilddaten (j/n)	ja (zutreffend)	G	M	BA/BS/VP
Interne Lieferantenartikelnummer	Hemd 1289	G	O	BA/BS/VP
Non-public (j/n)	nein (nicht zutreffend)	G	M	BA/
Non-public ILN	...	G	CM	BS/VP
	Verpackungsinfo			
Verpackungsart	UTE (Plastiktüte)	G	M	BA/BS/VP
Strichcodiert (j/n)	ja (zutreffend)	G	M	BA/BS/VP
Höhe	50 (mm)	G	O	BA/BS/VP
Breite	304 (mm)	G	O	BA/BS/VP
Länge/Tiefe	400 (mm)	G	O	BA/BS/VP
Bruttogewicht (g)	250 (g)	G	O	BA/BS/VP
Vorgänger EAN	...	G	O	BA/BS/VP
	Preisangaben/Sonstiges			
Fakturiereinheit (j/n)	ja (zutreffend)	G	M	BA/BS/VP
Listenpreis der Fakturiereinheit	25,89	G	CO	BA/BS/VP
Listenpreis: Währung	EUR (Europäischer Euro)	G	CM	BA/BS/VP
Listenpreis: Preisbasis	1	G	CM	BA/BS/VP
Listenpreis: Preisbasis Maßeinheit	PCE (Stück)	G	CM	BA/BS/VP
Empfohlener Ladenverkaufspreis /Mindestverkaufspreis mit Währung	...	G	CM	BA/BS/VP
Druckreihenfolge	40 15000 01016 0	G	O	BA/BS/VP
	Bestell-/Lieferinfo			
Bestelleinheit (j/n)	ja (zutreffend)	G	M	BA/BS/VP
Saisonale Verfügbarkeit: Startdatum	01.03.2001	G	O	BA/BS/VP

Bezeichnung des Datenelementes in SINFOS	Eintrag und Abbildung im SINFOS Pool	Datenart Info-status	Art	Be-zugs-ebene
Saisonale Verfügbarkeit: Enddatum	01.09.2001	G	O	BA/ BS/VP
Losfaktor (temporäre Überbrückungshilfe)	3	G	O	BA/BS
Palettenangaben: Palettenkennzeichen	NPW (nicht palettierte Ware)	G	CM	BA/ BS/VP
Anzahl Liefereinheiten pro Palette	...	G	CM	BA/ BS/VP
Anzahl Lagen pro Palette	...	G	CM	BA/ BS/VP
Palettenladehöhe (mm)	...	G	CM	BA/ BS/VP
Palettenstapelfaktor	...	G	CM	BA/ BS/VP
Palettenhandling (Einweg/Mehrweg)	...	G	CM	BA/ BS/VP
Handhabungsanweisung (x5)	Handhabungsanweisungen LYG (Liegend) TRD (Transit oder Crossdocking Lieferung)	G	O	BA/ BS/VP

Bild 7. Beispiel der Abbildung eines Artikels im SINFOS-Pool

zustellen. Zur generellen Verdeutlichung sollen daher die wichtigsten Informationsfelder in alphabetischer Reihenfolge kurz dargestellt werden[16].

1. Aktion
Das Textfeld „Aktion" bezeichnet eine Verkaufsaktion, für die ein Artikel vorgesehen ist. Beispiele für eine hier anzugebende Verkaufs- oder Marketingaktion können spezielle Werbemaßnahmen wie Schlußverkäufe (Winterschlußverkauf [WSV] und Sommerschlußverkauf [SSV]) oder Jubiläumsverkäufe sein.

2. Artikellangtext
Der Artikellangtext kann eine ausführliche Produktbezeichnung des Artikels sein. Er dient dazu, den Artikel mit seinen charakteristischen Merkmalen eindeutig zu bezeichnen. Ebenso können hier weitere Dimensionen des Inhaltes beschrieben werden, die bei der Nettofüllmenge nicht dargestellt werden können, z. B. Anzahl Herrenslips oder T-Shirts pro Packung in einem Multi-Pack oder in einem Basissortiment (Zusammenstellung verschiedener EAN).

3. Bewegungskennzeichen
Mit diesem Datenelement wird jedem Artikel ein Änderungskennzeichen gegeben (sog. Änderungsdienst). Zusammen mit dem Gültig-ab-Datum steuert es die Übernahme in den SINFOS-Pool und kennzeichnet gleichzeitig den Status der

---

[16] Zur weiteren Vertiefung vgl. Centrale für Coorganisation (Hrsg.): SINFOSKompendium Textil (Release 3.0, 07/2001), Köln, 2001, S. 41 ff.

Artikelstammdatenmanagement

gelieferten Einheit. Damit gibt das Datenelement an, ob es sich bei der übermittelten Stammdatenversion um
- eine Neuanlage,
- eine Änderung,
- eine Korrektur oder
- eine Bekanntgabe der Löschung

eines Artikels oder der Verpackungseinheit handelt.

4. EAN der Artikelbasis

Die Artikelbasis ist die kleinste Verpackungseinheit der Verpackungshierarchie eines Produktes. Es kann sich dabei um einen Basisartikel oder um ein Basissortiment handeln. Darauf aufbauend sollen die zugehörigen Um- oder Transportverpackungen als weitere Verpackungseinheiten in SINFOS abgebildet werden.

Jede Artikelbasis und jede weitere Verpackungseinheit wird nach dem EAN-Numerierungssystem durch eine standardisierte Nummer eindeutig identifiziert. Diese Artikelnummer darf in SINFOS aus bis zu 14 numerischen Stellen bestehen, welches die Darstellung von EAN-13, EAN-8, UPC[17] und auch der 14-stelligen EAN ermöglicht.

5. Etikett: Art und Plazierung nach der generellen Spezifikation

In diesem Ja/Nein-Feld kann die Angabe gemacht werden, ob ein Artikel nach Etikettenlayout und Etikettenplazierung entsprechend der generellen EAN/UCC Spezifikationen etikettiert ist oder nicht[18].

Dieses Feld stellt im Zusammenhang mit dem ECR-Konzept eine wichtige Größe für den Handel dar, weil diese Etiketten die Grundlage für eine Herstellerauszeichnung darstellen und daher der Vorgang des Auszeichnens in den Zentrallägern des Handels unterbleiben kann. Schließlich kann dies für ein effizientes Cross-Docking genutzt werden[19].

---

17 Die Abkürzung UPC steht für Universal Product Code und stellt in den USA und Kanada das Äquivalent zu EAN dar. Zur Vertiefung vgl. Centrale für Coorganisation (Hrsg.): Die EANCodes in der Konsumgüterwirtschaft: Herstellung, Anwendung, Nutzen, Köln, 1998, S. 23.
18 Die Angabe bezieht sich dabei auf die generelle EAN/UCC Spezifikationen mit dem Titel „Symbol Placement Guidelines". Siehe vor allem die Kapitel 5 „Symbol Placement for Clothing and Fashion Accessories" und Kapitel 6 „General Format Guidelines for Clothing and Fashion Accessories Labels". Zudem ist die genaue Spezifikation im ILN/EANHandbuch, Kapitel 6 abgebildet. Weitere Informationen sind über die Centrale für Coorganisation GmbH, Maarweg 133, D50825 Köln oder über http://www.ccg.de erhältlich.
19 Bei dieser Distributionstechnik des Cross Dockings werden statt seltener, großer, mit langem Vorlauf bestellter Lieferungen, häufige kleine Lieferungen mit entsprechenden kurzem Vorlauf bezogen. Das Besondere ist dabei, daß die im Zentrallager des Handels angelieferten Güter nicht mehr eingelagert, sondern direkt nach Eingang filialgerecht kommissioniert und ausgeliefert werden. Lagerbestände und folglich Kapitalbindungskosten werden dadurch reduziert. Aufgrund der schnellen Durchlaufzeiten profitiert der Kunde von aktuellen Waren. Voraussetzung für diese Vorgehensweise ist eine enge Abstimmung bzw. Synchronisation von Warenein- und Warenausgang.

6. Farbe: Lieferantenbezeichnung

In diesem Feld wird die Farbbezeichnung des Artikels eingestellt. Zur näheren Kennzeichnung kann noch eine Farbgruppenbezeichnung oder beispielsweise eine Grundfarbe zugeordnet werden. Ein Praxisbeispiel für die Erfassung einer Farbgruppe oder Grundfarbe und einer Farbbezeichnung kann sein: Silber-Grau; Stahl.

7. Farbe: Lieferantennummer/-code

In diesem zweiten Farbfeld kann der Hersteller seinen internen Farbcode oder das Kürzel der Artikelfarbe eintragen. Angenommen, die Farbbezeichnung „Wildpflaume" hat den internen Farbcode „WX9Q", kann dieser hier eingestellt werden.

8. Gültig-ab-Datum

Hierbei handelt es sich um das Datum, ab dem die Informationsinhalte der Stammdatenversion der Artikelbasis oder der weiteren Verpackungseinheit gültig sind. Dem Produktlebenszyklus entsprechend wird jede neue oder aktualisierte Stammdatenversion eines Artikels oder einer Verpackungseinheit mit einem vom Datenverantwortlichen gesetzten Gültigab Datum und einem Bewegungskennzeichen in den SINFOS-Pool eingestellt.

Das Gültig-ab-Datum bestimmt, ab wann die Stammdaten in der vorliegenden Version gültig werden. Laut Basisvereinbarungen zwischen Handel und Industrie soll es bei Einstellung in den Pool – möglichst sechs Wochen – in der Zukunft liegen, d. h. futurisiert sein, um den Markt frühzeitig über die Neuanlage, Änderung oder Löschung eines Artikels und/oder der Verpackungseinheit zu informieren.

Ist das Gültig-ab-Datum einer Stammdatenversion erreicht, wird sie zur „aktuell gültigen" Version. Zusätzlich kann es weitere schon in SINFOS eingestellte futurisierte Versionen geben. Die Gültigkeit einer Stammdatenversion endet mit dem Gültig-ab-Datum der nachfolgenden Version. Nicht mehr gültige, d. h. „historisierte" Versionen werden im SINFOS-Pool nicht gespeichert, sondern automatisch physikalisch gelöscht (Bild 8).

9. ILN des Datenverantwortlichen

Die ILN des Datenverantwortlichen, unter der die Artikelbasis und alle zugehörigen weiteren Verpackungseinheiten in SINFOS abgelegt werden, identifiziert den Dateneinsteller.

10. Informationsprofil (Sektor/Land)

Mit dem Informationsprofil wird dem Artikel eine bestimmte Sektor-/Land-Kombination zugeordnet. Das Informationsprofil bestimmt, welche Angaben unter welchen Bedingungen gemacht werden müssen und können. Denn sowohl unterschiedliche Sektoren als auch unterschiedliche Länder stellen jeweils verschiedene spezifische Anforderungen an die Artikelstammdaten.

Artikelstammdatenmanagement 215

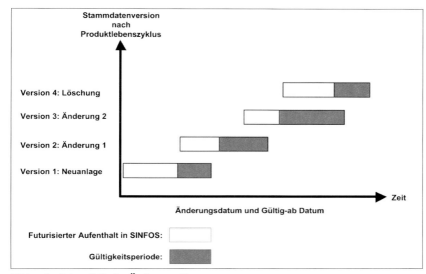

Bild 8. Funktionalität des Änderungsdienstes

Abhängig von der Kombination eines Sektor- und Länderkennzeichens bietet SINFOS im Release 3.0 verschiedene Informationsprofile für die Stammdaten der Artikel und Verpackungseinheiten an. Sie stellen jeweils genau die Datenelemente, Konsistenzprüfungen und codierten Ausprägungen zur Verfügung, die für diese Sektor-Land-Kombination vereinbart sind.

11. Interne Lieferantenartikelnummer

Hier kann die lieferanteninterne Artikelnummer der Artikelbasis oder der weiteren Verpackungseinheiten präsentiert werden. Die EAN dient hierbei grundsätzlich zur Identifikation und Kommunikation der Artikelbasis und/oder der Verpackungseinheiten zwischen Hersteller bzw. Datenverantwortlichen und Handel. In den Fällen, wo die interne Lieferantenartikelnummer noch nicht vollständig durch die EAN ersetzt wurde, kann es notwendig sein, diese Nummer für bestimmte Geschäftsvorfälle ebenfalls zu übermitteln. Selektionen aus dem Pool heraus sind über diese Nummer jedoch nicht möglich. Diese Funktionalität gewährt nur die EAN.

12. Konfektionsform/Schnitt

Bei diesem Datenelement handelt es sich um eine zweite ergänzende Größenangabe zur Bezeichnung von Paßform und Schnitt des Textilartikels. Zusätzlich steht das achtstellige Datenelement „Konfektionsgröße/Größenbezeichnung" zur Verfügung. Beispiele können hier sein:
- Angabe einer Körbchengröße beim Damen-BH mit Cup A bis D,

- Angabe einer Paßform bei einer Jeans: „Karotte" oder
- Angabe der Weite bei Schuhen mit S (small) und W (wide).

13. Konfektionsgröße/Größenbezeichnung
Das Feld Konfektionsgröße oder Größenbezeichnung des Artikels stellt das weitere Größenfeld dar. Beispiele sind hier:
- Größe 36 bei Röcken   Angabe: 36–38
- Größe 38–40 bei Socken   Angabe: 38–40
- Größe XL bei Sweat-Shirts   Angabe: XL
- Größe 30/32 bei Jeans-Hosen Angabe: 30/32

14. Markenname
Zur Angabe des Markennamens des Produktes steht dieses Feld zur Verfügung. Denkbar ist auch die Angabe von Markennamen einer Produktlinie (Submarkennamen) oder von Lizenzprodukten.

15. Non-public
Mit dieser Angabe erfolgt die Kennzeichnung, ob es sich bei der Artikelbasis oder weiteren Verpackungseinheit um eine non-public (nicht öffentliche) Einheit handelt, die nur für die Parteien der zugeordneten non-public ILN zugänglich ist (z. B. eine Handelsmarke oder eine kundenspezifische Sondergröße) oder nicht (Bild 9).

16. Preisauszeichnung auf der Ware
Mit Hilfe dieser Angabe wird dem Datenempfänger deutlich, ob der empfohlene Ladenverkaufspreis/ Mindestverkaufspreis auf der Verpackung des Artikels fest

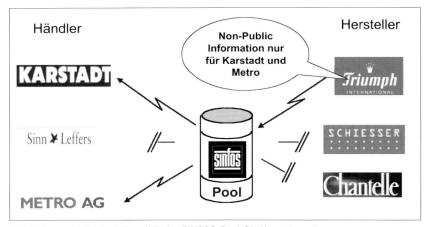

Bild 9. Non-public-Funktionalität im SINFOS-Pool für Handelsmarken

aufgebracht (z. B. aufgedruckt) ist oder nicht. Diese Angabe kann daher im Sinne einer logistischen Größe im Wareneingang des Handels genutzt werden und bildet damit die Grundlage für eine Herstellerauszeichnung und ein Cross-Docking.

17. Produktklassifikation
In diesem Feld wird die Nummer der Produktklassifikation des Artikels eingetragen. Es handelt sich hierbei um eine hierarchisch strukturierte Gliederung des landesspezifischen Konsumgütersortiments. So gilt beispielsweise für das deutsche Informationsprofil die Warengruppen gemäß Standard-Warenklassifikation Deutschland und für das österreichische Informationsprofil die Warengruppen gemäß Standard-Warenklassifikation Austria.

18. Produktmaterial: Kurzbezeichnung
Die Kurzbezeichnung eines Produktmaterials erfolgt hier nach DIN 60001. Zur Angabe der Zusammensetzung des ersten Oberstoffes können in absteigender Reihenfolge ihres Prozentanteils bis zu sechs verschiedene Materialkurzbezeichnungen angegeben werden. Auch Angaben wie "Sonstige Fasern" sind möglich[20].
Beispiele für die Angabe der Zusammensetzung eines Oberstoffes zeigt die Bild 10:

Kurzbezeichnung (Code)	Materialbezeichnung (Langtext)	Prozentanteil (%)
CO	Baumwolle	50
PE	Polyethylen	40
PA	Polyamid	10
		Summe: 100

Bild 10. Angabe der Materialbezeichnung im SINFOS-Pool

19. Saison: Kalenderjahr
Ist einem Artikel ein Saisonparameter zugeordnet, kann er mit Hilfe des Kalenderjahres der Saison, in dem der Textilartikel verfügbar ist, spezifiziert werden.

---

[20] Gesetzliche Grundlage der Textilkennzeichnung und der verwendeten Kurzbezeichnungen sind: 1) Textilkennzeichnungsgesetz (TKZG) in der Fassung der Bekanntmachung vom 14. August 1986 (Bundesgesetzblatt Teil I, S. 1285ff), zuletzt geändert durch Artikel 36 des Gesetzes vom 25. Oktober 1994 (Bundesgesetzblatt Teil I, S. 3082ff), 2) Erste Verordnung zur Änderung des Textilkennzeichnungsgesetz vom 26. Mai 1998 (Bundesgesetzblatt Jahrgang 1998 Teil I, S. 1142ff) mit der Umsetzung einer Richtlinie von 1997 zur Anpassung der Anhänge 1 und 2 der Richtlinie 96/74/EG zur Bezeichnung von Textilerzeugnissen, 3) DIN 60001 Teil 4: Textile Faserstoffe – Kurzzeichen August 1991 und 4) DIN 60001 Teil 1: Textile Faserstoffe – Teil 1 Naturfasern und ihre Kurzzeichen (Entwurf).

20. Saison: Parameter
Hier wird die Angabe einer Saison, in der der Artikel verfügbar ist, möglich. Zugeordnet werden können folgende Kollektionszeiträume:
- Frühjahr/Sommer (F/S),
- Herbst/Winter (H/W) oder
- Durchläufer (ganzjährig verfügbar).

21. Standardkleiderbügel nach SKRS®
Hier kann angegeben werden, ob es sich bei dem Transportbügel des Textilartikels um einen Standardkleiderbügel nach dem Standard-Kleiderbügel-Rückführ-System (SKRS®) handelt oder nicht.

Auch dieses Feld spielt im Zusammenhang mit ECR eine wichtige Rolle, weil hierdurch die logistische Behandlung von herstelleraufgebügelter Ware im Wareneingang einer anderen Abwicklung zugeordnet werden kann. Der Umbügelprozeß kann damit komplett entfallen.

Das Projekt zur Reduzierung der Kleiderbügelvielfalt wurde gemeinsam mit dem Bundesverband Bekleidungsindustrie e.V. (BBI) und dem Bundesverband des deutschen Textileinzelhandels e.V. (BTE) unter dem Dach der CCG initiiert. Experten aus Handel und Industrie formulierten die Anforderungen an die Kleiderbügel und einigten sich auf wenige Typen für die wichtigsten Sortimentsbereiche.

Für jeden Kleiderbügeltyp wurde zur eindeutigen Identifikation durch die CCG eine Typennummer vergeben, die auf dem Bügel angegeben ist. Sie ist Voraussetzung für den elektronischen Datenaustausch (EDI) der Bügelstammdaten und für die Zuordnung eines Bügeltyps zu einem Textilartikel.

Diese Bügeltypen erfüllen die gemeinsam festgelegte Kriteriennormung der „Rationalisierungsempfehlung für den effizienten Einsatz von Kleiderbügeln in der Bekleidungswirtschaft" und damit die Voraussetzung für eine flächendeckende Rückführlogistik.

Jeder Bügeltyp kann von verschiedenen Kleiderbügelherstellern als Bügelausführung bezogen werden. In der Praxis werden in den Lieferbedingungen zwischen Händler und Hersteller die Bügeltypen (Typennummern) vereinbart. Welche Ausführungen im einzelnen eingesetzt werden, bleibt dem Hersteller überlassen.[21]

22. Thema/Programm
Hier kann der Artikel durch einen frei wählbaren Text einer bestimmten Kollektion, einem bestimmten Programm oder einem bestimmten Thema direkt

---

21 Vgl. Bosinski, Maja; Hütz, Stefanie; Weiß, Julia: Umdenken statt Umbügeln: Das Standard-Kleiderbügel-Rückführ-System (SKRS®), in: Jahrbuch für die Bekleidungswirtschaft 2001, Groth, Uta Maria; Kemper, Bernd (Hrsg.), Verlag: Schiele & Schön, Berlin, 2000, S. 190ff sowie: Centrale für Coorganisation (Hrsg.): Die Kleiderbügel in der Bekleidungswirtschaft, Köln, 2000, S. 1 ff.

zugeordnet werden. Das Datenelement kennzeichnet Artikel, die einem geschlossenen Designbild entsprechen. Meistens liegen hier aufeinander abgestimmte Artikel in bestimmten Farbkombinationen vor.

Wenn die Themenzuordnungen bei der Erstanlage des Artikel schon bekannt sind, können so von vornherein mehrere futurisierte Stammdatenversionen an SINFOS gesendet werden.

23. Warengruppenschlüssel 'BTE'
Hier kann die Nummer des 'BTE' Warengruppenschlüssels eines Artikels zur Einordnung in die hierarchisch strukturierte, speziell auf die Belange des Textil-Sektors zugeschnittene Gliederung des Sortiments vorgenommen werden[22].

Die Systematik des Warengruppenschlüssels 'BTE' ist wie folgt aufgebaut:
1.	Ziffer:	Bereich
1.-2.	Ziffer:	Hauptabteilung
1.-3.	Ziffer:	Abteilung
1.-4.	Ziffer:	Hauptwarengruppe
1.-6.	Ziffer:	Warengruppe

Die beiden letzten Stellen sind in der Systematik in Fünfersprüngen gestaffelt, damit noch Zwischenabstufungen vorgenommen werden können.

24. Warengruppenschlüssel Dialog Textil Bekleidung (DTB)
In diesem Datenelement wird der Eintrag der Nummer des 'DTB' Warengruppenschlüssels eines Textilartikels zur Einordnung in die hierarchisch strukturierte, speziell auf die Belange des Textil-Sektors zugeschnittene Gliederung des Textilsortiments möglich[23].

Die Systematik des Warengruppenschlüssels 'DTB' ist wie folgt aufgebaut:
1.-2.	Ziffer:	Hauptbereich
3.-4.	Ziffer:	Hauptwarengruppe
5.	Ziffer:	Warengruppe
6.	Ziffer:	Untergruppe

Die Länge des Codewertes kann zwischen fünf und sechs Ziffern variieren, wenn keine Untergruppe in der Warengruppe besteht.

---

22 Bezugsquelle der 'BTE' Warengruppenschlüssel: Bundesverband des Deutschen Textileinzelhandels e.V. (BTE), An Lyskirchen 14, 50676 Köln, eMail: info@bte.de.
23 Bezugsquelle der 'DTB' Warengruppenschlüssel: Dialog Textil-Bekleidung (DTB), Im Werbering 5, 85551 Heimstetten, eMail: info@dialog-dtb.de.

V. Zusammenfassung und Ausblick

Ziel des zentralen Stammdatenmanagements mit Hilfe von SINFOS in der textilen Kette ist in erster Linie die Optimierung der Informationsflüsse für die NOS-Artikel. In diesem Marktsegment wird der SINFOS-Stammdatenpool seine in der übrigen Konsumgüterwirtschaft bereits vielfach gezeigten Vorteile ausspielen können. Aufgaben der Zukunft werden vor allem sein:
- Netzwerkeffekte in der Textilbranche zu erreichen, und hierbei auch den Fokus auf die Anbindung von kleinen und mittelständisch orientierten Industrie- und Handelsunternehmen zu lenken,
- Nutzung der Verknüpfung der Artikelstammdaten mit den Bilddaten des SINFOS-Bilddatenpool, der bereits heute auch für Textilartikel genutzt werden kann und fester Bestandteil des SINFOS-Dienstleistungspaketes ist,
- Weiterentwicklung des Textilprofils im Sinne eines effizienten Releasemanagements unter Berücksichtigung der aktuellen Entwicklung,
- Berücksichtigung der Informationsinhalte von hochmodischen und ständig wechselnden Kollektionen zur Optimierung der Stammdatenprozesse im Marktsegment der Schnellversorger und
- Vorantreiben der Internationalisierung des Stammdatenprofils, um den weltweiten Transaktionen von Industrie und Handel gerecht zu werden.

SINFOS wird sich diesen Herausforderungen stellen!

Produktpiraterie: Problemlösende Sicherheitskonzepte und -technologien

von Haroun Malik, M.A. / MBA

Einleitung

Eine unerfreuliche Erscheinung in der heutigen Zeit ist das Kopieren von Markenware zum Nachteil des Markeninhabers. Ohne es zu wissen, kann jeder Bekleidungshersteller davon betroffen sein. Dem Produktpiraten gelingt es, nahezu mühelos vorhandene Absatzkanäle für die Einschleusung seiner illegal hergestellten Fälschungen zu nutzen[1]. Der Bereich Textilien ist zu einem bereits hohen Maße betroffen, da die Fälschungen nach Expertenberechnungen ca. 13 % vom Umsatz ausmachen.[2]

Die Sicherheitsindustrie bietet eine umfangreiche Produktpalette zur Kennzeichnung von Originalprodukten aller Art an. Damit soll die Fälschung mehr oder weniger deutlich von einem Original zu unterscheiden sein. Um den Einsatz von Identifikationstechnologie einzugrenzen, bedarf es einer objektiven Analyse und Auswahl. Ein wichtiger Aspekt ist die umfassende Berücksichtigung der Anforderungen aus der Logistik[3], denn jeder Einsatz von Sicherheitsprodukten kann Störungen im existenten und effizienten Betriebsablauf verursachen.

Als Ausgangspunkt erfolgt eine Diskussion der bisher bei der Absicherung von Originalware erprobten Sicherheitsprodukte auf ihren Einsatzbereich. Damit soll überprüft werden, ob ein unnötiger Aufwand droht oder ein tatsächlicher Nutzen vorliegt.

---

* Seit 1996 bei der Bundesdruckerei GmbH in Berlin. Als International Senior Consultant im Produkt- und Markenschutz aktiv für die Beratung und Betreuung von Markeninhabern
1 Für eine Einführung in die Thematik siehe auch den Artikel „Produkt- und Markenschutz: Originalitätssicherung für Produkte der Bekleidungsindustrie" im Jahrbuch für die Bekleidungswirtschaftt 2001 vom selben Autor.
2 Der betroffene Umsatz wird vom APM, dem CIB, der OECD und der GACG aufgrund von Schätzungen beziffert. Grundlage sind die beschlagnahmten Waren und verdeckte Ermittlungsergebnisse im Markt.
3 Siehe hierzu auch Logistik Heute, Ausgabe 11/2000.

1 Die Marke: Image und Einfluß von Negativeffekten

Zweifellos bedarf es immenser Anstrengungen, um eine Marke zu positionieren und zu pflegen. Oft wird das erworbene Image einer Marke durch jahrelange Vorarbeit erreicht. Abgesehen vom Kultstatus neuer und schnell auflebender Marken, befindet sich die Mehrheit der Bekleidungshersteller seit Jahrzehnten im Markt. Wenn ein Produktfälscher auftritt, wird Nutzen aus deren Marketingaktivitäten gezogen. In aller Regel lohnt es sich nur, Markenprodukte zu imitieren oder Originalprodukte zu kopieren, wenn kein wirksamer Schutz vorliegt.

Das Aufkommen von Fälschungen wurde anfangs noch als Kavaliersdelikt abgetan. Mittlerweile wird aus marketingtechnischer Sicht ersichtlich, daß der Umsatz durchaus in Gefahr geraten kann. Selbst ein entgangener Umsatz von wenigen Prozentpunkten übertrifft bei manchem Unternehmen den Rohgewinn.

Der Fälscher sucht einen Vorteil aus dem Image einer Marke zu ziehen. Für die Herstellung seiner Plagiate benötigt er lediglich Produktionskapazität als Kostenfaktor. Selbst die Logistik stellt ein Markeninhaber unfreiwillig zur Verfügung. Der Fälscher wird es immer schaffen, eine Schwachstelle in der Logistik zu nutzen, um sein Produkt in den Kreislauf einzuschleusen. Ob dies die Spedition, der Großhandel oder der Fachhandel im Einzelfall ist, bleibt dabei unerheblich.

Bedauerlicherweise kann der Endkunde in den seltensten Fällen ein Original von einem Plagiat unterscheiden. Wenn die Qualität nicht übereinstimmt oder Designerbestandteile fehlen, fällt das negative Urteil des Kunden auf die Marke zurück.

Mit der Produkthaftung entsteht ein weiteres, nicht zu unterschätzendes Konfliktfeld für jeden Produzenten. Vereinfacht betrachtet: Sollte das Original kein Original sein, so wird jeglicher Aufwand bei Reklamationen einen vermeidbaren Schaden darstellen. Die Publikation von Produktschwächen, auch wenn sie durch die Fälschung veranlaßt werden, läßt sich allerdings oft nicht verhindern und verursacht einen Imageschaden.

Eine Abhilfe der vorgenannten negativen Einwirkungen stellt der bei Markenherstellern intensiv diskutierte Produktschutz dar. Paradox erscheint zwar eine weitere Kennzeichnung des Produktes, jedoch ist der ernste Hintergrund die Bedrohung durch den Fälscher. Verschiedene Hersteller von Bekleidung haben die Auswirkungen auf ihr Image bereits zu spüren bekommen.[4]

---

[4] Marken wie Lacoste, Chiemsee, Levis u.a. stehen stellvertretend für zahlreiche andere, deren Image angegriffen wurde. Hierzu auch: Die Grenzbeschlagnahmeanträge der Zentralstelle Gewerblicher Rechtsschutz.

2 Produktschutz

Beim Auftreten von Fälschungen im Markt kann es bereits zu spät sein: Die fehlende Kennzeichnung macht es nahezu unmöglich, seinen Endkunden zu erklären, worauf zukünftig zu achten sei. Im Prinzip geht es um die Unterscheidung: Woran ist das Original zu erkennen, woran die Fälschung? Daraus leitet sich die Forderung ab, daß ein Markenhersteller seine Produkte rechtzeitig und damit präventiv mit Sicherheitsmerkmalen schützt. Allerdings befinden sich allein in Deutschland weit über zwanzig Unternehmen am Sicherheitsmarkt, die alle für sich in Anspruch nehmen, dem Markeninhaber helfen zu wollen.[5] Eine Evaluierung der gängigen Technologien erscheint an dieser Stelle angeraten.

Zwei Wege stehen der Bekleidungsindustrie offen: Entwicklung einer eigenen Lösung oder Zuhilfenahme professioneller Unterstützung seitens der Sicherheitsindustrie. Die Einschaltung eines Experten hat mehrere Vorteile. Dazu gehört zum einen ein Überblick über die technischen Lösungsmöglichkeiten, außerdem ein Verständnis über die abzusichernden Werte und letztendlich auch Erfahrung im Umgang mit Fälschungsangriffen.

Effektiver Produktschutz beginnt mit einer Analyse des Ist-Zustandes. Erst anschließend erfolgt die Entwicklung einer Systemlösung und deren Implementierung. Die Auswahl der Sicherheitsprodukte wird stets individuell erfol-

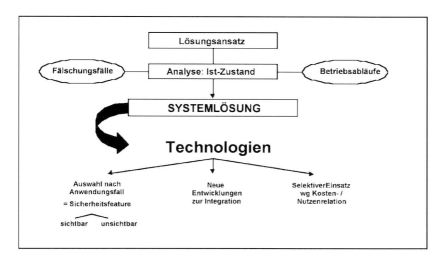

---

5 Nähere Informationen zu Anbietern von Sicherheitstechnologie können vom Akionskreis Deutsche Wirtschaft gegen Produkt- und Markenpiraterie e.V. (APM) in Berlin bezogen werden.

gen. So kann gerade die voreilige Festlegung auf ein Sicherheitsprodukt, z. B. ein Sicherheitsetikett oder einen codierten Merkmalsstoff, zu unnötigen Maßnahmen führen. In manchen Fällen können lediglich vertragliche Lösungen – durch die Rechtsabteilung – einen Beitrag zum Produktschutz leisten.

3   Einsatz von Sicherheitstechnologie

Durchgesetzt hat sich in der Sicherheitsindustrie die Bewertung, offene und versteckte Sicherheitsmerkmale gleichzeitig einzusetzen[6]. Hier findet sich die Philosophie wieder, es dem Fälscher so schwer wie möglich zu machen. Solange eine Systemlösung für den Außenstehenden undurchschaubar ist, kann eine 1:1 Fälschung stets aufgespürt werden.

Eine Aufstellung eines Kataloges an Sicherungsmitteln wäre zu umfassend. Auf einige dieser Produkte soll sich der Überblick beschränken, die verstärkt zum Einsatz gelangen oder zukünftig eine wichtige Rolle spielen.

Offene Sicherheitsmerkmale werden so bezeichnet, weil sie sich für die Prüfung auch durch den Endkunden eignen. Versteckte oder geheime Sicherheitsmerkmale werden verwendet, damit eine eindeutige Kennzeichnung vorliegt,

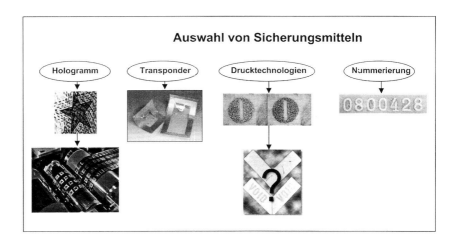

---

6 Auf den Fachkonferenzen der Sicherheitsbranche, so der Authentication Counterfeiting Protection (ACP) vom März 2001 in Prag, wurde dezidiert berichtet, daß offene und verdeckte Sicherheitsmittel bereits zahlreiche Markenprodukte absichern. Nähere Informationen beim Autor erhältlich.

Produktpiraterie

die Manipulationsversuche jederzeit nachweist. Sie sind auch zuständig für die Sicherstellung eines eindeutigen Nachweises für die Gerichtsverwertbarkeit. Dieser Bereich stellt einen eminent wichtigen Faktor dar, denn oft können Markenhersteller nur unzureichend den Beweis der Fälschung führen. Damit besteht die Gefahr, auf den hohen Kosten für das Beschlagnahmeverfahren sitzen zu bleiben ohne den Fälscher abzuwehren.

Versteckte Merkmale sind nur einem ausgewählten Kreis von Personen und speziellen Prüfinstanzen bekannt. Der Fälscher weiß also gar nicht, ob und an welcher Stelle sich ein Sicherheitsmerkmal befindet. Auf diese Weise wird dem Fälscher das Nachahmen erschwert und gleichzeitig das Aufdecken von Fälschungen durch Stichproben im Markt als Kontrolle der Absatzkanäle erleichtert. Die Existenz des Merkmals kann durch Informationskampagnen zwar mitgeteilt werden, jedoch nur mittels Lesegeräten nachgewiesen werden. Die Eignung zur Maschinenlesbarkeit wird immer häufiger verlangt, weil sich dadurch größere Warenmengen durch einen Ermittler prüfen lassen.

Allgemein gilt für alle eingesetzten Sicherheitsprodukte, daß sie wiederum fälschungssicher sind. Was würde ein Sicherheitsmerkmal nützen, wenn es kopiert werden kann oder an vielen Stellen zu kaufen ist? Die Sicherheit für die Systemlösung wird determiniert durch die Art der eingesetzten Produkte und den Einbringungsort. Nicht jeder Produktionsprozeß eignet sich für die Integration von Sicherheitsprozedere.

Neben diesen Anforderungen ist insbesondere in der Bekleidungsindustrie zu berücksichtigen, daß die Verwendung von gesundheitsschädlichen Sicherheitsmerkmalen unterbleibt. Ein möglicher körperlicher Kontakt mit dem Sicherheitsmerkmal muß zwangsläufig in Erwägung gezogen werden.

4 Das Hologramm

Einen regelrechten Siegeszug im Produktschutz hat das Hologramm hinter sich[7]. Anfänglich als Werbebanner mißbraucht, hat es sich zu einem Sicherheitsprodukt gewandelt und ist vielfach kaum noch wegzudenken. Die zahlreichen Ableitungen, z. B. das Kinegram, Exelgram oder Multigram sollen an dieser Stelle nicht diskutiert werden. Vielmehr gilt es, die grundsätzlichen Einsatzvarianten darzustellen und folglich vereinfacht vom Hologramm zu sprechen.

Jeglicher Manipulationsversuch an Hologrammen ist in der Regel zum Scheitern verurteilt, da eine Zerstörung unvermeidbar ist. Hierdurch schöpft sowohl der Endkunde als auch ein Prüfer Verdacht, wenn auch aus unterschiedlichen Motiven.

---

7 Die International Hologram Manufacturers Association (IHMA) taxiert den Jahresumsatz der Branche auf über 1 Mrd. US$.

a) Hologrammsticker
Einem selbstklebenden Etikett vergleichbar kann der Sticker zur Verpackungsabsicherung beitragen. Mit speziellen Klebern versehen, läßt sich die Applikation sowohl auf gängigen Verpackungsmaterialien darstellen, als auch auf textilen Oberflächen. Hierzu empfiehlt sich eine sorgfältige Analyse der Einsatzbedingungen, denn zusätzlich zur Oberfläche muß der Transportweg und die Lagerung berücksichtigt werden. Die Umgebungstemperatur, Behandlung des Textilproduktes, die Einwirkung von Licht und Fremdstoffen, aber auch die Verarbeitungsbedingungen bei der Applikation stellen wichtige Parameter dar.

b) Heißprägehologramm
Diese Hologrammvariante benötigt ein Trägermaterial, in aller Regel ein Etikett oder ein Hang Tag. Vorteil dieses Prinzips: die sehr gute Verbindung mit dem Trägermaterial. Zusätzlich kann das existierende Marketing unterstützt werden, denn mit der Hologrammgestaltung ergeben sich vielfältige Designmöglichkeiten als Ergänzung.

c) Numerierung
Eine wesentliche Komponente stellt die Numerierung dar. Zwar erhöhen sich die Kosten für das Hologramm erheblich, jedoch ergeben sich unter Zuhilfenahme einer Datenbank vielfältige Überwachungsmöglichkeiten. Für die Logistik kann die Hologrammnummer einen geringfügig höheren Aufwand bedeuten. Es ergibt sich jedoch auch ein Vorteil, wenn mit der Numerierung gleichzeitig Produktionsmengen gesteuert werden.

Die Ausgabe eines numerierten Hologramms hat zur Folge, daß die Überproduktion ausgeschlossen werden kann. Gerade dieses Phänomen bedarf eines abgezählten Sicherheitsmerkmals. Es versteht sich von selbst, daß eine lückenlose Kontrolle notwendig ist.

d) Geheimmerkmal
Im Hologramm läßt sich eine versteckte Information hinterlegen, die nur mit einem Lesegerät detektiert werden kann[8]. Dies erhöht die Abschreckung vor Nachahmern, da die verschiedentlich bekannten Fälschungen von Hologrammen dadurch eliminiert werden. Damit ergibt sich für den im Markt operierenden Prüfer die Option, entlang der Logistikkette die Schwachstelle aufzuspüren.

Ein Geheimmerkmal sollte stets im Hologramm enthalten sein, da dies auch als Unterscheidungskriterium bei der Auswahl des potentiellen Sicherheitslieferanten gilt.

e) Maschinenlesbarkeit
Die optische Prüfung eines Hologramms ist stets möglich und geradezu

---

8 Als Ableger von Hochsicherheitsanwendungen, z. B. bei Banknoten oder Ausweisen, eignet sich die versteckte Information zusätzlich zur Abschreckung von Hologrammnachahmern.

erwünscht. Erfolgt diese mit dem Auge, kann zwar eindeutig zwischen Original und Fälschung unter Zuhilfenahme einfacher Lesegeräte, z. B. einer Lupe für die Mikroschrift, unterschieden werden. Jedoch garantiert erst die Maschinenlesbarkeit sowohl ein eindeutiges als auch schnelles Ergebnis.

Stellt man sich die Prüfung eines Lagers oder Einzelhandelsgeschäftes in der Praxis vor, kommt es hauptsächlich auf eine lückenlose Erfassung der zu prüfenden Bekleidungsstücke an. Je umfassender und schneller diese erfolgt, desto mehr Prüfprozesse erscheinen möglich. Gerade diese erhöhen die abschreckende Wirkung auf Fälscher und deren Helfer.

5 Der Transponder

Momentan kann von einem großen Interesse am Transponder ausgegangen werden. Für den Bereich Produktschutz ist der Transponder interessant, weil sich mehrere Elemente einer Systemlösung ergänzen. Eine technische Diskussion über Frequenzen, Einsatzbedingungen, Speicherkapazität, Größe, Leseentfernung etc. entfällt an dieser Stelle, um sich auf das Aufgabenspektrum zu beschränken[9].

Der große Vorteil des Transponders stellt die Kombinationsoption mit anderen Sicherungsmitteln dar. Die umfangreiche Informationsaufnahme im Transponder und die schnelle Prüfung von großen Mengen abgesicherter Produkte sind entscheidende Parameter. Wird der Transponder auch zur Bewältigung der internen Logistik herangezogen, können Einsparpotentiale erzielt werden. Primär geht es um die Betriebsdatenerfassung, aber die Verknüpfung mit einem Sicherheitsetikett als Smart Label oder einem Hang Tag kann beispielsweise im Einzelfall geprüft werden. So lassen sich mehrere Sicherheitsprodukte integrieren.

Abschreckend wirkt oft der momentan im Vergleich zu anderen Produkten hohe Preis, wobei allerdings eine Gesamtkostenrechnung unter Umständen den Abstand zu alternativen Lösungen verringert.

Vor der Überlegung, eine Transponderlösung[10] einzusetzen, muß eine umfangreiche Analyse der Einsatzparameter erfolgen. In der Bekleidungsindustrie erfolgen zahlreiche Prozeßschritte, die enge Grenzen an die physische Machbarkeit anlegen. Zu untersuchen ist damit, an welcher Stelle die Einbringung des Produktes erfolgt.

Für die Material- und Sendungsverfolgung könnte der Transponder eine Ergänzung zu den bisher eingesetzten Barcodelösungen darstellen. Während

---

9 Hier sei auf die Fachzeitschriften, z. B. Logistik heute, FB/IE u.a. hingewiesen.
10 Als Beispiel eines erfolgreichen Transponderprojektes gilt sicherlich das Projekt Boote der Bundesdruckerei GmbH, das die Kennzeichnung von Booten gegen das Diebstahlsrisiko zum Inhalt hat.

der Barcode verdruckt wird und eine direkte Verbindung zum Lesegerät benötigt, hat der Transponder die Vorteile auf seiner Seite bei der berührungslosen Erfassung.

Weitere Technologien

Der umfangreiche Sicherheitsmarkt kennt viele Produkte bzw. Technologien. Dazu zählen:
- Sicherheitsfarben
- Sicherheitspapiere
- kodierte Identifikationsstoffe
- thermochrome bzw. photochrome Farben
- Duftstoffapplizierung und –erkennung
- Molekularstrukturen
- Biocodierung
- Sicherheitsdruck (Guillochen, Simultandruck, Stichtiefdruck)
- magnetbasierte Produkte
- und weitere

Diese Liste muß unvollständig bleiben, denn die Auswahl der Technologie erfolgt bei der Ausarbeitung einer Systemlösung durch den Experten. Selbstverständlich ist der Austausch von Sicherheitsprodukten ein wichtiges Argument im Hinblick auf ein dynamisches Konzept. Sofern z. B. ein Hersteller von Sicherheitsprodukten ausschließlich eine Technologie vertritt, ist eine Abhängigkeit des Bekleidungsherstellers von diesem zu hinterfragen[11].

6 Die Systemlösung

Unabhängig von den erwähnten Sicherheitstechnologien läßt sich ein Sicherheitskonzept nur im Rahmen einer Systemlösung umsetzen. Die verschiedenen Sicherheitsmerkmale und Technologien wirken gemeinsam. Für jeden Einzelfall ergibt sich die Notwendigkeit, erst das Problem umfassend zu studieren. Hierzu fließen Informationen vom Markt, dem Zoll, der Logistik, der Produktion, dem Marketing, Vertrieb, Qualitätsmanagement und der Rechtsabteilung ein. Nach deren Auswertung beginnt die Suche nach einer Systemlösung.

Die Berücksichtigung der betriebsspezifischen Gegebenheiten vermeidet

---

[11] Hierbei geht es um das nicht zu unterschätzende Risiko, daß Fälscher auch versuchen, das Sicherheitsmerkmal zu umgehen. In solch einem eher kritisch einzuschätzenden Fall ist Expertenwissen erforderlich.

unnötigen Aufwand und damit Kosten. Nur der Markeninhaber selbst ist in der Lage, seinem Sicherheitsdienstleister wichtige Informationen interner und externer Natur mitzuteilen.

Das wichtigste Argument für eine Systemlösung ist die Integration der Anforderungen. Es geht eben nicht ausschließlich um das Sicherheitsmerkmal, sondern um ein Gesamtkonzept.

Zusammenfassung

Die Entwicklung neuer Sicherheitsmerkmale und -produkte geht einher mit der Verunsicherung der Bekleidungsindustrie über deren Einsatz. Sind die Kosten vereinbar mit dem Ziel der besseren Absicherung der Produkte gegen Fälschungen, ist sicherlich eine oft gestellte Frage. Die positive Antwort darauf fällt leicht, wenn der schwer zu kalkulierende Umsatzverlust mit dem Imageschaden einhergeht.

Auf staatlicher Seite kann die Zentralstelle Gewerblicher Rechtsschutz für die Zollbelange mit Hinweisen nützlich sein. Die Verbandsebene, vor allem durch den APM[12] vertreten, fördert in der Regel den Informationsaustausch zwischen den Markenherstellern und der Sicherheitsindustrie.

Es gibt problemlösende Sicherheitsprodukte en masse am Markt. Sofern ein effektiver Produktschutz für das individuelle Unternehmen in Frage kommt, wird die Systemlösung zu favorisieren sein. Bestandteile solch einer Systemlösung sind Technologien, die in einem sinnvollen Zusammenhang zueinander stehen. Zur Beurteilung wird der Einsatz eines Sicherheitsdienstleisters für die Bekleidungsindustrie immer bedeutender.

Dabei überwiegt der Nutzen zu Gunsten einer Produktschutzlösung. Zu riskant wäre es, den Fälschern einen Teil des eigenen Umsatzes infolge Nichtstuns zu überlassen. Vorteilhafterweise lassen sich nach jüngstem Erkenntnisstand mehrere Funktionen bündeln. Im wesentlichen sind dies die Anforderungen der Logistik, der Produktsicherheit und der Identifikation des Originals.

---

12 APM = Aktionskreis Deutsche Wirtschaft gegen Produkt- und Markenpiraterie e.V., Berlin / Bonn. Der APM ist unterhalb des DIHK angesiedelt. Mitgliederliste kann eingesehen werden unter: www.markenpiraterie-apm.de, die auch Bekleidungshersteller enthält.

Optimierung der Auftragsabwicklung in der Bekleidungslieferkette

von Svetlana Müller* und Dr. Luling Lo**

Das Konzept des Supply Chain Management (SCM) verspricht für die Bekleidungsindustrie besondere Potentiale. Die Realisierung der angestrebten Verbesserungsmaßnahmen erweist sich jedoch als nicht trivial. Im folgenden werden aufbauend auf den Zwischenergebnissen des Projektes „SCM in der Bekleidungsindustrie" die Probleme der überbetrieblichen Auftragsabwicklung sowie die kritischen Aspekte bei der Einführung des SCM erläutert.

1 SCM – ein ganzheitliches Konzept für überbetriebliche Auftragsabwicklung

Seit geraumer Zeit versuchen Bekleidungsunternehmen, die organisatorisch-betriebswirtschaftliche Lücke zu schließen, die Lieferanten, Produzenten und Distributeure voneinander trennt [7]. Hierzu wurden diverse Einzelstrategien, wie z. B. Quick Response, in den Unternehmen etabliert. Diese Strategien sollten eine schnelle Reaktion auf Änderungen und Störungen durch entsprechende organisatorische und informationstechnische Maßnahmen ermöglichen. Jedoch wurden diese bestehenden Ansätze noch nicht zu einem ganzheitlichen Konzept zusammengefaßt, das die überbetriebliche Auftragsabwicklung in der gesamten Bekleidungslieferkette unterstützen könnte.

Neue diesbezügliche Verbesserungspotentiale bietet das Konzept des Supply Chain Managements (SCM) bzw. des integrierten Managements der gesamten Versorgungskette vom Rohstoff bis ins Regal und eventuellem Recycling. SCM bedeutet nicht nur, daß intern und mit Kunden, Lieferanten und sonstigen Dienstleistungsunternehmen alle Leistungs-, Informations- und Geldflüsse prozeßorientiert koordiniert werden, neu ist, daß auch die Handelskunden und die

---

* Dipl.-Ing. (RUS) Svetlana Müller – wissenschaftliche Mitarbeiterin am Forschungsinstitut für Rationalisierung
** Dr. Luling Lo – Kaufmännische Geschäftsführung der Ospig Textil GmbH & Co, Lehrbeauftragter University of Applied Sciences Bremen
Das Forschungsprojekt „Supply Chain Management in der Bekleidungsindustrie" wird mit Mitteln der AiF gefördert. Projektleiter ist Dipl.-Ing. Andreas Bruckner.

… Lieferanten der Lieferketten strategisch und operativ mit in deren Gestaltung einbezogen werden [2].

Wissenschaftler und Praktiker erwarten vom SCM eine erhebliche Reduzierung der Bestände, Verkürzung der Durchlaufzeiten, Verbesserung der Termintreue und des Lieferservices, Senkung der Logistikkosten und Steigerung der Kundenzufriedenheit [6]. SCM soll Ineffizienzen in der Logistikkette beseitigen, die für den Konsumenten keine Wertschöpfung darstellen, die dieser aber im Zweifel mit bezahlen muß.

Untersuchungen in verschiedenen Branchen und Versorgungsketten, in denen SCM bereits implementiert ist (z. B. Automobil- und Elektronikindustrie), stellen die Effizienz dieses Konzepts unter Beweis, weisen hohe Nutzenpotentiale für alle betroffenen Lieferpartner aus. Gleichwohl dieser erfolgreichen Praxisbeispiele ist ein erhoffter Durchbruch des SCM in der Bekleidungsindustrie ausgeblieben, weil der erfolgreichen Umsetzung von SCM-Prinzipien hier diverse Probleme im Wege stehen.

Es ist daher zu untersuchen, inwieweit die in der Elektronik- und Automobilindustrie erfolgreich angewendeten SCM-Methoden auf die Bekleidungsindustrie übertragbar sind und wie die allgemeinen SCM-Methoden den spezifischen Anforderungen der Bekleidungsindustrie angepaßt werden können. Die Analyse von bisherigen Ansätzen zeigt, daß die Aspekte der überbetrieblichen Zusammenarbeit in der Bekleidungsindustrie nur grob diskutiert und untersucht wurden. Daher wird derzeit im vom Forschungsinstitut für Rationalisierung (FIR) bearbeiteten Projekt „SCM in der Bekleidungsindustrie" das Ziel verfolgt, im ersten Schritt im Rahmen einer Ist-Analyse die Problemfelder und Schwachstellen in der Lieferkette der Bekleidungsindustrie zu ermitteln. Die sich hierbei ergebenden Ansatzpunkte sollen in einem zweiten Schritt zu organisatorischen Gestaltungsvorschlägen und -empfehlungen führen, damit bei der überbetrieblichen Zusammenarbeit vorhandene Einsparungs- und Optimierungspotentiale ausgeschöpft werden können. Die Bearbeitung dieses Projektes erfolgt in enger Kooperation mit führenden Bekleidungsunternehmen, Stoff- und Zutatenlieferanten, Logistik-Dienstleistern sowie ausgewählten Handelskunden.

2 Ist-Situation in der Bekleidungsindustrie – erste Projektergebnisse

Die zur Zeit vorhandenen Arbeiten und Forschungsvorhaben betrachten die Strukturierung und Klassifizierung der überbetrieblichen Auftragsabwicklung in der Bekleidungsindustrie aus der Sicht der verschiedenen Produkt- bzw. Kundengruppen wie z. B. Herrenbekleidung (HAKA), Damenoberbekleidung (DOB) etc. Die für die einzelnen Produktgruppen ausgearbeiteten Konzepte besitzen nicht für jedes Bekleidungsunternehmen Gültigkeit und können die unterschiedlich hohe Dynamik der Produkte mit verschiedenem Modegrad nur bedingt beschreiben. Darüber hinaus beziehen sie sich zumeist lediglich isoliert auf den sog. „Downstream-Bereich", d. h. die Beziehung Bekleidungsunternehmung und Einzelhandel, da auf dem Gebiet der direkten Warenversorgung des Konsumenten die größten Einsparungspotentiale erwartet wurden. Die Wertschöpfungskette beginnt aber nicht erst beim Bekleidungshersteller und fließt „stromabwärts" zum Verbraucher. „Stromaufwärts" gibt es diverse Lieferanten, die ebenfalls in erheblichem Umfang an der Wertschöpfung beteiligt sind. Es ist konsequenterweise auch der sog. „Upstream-Bereich" in die Betrachtung einzubeziehen.

Diese Mängel behebt für die Analyse der überbetrieblichen Auftragsabwicklungsprozesse eine Strukturierung, in der die textile Supply Chain nach dem Auftragabwicklungstyp klassifiziert wird. So kann z. B. sowohl ein Unternehmen aus der DOB als auch ein Unternehmen aus der HAKA zum Merkmal *Modehaftigkeit* die Merkmalsausprägung *hochmodisch* ausweisen. Gleichzeitig können beide Unternehmen z. B. zum Merkmal *Auftragseingang* durch die Merkmalsausprägung *kontinuierlich* charakterisiert werden. Obwohl beide Unternehmen verschiedenen Branchen innerhalb der Bekleidungsindustrie angehören, kann durch die identischen Merkmalsausprägungen von vergleichbaren Rahmenbedingungen der überbetrieblichen Auftragsabwicklung ausgegangen werden. Treten typische Kombinationen von Merkmalsausprägungen auf, so kennzeichnen diese einen Lieferkettentyp. Mittels einer Clusteranalyse läßt sich aus erhobenen Felddaten eine diesbezügliche Typologie ableiten. Danach werden einem Lieferkettentyp, wie z. B. hochmodischer Auftragsfertiger, alle Unternehmen zugeordnet, die hochmodische Bekleidungsartikel produzieren, vertreiben oder transportieren, wobei ihre Logistik auf einen kontinuierlichen Auftragseingang ausgerichtet ist. Im Projekt wird diese Klassifizierung nach Auftragsabwicklungstypen für die Analyse der Supply-Side-Prozesse (Material-, Waren- und Informationsflüsse) im Schnittstellenbereich zwischen Herstellern, Vorlieferanten und Handelskunden sowie weiteren möglichen Beteiligten angewendet.

2.1 Material- bzw. Warenfluß

Es wurden Materialflüsse in Bekleidungslieferketten aus unterschiedlichen Produktbereichen untersucht. Trotz aller Unterschiede lassen sich die überbetrieblichen Auftragsabwicklungsprozesse verallgemeinern. Bild 1 stellt den typischen Material- und Warenfluß in der Bekleidungslieferkette dar.

Charakteristisch für alle untersuchten Unternehmen ist die Fertigung im Ausland. Die global verteilten Produktionsstandorte weisen verschiedenartige Kooperationsbeziehungen mit den Bekleidungsfirmen in Deutschland auf. Letztere lassen sowohl in eigenen als auch in fremden Produktionswerken fertigen, wobei vom Vollgeschäft bis zur passiven Lohnveredelung einschließlich der Bereitstellung des notwendigen Fertigungsequipments das gesamte Spektrum

Optimierung der Auftragsabwicklung

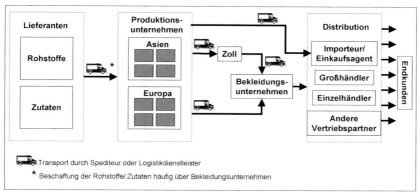

Bild 1. Materialfluß in der Bekleidungslieferkette

in allen Abstufungen zum Tragen kommt. Die Rohmaterialien und Zutaten werden von einem weltweiten Beschaffungsmarkt entweder an die Bekleidungsfirmen in Deutschland oder direkt an die Produktionswerke im Ausland geliefert. Die Distribution der Fertigwaren aus den Produktionsstätten erfolgt entweder
- direkt an Importeure bzw. Distributionspartner in der EU oder sonstwo auf der Welt

oder
- direkt an die Bekleidungsunternehmen, welche wiederum ihre Distributionspartner (Großhändler, Einzelhändler usw.) beliefern.

Im ersten Fall haben die Vertriebspartner bei der Einfuhr alle Zollformalitäten zu erledigen; im zweiten Fall fällt diese Aufgabe in die Verantwortung des Bekleidungsunternehmens.

Alle globalen Warenbewegungen sind ohne aktive Unterstützung durch einen Spediteur oder Logistik-Dienstleister undenkbar. Er stellt ein Bindeglied zwischen den Lieferpartnern in der Wertschöpfungskette dar. Er übernimmt neben dem Transport der Ware zum Teil Aufgaben wie Qualitätskontrolle, Kommissionierung, Lagerung o. ä. Je nach Grad der Übernahme von Aufgaben bei der überbetrieblichen Auftragsabwicklung mutiert er von einem Erfüllungsgehilfen selbst zu einem Glied in der textilen Wertschöpfungskette.

In der ersten Projektphase wurden auf Workshops die Auftragsabwicklungsprozesse einzelner Bekleidungsunternehmen untersucht. Diese Unternehmen unterscheiden sich voneinander hinsichtlich Produkt-, Auftragsabwicklungs- und Distributionsstruktur, Unternehmensgröße und Kundenspektrum. Trotz aller Besonderheiten und Unterschiede zwischen den untersuchten Unternehmen weisen ihre Auftragsabwicklungsprozesse viele Ähnlichkeiten auf. Ihre Klassifikation nach den Kriterien Modehaftigkeit und Auftragsart ergibt folgende Auftragsabwicklungstypen:

- Lieferant von saisonalen, modischen Kollektionen (klassisches Saisongeschäft)
- NOS-Lieferant (Never-out-of-Stock) im Sinne des langfristigen Continuous Replenishment von bestimmten Produktgruppen für Handelskunden
- kundenanonyme Lagerfertigung und
- Großkundengeschäft,

wobei das Großkundengeschäft in entsprechenden Fällen mit dem klassischen Saisongeschäft oder NOS zusammengefaßt werden kann. Das gleiche gilt für NOS und kundenanonyme Lagerfertigung.

2.2 Informationsfluß

Der überbetriebliche Material- und Warenfluß geht mit einem Informationsaustausch zwischen den Lieferpartnern einher. Deswegen wurden in einem nächsten Analyseschritt die betriebsübergreifenden, logistikrelevanten Prozesse und die damit verbundenen Informationsflüsse abgebildet. Die diesbezüglichen Projektergebnisse lassen sich in zwei Modellen zusammenfassen:

Das erste Modell (Bild 2) stellt das klassische Saisongeschäft dar, wobei das Modell auch für das Großkundengeschäft angewendet werden kann.

Nach Erstellung einer Kollektion bestellt das Bekleidungsunternehmen beim Vorlieferanten die erforderlichen Rohstoffe und Zutaten für die Musterverdoppelung, welche z. T. anschließend temporär im Rohwarenlager des Bekleidungsunternehmens zwischengelagert werden. Von dort aus werden der Kollektionsentwurf sowie die Rohwaren zur Musterverdopplung an die Produktionswerke geliefert. Während in Europa die Fertigung meistens auf der Basis der passiven Lohnveredelung erfolgt, können in Asien die Produktionswerke auch teilweise selbständig Rohwaren bei den Vorlieferanten bestellen.

Nach Abstimmung der Kollektion, Preisfindung, Absatzplanung etc. mit den Kundenanforderungen werden diesbezügliche Informationen und die Musterkollektion an das Lager des Unternehmens weitergeleitet. Dort erfolgt die Qualitätssicherung, später die Kommissionierung, Verpackung und letztlich der Versand an Kunden, Außendienstmitarbeiter und/oder Messen. Nach Prüfung der vorgelegten Kollektion durch den Kunden gibt dieser möglicherweise eine Warenbestellung in Auftrag. Diese wird üblicherweise durch den Bekleidungshersteller bestätigt. Zeitgleich plaziert er einen Produktionsauftrag – je nach Auftragsumfang und verfügbaren Fertigungskapazitäten – in einem oder mehreren Fertigungswerken.

Nach der Rohwaren- und Zutatendisposition für die Fertigwarenproduktion und anschließender Bestellung wird das unternehmenseigene Rohwarenlager über deren Umfang informiert. Die Rohstoffe und Zutaten werden von den Vorlieferanten direkt an die Produktionswerke oder über das Bekleidungsunternehmen geliefert. Bei Eingang der Fertigware folgt der Abwicklung eventueller Zoll-

Optimierung der Auftragsabwicklung

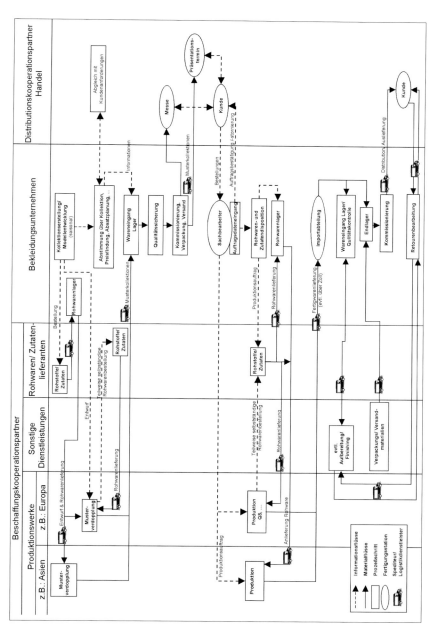

Bild 2. Auftragsabwicklung: Klassisches Saisongeschäft

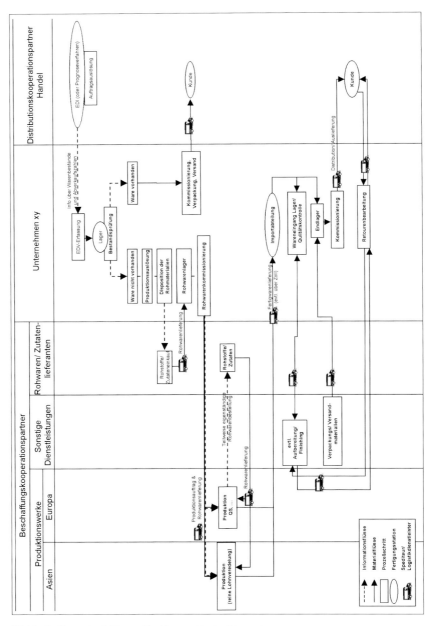

Bild 3. Auftragsabwicklung: Continuous Replenishment

formalitäten eine Qualitätskontrolle, der sich u. U. ein Finishing anschließt. Im Endlager, wohin auch die Verpackungs- und Versandmaterialien geliefert werden, findet nach der Kommissionierung der Versand an die Vertriebspartner statt. Einer Retourenbearbeitung aufgrund von Kundenreklamationen folgt u. U. eine nochmalige Aufbereitung durch einen Dienstleister. Anschließend wird die Ware direkt an den Handelskunden ausgeliefert oder zuvor im Unternehmen erneut kommissioniert.

Das zweite Modell (Bild 3) beschreibt die Prozesse und Strukturen der NOS- bzw. Lagerfertigung. Deren Abläufe unterscheiden sich im Anfangsstadium von denen des klassischen Saisongeschäfts.

Im Rahmen des Continuous Replenishment leitet der Handel – im Idealfall als EDI-Datensatz – Abverkaufsdaten und Informationen über seinen Warenbestand in den Outlets an das Bekleidungsunternehmen weiter, welche dann per EDV oder manuell verarbeitet werden. Im Fall der anonymen Lagerfertigung wird statt dessen ein direkter Kundenauftrag an das Bekleidungsunternehmen erteilt. Sofern nach einer Bestandsprüfung die Ware verfügbar ist, erfolgen die Kommissionierung, die Verpackung und letztlich der Versand an den Kunden.

Bei Nichtverfügbarkeit bzw. einer zukünftig drohenden Nichtverfügbarkeit von Ware unter Berücksichtigung der sog. „lead time" wird der Produktion ein Fertigungsauftrag erteilt. Die „lead time" hängt bei jederzeit verfügbarer Rohware im wesentlichen von der Transportzeit vom Produktionswerk zum Auslieferungslager des Bekleidungsunternehmens ab. Im Falle einer anfallenden Lieferzeit von Rohware wirkt diese „lead time" erhöhend. Nach der Disposition der Rohmaterialien werden die von den Vorlieferanten erhaltenen Rohstoffe bzw. Zutaten teilweise im unternehmenseigenen Rohwarenlager zwischengelagert. Nach anschließender Kommissionierung werden die beauftragten Produktionswerke mit den Rohwaren beliefert. Die weiteren Abläufe der überbetrieblichen Auftragsabwicklung ähneln den Prozessen des klassischen Saisongeschäfts.

3 Probleme bei der überbetrieblichen Auftragsabwicklung

Im Laufe der Prozeßanalyse wurden sowohl allgemeine Problemfelder bei der betriebsübergreifenden Auftragsabwicklung als auch solche an den Schnittstellen zwischen die Lieferpartnern identifiziert.

3.1 Allgemeine Probleme

Allgemeine Probleme erschweren eine erfolgreiche Zusammenarbeit der in die textile Supply Chain involvierten Unternehmen. Im einzelnen handelt es sich um:
1. mangelnde Organisation der innerbetrieblichen Auftragsabwicklung in den einzelnen Unternehmen, unklare Ablaufdefinitionen und Zuordnung von Kompetenzen und Verantwortung (wer, was, wie?)
2. kein durchgängiges Informationsmanagement in der Lieferkette und in den einzelnen Unternehmen, unterschiedliche IT-Systeme oder gar keine (z. B. in einzelnen osteuropäischen Produktionsunternehmen). Dies führt zu
   - erschwerten Termin- und Kapazitätsabsprachen (Terminengpässe, utopische Liefervereinbarungen),
   - mangelhafter Datenübertragung und schlechter Informationsqualität,
   - Mehraufwand und zeitlichen Verzögerungen durch ineffiziente Auftragsabwicklung (hoher Anteil von nicht wertschöpfender Arbeitszeit),
   - einer hohen Anzahl von innerbetrieblichen Schnittstellen,
   - keiner überbetrieblichen Bestellverfolgung-/überwachung,
   - keiner Sendungsverfolgung (track & tracing).
3. keinen direkten Kontakt der Bekleidungsunternehmen zu den Konsumenten.
4. Beschränkung der Logistik-Dienstleister auf Speditionsaufgaben, geringe Ausnutzung möglicher Potentiale zur Effizienzsteigerung durch ihre Integration in die Wertschöpfung (z. B. Outsourcing von Warenaufbereitung, Etikettierung etc.).

3.2 Probleme an den Schnittstellen

Aus den o. g. allgemeinen Problemfeldern und den spezifischen Rahmenbedingungen in der Bekleidungsindustrie resultieren die Schwierigkeiten und Hemmnisse bei der überbetrieblichen Auftragsabwicklung an den Schnittstellen zwischen den einzelnen Lieferpartnern. Zusammenfassend können sie wie folgt klassifiziert werden:

Zeitaspekt: Die steigenden Anforderungen seitens des Handels an die zügige Anlieferung neuer Bekleidungskollektionen und nachbestellter Ware zwingen die Bekleidungsunternehmen zur starken Verkürzung der Durchlaufzeiten von Aufträgen. Durch entsprechende Reorganisation der Logistik- und Produktionsprozesse werden die Wechselbeziehungen mit den Lieferanten, Produktionswerken und Logistik-Dienstleistern wesentlich beeinflußt. Die termingenaue Anlieferung der Ware an den Kunden erhält immer größere Bedeutung und verursacht gewisse Schwierigkeiten bei der Koordination von Waren- und Informationsflüssen in den komplexen, weltweit verteilten Bekleidungslieferketten.

Aspekt Qualität. Trotz des immensen Zeitdrucks muß das Qualitätsniveau der

Ware den etablierten, von den Kunden geforderten Standards entsprechen. Allerdings sehen sich die Produktionsunternehmen mit dem Problem konfrontiert, daß bestimmte Fertigungsschritte in der Textilverarbeitung (wie z. B. Textilfärben und –finishing) mit technologischen Schwierigkeiten behaftet sind. So lassen sich die gewünschten Farben und Stoffoberflächen aufgrund der komplexen Abhängigkeit vieler Parameter nur bedingt gezielt herstellen. Die dadurch verursachten Qualitätsmängel können bei den Warenempfängern zu Reklamationen führen.

Aspekt Kapazität. Fast alle am Projekt beteiligten Partner (vom Stoff- und Zutatenlieferanten bis zu Logistikdienstleistern) haben darauf hingewiesen, daß im Rahmen der überbetrieblichen Auftragsabwicklung enorme Probleme bei der Kapazitätsplanung aufgrund der instabilen Nachfrage nach saisonalen und modischen Bekleidungsprodukten auftreten. Darüber hinaus fehlen den Bekleidungsunternehmen wirksame Notfall- und Risikomanagementkonzepte, die eine flexible und zuverlässige Handhabung von Problemsituationen bei der Kapazitätsplanung ermöglichen.

Aspekt Kundenservice. Die Reklamationsbearbeitung und Informationsbereitstellung für die Kunden wird von vielen untersuchten Unternehmen als verbesserungsfähig angesehen. Um benötigte Auskünfte über den Auftragsstatus zu erhalten, muß der Kunde sich mit mehreren Ansprechpartnern eines Unternehmens in Kontakt setzen. Dabei sind die Auftragssachbearbeiter häufig nicht in der Lage, eine umfassende Auskunft über die Liefertermine, Mengen, Verzögerungen usw. zu geben.

Aspekt Lieferservice. Den Bekleidungsunternehmen fehlt die Möglichkeit, oder sie nehmen diese nicht wahr, bei einem Spediteur bzw. Logistik-Dienstleister ihre Ware mit der anderer Hersteller zwecks Minimierung von Frachtkosten zu konsolidieren. Als problematisch wird auch die Lieferscheinsituation betrachtet, da aufgrund unterschiedlicher Versandformen diese teils der Ware beiliegen, teils per Postversand den Kunden zugeschickt werden.

Aspekt Zoll. Eine besondere Bedeutung kommt der Erledigung von Zollformalitäten zu. Ein enormer bürokratischer Aufwand und Zeitverlust bei der Verzollung begleiten praktisch alle Export/Import-Operationen der Bekleidungsunternehmen.

4 Organisatorische Aspekte bei der Implementierung des SCM in Bekleidungsunternehmen

Nach einstimmiger Aussage aller befragten Unternehmen können die Probleme bei der überbetrieblichen Auftragsabwicklung nicht länger ignoriert werden. Die Bekleidungsindustrie benötigt neue innovative Lösungen, die zu einer verbesserten betriebsübergreifenden Zusammenarbeit führen und die Effizienz vorhandener Lieferketten verbessern. Mehrere der oben skizzierten Probleme wurden in anderen Industriebranchen (wie z. B. Automobilindustrie) mittels der Einführung des Supply Chain Managements erfolgreich gelöst. Die Realisierung der angestrebten Verbesserungen erweist sich jedoch als nicht trivial. Bei Einführung von SCM müssen mehrere organisatorische, finanzielle und soziale Aspekte berücksichtigt werden, von deren Ausprägungen der Erfolg der Verbesserungsmaßnahmen wesentlich abhängt. So weist das SCM-Konzept die in den folgenden Unterkapiteln beschriebenen kritischen Aspekte auf, welche insbesondere für die Praxis teilweise schwer zu überwindende Hürden darstellen.

4.1 Unternehmensstrategie

Supply Chain Management setzt voraus, daß die Planung, Entscheidungsfindung und Weisungsbefugnis an die operativen Einheiten der Partner in der Lieferkette zentralisiert erfolgen muß (Zentralisierungsaspekt). Hierbei stellt sich insbesondere die Frage, welcher der zur Zeit zahlreichen Prozeßpartner diesen „Hut" aufgesetzt bekommt? Oder welcher externe Dienstleister wird hierfür von allen Partnern als neutral akzeptiert? [5]. Aufgrund des immer schärfer werdenden Wettbewerbs in der Modebranche fällt es den Bekleidungsunternehmen zunehmend schwerer, Informationen über die eigene Bestands- und Kapazitätsplanung den Geschäftspartnern offenzulegen.

4.2 Unternehmensstrukturen

Untersuchungen in Bekleidungsunternehmen zeigen organisatorische Defizite auf. Die klassische Aufbauorganisation gliedert die einzelnen Abteilungen nach Funktionen wie z. B. Einkauf, Produktion, Finanzwesen, Vertrieb etc. Diese funktionale Organisation, die nach tayloristischem Prinzip der Arbeitsteilung auf Spezialisierung und Kostenoptimierung in abgegrenzten Bereichen ausgerichtet ist, hat kundenbezogene Auftragserfüllungsprozesse von den Realitäten des Marktes abgekoppelt. Lange Auftragsdurchlaufzeiten, hohe Lagerbestände, Auftragsrückstände und schlechte Termintreue sind typische Kennzeichen einer funktionalen Organisation [1]. Nur wenige Bekleidungsunternehmen haben bisher ihre eigenen Strukturen prozeßorientiert re-engineert, wobei alle Aufgaben der überbetrieblichen Auftragsabwicklung im Sinne eines optimierten Gesamtergebnisses aufeinander abgestimmt worden sind.

4.3 Kundenorientierte Prozeßgestaltung

Das Konzept des SCM basiert auf der Integration der Logistiksysteme von Bekleidungsunternehmen, Handelskunden und Zulieferern mit dem Ziel einer Gesamtoptimierung der Wertschöpfung. Mit dem SCM-Ansatz wird Wertschöpfung als zusammengehöriger Prozeß verstanden, der nicht durch eine unnötige Fragmentierung unterbrochen werden sollte [6]. Für den Endkäufer eines Herrenanzugs ist es beispielsweise belanglos, wie Zulieferer in verschiedenen Teilen der Welt, Spediteure, der eigentliche Hersteller und der Einzelhändler miteinander kooperieren, damit das Produkt preiswert auf den Ladentisch kommt. Für ihn zählt nur das Ergebnis, nicht aber der Weg dahin. Kundenorientierung erfordert zwingend ein zügiges Feedback zwischen allen relevanten Partnern innerhalb des Wertschöpfungsnetzwerks. Die Umsetzung „kundenorientierter" Strategien in der Bekleidungsindustrie wird dadurch erschwert, daß den Bekleidungsunternehmen häufig der direkte Kontakt mit dem Konsumenten fehlt. Die Vorhersage der Kundennachfrage basiert auf den Abverkaufsdaten des Einzelhandels. Nur wenige Bekleidungsfirmen legen ihren Produktions- und Absatzprogrammen Ergebnisse kontinuierlicher Befragungen von und Kontakte mit Konsumenten zugrunde (z. B. über das Internet).

4.4 Kosten

Die Einführung von SCM ist mit einem erheblichen Kostenaufwand verbunden. So müssen nach einer Optimierung der Prozesse und Abläufe oftmals zusätzliche IT-Systeme implementiert werden, deren Bedienung zu Beginn kostspielige Qualifizierungsmaßnahmen des Personals erfordert. Weitere Kosten entstehen bei der Anschaffung neuer Hardware-Komponenten, die für den Gebrauch der SCM-Software benötigt werden.

4.5 Mensch-Faktor

Die durch Einführung des SCM bedingten Umstrukturierungsmaßnahmen stoßen i. d. R. bei Mitarbeitern auf Vorbehalte. Sie befürchten beispielsweise negative Konsequenzen wie verschärfte Kontrollen, Verlust des Arbeitsplatzes, größere Arbeitsdichte etc. Des weiteren müssen Mitarbeiter plötzlich Insider-Kenntnisse ihres Arbeitsplatzes offenlegen, um sie für Kollegen und das ganze Unternehmen transparenter zu machen. Diese Beispiele verweisen auf die Notwendigkeit, die eigenen Mitarbeiter über die Vorteile des SCM für ihr Unternehmen umfassend zu informieren. Sie müssen aktiv an der Implementierung partizipieren.

5 Schrittweise Lieferkettenoptimierung als möglicher Implementierungspfad

Die zahlreichen Probleme bei der überbetrieblichen Auftragsabwicklung und die spezifischen Rahmenbedingungen in der Bekleidungsindustrie erlauben es kaum, Supply Chain Management in der gesamten textilen Lieferkette sofort vollständig, d. h. „auf einen Schlag" einzuführen. Damit der Bekleidungsindustrie der Zugang zu der mit SCM verfolgten Gesamttransparenz und den erwarteten Kostenabbau- und Servicepotentialen nicht verschlossen bleibt, bietet sich eine schrittweise Verbesserung der logistischen Prozesse innerhalb und zwischen den einzelnen Unternehmen der Lieferkette an. So kann beispielsweise zunächst die innerbetriebliche Auftragsabwicklung effizienter gestaltet werden, um die Voraussetzungen für die Anwendung von SCM zu schaffen. Dabei müssen die Zielsetzungen und die Unternehmensaktivitäten auf allen Geschäftsebenen (strategisch, taktisch, operativ) analysiert und ggf. neu definiert werden.

Die Aufgabe der **strategischen** Ebene ist die Vorgabe der Führungsgrößen [8]. Strategische Aktivitäten im Unternehmen bestimmen über unternehmensweite Zielsetzung und Investitionsstrategien. Sie legen das Produktsortiment sowie die Rahmenbedingungen der Auftragsabwicklung fest [3]. Als Beispiel sind hier die Fertigungstiefe des Unternehmens (make or buy) oder Outsourcing-Entscheidungen zu nennen. Bei der generellen Auswahl der Vorlieferanten erhalten diese lediglich eine nicht bindende Information über die geplanten benötigten Produktionskapazitäten. Auf dieser Ebene müssen also die folgenden Fragen beantwortet werden:
- Weshalb machen wir das, was wir jetzt tun?
- Was gehört zu unserer Kernkompetenz?

Taktische Aktivitäten sind Aufgaben der Planung, Steuerung und Überwachung des Produktions- und Marketingmanagement [4]. Im Rahmen der taktischen Planung wird unter Berücksichtigung des aktuellen Unternehmenszustandes und der strategischen Führungsgrößen die Zukunft geplant. So wird die Sortimentsprogrammplanung des eigenen Unternehmens mit den jeweiligen Planungen der Geschäftspartner abgestimmt, die in die Produktion der Fertigware involviert sind. Für beide Partner erfolgt eine verbindliche mittelfristige Prognose, die in Form von Blocken von Kapazitäten das Produktionsfenster des Vorlieferanten abbildet und die Abnahme der produzierten Ware über einen unbestimmten Zeitraum garantiert. Mögliche Fragen lauten daher:
- Wie können wir unsere vereinbarten Ziele erreichen?
- Wie beziehen wir unsere Geschäftpartner ein?

Operative Aktivitäten umfassen dagegen wertschöpfende Tätigkeiten in der Produktentwicklung, Arbeitsvorbereitung, Beschaffung, Produktion und Vertrieb. So erfolgt gegenüber Vorlieferanten in Form einer rollierenden Planung

eine verbindliche kurzfristige Prognose, die das Lieferfenster umfaßt und welche die Abnahme des prognostizierten Materialbedarfs garantiert (sog. Frozen Period). Es geht hier letztlich um die Fragen:
- Machen wir das richtig, was wir jetzt tun?
- Entspricht das unserer Strategie?

Im weiteren Verlauf des Projektes wird daher der Frage nachgegangen, in welcher Form sich das SCM-Modell in der Bekleidungsindustrie erfolgreich anwenden läßt. Des weiteren müssen die hierfür erforderlichen Vorraussetzungen, insbesondere die an den Schnittstellen benötigten Informationen und Informationsinhalte, festgelegt werden.

Literatur

[1] Becker, T.; Geimer, H.: Prozeßgestaltung und Leistungsmessung – wesentliche Bausteine für eine Weltklasse Supply Chain. In: HMD 207 (1999), S. 25-34
[2] Corsten, D.: Gestaltungsprinzipien des Supply Chain Managements. In: IO Management 4 (2000), S. 36-41
[3] Eversheim, W.: Organisation in der Produktionstechnik. Bd. 1: Grundlagen. 3. Auflage.VDI-Verlag, Düsseldorf 1996
[4] Frimuth, U.; Hornung, V., Sander, U.: Industrielle Logistik. Hrsg.: Luszak, H., Eversheim, W. 3. Auflage. Verlag der Augustinus Buchhandlung, Aachen 1996
[5] Rinza, T.: Wie Supply Chain Collaboration die Prozesspartner vereint. In: LOGISTIK für Unternehmen 6 (2001), S. 38 –40
[6] Servatius, H.-G.: Integration der Wertschöpfung von Unternehmen, Kunden und Zulieferern: Ein Überblick. In: Information Management & Consulting 13 (1998) 3, S. 14–17
[7] von Wrede, P.; Hillebrand, V.: Supply Chain Management (SCM) – Ein Ansatz für die Bekleidungsindustrie? Jahrbuch für die Bekleidungswirtschaft 2000, Hrsg.: Groth, U.-M.; Kemper, B.; Fachverlag Schiele & Schön GmbH, Berlin 2000
[8] Zaepfel, G.; Piekarz, B.: Supply Chain Controlling. Interaktive und dynamische Regelung der Material- und Warenflüsse. Wirtschaftsverlag Ueberreuter, Wien 1996

Quo vadis Beschaffung?

von Andreas Novak*

Es ist eine bekannte Situation: Jedes Jahr zieht der Troß der Bekleidungshersteller weiter ostwärts. Ziel ist es Regionen zu erschliessen, in denen die Löhne noch günstiger sind. Es ist schon fast als Pionierarbeit anzusehen, wie die Bekleidungshersteller sich bemühen, den Menschen in den entlegensten Winkeln beizubringen, wie man qualitative Produkte näht.

Während man in den vergangenen Jahren immer weiter vor allem den Osten Europas erschlossen hat, gibt es inzwischen schon die ersten, die sich fragen, wohin die Reise mittelfristig gehen soll. Weitet man den Begriff der Beschaffung von der reinen passiven Lohnveredelung auch auf den Zukauf von Handelsware (auch als Vollgeschäft bekannt) aus, stellen sich inzwischen immer mehr Unternehmer die Frage: Wohin geht der Trend bei der Beschaffung?

Günstigere Rahmenbedingungen?

Es ist eine bekannte Situation: Wenn der Markt schwach ist und die Kunden sich beim Kauf von Bekleidungsprodukten zurückhalten, landet der 'Schwarze Peter' wie so oft in der Produktion bzw. beim Einkauf von Handelsware. Man geht wohl davon aus, daß es die Produktion in Form von günstigeren Beschaffungspreisen für den Vertrieb schon richten wird.

Die Rahmenbedingungen für die Beschaffung haben sich in den letzten Jahren grundsätzlich für die Beschaffer eher günstig entwickelt: Von der um sich greifenden Globalisierung hat die Bekleidungsindutrie deutlich profitiert. Letztendlich kann ein Beschaffer oder Produktionsleiter heute auf eine Unmenge möglicher Produktionspartner zurückgreifen, unabhängig davon, in welchem Winkel der Welt sich diese befinden. Es ist möglich, Arbeit in Form von klassischer Lohnarbeit zu vergeben (PLV). Dabei sind inzwischen auch viele Facetten der Lohnarbeit machbar, angefangen vom Garn, das der Produktionspartner selber nach den Vorgaben des Kunden zukauft bis hin zu den Komplettzutaten. Oder man kauft Produkte als Handelsware nur noch zu.

Auch hinsichtlich der Beschaffungsregionen sind die Unternehmen im

---
* Andreas Novak ist Geschäftsführer der apparel commerce Deutschland GmbH

Umbruch. Während man vor Jahren Handelsware fast ausschließlich aus Fernost bezog, sind inzwischen viele wieder nach Osteuropa zurückgekommen. Hauptargument für diese Verlagerung ist die geographische Nähe der Produktionsbetriebe und die Möglichkeit, kleinere Volumen zu bestellen. „Wir sind in der Lage, heute aus Osteuropa das, was wir früher in einem Container aus Fernost beschafft haben, in kleineren Mengen schneller für den Markt bereitzustellen. Das reduziert unser Risiko erheblich", so der Kommentar eines Versenders zur Handelswarenbeschaffung aus Osteuropa. Das größte Hindernis für eine schnellere Entwicklung in Richtung Handelsware sind aber die fehlenden Kapitalmittel der Betriebe und die schlecht entwickelten Textilbetriebe in Osteuropa.

Know-how-Verlust oder Fokussierung auf Kernkompetenzen?

Die Auslagerung der Fertigung zu Produzenten in Niedriglohnländern ist inzwischen zum Alltag geworden. In den vergangenen Jahren hat aber vor allem der Zukauf an Produkten stark zugenommen. Möglich ist dieser vor allem durch die Weiterentwicklung der Serviceleistungen der Produktionspartner geworden: Nicht mehr nur das reine Zuschneiden und Konfektionieren von Ware beherrscht man; vielmehr haben die Betriebe Know-how im Bereich Design, Schnittentwicklung und Rohwarendisposition aufgebaut, um die Zusammenarbeit mit den Kunden zu intensivieren und auszudehnen. Nicht wenige Kunden empfinden dies als deutliche Erleichterung im Tagesgeschäft. „Sollen die sich doch darum kümmern, daß sie den Stoff in der Zeit heranschaffen", so ein Produktionsleiter eines mittelständischen Betriebes, der vor allem Produkte im Zukauf beschafft, die er nicht als Kernkompetenz betrachtet. „Der Vertrieb will heute dem Kunden alles anbieten, ob Hemd, Hose, Sakko, Mantel oder sogar Unterwäsche. Aber alles kann ich gar nicht so beschaffen wie unsere Kernprodukte, alleine schon wegen der geringen Stückzahlen." Ein weiteres Problem liegt in der Personalkapazität: „Wir haben heute schon Probleme, für unsere Kernprodukte gute Techniker zu finden, was glauben Sie, wie das dann bei den anderen Produkten ist?"

Eines ist sicher: Die Produktionspartner wollen gerne die Dienstleistungen für ihre Kunden ausbauen und manche Kunden lassen das auch ebenso gerne zu. Doch wie sieht man den Bereich der Know-how-Sicherung? „Die Schließung unserer Inlandsfertigung war der erste Schritt dazu, unser Produktionsknow-how zu verlieren. Wo soll man denn heute noch junge Ingenieure für eine technische Leitung ausbilden, wenn man keine eigene Fertigung mehr hat?"

Bei der Handelswarenbeschaffung sei das Know-how kein Thema: „Wir verhandeln mit den Betrieben den günstigsten Preis. Die müssen selber sehen, wie weit sie gehen können und ob sie damit noch wirtschaftlich zurechtkommen. Wir konzentrieren uns auf unsere Kernkompetenz, die heute vor allem im

Bereich Produktentwicklung und Produktmanagement liegt." Wer braucht schon Produktionsknow-how?

Handelsware vs. Lohnfertigung?

Ein Trend ist absehbar: zuungunsten der Lohnfertigung und zugunsten der Handelsware. Immer weniger Unternehmen sind bereit in Produktionsknow-how und -technologie zu investieren. Mangelnder Nachwuchs im Bereich Produktion, abnehmende Bereitschaft, längere Aufenthalte in schwach entwickelten Regionen Osteuropas zu verbringen, fehlende Konzepte für die Auslandstechniker, diese im Mutterhaus nach Jahren der Auslandsaufenthalte zu integrieren, hohe Kosten für Techniker – manche sehen in einer Verstärkung der Beschaffung von Handelsware die einzige Möglichkeit, der Fülle von Problemen, die die Lohnfertigung in den nächsten Jahren stärker und stärker betreffen wird, Herr zu werden. Unterstützung erfährt dieser Trend auch aus einer anderen Ecke: der Rohwarendisposition. Ist es nicht immer mühselig, mit den Lieferanten vor allem Liefertermine zu verhandeln, nur um festzustellen, daß die meisten doch nicht rechtzeitig die Ware anliefern werden? Und dann die ganzen Probleme, die eine verspätete Rohwarenanlieferung hinsichtlich der Kapazitätsauslastung der Produktionsbetriebe birgt? Wäre da nicht die Auslagerung dieser Probleme durch die Handelswarenbeschaffung eine dankbare und denkbare Lösung?

Doch bevor wir uns zu sehr für das Vollgeschäft begeistern – diese Art der Beschaffung ist mit einigen Risiken und Problemen behaftet. Das Risiko dabei besteht in der Abhängigkeit vom Lieferanten – wenn er nicht liefert, hat das Unternehmen aufgrund der Vorlaufzeiten wenig Aussicht darauf, kurzfristig Ersatz zu beschaffen. Zwar können solche Ausfälle über Schadensersatz kompensiert werden, doch welcher Kunde freut sich schon darüber, die versprochene Ware nicht zu erhalten.

Auch die Lohnarbeit begann mit einem Problem: Die Lohnkosten im Inland waren zu hoch. Da die Unternehmen keine Konzepte fanden, die Vorzüge einer inländischen Produktion zu nutzen, ging man einfach ins Ausland. „Man ging ins Ausland, nicht um die Produktionsprobleme zu lösen, sondern weil dort die Probleme einfach weniger kosten."

Heute, da in den Ländern Mitteleuropas (Ungarn, Slowenien, Tschechien, Polen) die Löhne stark gestiegen sind, befinden sich mittlerweile auch hier die Unternehmen in dieser Zwicklage. Aber auch heute wird nicht der schwere Weg nach sinnvollen Produktionskonzepten gesucht; lieber bevorzugt man den Weg, den die einstigen Kunden gegangen sind. So trifft man beispielsweise in der Ukraine ungarische Firmen, die ihre Produkte (für den westlichen Markt) dort in Lohnarbeit fertigen, mit allen Problemen die eine Sicherung der Qualität in einem ausländischen Betrieb mit sich bringt. Fragt man die ungarische Firma nach dem Warum, erhält man nicht selten folgende Antwort: „Wenn die deutschen Kunden mit der Verlagerung der Produktion in billigere Länder Geld verdient haben, wieso sollten wir das nicht auch?"

Verkauf ab Lager oder doch Just-in-Time?

Dabei gibt es durchaus auch heute noch Chancen für gute Produktionskonzepte. Man nehme beispielsweise Just-in-Time: Viel wurde darüber gesprochen, noch mehr geschrieben, jedoch findet man Betriebe, die das Konzept praktisch ins Tagesgeschäft umgesetzt haben, in der Bekleidungsindustrie nicht. Dabei ist die Theorie doch so einfach. Man produziert das, was der Kunde braucht. Nicht mehr und nicht weniger. Daß man für die Entwicklung eines Konzeptes und dessen Umsetzung aber aus den bestehenden Denkweisen ausbrechen und neue Wege suchen muß, scheint noch vielen zu mühsam. So lange die Unternehmen immer noch auf Akkordlohn, Progressive Bundle Systems und festen 8-Stunden-Arbeitstag setzen, wird die einzige Lösung tatsächlich die Verlagerung der Produktion in Niedrig-Lohn-Länder bleiben.

Wir wollen den Umstand noch nicht einmal den Produktionsbetrieben vorwerfen, die sich im besten Sinne nur nach ihrem (Kunden-)Vorbild richten; auch die Kunden wissen es halt nicht besser. So wird von den Betrieben eine kurze Durchlaufzeit gefordert, nur um die Ware dann tagelang im Lager vor Ort liegen zu lassen, damit „der LKW voll wird". Oder man fordert eine schnelle Produktion, um mit dem Wettbewerb mithalten zu können, der „immer schneller liefern kann als wir". Daß der Wettbewerb auf Lager produziert und daher ein größeres Risiko trägt, vor allem in finanzieller Hinsicht, will man nicht erkennen. Die Produktionsbetriebe, denen die Systeme und das Know-how fehlen, um auch bei kurzen Durchlaufzeiten und niedrigen Zwischenmengen in der Produktion Geld zu verdienen, sind letztendlich die Verlierer. Denn in der nächsten Saison werden diese einen Aufschlag in die Preise einkalkulieren, um solche Verluste zu kompensieren. Nicht selten wechselt der Kunde daraufhin den Lieferanten eben wegen der Preise. Verkehrte Welt.

Die optimale Lösung?

Zurück zur Handelware: Auch für die Produktionsbetriebe ist die Option Handelsware statt Lohngeschäft ein Lösungsweg. Bei der Lohnfertigung ist der Wettbewerbsdruck hoch, da man beim Faktor Kosten pro Lohnminute eine direkt vergleichbare Variable hat. Und jedem leuchtet es ein, daß ein slowenischer Betrieb doch teurer sein muß als beispielsweise ein Betrieb in Bulgarien.

Bei der Handelsware liegt die Situation etwas anders. Der Lohn ist nur eine

Komponente, aus dem sich der Preis zusammensetzt. Know-how im Bereich der Rohwarenbeschaffung kann unter Umständen wichtiger sein, als ein paar Pfennige niedrigerer Lohn. Wäre da nicht das Problem der Vor-Finanzierung der Ware, würden heute schon mehr Produktionsbetriebe diesen Service für den Kunden anbieten.

Ist die Handelsware nun der optimale Weg für ein Unternehmen? Ja und nein. Einerseits reduziert es das nötige Know-how innerhalb der Beschaffung deutlich. Unter Umständen kann sogar ein Fachfremder als Einkäufer arbeiten, solange er/sie es versteht, den für das eigene Unternehmen besten Preis zu verhandeln. Aber: Wenn das Know-how weg ist, wird es schwieriger werden zu beurteilen, ob ein Produktionsbetrieb eine Einkäufer 'über den Tisch' gezogen hat. Schon heute können manche Einkäufer einen Betrieb nur noch nach der 'Optik' der Fertigung beurteilen, da sie über die Systeme und Zusammenhänge innerhalb der Fertigung nichts verstehen oder kein Interesse dafür haben.

Internet als Hilfe?

Es war absehbar. Zwar hält das Internet immer stärker Einzug in den betrieblichen Alltag, aber es geht noch langsamer als schon zuvor. Die Euphorie und der jähe Absturz der Geschäftsideen haben die Skepsis vieler möglicher Anwender vor dem Medium Internet nur noch verstärkt. In der Folge wird eine Auseinandersetzung damit weiter nach hinten gesetzt, „mal sehen wer übrig bleibt".

Schon heute bietet das Internet einen echte Arbeitshilfe und -unterstützung für den Beschaffer. Es gibt nichts, was man nicht über das Medium finden kann, angefangen von Lieferanten von Zutaten, Stoffen, Produktionskapazitäten, Betriebsmitteln etc.. Doch genutzt wird es nur zu selten. Oft liegt es vor allem an der fehlenden Technik: „Wenn ich einen Laptop mit Modem hätte, könnte ich hin und wieder für die Produktionsbetriebe günstig Lieferanten von Nähmaschinen finden. So mache ich das eben über meinen Privatzugang, aber die Kosten dafür erstattet mir kein Arbeitgeber." Meistens fehlt auch der Support von oberster Ebene, dieses Hilfsmittel im Tagesgeschäft zu nutzen. Welcher Chef hat schon seine Mitarbeiter angewiesen, aus dem Internet einen Produktionsbetrieb oder Lieferanten zu suchen?

So kommt es, wie es kommen muß – Internetfirmen mit durchaus sinnvollen Konzepten kämpfen heute ums Überleben, vielleicht auch, weil sie ihrer Zeit voraus sind. Die Verlierer dabei sind letztendlich doch die Betriebe und Unternehmen, da sie diesen Support in Zukunft entweder nicht mehr angeboten bekommen oder möglicherweise nur zu höheren Kosten als heute.

Die eigene Beschaffung auf dem Prüfstand?

Provokante Aussage: Die Unternehmen unterziehen ihre eigene Beschaffungspraxis nur selten einer kritischen Prüfung. Eine interne Analyse der Beschaffungspreise (PLV) aus etwa 150 mittel- und osteuropäischen Produktionsbetrieben hat eine Differenz von bis zu 165 % im gleichen (oberen) Qualitätssegment zu Tage gebracht. Alle untersuchten Betriebe sind von apparel commerce einer Bewertung nach dem BEX-Schema unterzogen worden. Eine weitergehende Untersuchung hat folgende mögliche Gründe für diese hohen Preisunterschied bei der passiven Lohnveredelung gezeigt.

Unternehmen, die hauptsächlich kleine Stückzahlen produzieren, bleiben meist sehr lange bei ihren Lieferanten, da sie der Ansicht sind,
a) daß sie keinen anderen Betrieb finden können, der die ganzen Kleinstmengen produzieren wird
b) daß der Betrieb sehr zuverlässig ist
c) daß man aufgrund der langjährigen Zusammenarbeit auch eine soziale Pflicht gegenüber dem Produktionsbetrieb hat

Unternehmen, die größere Volumina abwickeln, waren der Ansicht
a) aufgrund der eigenen Techniker / eines eigenen Einkaufsbüros vor Ort sei man sicher, den besten Lieferanten für die eigene Produktion zu haben
b) daß man den besten Preis erzielt hat.

Doch welche Unternehmensleitung kann wirklich objektiv feststellen, daß der Produktionsbetrieb der beste ist? In einer Industrie, in der persönliche Kontakte und Netze eine große Rolle spielen, werden da wirtschaftliche Faktoren tatsächlich bei der Auswahl zu Rate gezogen? Unsere Erfahrung aus Beratungsprojekten hat immer wieder gezeigt, daß die Gründe für eine Zusammenarbeit mit den Produktionsbetrieben nicht nachvollziehbar waren bzw. die Beschaffungspreise einem Marktvergleich nicht standhielten.

Quo vadis?

Aus unserer Sicht wird sich in den kommenden Jahren der Wettbewerb um Kapazitäten vor allem in Mittel- und Osteuropa verstärken. Hinter einer Linie Weißrußland / Ukraine / Moldawien wird es auch Betriebe geben, aber wir gehen davon aus, daß aufgrund politischer Unsicherheit diese Gebiete nur eine untergeordnete Rolle spielen werden.
   Der Trend wird weg von der Lohnarbeit hin zur Handelsware gehen, vor allem begünstigt durch die (Neu-)Entwicklung der Textilindustrie in den osteuropäischen Ländern. Den Betrieben aus den Ländern, die in den kommen-

den Jahren Mitglieder der EU werden, stehen sehr schwere Jahre bevor: Entweder es gelingt Ihnen, durch die Rationalisierung der eigenen Fertigungsstätten (auch durch neue Produktionskonzepte) mit den steigenden Löhnen über einen Produktivitätszuwachs mitzuhalten; oder sie schaffen durch zusätzliche Dienstleistungen einen Mehrwert für die Kunden, z. B. durch das Anbieten von Handelsware.

Da die Situation im Markt aufgrund der Saturierung in den kommenden Jahren eher noch schwieriger wird, werden die Unternehmen letztendlich gezwungen werden, ihre eigenen Beschaffungspraktiken objektiv zu analysieren, um dort verborgene Kostenpotentiale zu realisieren. Das Medium Internet wird den Unternehmen, die zu den erfolgreicheren zählen werden, eine große Hilfe dabei sein.

Geschäftsprozeßoptimierung als Basis moderner E-Business-Geschäftsmodelle

von Renate Rupp und Team *

Quizsendungen wie „Wer wird Millionär...?" sind wie das Thema E-Business zur Zeit in aller Munde. Was haben nun beide gemeinsam? Ziel und Motivation beider Themen ist die Chance auf einen hohen Gewinn. Um diesen mitzunehmen, ist es notwendig, wichtige Fragen richtig zu beantworten. Im Falle E-Business sind dies:
  Was versteht man unter E-Business?
  Was sind die Aspekte und Maßnahmen, die zum Erfolg führen?
Insofern sind die Gewinnchancen hier ungleich höher, denn sie haben – vorausgesetzt Sie lesen diesen Artikel - genügend Joker, um beide Fragen richtig zu beantworten.
Letztlich stehen hinter dem Gedanken des E-Business die Neugestaltung der Beziehung und Prozesse zu Kunden, Lieferanten und Partnern, mit Hilfe elektronischer Medien, die durch die aktuellen Begriffe des Supply Chain Management (SCM) und Customer Relationship Management (CRM) zum Ausdruck kommen. Anhand dieser zwei Bereiche wird Ihnen im folgenden verdeutlicht, wie Sie die Potentiale durch Geschäftsprozeßmanagement und Prozeßtuning ausschöpfen und zudem Ihr Unternehmen für neue E-Business Geschäftsmodelle rüsten.

Wo steht Ihr Unternehmen heute?

Will sich ein Unternehmen weiterentwickeln und Abläufe verbessern, ist eine Standortbestimmung notwendig. Das hat man sicherlich auch schon am eigenen Leib erfahren. Um sein Leben zu verändern, ist es wichtig zu wissen: Wo stehe ich heute, und was möchte ich in den nächsten Jahren erreichen? Über-

---

* Die Autorin ist Business Unit Managerin Bereich Textil der IDS Scheer AG. Das Team beschäftigt sich mit Fragestellung der Geschäftsprozeßoptimierungen und den Themen SCM und CRM in der Bekleidungsindustrie. Die IDS Scheer AG ist ein international tätiges Beratungs- und Softwareunternehmen.

tragen auf das Thema internes und unternehmensübergreifendes Geschäftsprozeßmanagement ist ebenfalls eine Bestandsaufnahme notwendig.

Die Fähigkeit, E-Business Konzepte erfolgreich umzusetzen, erfordert die prozeßorientierte Entwicklung der Unternehmen, wie in Bild 1 dargestellt.

Die Organisationslehre betonte lange die Aufbauorganisation: Einzelne Abteilungen wie Einkauf, Vertrieb, Buchhaltung und Produktentwicklung führen *ihre* jeweilige Funktion aus. Somit wird ein Geschäftsablauf z. B. die Auftragsabwicklung durch mehrere Abteilungen geführt – jede Abteilung gibt Ergebnisse weiter, ohne sich dabei um den weiteren Ablauf zu kümmern.

Wie stark ist in *Ihrem* Unternehmen das Abteilungsdenken?

Durch den Einsatz unternehmensweiter ERP Systeme (Enterprise Ressource Planning) ist es heute möglich, gesamte Geschäftsabläufe durch eine einheitliche Datenbank und einheitlichen Dokumentenzugriff zu unterstützen. Hierdurch wird gesichert, daß alle an einem Prozeß beteiligten Mitarbeiter auf eine

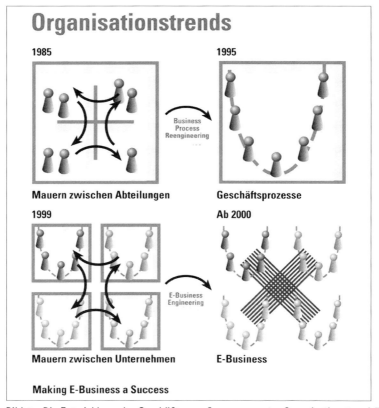

Bild 1. „Die Entwicklung des Geschäftsprozeßmanagement – Organisationstrends"

Geschäftsprozeßoptimierung

einheitliche Datenbasis zugreifen und somit vor allem Doppelarbeiten und Mißverständnisse, die durch eine abteilungsspezifische Begriffswelt entstehen, vermieden werden. Damit ist die Basis geschaffen, Abläufe wie z. B. die Produktentwicklung und Auftragsabwicklung abteilungsübergreifend und prozeßorientiert in Teams zu bearbeiten.

Eines der vielen Potentiale des Geschäftsprozeßmanagements ist die Reduzierung der Durchlaufzeiten und Erhöhung der Qualität auf Basis einheitlicher Daten.

Wie heterogen gestaltet sich Ihre Systemlandschaft?

Mit den Möglichkeiten neuer Technologien, wie zum Beispiel Internet, können sich Unternehmen organisatorisch weiterentwickeln. Selbst wenn Unternehmen interne Prozeßorganisation aufweisen – wie sieht es mit den Prozessen zu Kunden, Lieferanten und Resellern aus? Fragen wie Lagerbestände des Lieferanten und Kunden im Sinne eines Vendor Managed Inventory (VMI), Auskunftsdaten über den aktuellen Status der Auftragsbearbeitung bis hin zur genauen Sendungsverfolgung werden für die jeweiligen Beteiligten immer wichtiger.

Im Rahmen von E-Business werden diejenigen Geschäftsprozesse betrachtet, die elektronisch zwischen den Unternehmenspartnern ablaufen, zum Beispiel Beschaffungs-, Vertriebs- oder Produktentwicklungsprozesse. Diese können genauso vereinfacht und bereinigt werden wie interne Geschäftsprozesse. Besonders bei Internet-basierten, partnerübergreifenden Systemen bleiben interne ERP Systeme und interne Organisation von Bedeutung. Je direkter die Integration zwischen den Partnern ist, um so deutlicher machen sich Schwächen der eigenen Organisation bemerkbar.

Haben Sie Ihre interne Prozeßorganisation visualisiert und einer kritischen Analyse unterzogen?

Neue Geschäftsmodelle wie Internetverkauf, gruppen- oder branchenweite Einkaufscommunities oder dezentrale Kollektionserstellung, bieten Rationalisierungspotential. Interessant ist die Möglichkeit, Prozeßinnovationen im E-Business Umfeld mit neuen Produktentwicklungen zu koppeln. Zusätzliche Leistungen im Bekleidungsumfeld, die Individualisierung und die Weiterentwicklung der Bekleidungsprodukte („Fandy Outfit") sind nur einige der Möglichkeiten. Die Frage, welche E-Business Konzepte letztendlich realisiert werden sollen, muß das Resultat einer klar definierten E-Business Strategie sein.

Haben Sie eine E-Business-Strategie definiert und entsprechend kommuniziert?

Um moderne E-Business Konzeptionen effizient und effektiv umzusetzen, ist einerseits ein Prozeßmanagement mit fortlaufender Überprüfung hinsichtlich weiterer Verbesserungspotentiale notwendig. Andererseits ist eine Durchsicht der Prozesse nach neuen Anforderungen im Hinblick auf unternehmensübergreifende Geschäftsmodelle gefragt.

Wie findet man seine E-Business Strategie ?

Mit den Unternehmenszielen im Fokus kann die E-Business Strategie entwickelt werden. Wollen Sie sich als Unternehmen der Bekleidungsindustrie am Markt differenzieren, liegt die Priorität der E-Business Aktivitäten in der Ausrichtung zum Kunden im Sinne eines Customer Relationship Management (CRM). Sehen Sie die größten Potentiale im Bereich der Kosteneinsparung, sollten die Prioritäten im Bereich E-Procurement und Supply Chain Management gesetzt werden.

Bild 2 faßt die Strategien und mögliche E-Business Schwerpunkte zusammen.

E-Business Geschäftsmodelle im Rahmen des Supply Chain Managements

Supply Chain Management wird schon lange als Konzept zur Optimierung der Logistikprozesse in und zwischen unterschiedlichen Unternehmen diskutiert. Die Idee ist nicht neu, aber die Möglichkeiten, die sich für Gestaltung und Umsetzung der Logistikprozesse mit modernen Technologien bieten, sind eine neue Diskussion wert.

Was bedeutet Supply Chain Management? Welche Potentiale ergeben sich für die Bekleidungsindustrie?

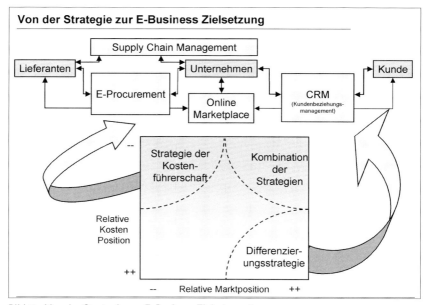

Bild 2. „Von der Strategie zur E-Business Zielsetzung"

Geschäftsprozeßoptimierung

Supply Chain Management zielt darauf ab, den Daten-, Material- und Geldfluß zwischen allen Geschäftspartnern, angefangen beim Lieferanten der Rohstoffe, über alle Zwischenstufen wie z. B. dem Garnhersteller bis zum Kunden optimal zu steuern. Dafür ist es insbesondere wichtig, daß die Partner ihre eigenen Geschäftsprozesse kennen, ihren Bedarf entsprechend ermittelt, die übergreifenden Prozesse definiert und mit den Partnern optimiert und abgestimmt haben, um dann die Daten möglichst zeitnah auszutauschen.

Vom elektronischen Austausch der Bestell- und Auftragsdaten (E-Procurement) bis hin zur gemeinsamen Planung von Bedarfen und der Produktion ganzer Lieferketten (Collaborative Planning) bieten sich mit neuen Technologien viele Möglichkeiten, die Wertschöpfung zu verbessern.

Die textile Wertschöpfungskette und Potentiale durch Supply Chain Management

Die Wertschöpfungskette der Bekleidungsindustrie ist durch ein außergewöhnlich hohes Maß an Arbeitsteilung und Globalisierung gekennzeichnet. So werden z. B. Oberstoffe von Lieferanten in Italien, Zutaten von Lieferanten aus Deutschland und Japan eingekauft. Die Lieferware wird in Produktionsbetrieben in Osteuropa oder Asien produziert, wobei die Kunden z. B. in den USA ansässig sind. Der Transport und eine eventuell notwendige Aufarbeitung der Roh- und Fertigwaren wird an externe Dienstleister übertragen. Oftmals befin-

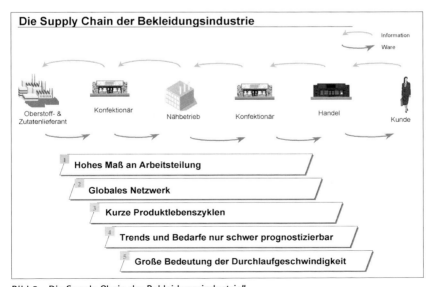

Bild 3. „Die Supply Chain der Bekleidungsindustrie"

det sich lediglich die Kollektionserstellung und die Erstmusterung noch in Deutschland. Bild 3 gibt einen Überblick über die Supply Chain in der Bekleidungsindustrie.

Die Produktlebenszyklen in der Modebranche sind traditionell sehr kurz (nur selten länger als sechs Monate). Marktsättigung und steigende Kundenansprüche haben dazu geführt, daß Hersteller teilweise monatlich neue Programme präsentieren. Die enorm schnellen Durchlaufzeiten (time to market), angefangen von der Kollektions-/ Programmentwicklung bis zur Auslieferung der Fertigwaren an den Kunden, kann effizient nur mit einer leistungsfähigen und kostengünstigen Wertschöpfungskette erreicht werden, d. h. die Partner der einzelnen Wertschöpfungsstufen können den Bedarf auf der nachfolgenden Stufe in der geforderten Lieferzeit decken und dabei die Kosten gering halten. Grundlage für eine hohe Leistungsfähigkeit der gesamten Wertschöpfungskette ist der Informationsaustausch über Unternehmensgrenzen hinweg. Nur die frühzeitige Bereitstellung von entscheidungsrelevanten Informationen wie z. B. Abverkaufszahlen oder der Planung von Marketingkampagnen, versetzen den Geschäftspartner in die Lage, eigene Prognosen zu erstellen und sich dadurch frühzeitig auf zukünftige Marktanforderungen vorzubereiten.

Innerhalb der heute am Markt agierenden Supply Chains ist dieser Informationsaustausch selten realisiert. So erhält der Konfektionär oftmals erst in der nächsten oder – im traditionellen Vorordergeschäft – erst in der übernächsten Orderrunde Feedback über den Abverkauf der Ware im Handel. Der Oberstofflieferant wird seinerseits erst über den Bedarf informiert, wenn dem Konfektionär die Aufträge des Handels vorliegen. Absatzpläne auf Basis der einzelnen Oberstoffartikel/-qualitäten werden bei den Konfektionären oft nur für die interne Verwendung erstellt.

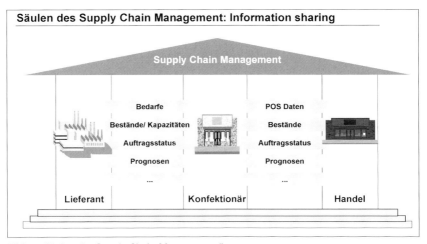

Bild 4. „Säulen des Supply Chain Management"

Geschäftsprozeßoptimierung

Die Idee ist nun folgende: Stellt der Handel seinen Lieferanten tagesaktuell die Abverkaufszahlen zur Verfügung, erhalten die Konfektionäre dadurch wichtige Informationen, z. B. für die Gestaltung der zukünftigen Programme oder für die Disposition des Freilagers. Wenn diese Informationen wiederum in Form von Absatzplänen und -prognosen den Lieferanten für Oberstoffe und Zutaten übermittelt werden, können diese ihrerseits bereits einen Teil der Garne beschaffen bzw. erste Rohwaren produzieren.

Das Szenario skizziert eine von vielen Möglichkeiten zur Optimierung des Informationsflusses entlang der Wertschöpfungskette. Schon durch die optimale Gestaltung dieser beiden Informationsschnittstellen, lassen sich Produktion und Einkauf bedarfsgerecht und annähernd bedarfssynchron gestalten. Mögliche Verbesserungen: Eine signifikante Reduzierung der Lagerbestände, eine Reduzierung der Lieferzeiten, insbesondere für Oberstoffe sowie eine bedarfsgerechte Gestaltung der Kollektionen.

Voraussetzung für Supply Chain Management

Die Bereitschaft auf Managementebene zum gegenseitigen Informationsaustausch und der Orientierung an der übergreifenden Abwicklung der Geschäftsprozesse, ist die Grundlage eines erfolgreichen SCM. Wie die technische Realisierung abgewickelt wird, ist eine Frage, die dann im zweiten Schritt von Supply Chain Management (SCM) geklärt wird. Der Markt für Bekleidung ist heiß umkämpft. Aus diesem Grund ist es verständlich, daß viele Unternehmen der Bekleidungsbranche eine zurückhaltende Informationspolitik betreiben. Oftmals enthalten Informationen wie Abverkaufszahlen oder Bedarfsprognosen Anhaltspunkte über mögliche zukünftige Modetrends, die nur ungern weitergegeben werden.

Erstes Ziel in einem SCM-Projekt muß es sein, alle Geschäftspartner von dem gegenseitigen Vorteil eines auf *Information sharing* beruhenden Supply Chain Managements zu überzeugen. Wichtig ist, daß sich kein Mitglied einer Lieferkette benachteiligt fühlt, da sonst die Bereitschaft für die Weitergabe der notwendigen Daten nicht erwartet werden kann. Die notwendige Transparenz kann vor allem durch das Aufzeigen und Dokumentieren der unternehmensübergreifenden Geschäftsprozesse mit geeigneter Software wie z. B. der ARIS Collaborative Suite[1] erreicht werden. SCM beginnt bei der Kollektionserstellung. Da die Abverkaufszahlen des Handels Ausgangspunkt für die Prognose zukünftigen Bedarfs sind, ist bereits bei der Kollektionserstellung auf eine maßvolle Variantenvielfalt der eingesetzten Materialien zu achten. Je kleiner die Zahl der unterschiedlichen Oberstoffqualitäten in einer Kollektion ist, desto genauer ist

---

1 Software der IDS Scheer AG zur Geschäftsprozeßmanagement

eine Bedarfsprognose je Oberstoffqualität, da sich so unvermeidliche Prognosefehler auf Ebene der einzelnen Modelle gegenseitig ausgleichen können.

Wenn sich alle Geschäftspartner auf die Ziele und die Rahmenbedingungen eines gemeinsamen SCM-Projektes geeinigt haben, stellt sich die Frage nach der Realisierung.

In den einzelnen Unternehmen werden die benötigten Informationen u. a. in unterschiedlichen EDV-Systemen gehalten. Da liegt es nahe, den Informationsaustausch auf Ebene der EDV-Systeme „von Maschine zu Maschine" möglichst automatisch zu realisieren. In der Modebranche existiert kein einheitlicher Softwarestandard und neben einigen Standardsystemen kommen immer noch zum großen Teil eigenentwickelte Applikationen zur Anwendung. Diese einzelnen Systeme arbeiten mit unterschiedlichen Datenformaten, so daß die Dateninhalte für einen elektronischen Informationsaustausch zwischen den Geschäftspartnern detailliert abgestimmt und ggf. angepaßt werden müssen. Aufgabe ist es, unterschiedliche EDV-Systeme einfach, schnell und kostengünstig miteinander zu verknüpfen, wobei stets gewährleistet sein muß, daß sensible Informationen nicht von Unbefugten eingesehen werden können.

Die Fragestellung der Datenintegration wird auch unter dem Begriff Enterprise Application Integration (EAI) diskutiert. Als Lösung dafür bieten einige Softwarefirmen bereits standardmäßig sog. Middleware Tools an, mit denen die Integration selbst für ältere und nicht standardisierte Anwendungen realisiert werden kann. Kernstück der unternehmensübergreifenden Systemintegration ist das Internet. Durch die standardisierte Datenübertragung im Internet (HTML bzw. XML) ist es heute möglich, EDV-Systeme mit völlig unterschiedlichen Datenstrukturen miteinander kommunizieren zu lassen. Der Informationsaustausch ist die einfachste Form der Kopplung. Weitere Chancen bestehen in der Verknüpfung ganzer Geschäftsprozesse, wobei z. B. völlig automatisiert von EDV-System zu EDV-System (A2A – „Application to Application") einzelne Transaktionen angestoßen werden.

Zum Beispiel ist vorstellbar, daß der Bestellvorgang für Standardzutaten oder Verpackungsmaterial automatisch ausgelöst wird, sobald der Bedarf gemeldet wird. Das EDV-System des Bekleidungsherstellers sendet automatisch eine Bestellung an das EDV-System des Zutatenlieferanten. Das EDV-System des Zutatenlieferanten ermittelt den Liefertermin der Waren und sendet automatisch eine Auftragsbestätigung an das System des Konfektionärs.

Ausblick SCM in der Bekleidungsindustrie

Der Kunde modischer Produkte handelt zweifelsohne kurzfristig und schwer berechenbar. Schnell neue Trends zu erkennen und diese in erfolgreiche Themen umzusetzen, ist die Grundvoraussetzung, um in der Modebranche als Unternehmen bestehen zu können. Doch neben einer aussagekräftigen Kollektion, ist die termingerechte Lieferung und die Qualität der Lieferware wesentlicher Bestandteil eines erfolgreichen Unternehmenskonzeptes. Die stetig steigenden Marktanforderungen können Unternehmen der Bekleidungsindustrie nur im engen Kontakt zu Lieferanten und Kunden erfüllen. Supply Chain Management ist notwendig, um die Produkte den Kundenwünschen entsprechend anzupassen und zu liefern. Zukünftig werden nicht einzelne Anbieter von Bekleidung miteinander konkurrieren, sondern die Supply Chains, in denen sie integriert sind.

E-Business Geschäftsmodelle im Rahmen von Customer Relationship Management (CRM)

CRM bezeichnet das Management der Kundenbeziehungen und beschreibt damit z. B. wie Kunden in das Unternehmen eingebunden sind und wie Kundenkontakte aufgebaut sind. Diese Beziehungen zum Kunden sind von der Struktur der Geschäftsprozesse abhängig, die zum Beispiel dadurch gekennzeichnet ist, daß es für jede Kundengruppe einen festgelegten Ansprechpartner gibt. Weiterhin werden die Aufgaben im Rahmen des Kundenmanagements durch spezielle IT-Systeme ergänzt, die eine strukturierte Datenaufbereitung und -analyse unterstützen.

Welchen Nutzen bringt das Management von Kundenbeziehungen für die Bekleidungsindustrie?

Die Bekleidungsindustrie ist gefordert: Mal ist das Wetter im Winter zu frühlingshaft, mal liegen die Karnevalstermine sehr spät und die Kunden kaufen nur verhalten. Oft scheinen die Gründe für zurückhaltende Käufe nicht vorhersehbar oder nicht beeinflußbar. Viele Bekleidungshersteller und mit ihnen der Handel, hoffen in regelmäßigen Abständen auf Trendwenden. Aber wie können die Unternehmen aktiv an einer Trendwende arbeiten? Das Wetter beispielsweise ist nicht vorhersehbar oder beeinflußbar. Übrig bleiben somit nur die Kunden mit ihren Wünschen und Vorlieben.

Die Kenntnis und Prognose des Kundenverhaltens ist eine der wichtigsten Ressourcen für die mittel- und langfristige Profitabilitätssicherung für Bekleidungshersteller.

Analysieren Unternehmen ihren Kundenstamm systematisch, entdecken sie häufig neue Potentiale für Umsatzsteigerung und Unternehmenswachstum. Darüber hinaus können mit zielgerichtetem Kundenmanagement auch entsprechende Effizienzsteigerungen im Vertrieb realisiert werden. So sind die Kosten, um einen neuen Kunden zu gewinnen vielfach höher, als einen bisherigen Kunden zu halten.

Das Ziel der Kundenbindung wird dann erreicht, wenn die Zufriedenheit des Kunden mit der Leistung des Anbieters und sein Vertrauen in dessen zukünftige Leistungsfähigkeit gewährleistet ist. Produktorientiertes Verkaufen wird zugunsten einer strukturierten Analyse und Gestaltung der Beziehung zwischen

Unternehmen und Kunde in den Hintergrund treten. In diesem Sinne arbeiten schon zahlreiche Unternehmen daran, ihre Organisation und ihre Mitarbeiter auf Kunden- und Serviceorientierung auszurichten.

Analyse des Kundenverhaltens

Auf einer einheitlichen Datenbasis, können die Mitarbeiter die Kundeninformationen auf verschiedene Arten nutzen. Zum einen steht jedem Mitarbeiter sein spezieller Informationspool mit allen wichtigen Kundeninformationen zur Verfügung. Beispielsweise kann ein Außendienstmitarbeiter sich vor einem Kundenbesuch schnell und umfassend über den Kunden (bzgl. Umsätze, Auslieferungssituation usw.) informieren und so das Verkaufsgespräch kundenindividuell vorbereiten. Zum anderen bietet das Data Warehouse eines CRM-Systems die Basis für umfangreiche Auswertungen mit Hilfe von Datenanalyse-Tools (sog. Business Intelligence Anwendungen). Hierdurch können Antworten auf folgende Fragen gegeben werden:
- Wie profitabel ist der Kunde?
- Wie stark ist die Bindung des Kunden an das Unternehmen?
- Wie zufrieden ist der Kunde mit dem Angebot des Unternehmens?
- Mit welchen anderen Kunden ist der Kunde vergleichbar?

Insbesondere die letzte Frage zeigt eine wesentliche Funktion der Kundendatenanalyse auf: die Charakterisierung von Kunden und deren Kategorisierung anhand unterschiedlicher Kundenprofile. So kann der Vertriebsmitarbeiter z. B. aufgrund von ähnlichem Orderverhalten, ähnlichen regionalen Rahmenbedingungen (ländliche Lage bzw. Toplage) oder ähnlicher Lieferantenstruktur, Kundensegmente identifizieren, für die er dann spezifische Angebote zusammenstellen kann. Durch exakte Zuordnung von Kunden zu bestimmten Kundengruppen eröffnen sich Cross-Selling-Potentiale. Bei Mailingaktionen oder Kundenbesuchen können allen Kunden einer Kundengruppe Waren angeboten werden, die einzelne Kunden der gleichen Kundengruppe bereits erfolgreich geordert haben. Diese Form der Informationsaufbereitung verbessert die Beratungsqualität im Verkaufsgespräch u. a. dadurch, daß auf Kunden mit ähnlicher Positionierung verwiesen werden kann.

Eine Analyse des Kundenverhaltens ist vor allem bei Online-Angeboten über das Internet interessant, da die Endkunden über diesen Vertriebsweg anonym angesprochen werden. In dieser Situation bietet die Analyse des Kundenverhaltens die einzige Informationsquelle über den Kunden. Interessante Informationen, die bei den Online-Besuchen der Kunden automatisch erfaßt und ausgewertet werden können, sind z. B.: Wie häufig werden welche Web-Seiten besucht? Welche Kollektionen werden wie lange angesehen? Wie hoch ist die Kaufrate im Verhältnis zu den Kundenbesuchen?

Zudem stellt das Internet einfache Möglichkeiten zur Verfügung, auf Kundenvorlieben zu reagieren, z. B. kundenindividuelle Mailings oder die dynamische Gestaltung des Angebotes im Online-Shop.

Gestaltung der Kundeninteraktion

Das Management von Kundeninteraktionen schließt sich als weitere Komponente eines CRM-Systems an die Datenanalyse an. Mit Hilfe von Kampagnen-Management-Tools lassen sich Maßnahmen für ausgewählte Kundengruppen planen. Das System ist hierbei in der Lage, verschiedene Vertriebskanäle einzubeziehen. So unterstützt es den Vertriebsmitarbeiter bei der telefonischen Ansprache des Kunden und erstellt bei Bedarf automatisch nach einigen Tagen ein Follow-Up-Mailing. Bei entsprechender Reaktion des Kunden wird im Anschluss der zuständige Außendienstmitarbeiter via Email informiert. Da die Reaktion des Kunden auf die einzelnen Interaktionen im System erfaßt und dem Data Warehouse zugeführt werden, wird das Kundenbild mit jeder Interaktion weiter präzisiert: Die Qualität der Kundeninteraktionen verbessert sich und die Kundenansprache nähert sich immer mehr den individuellen Anforderungen des Kunden.

Anpassung der internen Prozesse auf CRM

Ein CRM-System lebt von den ihm zugeführten Daten. Ohne umfangreiche Datenbasis lassen sich keine verläßlichen Rückschlüsse auf die Anforderungen der Kunden ziehen. Das verdeutlicht, daß der Aufbau eines CRM nicht alleine eine IT-Aufgabe sein kann. Vielmehr muß das Management Verständnis im gesamten Unternehmen dafür schaffen, daß die Kunden immer im Zentrum der Unternehmensbemühungen stehen und somit die Informationen über die Kunden zu den wichtigsten Ressourcen im Unternehmen gehören. Nur Mitarbeiter, die von dem hohen Wert der Kundeninformationen überzeugt sind, werden diese auch verläßlich in einem CRM-System erfassen.

Die Reorganisation des Unternehmens im Sinne einer vollständigen Kundenausrichtung und die damit verbundene Einführung eines CRM-Systems erfordert eine vollständige Analyse im Hinblick auf die Unternehmensziele:
- Verantwortlichkeiten und interne Abläufe sind neu zu definieren (z. B.: Soll die Auftragserfassung zukünftig zentral durch den Innendienst oder durch den Außendienst direkt beim Kunden erfolgen?).
- Die zukünftige Aufbauorganisation muß konkretisiert werden (z. B. Einführung eines Key-Account Managers).

Der Informationsbedarf an Kundeninformationen sowie die Informationsflüsse zwischen den operativen Systemen und dem CRM-System müssen erarbeitet werden (Wie oft sollen die Daten zwischen den Systemen aktualisiert werden? Wie sollen Shops und Corners eingebunden werden?)

Um die Prozesse und Systeme zum Customer Relationship Management kostengünstiger und schneller einzuführen, stellen manche Anbieter und Beratungsunternehmen spezielle Referenzmodelle zur Verfügung. Diese beinhalten optimale Gestaltungsalternativen für CRM-relevante Prozesse und bieten eine gute Vergleichsmöglichkeit zu den eigenen Prozessen. Im einfachsten Fall bilden die Unterschiede dann Ansatzpunkte für die strategische Entwicklung der eigenen CRM-Geschäftsprozesse.

Darüber hinaus verdeutlicht die modellhafte Betrachtung der CRM-Prozesse die Anforderung an ein CRM-System und zeigt die Datenströme zwischen den operativen Systemen eines Unternehmens und einem CRM-System auf.

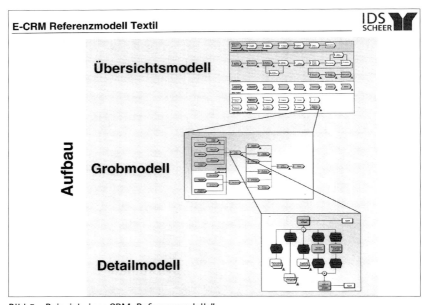

Bild 5. „Beispiel eines CRM-Referenzmodells"

CRM Nutzen und Kosteneinsparung für die Bekleidungsindustrie

Bei der Umsetzung von CRM steht nicht die Kosteneinsparung im Vordergrund, vielmehr liegt die Priorität auf der langfristigen Bindung der Kunden. Nur so können Marktanteile gehalten oder ausgebaut werden. Auch langfristige

Marktpräsenz eines Unternehmens in der Bekleidungsbranche wird zunehmend von seiner Fähigkeit zur umfassenden Konzentration auf den Kunden abhängen. Die Tatsache, daß Bekleidungshersteller die Anzahl der einzelnen Teile innerhalb einer Kollektion zugunsten eines ausgefeilteren Komplett- oder Themenangebotes straffen, kann z. B. als Reaktion auf diese Notwendigkeit gedeutet werden.

Kosteneinsparungspotentiale liegen u. a. im Bereich Vertrieb und Service. So lassen sich durch den Einsatz des Internets, als weiteren Absatzkanal, Vertriebskosten erheblich reduzieren. Kosten für Mailings und Geschäftskorrespondenz können durch Informationsverteilung per Internet oder automatisierten Faxversand in der Nacht minimiert werden. Das Ziel der Kosteneinsparung sollte dennoch in erster Linie durch eine Optimierung der Prozesse verfolgt werden. Intelligenter IT-Einsatz sollte darauf abzielen, Mitarbeiter von Routinetätigkeiten zu entlasten und aufwendige Recherche bezüglich des letzten Kundenkontaktes oder eventueller Beschwerden zu vermeiden. Hierdurch steht mehr Zeit für Kundenpflege, aber auch für Neukundenakquisitionen zur Verfügung, was wiederum die Grundlage für den zukünftigen Unternehmenserfolg darstellt.

Bevor Kosteneinsparungen realisiert werden können, sind die notwendigen Investitionen zu tätigen. Dabei sind neben den Kosten für die Anschaffung und Einrichtung der technischen Komponenten des CRM-Systems auch entsprechende Qualifikationsmaßnahmen einzukalkulieren, die notwendig sind, um die CRM-Philosophie im Unternehmen aufzubauen, den Mitarbeitern den Nutzen zu verdeutlichen und den Umgang mit dem System zu vermitteln.

Ausblick CRM

Aktuelle Umfragen zeigen, daß das Management vieler Unternehmen die Steigerung der Kundenzufriedenheit ganz oben auf der Aktivitätenliste aufführen. Hier zeigt sich das Bewußtsein, an gesättigten Märkten langfristig nur durch absolute Kundenorientierung präsent bleiben zu können. Hier bieten neue Technologien, neue Wege, dieses Ziel zu verwirklichen. Diese Chance gilt es, insbesondere für die Bekleidungsindustrie zu nutzen, in der neben der Pflege des Produktes und des Markenbildes, die Pflege des Kundenstammes zur Hauptaufgabe des Vertriebs und des Marketings geworden ist. Um ein Customer Relationship Management ganzheitlich zu verwirklichen, sind die Erhebung und Analyse der Kundendaten durch die heutigen operativen Systeme in Verbindung mit einem CRM-System für sich allein noch nicht ausreichend.

Zur Erreichung der notwendigen Kundenorientierung, ist auch die konsequente Anpassung und Optimierung der Lieferkette in der Bekleidungsindustrie eine sinnvolle und lohnende Ergänzung im Bereich der Logistik. Denn zuverlässige Zusagen von Lieferterminen und Verkürzungen der gesamten Durchlaufzeit eines Auftrags stellen eine wesentliche Voraussetzung dar, um zum Beispiel schnell mit der Nachmusterungskollektion auf dem Markt präsent zu sein.

Die ersten Bewegungen in Richtung einer stärkeren Kundenorientierung sind bereits auf dem Markt zu beobachten. Letztlich werden die Unternehmen den Wettbewerb gewinnen, die früh genug mit der Konzeption und Einführung eines CRM-Systems beginnen.

Welche Rolle spielt der Mitarbeiter im E-Business Zeitalter ?

Ein weiterer Bestandteil einer ganzheitlichen E-Business Strategie ist auch das Unternehmensmanagement. Viele Unternehmen – auch der Bekleidungsindustrie – bezeichnen „Ihre Mitarbeiter" als das wichtigste Kapital. Dementsprechend sollten auch die eigenen Mitarbeiter von den optimierten Geschäftsprozessen, den neuen Geschäftsmodellen und der modernen Technologie profitieren.

Ein Beispiel hierfür ist die Portaltechnologie. Der Mitarbeiter erhält durch einmaliges Anmelden Zugriff auf alle notwendigen internen und externen Anwendungen und Daten.

Auch die Lernkonzepte werden sich im E-Business Zeitalter ändern. Hatte früher noch die Aussage unserer Eltern und Großeltern in Teilen Gültigkeit – „in der Schule wird gelernt, im Berufsleben wird gearbeitet und im verdienten Ruhestand der Lebensabend genossen" – ist in der heutigen Berufswelt ein ständiger Lernprozeß im Sinne eines Life-Long oder Just-in-Time-Learning notwendig. Dies bedeutet, daß nicht nur der neue Mitarbeiter den Bedarf hat, bei der Bearbeitung eines speziellen Geschäftsfalles, Erklärungen aus dem System abzurufen, um weitere Schritte effizient zu gestalten. Die Unterstützung kann von der einfachen Definition eines nicht geläufigen Begriffes bis hin zu Hintergrundwissen oder Hinweise auf vorzunehmende Prozeßschritte reichen. Hier ist wiederum der im Vorfeld transparent gemachte und dokumentierte Geschäftsprozeß, an dem sich der Mitarbeiter orientieren und weiterentwickeln kann, die Basis.

Für die zusätzliche Motivation der Mitarbeiter kann ein prozeßorientiertes Vorschlagswesen eingerichtet werden. Die Mitarbeiter werden somit angeregt, wertvolle Verbesserungen der Geschäftsprozesse im Unternehmen, aber auch unternehmensübergreifend zu entwickeln. Sie liefern somit auch einen wesentlichen Beitrag, um für das E-Business Zeitalter gewappnet zu sein.

Fazit

Kandidat bei „Wer wird Millionär...?" wird nur, wer Künstler oder Modedesigner in chronologische Reihenfolge bringen kann. Im E-Business kann nur erfolgreich sein, wer seine Geschäftsprozesse analysiert und optimiert. Daneben gibt es allerdings weitere Hürden, die auf dem Weg zu einem ganzheitlichen E-Business Ansatz genommen werden müssen. So ist es ein weiterer wesentlicher Aspekt, die analysierten und optimierten Prozesse auf ihre Durchführung hin zu kontrollieren. Die Ergebnisse eines derartigen Process Performance Controllings sind mit den Mitarbeitern zu diskutieren; resultierend daraus können entsprechende Verbesserungsaktivitäten eingeleitet werden. Um den Prozeß des Controllings zu automatisieren, gibt es mittlerweile erste leistungsfähige Software wie z. B. den Process Performance Manager[2].

Somit schließt sich der Process Life Cycle, und durch das ganzheitliche Geschäftsprozeßmanagement wird über die Phasen
- Prozeß-Design von E-Business Lösungen,
- Implementierung von E-Business Lösungen und
- kontinuierliches Controlling und Tuning der E-Business Prozesse

die erfolgreiche Umsetzung neuer E-Business Geschäftsmodelle sichergestellt.

---

2 Software der IDS Scheer AG zur Ermittlung und Analyse von Leistungsdaten von unternehmens- und systemübergreifenden Geschäftsprozessen

E-Learning – von der CD-ROM zum virtuellen Klassenzimmer

von Dr. Norbert Jesse[*]

1 Vorbemerkung

Unsere Gesellschaft wird mehr und mehr bestimmt durch Informationen und Wissen. Ursache und Folge zugleich sind ein stetig zunehmendes Qualifikationsniveau und die Forderung an jeden Einzelnen, ein Leben lang zu lernen. E-Learning etabliert sich heute als ein probates Instrument für die Aus- und Weiterbildung in Bildungsinstitutionen und für die Personalentwicklung in Unternehmen. Mit dem Internet und speziellen Softwareplattformen sind die technischen Voraussetzungen gegeben, Kurse zu erstellen, die sich durch ausgeprägte Multimedialität, durch Interaktivität zwischen Lehrenden und Lernenden sowie durch die Möglichkeit zu Gruppenarbeit auszeichnen. Der nächste Schritt führt hin zu einer stärkeren Personalisierung der Lerninhalte. Dieser Beitrag zeigt an drei Beispielen exemplarisch Möglichkeiten der heutigen Technik auf.

2 Anforderungen treiben die Technik

Das Computer Based Training (CBT) geht zurück bis in die 60er Jahre. Seine Erfolge waren in quantitativer wie qualitativer Hinsicht von bescheidener Natur. Das Internet eröffnet nun völlig neue Optionen, gleichwohl steckt das Online-Lernen noch in den Kinderschuhen. Immerhin 96 % der Firmen lassen ihre Mitarbeiter noch in Präsenzveranstaltungen schulen, und nur in größeren Unternehmen ist CBT ein Instrument der Aus- und Weiterbildung. Auch in Universitäten, Schulen und Institutionen der Weiterbildung spielte CBT noch keine nennenswerte Rolle.

Aber das Bild ändert sich. Lebenslanges Lernen ist gefordert und neue Ansätze der Informationstechnologie bieten die Voraussetzung für die Entwicklung lei-

---

[*] Der Autor ist Mitarbeiter am Lehrstuhl Informatik I (Prof. Dr. Bernd Reusch) der Universität Dortmund und Geschäftsführer der Quin-Scape GmbH

stungsfähiger Lernprogramme. Einer Studie der Bertelsmann-Stiftung zufolge wird bis 2005 jeder zweite Student im Internet lernen. Einer anderen Studie zufolge soll der E-Learning-Markt von jetzt 320 Mio. $ auf 3,9 Mrd. $ im Jahre 2004 wachsen. Ein offensichtlicher Beleg dafür, daß eLearning Hochkonjunktur hat, sind unzählige Berichte in den IT-Printmedien und der große Erfolg der alljährlich stattfindenden Learntec, einer Fachmesse für Bildungstechnologien.

Für mehr und mehr Unternehmen ist die Fähigkeit, schneller zu lernen, der einzige dauerhafte Wettbewerbsvorteil vor der Konkurrenz. Auch für kleinere Unternehmen wird eLearning künftig eine nicht zu unterschätzende Rolle spielen, da die Innovationsrate bei Produkten und Dienstleistungen keineswegs an Geschwindigkeit verliert. In Erweiterung eines Satzes von L. Zadeh gilt: Wir leben in einem Zeitalter intelligenter, wissensbasierter Produkte, Dienstleistungen und Abläufe.

Unzählige Kurse sind heute im Internet verfügbar, allerdings handelt es sich überwiegend noch um statisch vernetzte Hypertextdokumente. Die Herausforderung besteht darin, webbasierte Ausbildungsprogramme zu entwickeln, die das erforderliche Maß an Adaptiviät und Intelligenz besitzen, so daß man von personalisierten Angeboten sprechen kann. Die besondere Bedeutung des eLearnings liegt vor allem im selbstbestimmten, entdeckenden Lernen, bei dem der Lernende interaktiv durch die multimedialen Inhalte stöbern, Interessantes vertiefen und Uninteressantes überspringen kann. Dergestalt anspruchsvolle Lernsysteme führen Datenbankinformationen, Texte, Bilder, Videos und Simulationen zusammen. Für die breite Akzeptanz sind noch weitere Funktionalitäten unerläßlich (ohne Anspruch auf Vollständigkeit):

- Neue Lernmodule müssen sich leicht einfügen und mit wenig Aufwand pflegen lassen.
- Es sollte möglich sein, das multimediale Kursmaterial mit (privaten oder öffentlich lesbaren) Anmerkungen zu versehen.
- Lehrer und Schüler sollten über Newsgroups oder Bulletinboards miteinander kommunizieren können (asynchrone Kommunikation).
- Synchrone Kommunikation wie z. B. das Chatten fördert die Entstehung einer „learning community". In absehbarer Zeit werden auch künstliche Wesen, d. h. virtuelle Tutoren oder Avatare, durch Lernsoftware führen.
- Wissen muß sich über Frage-/Antwortbeziehungen dynamisch vermitteln lassen. Immer wieder gestellte Fragen sollten automatisch durch das System beantwortet werden.
- Das System sollte berücksichtigen, daß Lernende
  - unterschiedliche Lernstile haben und auf verbale, symbolische und visuelle Reize spezifisch reagieren,
  - einen unterschiedlichen Erfahrungshintergrund besitzen und
  - mit Rechnern, Bandbreiten usw. unterschiedlich ausgestattet sind.

Zunehmend etablieren sich am Markt Dienstleister, die Kurse via Satellit auf die PC-Bildschirme übertragen. Parallel zum Vortragenden erscheinen in einem separaten Fenster Lerntexte (z. B. Folien). Über einen Rückkanal im Internet können die Kursteilnehmer untereinander und mit dem Referenten kommunizieren.

Die grundsätzlichen Vorteile des eLearnings liegen auf der Hand. Erwartet werden
- Kosteneinsparungen durch Verkürzung der Lernzeit,
- geringere Reisekosten und einen geringeren Infrastrukturaufwand,
- eine größere Wirkung durch Lernen „just-in-time", Lernen am Arbeitsplatz und ein erweitertes Angebot durch vernetztes Wissen,
- eine höhere Qualität der Wissensvermittlung durch interaktive und individuelle Angebote, die Möglichkeit zur konzentrierten und flexiblen Nutzung sowie die leichtere Erreichbarkeit der Informationen (z. B. durch Einbindung digitaler Bibliotheken).

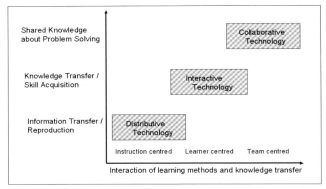

Bild 1. Vom instruktionsorientierten Lernen zum Team-Lernen (nach H. Maurer)

3 Sichtbare Erfolge nicht ohne Preis

Es ist sinnvoll, den Blick auf die Trends in den USA zu richten. Unternehmen wie CISCO und IBM haben sehr frühzeitig begonnen, ihren Mitarbeitern Weiterbildungsmaterialien elektronisch zugänglich zu machen. US-amerikanische Universitäten, wie etwa Stanford, bieten seit längerer Zeit Vorlesungen über das Internet – seit 1998 wurden immerhin mehr als 300 Online-Kurse entwickelt. Allein in den USA existieren weit über 100 akkreditierte Universitäten, die komplette Studiengänge samt Abschluß im Internet anbieten. Besonders interessant ist die UNext.com, ein Unternehmen, das von fünf Elitehochschulen – Columbia, Stanford, Chicago, Carnegie Mellon und der London School of Economics – getragen wird. Das Ziel ist ambitioniert, die UNext.com soll die führende Internetuniversität werden.

Aber auch in Deutschland werden gegenwärtig sichtbare Schritte unternommen, um die Ausbildung und das sog. Human Ressources Management auch auf eLearning zu stützen. So entwickelt die Bankakademie in Frankfurt für ihre Bildungs- und Beratungspartner des privaten Kreditgewerbes maßgeschneiderte Programme für das intranet-basierte Lernen. Das Online-Angebot des Educational Financial Portal (efiport) der Bankakademie richtet sich gezielt an Finanzprofis, Geldanleger und Unternehmen, die ihr Wissenskapital nachhaltig erhöhen wollen. Mehr als 6.000 Führungskräfte der Bayer AG können eine intranet-basierten Lernumgebung im Bereich „Wertmanagement" nutzen. Auch die Bildungszentren der Handwerkskammern, die jedes Jahr mehr als 40.000 Meisterprüfungen abnehmen und 1,4 Mrd. DM erwirtschaften, haben das Internet als Kommunikationsmotor der Wirtschaft entdeckt und bieten heute schon Lernangebote mit Online-Qualifizierungen. Für Hochschulen gewinnt die Virtualisierung der Lehrangebote gleichfalls an Bedeutung. Präsenzuniversitäten versuchen, alleine oder im Verbund mit anderen Präsenzhochschulen, ihr bestehendes Curriculum um Teleteaching/ Telelearning-Angebote zu erweitern.

Sicherlich stellen sich noch vielfältige Fragen in Bezug auf die Akzeptanz, zum Nutzungsverhalten und zur ausbleibenden Nutzung – in Abhängigkeit von bestimmten Nutzerprofilen. Unstreitig ist, daß das rechte Verhältnis zwischen Präsenzlernphasen und Telelernen für die Akzeptanz und Effektivität eine ganz entscheidende Rolle spielt.

Online-Angebote gibt es leider nicht zum Nulltarif. Kostentreiber sind aufwendige Visualisierungen und komplexe Testatkomponenten. Dies läßt sich gut am Beispiel der Universitäten verdeutlichen: Die durchschnittliche Zeit zur Vorbereitung einer Präsenzvorlesungsstunde beträgt 2 bis 10 Stunden, während für eine Fernseh- oder Videoübertragung bis zu 100 Stunden einzuplanen sind. Kommt noch die Erstellung interaktiven Lehrmaterials hinzu, ergeben sich leicht bis zu 300 Stunden. Die Wiederverwertung digitaler Lehreinheiten und das Ausschöpfen von Synergie- und Bündelungseffekten mit Präsenzveranstaltungen ist unerläßlich. Generell gilt aber, daß sich die Kosten in solchen Bereichen nur schwer amortisieren, wo sich die Inhalte schnell ändern. Eine sinnvolle Lösung mag in diesen Fällen das Application Service Providing (ASP) sein, bei dem Kursbausteine bedarfsweise von einem Contentlieferanten angefordert werden.[1]

4 Online Learning – drei Beispiele

Im folgenden werden drei Lernsysteme skizziert, die am Lehrstuhl Informatik I der Universität Dortmund in enger Zusammenarbeit mit Kooperationspartnern erstellt wurden.

4.1 HyperMed: ein hypermediales Tutorium für die Anatomieausbildung

Die gegenwärtige Situation in der medizinischen Ausbildung ist gekennzeichnet durch zu wenige Räume und Tutoren sowie Engpässe bei realen Objekten (Patienten und Leichen). Sicherlich ist es sinnvoll, das „Lernen am Krankenbett" möglichst durch multimedial aufbereitete Krankenfälle zu ergänzen. Vor diesem Hintergrund wurde HyperMed entwickelt, ein effizientes und bewährtes Werkzeug für die Anatomieausbildung.

Medizinstudenten werden bereits in den vorklinischen Semestern mit bildgebenden Verfahren vertraut gemacht. In den Seminaren stehen üblicherweise allerdings nur wenige studentische Arbeitsplätze zur Verfügung, an denen mit Schnitten von konservierten Leichen und mit erläuterten Fotografien gearbeitet wird. HyperMed [2] ist ein hypermediales Lernprogramm, das die Anatomieausbildung in diesem Gebiet unterstützt und die Zahl der Ausbildungsplätze kostengünstig erhöht.

HyperMed verbindet Realschnittfotos, Computertomographie- und Magnetresonanztomographie-Aufnahmen (CT und MRT), erläuternde Texte, schematische Abbildungen und Bewegtbildsequenzen integrativ miteinander. Das System besteht aus einer gut zu bedienenden Oberfläche und einer Autorenkomponente, mit der die Texte und Bilder für den Kurs erfaßt werden.

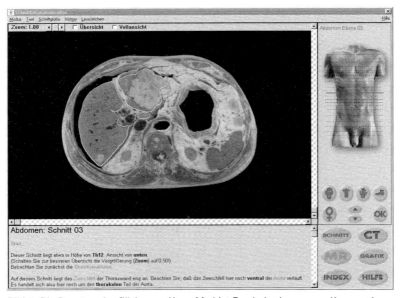

Bild 2. Die Benutzeroberfläche von HyperMed ist Ergebnis einer engen Kooperation mit Medizinern.

E-Learning

Medizinstudenten sind nicht selten ungeübt im Umgang mit PCs. Bei der Konzeption der Benutzerschnittstelle wurde daher ein besonderes Augenmerk auf die einfache Bedienbarkeit gelegt. Bild 2 verdeutlicht, wie dieser Anforderung Rechnung getragen wurde:
- Der wichtigste Bereich ist das Bildfenster. Verschiedene Zoomstufen und eine Ganzbild-Darstellung sind möglich.
- Zu jedem Bild existiert ein Textbereich.
- Die Auswahl einer Schnittebene (Körperregion) erfolgt im rechten Frame.
- Über den Knopfauswahl-Bereich können verschiedene Bildtypen, d. h. Realschnitte, CTs, MRTs oder Schemazeichnungen ausgewählt werden.

HyperMed verfügt über mehrere Möglichkeiten, das umfangreiche Kursmaterial zu erschließen:
- die Stichwortsuche, wobei Synonyme über einen Thesaurus berücksichtigt werden,
- die Hypertext-Navigation für einen nicht-linearen Kursdurchgang,
- die Navigationshistorie der Themen, die der Benutzer während einer Sitzung besucht hat,
- die Bookmark-Liste, in die Lesezeichen hinterlegt werden können,
- eine Testat-Komponente zur Überprüfung des Gelernten.

4.2 TRANSTEC – ein Internet-Kurs für Mikrosystemtechnik

Man spricht von Mikrosystemen, wenn Sensoren, Signalverarbeitung und Aktoren in miniaturisierter Bauform so zu einem Gesamtsystem verknüpft werden, daß sie „empfinden", „entscheiden" und „reagieren" können. Die Mikrosystemtechnologie (MST) ist hochkomplex und wird, getrieben durch neue industrielle Anforderungen, mit Hochdruck weiterentwickelt. Offenkundig besteht ein enormer Bedarf an Lernmaterialen für die Ausbildung. Hier setzt TRANSTEC an: Es faßt europaweit vorhandenes MST-Know-how für die internetbasierte Aus- und Weiterbildung zusammen.[3] Der Kurs bietet Studierenden umfangreiche Lerneinheiten mit Testatmodulen sowie Ingenieuren und Entscheidern ein Nachschlagwerk mit Zugang zu Entwicklungswerkzeugen. Die Zielgruppen sind folglich:
- Studenten an Hochschulen mit Kenntnissen in den Natur- und Ingenieurwissenschaften, die eine Zusatzqualifikation im Bereich MST wünschen;
  Im Vordergrund steht hier Grundlagenwissen, das die Studierenden vorbereitet auf berufliche Tätigkeiten in der MST-nutzenden Industrie. Darüber hinaus sollen sie nach und nach aus einer lernenden Rolle in die eines Ingenieurs wechseln, der Aufgaben in der beruflichen Praxis zu lösen hat.
- Entscheider in Unternehmen, die sich über die konkreten Möglichkeiten von MST informieren wollen.
  Diese Gruppe muß die für sie relevanten Informationen schnell auffinden

und in die Lage versetzt werden, das spezifische Potential der Technologie abzuschätzen.
- Ingenieure und Techniker, denen vor allem ein Zugang zu Software- und Entwurfswerkzeugen sowie zu Informationen über Anbieter und Bezugsquellen eröffnet werden soll.

Entscheider und Ingenieure werden über einen Entscheidungsbaum von ihrer Problembeschreibung zu den relevanten Informationen des Kurses geführt. Im Endausbau soll TRANSTEC eine Vielzahl an Werkzeugen für den Entwurf und die Simulation von MST-Entwicklungen einbinden.

Der TRANSTEC-Kurs nutzt die vielfältigen Möglichkeiten des Internets. Tabellen, Grafiken und Bilder zur Visualisierung komplexer Zusammenhänge ergänzen die Textbausteine. Filmsequenzen und Animationen stehen dort zur Verfügung, wo ein anschaulicher Eindruck von den realen Fertigungsabläufen vermittelt werden soll.

Generell gliedert sich der Kurs in kleine Einheiten, die über verschiedene Navigationspfade erreicht werden können. Jedes größere Lernmodul schließt mit einem Test ab. Im Falle falscher Antworten wird automatisch auf die entsprechenden Seiten verwiesen. TRANSTEC bietet eine Reihe von Möglichkeiten für die Kommunikation zwischen den beteiligten Personen – nicht zuletzt, um dem „Tunnelsyndrom" entgegen zu wirken [4]:
- Die Lernenden können die Inhalte in Gruppen miteinander diskutieren (Gruppenlernen).

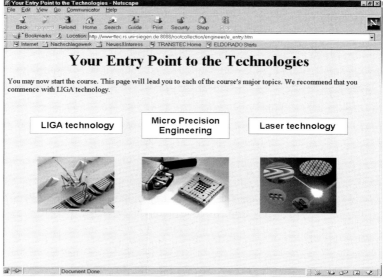

Bild 3. Der Einstieg in TRANSTEC

- Über E-Mail können Fragen an ausgewiesene Experten in ganz Europa gerichtet werden.
- Die medialen Bausteine können mit privaten oder öffentlich lesbaren Anmerkungen versehen werden.

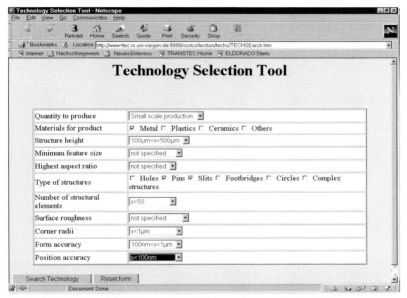

Bild 4. Anforderungsdefinition zur Auswahl der geeigneten Technologie

Der Internetkurs wird ergänzt durch eine CD-ROM und ein Textbuch. Die CD-ROM enthält längere Videoaufnahmen, um unzumutbare Ladezeiten über das Internet zu vermeiden; das Buch bietet vor allem Studenten ergänzende Lernhilfen. [5]

Die einzige technische Voraussetzung, um diesen Kurs zu bearbeiten, ist ein Internetanschluß. Die Softwareplattform ist HyperWave. Dieses Produkt erlaubt ein leichtes Aktualisieren des Kurses, es unterstützt die Rechnungslegung und garantiert die Konsistenz der Links im Kursangebot. Weitere hilfreiche Funktionalitäten von HyperWave sind u. a.
- das schnelle Suche in den Volltexten und Metadaten des gesamten Kurses,
- eine ausgefeilte Nutzer- und Nutzergruppen-Verwaltung,
- umfangreiche Möglichkeiten, Dokumente, Animationen etc. mit Zeitbeschränkungen zu versehen (z. B. Liefer- und Verfallsdatum eines Dokumentes).

4.3 NetCAMBIO – Web-based Training im Bereich des Chip-Entwurfes

Die Software CAMBIO [6] ist ein mächtiges Werkzeug, um vorhandene Layouts digital-analoger Schaltkreise zu optimieren und an neue technische Bedingungen und Vorgaben der Fertigung anzupassen (Technologiemigration). Das von CAMBIO erzeugte neue Layout berücksichtigt alle Entwurfsregeln der neuen (Ziel-)Technologie, es ist elektrisch korrekt und wesentlich kompakter, d. h. technisch leichter und wirtschaftlicher zu fertigen.

NetCAMBIO ist der Prototyp eines internetbasierten und interaktiven Trainingskurses für CAMBIO. Studenten und Ingenieure lernen, vorgegebene oder eigene Chip-Layouts zu bearbeiten und hinsichtlich des Flächenbedarfs zu optimieren (kompaktieren).

Das zentrale Merkmal von NetCAMBIO ist selbstverständlich die Schnittstelle zum Kompaktierungsprogramm CAMBIO. Die zu bearbeitenden Layouts, die aktuellen Technologiedaten und die Kompaktierungsparameter werden an den Server übertragen. Dort wird die Kompaktierung gestartet und das überarbeitete Layout mit Informationen wie z. B. Fehlermeldungen und Warnhinweisen zurück an den Lernenden übertragen.

Mit NetCAMBIO lassen sich Schaltungslayouts in vielfältiger Weise betrachten, editieren und kompaktieren:

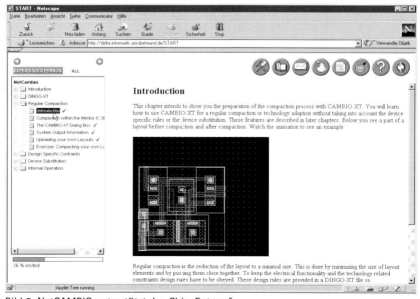

Bild 5. NetCAMBIO unterstützt den Chip-Entwurf

- Den verschiedenen Schaltungslayern werden automatisch verschiedene Farben zugeordnet. Jeder Layer kann einzeln ein- oder ausgeblendet werden. Wahlweise kann das gesamte Layout oder nur ein Teilbereich, bestehend aus einzelnen Zellen, angezeigt werden. Der Vergrößerungsfaktor ist veränderbar. Mehrere Layouts können gleichzeitig bearbeitet und in jeweils einem eigenen Fenster dargestellt werden.
- Grundlegende Editierfunktionen sind implementiert. Objekte wie Rechtecke, Polygone, Drähte und Aufrufe von Zellen können erzeugt, bearbeitet, entfernt, verschoben, gruppiert, gedreht und gespiegelt werden. Auch komplette Zellen und einzelne Layer lassen sich erzeugen und entfernen.
- Die erforderlichen Technologiedaten werden mit einem einfachen Texteditor bearbeitet.

NetCAMBIO ist für das Selbststudium konzipiert. Zur Kontrolle des Gelernten werden zunächst Multiple-Choice-Aufgaben eingesetzt. Im Vordergrund stehen jedoch praktische Entwurfsübungen. Konkret bedeutet dies etwa für die Lerneinheit zum Layoutdatenformat CIF (Caltech Intermediate Form):
- Lernen einzelner CIF-Befehle,
- Aufgaben, CIF-Befehle durch Aktivierung von Elementen in der Grafik zu identifizieren,
- Erstellen einer eigenen CIF-Datei,
- Erstellung der bemaßten Darstellung des Layouts o. k. System, aus der der Lernende ein passendes CIF-Programm erzeugen muß; sind Fehler in der Syntax oder bei den Parametern vorhanden, so werden die entsprechenden Zeilen markiert und eine Referenzlösung wird angeboten.

5 Zusammenfassung

Bei allen vorzeigbaren Erfolgen: eLearning wird das herkömmliche Lernen keinesfalls vollständig ersetzten. Was zählt, ist ein vernünftiger Mix zwischen Präsenz- und computerunterstütztem Lernen. Dieser Mix läßt sich selbstverständlich nicht ein für alle Mal festlegen, er ist vielmehr abhängig von Alter und Vorbildung des Lernenden, seinem Ausbildungsziel und der Motivation – um nur einige Kriterien zu nennen. Keinesfalls zu vernachlässigen sind aber auch die finanziellen Aspekte. Eine solide Kalkulation der Aufwendungen ist unerläßlich für den Erfolg eines eLearning-Projektes. Möglicherweise stellt sich dabei heraus, daß der Kauf von Kurseinheiten günstiger ist, als das eigene Erstellen.

Literatur / Anmerkungen

[1] Der Leser sei hier zur Einstimmung verwiesen auf:

Kerres, M: Multimediale und telemediale Lernumgebungen. Konzeption und Entwicklung, München, Wien, Oldenburg 1998

McCormick, J.: The New School, in: Newsweek, April 200, S. 65 ff.

Pätzold, J.; Lang, M.: Selbstgesteuertes Lernen im Internet. Evaluation eines Web-based-Trainings bei der Bayer AG, in: Universität Dortmund, Forschungsberichte 32-2001, S. 55 ff.

Weiterführende Literaturhinweise können beim Autor angefordert werden.

[2] HyperMed wurde in enger Kooperation mit der Universität-GH Essen entwickelt. Im Anschluß an eine zweijährige Testphase wurde es in das Verlagsprogramm von de Gruyter aufgenommen.

[3] TRANSTEC ist ein Acronym für "Internet-based Multimedia Knowledge Transfer for Innovative Engineering Technologies". Das Projekt wurde im Rahmen des Förderprogrammes Telematics Applications Program finanziell von der Europäischen unterstützt (reference MM 1026).

[4] Tunnelsyndrom meint hier, daß der Lernende keine Chance hat, eine Anwort auf Fragen zu finden, die bei der Kursgestaltung nicht vorher gesehen wurden.

[5] Die Veröffentlichung besorgt der Hanser-Verlag.

[6] CAMBIO ist das Resultat einer langjährigen Zusammenarbeit zwischen der DOSIS GmbH und dem Lehrstuhl Informatik I der Universität Dortmund.

Wirkungsbezogene, ganzheitliche Prüfung von Textilien mit Hautkontakt auf Körperverträglichkeit oder: Hautsache körperverträglich

von Walter Holthaus*

Im Sommer 2000 kam das Prüfsiegel „medizinisch getestete Textilien" in den Handel. Vor allem Markenhersteller körpernah getragener Maschenbekleidung begannen, ausgewählte Artikel damit auszuzeichnen.

Sie garantieren: Von den ausgelobten Textilien können sich keine Substanzen lösen, welche die menschliche Haut in irgendeiner Weise reizen, noch den menschlichen Körper gesundheitlich schädigen.

Was soll das, ein weiteres Label? Ist die Anzahl der vorhandenen Ökosiegel für Textilien nicht schon groß genug? Sind die Verbraucher nicht ohnehin überfordert und verunsichert?

Die Reaktionen aus der Textilindustrie und dem Textilhandel zeigen, daß man sich zeitverzögert mit diesem Prüfsiegel beschäftigt. Dieser Beitrag ist Bestandteil dieser Diskussion.

Der qualitative Unterschied

Das Prüfsiegel „medizinisch getestete Textilien" ist klar an den Bedürfnissen der Verbraucher nach mehr Sicherheit beim Kauf und Benutzen von Textilien ausgerichtet.

Das entsprechende Prüfverfahren hat nichts mit jenen Auflagen zu tun, die in Verordnungen des Umweltministeriums oder Gesundheitsministeriums ausformuliert sind. Es geht nicht um den Nachweis einzelner, verbotener Substanzen.

Das Prüfverfahren basiert auch nicht wie andere Prüfsysteme auf der Beurteilung ausgewählter Leitsubstanzen, deren grenzwertorientierter Nachweis als Indikator für eine Beurteilung der Körperverträglichkeit herangezogen wird. Die

---

* Geschäftsführer im Gesamtverband der deutschen Maschen-Industrie – Gesamtmasche – e. V., Stuttgart

medizinische Prüfung von Textilien stellt eine gesundheitsorientierte Alternative der Qualitätssicherung für Alltagstextilien dar, die aus der Medizinprodukteprüfung (Prüfung für den worst case nach der international genormten Prüfung für Medizinprodukte) übernommen und für das normale Trageereignis unter Modifizierung der Probenbeanspruchung entwickelt worden ist.

Was heißt Körperverträglichkeit?

Im Begriff „Körperverträglichkeit" werden alle Reaktionen zusammengefaßt, die von diversen unterschiedlichen human-ökologisch relevanten Reizen ausgehen.

Textilien und Bekleidung sind dabei nur ein Ausschnitt aus dem Spektrum der Alltags- und Umwelteinflüsse, die direkt auf die menschliche Haut einwirken. Kosmetika, Medizinprodukte, Bestandteile der Luft und des Wassers sind z. B. weitere. Von ihnen können Irritationen und Wirkungen ausgehen, die durch mechanische, chemische oder allergene Reize ausgelöst werden.

Die (nicht nur textilspezifische) Allergieproblematik läßt sich zur Zeit nur über eine geeignete chemisch-physikalische Analytik erfassen. In der Praxis sind bei reklamierten Textilien weder die potentiellen Allergene noch die Disposition des Menschen bekannt, die im Zusammenwirken allergische Reaktionen ausgelöst haben.

Die grafische Darstellung zeigt vereinfacht die Zusammenhänge.

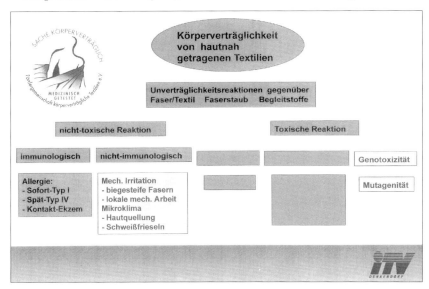

Bild 1

Hautsache körperverträglich

Der Begriff „Körperverträglichkeit" ist relativ neu und taucht Mitte der 90er Jahre in der Forschungsliteratur auf. Bisher galten Textilien als „hautfreundlich", wenn der Indikator – ein neutraler pH-Wert – festgestellt wurde. Das ist aber sicher nicht ausreichend.

Der Körperverträglichkeitstest

Mit welchen Merkmalen ist die Körperverträglichkeit meßtechnisch faßbar?

Zur Beurteilung toxischer, dermatologischer und geno-toxischer Verträglichkeitsphänome gibt es heute eine Reihe von biomedizinischen Zelltests, die zum Teil genormt sind.

Mit dem Körperverträglichkeitstest wird die Bioverfügbarkeit aller Substanzen, d. h. das gesamte Wirkungspotential z. B. von hautnaher Bekleidung auf den menschlichen Körper ohne Grenzwertbetrachtung realitätsnah mit Zelltests simuliert und beurteilt. Entscheidend dafür ist die Wahl des Transferverfahrens. Eine Übersicht über bekannte Transferverfahren vermittelt die nachfolgende Übersicht.

Transferverfahren	Anwendungsbereich	Bemerkungen
Schweinehautmodell	realitätsnahe Ermittlung der Bioverfügbarkeit	„aufwendige Methodik, nicht zur Beurteilung im Rahmen der Qualitätssicherung geeignet"
„FKT-Transfer FKT = Fördergemeinschaft Körperverträgliche Textilien e. V. Denkendorf"	„realitätsnahe Simulation des Übergangs Textil / Haut"	praktikable Methodik für die QS-Routine
Oktanol / Wasser-Verteilung	„Prognose des Wechselwirkungspotentials Chemikalie / Haut"	nur für bekannte Chemikalien geeignet
Penetrationsmodelle	„Prognose der wirksamen Chemikalienkonzentration im Körper"	nicht anwendbar bei unbekannten Chemikalien
„Extraktionsmodelle z. B. Lebensmittelgesetz, Medizinproduktenorm"	„maximale verfügbare Chemikalienmenge wird untersucht"	„worst case" - Untersuchung
Bakterien	Wassertoxizität, Ames-Test	
protozoische Einzeller (Ciliaten)	„Untersuchung der Umwelttoxizität, Tierversuchersatz"	
„Zellkulturen Fibroblasten, Keratinozyten"	„medizinische Diagnostik gemäß Medizinproduktenorm"	„Prüfsystem der Fördergemeinschaft Körperverträgliche Textilien e. V. Denkendorf"

Das Verfahren, Zellkulturen als Biosensoren einzusetzen, ist aus der Medizinprodukteprüfung übernommen. Die Modifizierung liegt in der Probenvorbereitung. Die Medizinproduktverordnung schreibt eine Totalextraktion vor. Diese wurde durch eine realitätsnahe Tragesimulation ersetzt, nämlich der

Simulation des Hautmilieus beim Kontakt der textilen Oberfläche mit der menschlichen Haut und auf Transferraten validiert, die leicht über den tatsächlichen Übertragungsmengen liegen (Sicherheitsaspekt!).

Mit dem Zytotoxizitätstest können alle vom Textil ausgehenden akut toxischen und dermatologischen Wirkungen beurteilt werden, wenn Substanzen bei einem Hautkontakt von 16 Stunden bei 37 °C (Körpertemperatur), einer mechanischen Belastung von 5 kg und Körperfeuchtigkeit von der Textilprobe auf das Transfergel (Simulation der Haut) übergehen. Nicht erfaßt werden, weil zur Zeit wissenschaftlich noch nicht beurteilungsfähig, die nicht-toxischen Reaktionen des menschlichen Organismus auf Umwelteinflüsse wie allergische und systemische Reaktionen oder mechanische Irritationen.

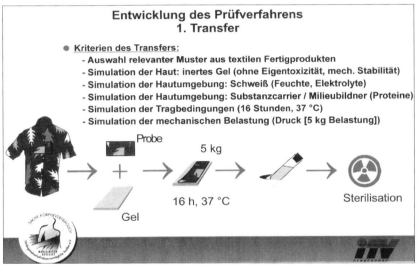

Bild 2

Anhand einer von Biologen im Rahmen der Validierung festgelegten Vitalitätsrate in Höhe von 80 % der untersuchten Zellkulturen wird am Institut für Textil- und Verfahrenstechnik Denkendorf die Toxizität von Substanzen, die sich bei der Transfersimulation von den Textilien gelöst haben, beurteilt. Der Grenzwert von 80 % entspricht der Schwankungsbreite des Testsystems, so daß jede Probe, die auch nur eine geringe Zellreaktion hervorruft, den Test nicht besteht.

Der Vergleich bezieht immer eine Kontrollprobe (in Bild 3 die Probe Nr. 101) mit ein, die als Standardmedium in der Prüfungsnorm für Medizinprodukte vorgeschrieben sind.

Um den Zytotoxizitätstest wissenschaftlich-dermatologisch einwandfrei abzusichern, wurde an der Universitätsklinik Heidelberg (Hautklinik, Prof. Dr. Näher) eine weitere noch empfindlichere, aber auch teurere Kontrollmöglich-

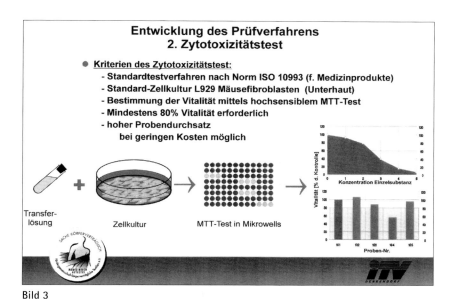

Bild 3

keit entwickelt: der Keratinozytentest. Anhand der Reaktion der Entzündungsmediatoren in der menschlichen Oberhaut werden irritative Reaktionen sofort und sicher erkannt.

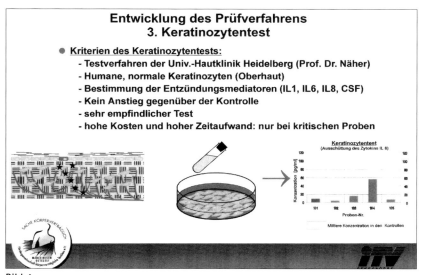

Bild 4

Die bisherigen Proben wurden mit beiden Prüfverfahren getestet.

Bei der Beurteilung der Körperverträglichkeit von Textilien und Bekleidung sind zwei Aspekte wichtig: Erstens, wie wirken die Ausrüstungsmittel ganzheitlich und zweitens, welche Bestandteile wandern in welchen Mengen auf die Haut.

Bleiben die Ausrüstungsmittel auf oder in der Faser, wandern also nicht auf die Haut, so wird sich ein negativer Befund (ungiftig) ergeben, lösen sie sich, so kann der Befund positiv (toxisch) ausfallen. Die Körperverträglichkeit von Textilien hängt erfahrungsgemäß sehr eng mit Applizierung der von Textilhilfsmitteln und deren Fixierung ab.

Und genau hier ist die Achillesferse der bisher bekannten Beurteilungskriterien.

Die Beurteilung nach Echtheiten – sie berichten nur über die Beständigkeit von Ausrüstungseffekten – sagt nichts über die tatsächliche Freisetzung human-ökologisch relevanter Substanzen aus.

Weist man in chemisch-analytischen Verfahren fest fixierte, jedoch als bedenklich eingestufte Chemikalien nach, dann gilt das Textil als nicht schadstoffarm, obwohl es körperverträglich wäre. Wird eine Substanz nicht geprüft, weil sie nicht auf der Liste steht (Leitsubstanzproblematik), gilt das Textil als schadstoffarm, ist u. U. aber nicht körperverträglich.

Mit der Beurteilung der Körperverträglichkeit jedoch ist im Vergleich zu bisher bekannten Beurteilungsmodellen die direkte Beurteilung der Wirkung aller Substanzen und ihrer Wechselwirkungen untereinander möglich, weil der Zelltest und der Keratinozytentest die Reaktion der Haut auf die Probe in der Situation des Tragens eines Textils auf der Haut realitätsnah untersucht.

Geschichtlicher Rückblick

Wer gab den Anstoß zum Körperverträglichkeitstest?

Ende der 80er Jahre gerieten Textilien in der öffentlichen Meinung zunehmend in Mißkredit. Industrie und Handel wurde öffentlich unterstellt, die von ihnen hergestellten und in Verkehr gebrachten Textilien und Bekleidungsstücke seien angesichts der verwendeten (giftigen) Chemikalien gesundheitsgefährdende Produkte. Diese Behauptung wurde schier endlos wiederholt und manifestiert.

Dabei gehen grundsätzlich von Textilien, darin sind sich Mediziner einig, keine epidemiologisch signifikanten Gefährdungen aus.

Schließlich wurde über vermeintlich gemeingefährliche Bekleidung auch in Landtagen, im Bundestag debattiert. Die Enquete-Kommission des Deutschen Bundestages befaßte sich z. B. unter dem Thema „Schutz des Menschen und der Umwelt" mit dem gesundheitlichen Gefährdungspotential von Bekleidung. Um ganz sicher zu gehen, behandelte der Gesetzgeber Textilien häufig wie Lebensmittel.

Völlig unzutreffend, aber für Laien leicht nachvollziehbar wurde suggeriert, daß jene Textilien, die mit Chemikalien die gewünschten Eigenschaften erhalten (Farben, Pflegeeigenschaften, Griff, ...) ebenfalls so gesundheitsschädigend sein müssen wie die Chemikalien selbst.

So an den Pranger gestellt, entwickelten Industrie, Handel, Forschungseinrichtungen und Dienstleistungsorganisationen verschiedenste Standards, dazu Tests, um diese Standards zu kontrollieren. Man versuchte damit zu beweisen, daß die so geprüften Textilien sehr sorgfältig hergestellt worden sind und schadstoffarm sind. Es blieb jedoch nicht aus, daß auch diese Standards immer wieder wissenschaftlich und aus Sicht von Verbraucherinteressen kritisch hinterfragt worden sind. Dabei wurden und werden noch immer vor allem drei Fragen gestellt:

Wer hat die Negativliste der schädlichen Stoffe festgelegt?

Wer hat die zulässigen Höchstmengen festgelegt.
Wurde überhaupt geprüft, ob und welche Zusammenhänge/Wechselwirkungen zwischen verschiedenen, möglicherweise an sich unschädlichen, Inhaltsstoffen bestehen?

Mit diesem Zustand wollten sich eine Reihe von Firmen der Maschen-Industrie, meist Hersteller körpernah getragener Bekleidung nicht abfinden. Ihre Erzeugnisse haben tagsüber oder nachts dauerhaften Kontakt mit der menschlichen Haut. In der Beurteilung des Schadstoff-Milieus kommt ihnen daher besondere Bedeutung zu.

Sie verlangten eine Positivaussage, die besagt, daß die Bekleidung ungiftig oder positiv ausgedrückt: körperverträglich ist.

Von 1995 bis 1998 wurde am Institut für Textil- und Verfahrenstechnik, Denkendorf, und an der Hautklinik der Universität Heidelberg (Prof. Näher) ein Forschungsprojekt durchgeführt, dessen Ergebnis der Körperverträglichkeitstest ist. Die Finanzierung in Höhe von 50 % übernahmen 11 Firmen der Maschen-Industrie, worauf das Land Baden-Württemberg die Restfinanzierung übernahm.

Die Industrie formulierte die Forschungsaufgabe so:
Es sei eine kommerziell nutzbare Prüfmethode zu entwickeln, die
- eine umfassende, positive Aussagekraft besitze
- qualitativ hochwertige, reproduzierbare Prüfungsergebnisse bringe
- hohen Mengendurchsatz erlaube
- niedrige Kosten verursache.

Die schwierigste Aufgabenstellung dabei war, einen Prüfungsmodus zu finden, der unbestechliche und für den Menschen **wirkungsbezogene** Aussagen zuläßt.

Ende 1999 wurde die Validierung abgeschlossen. Seither (bis Juni 2001) wurden ca. 2000 Proben untersucht, vor allem körpernahe Bekleidung wie Babybekleidung, Wäsche, Miederwaren und Strümpfe sowie Autopolster- und Möbelbezugstoffe und Matratzenbezugstoffe.

Damit sind verläßliche und aussagekräftige Beurteilungen über die Körperverträglichkeit nicht nur von Textilien möglich und die Prüfpraxis belegt, daß es hinsichtlich einer realitätsnahen Betrachtung der Wirkung verwendeter Ausrüstungschemikalien auf Textilien zu „medizinisch getesteten Textilien" keine Alternative besteht.

Bewertung:

Wo immer Textilien mit der menschlichen Haut in Berührung kommen (Bekleidung, Haushaltstextilien, Polsterstoffe, ...) können Fasern und / oder Inhaltsstoffe Verursacher von Körperreaktionen sein.

In Einzelfällen kann es zu Körperreaktionen mit meist unklarer Ursache kommen. Hier kann die Beurteilung der Körperverträglichkeit zusätzliche Sicherheit geben. Der Körperverträglichkeitstest ist nicht nur auf die Anwendung bei Textilien beschränkt, sondern universell einsetzbar und zukünftig wahrscheinlich auch in der Beurteilung von Wellness-Produkten zunehmend wichtig.

Nach Ansicht von Hautärzten sind Hautkrankheiten oder Hautreizungen / Irritationen ausgesprochen selten durch fabrikneue Textilien verursacht. Bezogen auf die allein in Deutschland gekauften Mengen von Wäsche, Strümpfen, Sportbekleidung, Oberhemden, T-Shirts, Badebekleidung usw. sind nur ganz wenige Einzelfälle von Personen mit sehr empfindlicher Haut bekannt.

Als Insider der Bekleidungsindustrie wissen Sie, daß die Herstellung von Textilien und Bekleidung ohne Chemie nicht möglich ist. Die Kunden, letztendlich der Verbraucher, wollen modische, farbige, pflegeleichte Textilien.

Deswegen liefert die Textilindustrie schöne sowie funktionelle textile Stoffe, die unter Einsatz moderner chemischer Ausrüstungsverfahren und Chemikalien hergestellt werden. Es kann daher niemals um die Frage gehen, ob die so erzeugten Textilien schadstofffrei, ob oder wie viele Hilfsmittel eingesetzt wurden und später nachgewiesen werden können, sondern die Frage lautet, inwiefern alle Inhaltsstoffe zusammen in ihrer Wirkung für den menschlichen Körper verfügbar und in ihrer Gesamtwirkung körperverträglich sind.

Aussage des Prüfsiegels „medizinisch getestete Textilien" (Bild 5)

Seit Dezember 1999 (Abschluß der Validierung des Prüfverfahrens) können Textilien für die Herstellung von Bekleidung auf Körperverträglichkeit getestet und zertifiziert werden mit der Zusage: Dieses Textil ist körperverträg-

Bild 5

Hautsache körperverträglich

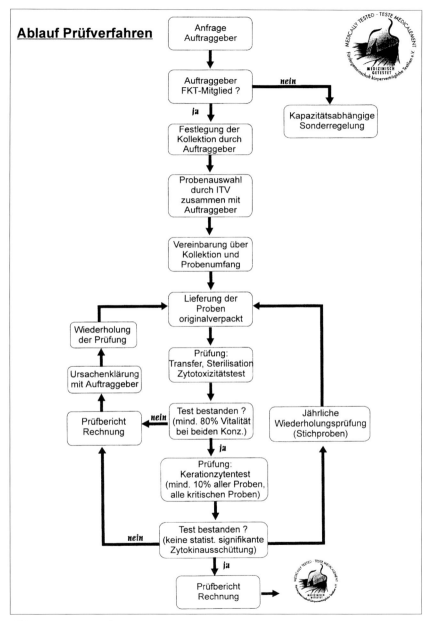

Bild 6

lich. Das Prüfsiegel ist eine geschützte Bildmarke, dessen Inhaber die „Fördergemeinschaft Körperverträgliche Textilien e. V. – FKT – ‚Denkendorf" ist.

Das Siegel kann bei erfolgreich bestandener Prüfung von den Mitgliedern der FKT bzw. Lizenznehmern verwendet werden.

Das Prüfsiegel ist eine gesundheitsbezogene Selbstverpflichtung. Die Firmen, die das Prüfsiegel verwenden und damit eine neue Sicht der Dinge zum Ausdruck bringen, dokumentieren im Sinne eines aktiven Verbraucherschutzes einen gesundheitsbezogenen Standard ihrer Erzeugnisse, der über die Einhaltung gesetzlich geforderter Unbedenklichkeit hinausgeht.

Schließlich wird die Einhaltung von gesetzlichen Bestimmungen (z. B. der Bedarfsgegenstände-Verordnung) zurecht von Verbrauchern als gegeben vorausgesetzt. Die Einhaltung gesetzlicher Vorschriften muß nicht durch zusätzliche Auszeichnungen besonders hervorgehoben werden.

Der Körperverträglichkeitstest ist das bisher strengste und empfindlichste Prüfverfahren bei dem festgestellt wurde:

Alle auf der textilen Oberfläche befindlichen Substanzen sind in ihrer Gesamtwirkung körperverträglich. Die für das Aussehen der Bekleidung verwendeten Hilfsmittel der Textilveredlung sind insgesamt gesehen ungiftig.

Ablauf der Körperverträglichkeitsprüfung (Bild 6)

Die Prüfung von Bekleidung erfolgt am Fertigprodukt aus der Verpackung, bei Textilien, die zur Weiterverarbeitung bestimmt sind im – veredlungstechnisch gesehen – Endzustand nach der letzten Naßausrüstung.

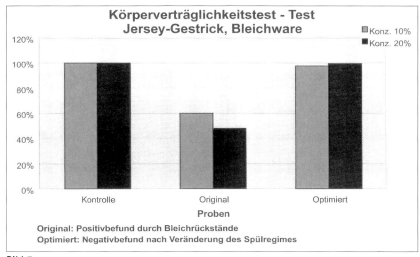

Bild 7

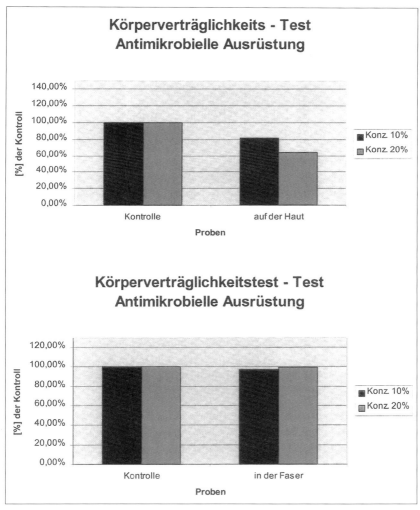

Bild 8

Aus dem Ablaufschema ist ein wichtiger Nebeneffekt der Körperverträglichkeitsprüfung erkennbar: Die Ursachenforschung im Falle der Beanstandung und der anschließend sich bietenden Möglichkeit der Optimierung der Ausrüstungsprozesse bis hin zur Vermeidung vormals vorhandener Toxizitäten (Bild 7 und 8).

Die Empfindlichkeit des Testverfahrens bewirkt, daß mehr Fehler rechtzeitig erkannt werden.

Bei den ca. 5 bis 10 % der geprüften Proben, die sich als problematisch erwiesen haben, konnte in 99 % der Positivprüfungen (toxisch) eine plausible Ursache gefunden werden.

Dabei wurden Veredelungsschwerpunkte deutlich, z. B. bestimmte Kunstharzausrüstungen und Pigmentdrucke, die zur Unverträglichkeit der Textilien führten.

Es versteht sich von selbst, daß in Kenntnis dieser Ergebnisse in der Veredlungsindustrie ein verantwortungsbewußterer Umgang mit Ausrüstungschemikalien möglich ist und daß man dem Ziel, körperverträgliche und damit schadstoffarme Textilen herzustellen, einen Riesenschritt näher gekommen ist.

Die Resonanz

Seit Juni 2000 sind körpernahe Bekleidungsstücke im Handel erhältlich, die von Mitgliedsfirmen der „Fördergemeinschaft Körperverträgliche Textilien e. V. – FKT– „Denkendorf" angeboten werden.

Die Reaktionen von Verbrauchern zeigen, daß ihnen die Haut näher steht als das Hemd, d. h. die Körperverträglichkeit wird höher bewertet als die Erfüllung von Umweltauflagen und die Einhaltung von Grenzwerten.

Zinnorganische Verbindungen in Textilien

von Dr. Alfred Virnich[*]

Auf Grund von Berichterstattungen in den Medien ist seit Beginn des Jahres 2000 das Thema „Zinnorganische Verbindungen in Textilien" zeitweise in den Vordergrund getreten. Da inzwischen eine Reihe zusätzlicher Informationen vorliegen, soll mit dieser Veröffentlichung ein Beitrag zur Versachlichung der Diskussion geleistet werden, zumal derzeit ein Verordnungsentwurf zur Änderung der Chemikalienverbotsverordnung hinsichtlich der Verwendung Zinnorganischer Verbindungen vorliegt.

Grundlagen zu Zinnorganischen Verbindungen

Zinnorganische Verbindungen ist der Sammelbegriff für Metallorganische Verbindungen mit einer oder mehreren Zinn-Kohlenstoff-Bindungen (Bild 1). Die

---

Zinnorganische Verbindungen

Allgemeine Struktur:

$R_{4-n}SnX_n$

R = organischer Rest

Monoorganozinnverbindungen	n = 3
Diorganozinnverbindungen	n = 2
Triorganozinnverbindungen	n = 1
Tetraorganozinnverbindungen	n = 0

Bild 1. Struktur Zinnorganischer Verbindungen

---

[*] von der IHK Bielefeld Öffentlich bestellter und vereidigter Sachverständiger für Textiltechnologie und Textilchemie, Friedrich-Wilhelm-Weber-Straße 7, 33161 Hövelhof, Tel: 0 52 57/94 03 94, Fax: 0 52 57/94 03 95, E-Mail: P-u-A-V@t-online.de

Herstellung Zinnorganischer Verbindungen erfolgt meist über die Tetraalkylzinnverbindungen, die über eine Komproportionierung z. B. mit SnCl$_4$ zu den Mono-, Di- und Triorganozinnverbindungen erfolgt.

Die gebräuchlichsten Organozinnverbindungen sind das TBT (Tributylzinn), DBT (Dibutylzinn), TPT (Triphenylzinn) und die Octylorganozinnverbindungen.

Verwendung Zinnorganischer Verbindungen

Historische Anwendungen von TBT und anderen Zinnorganischen Verbindungen sind in Bild 2 dargestellt:

- Silikondichtmassen
- Polyisobutylen-Dachbahnen
- Textilausrüstung
- Konservierung wasserbasierter Dispersionsfarben
- Desinfektionsmittel (Krankenhaus)
- Kühlwasserkreisläufe
- Papierherstellung
- Lederverarbeitung

Bild 2. Historische Anwendungen von Zinnorganischen Verbindungen

Die wesentlichen Anwendungsgebiete Zinnorganischer Verbindungen umfassen heute auch noch eine Vielzahl industrieller Anwendungen (Bild 3), die u. a. auch bereits seit Jahren gesetzlichen Regelungen unterworfen sind. Bei der Betrachtung aller Anwendungen Zinnorganischer Verbindungen ist es um so unverständlicher, weshalb in den Medienberichten der Vergangenheit vorwiegend die angebliche Belastung von Textilien mit Tributylzinnverbindungen (TBT) in den Vordergrund gestellt worden ist.

Tetraorganozinnverbindungen insbesondere das Tetrabutylzinn dient zur Herstellung von TBT und anderen zinnorganischen Verbindungen. Das TBT wird überwiegend für den Bereich der Herstellung von Antifoulingfarben, für den industriellen Holzschutz sowie als Synthesechemikalie für weitere Anwendungen (z. B. in der Pharmaindustrie) verwendet, wobei die Verwendung als Bestandteil von Antifoulingfarben im Vordergrund steht. Das Wirkprinzip der TBT-haltigen Farben, die in Schiffsanstrichen verwendet werden, basiert auf der kontinuierlichen Freisetzung von TBT, wodurch ein Bewuchs der Schiffskörper mit Algen und sonstigen Meerestieren verhindert wird. Aus ökonomischen Gründen ist ein solcher Schutzanstrich erforderlich, um erhöhten Energiever-

Zinnorganische Verbindungen in Textilien

Tetrabutylzinn
• Ausgangsprodukt für die Herstellung von TBT und anderen Zinnorganischen Verbindungen
TBT
• Antifoulingfarbe
• Holzschutz
• Synthesechemikalie für andere Anwendungen (z.B. Pharmaindustrie)
DBT und MBT
• Glasbeschichtung (kratzfeste Oberflächen)
• Isolierverglasung
• Plasmabildschirme
Allgemeine Anwendung von Mono- und Dialkylzinnverbindungen
• Stabilisatoren für PVC
• Katalysator bei der Herstellung von Polyester-, Polyurethan- und Silikonpolymeren

Bild 3. Industrielle Anwendungen Zinnorganischer Verbindungen

brauch durch den ansonsten erhöhten Wasserwiderstand zu vermeiden. In einer öffentlichen Anhörung, die am 13. und 14. März 2000 vom Umweltbundesamt in Berlin organisiert worden war, wurde deutlich, daß zwar Alternativen für diese TBT-haltigen Antifoulingfarben in der Erprobung sind, die gleiche Wirksamkeit hinsichtlich der Verhinderung des Bewuchses der Schiffskörper allerdings noch nicht erbracht worden ist.

Mono- und Dibutylzinnverbindungen werden insbesondere in der Beschichtung von Glas zur Herstellung sogenannter kratzfester Oberflächen verwendet, wodurch die erforderliche Haltbarkeit von Mehrwegglasflaschen erst ermöglicht wird. Auch bei der Herstellung von Isolierverglasung werden Mono- und Dibutylzinnverbindungen zur Bildung der wärmestrahlenreflektierenden Schicht eingesetzt. Eine weitere Anwendung vorgenannter Verbindungen stellt die Herstellung von Plasmabildschirmen dar.

Eine weit verbreitete Verwendung von Mono- und Dialkylzinnverbindungen ist neben der Stabilisierung von PVC, wobei bis zu einigen Gramm zinnorganischer Verbindungen im PVC enthalten sein können, auch die Verwendung als Katalysator bei der Herstellung von Polyester, Polyurethan und Silikonpolymeren.

Da insbesondere in Dibutylzinnverbindungen mit einer Verunreinigung von max. 1 % TBT gerechnet werden muß, werden einige wichtige Eintragswege für Spurenverunreinigungen an TBT in Textilien deutlich.

Interpretation aktueller Berichterstattungen über TBT

Unter Berücksichtigung der vorgenannten Informationen erscheinen die Ergebnisse, die den Berichterstattungen des Magazins „Plusminus" zugrunde gelegen haben, in einem ganz anderen Licht. In den Beiträgen wurde immer nur über eine angebliche TBT-Belastung textiler Erzeugnisse berichtet, wobei die tatsächlich nachgewiesene Konzentration an TBT nur bei zwei untersuchten textilen Materialien vorgelegen haben. Am Beispiel des Sporttrikots von „Borussia Dortmund" wurde immer von einer deutlichen TBT-Belastung berichtet. Tatsächlich wies dieses Trikot eine Menge von 2,2 µg/kg (=0,00000022 %) TBT auf, während als Hauptkomponenten Zinnorganischer Verbindungen mit 310 µg/kg Monobutylzinn (MBT) und 1.260 µg/kg Dibutylzinn (DBT) bestimmt wurden. Nachträgliche Untersuchungen wiesen darauf hin, daß nicht das Trikot in seiner Gesamtheit, sondern nur der Aufdruck, die Quelle für den Nachweis der Zinnorganischen Verbindungen war. Unter Berücksichtigung der Untersuchungsergebnisse wurde durch das Bundesinstitut für gesundheitlichen Verbraucherschutz und Veterinärmedizin (BgVV) in einer Presseerklärung vom 13. Januar 2000 auch bei den im Maximum an einer Radlerhose nachgewiesenen TBT-Konzentrationen von 99,1 µg/kg keine konkretisierbare Gesundheitsgefahr gesehen.

Weiterführende Untersuchungen von Greenpeace, die anläßlich der Anhörung des Umweltbundesamtes in Berlin am 13. März 2000 veröffentlicht wurden, bestätigten diese Ergebnisse. Auch bei der systematischen Untersuchung von Sporttrikots anderer Bundesligavereine wurden in den PVC-haltigen Aufdrucken Zinnorganische Verbindungen nachgewiesen. Auch diese Ergebnisse sind differenziert zu betrachten, da nur in einem der untersuchten Sporttrikots (lediglich im aufgedruckten Bereich) 2,2 µg/kg TBT ermittelt wurden, während im gleichen Bereich bis zu 7,6 mg/kg DBT sowie 2,7 mg/kg MBT nachgewiesen wurde.

Setzt man diese ermittelten Konzentrationen an TBT mit denjenigen Durchschnittskonzentrationen, die in einem Elbfisch nachweisbar sind, in Beziehung, so wird deutlich, daß in den untersuchten Trikots nur 1/10 der Konzentration eines Elbfisches nachweisbar war.

Bestehende gesetzliche Regelungen für den Einsatz von TBT und andere Zinnorganische Verbindungen

In Deutschland ist die Verwendung von TBT und sonstigen Zinnorganischen Verbindungen bereits seit Jahren in Abschnitt 11 des Anhangs 1 zur Chemikalienverbotsverordnung geregelt. Entsprechend der Chemikalienverbotsverordnung dürfen Zinnorganische Verbindungen und Zubereitungen, die diese Stoffe enthalten, als Antifoulingfarbe und zur Aufbereitung von Wasser im industriellen, gewerblichen und kommunalen Bereich nicht verwendet werden. Ledig-

Zinnorganische Verbindungen in Textilien

lich für Schiffskörper mit einer Gesamtlänge von mehr als 25 m gilt dieses Verbot nicht.

Ein entsprechendes Verbot der Verwendung von TBT in Antifoulingfarben für Boote, die eine Gesamtlänge von 25 m unterschreiten, existiert ebenfalls in Frankreich seit dem Jahr 1982. In Japan wurden ferner zu Beginn der 80er Jahre Tributylzinn- und Triphenylzinnverbindungen in der Verwendung für Gebrauchsgüter verboten.

Ergebnisse internationaler Studien zur Nachweisbarkeit Zinnorganischer Verbindungen auf Textilien

In einer japanischen Studie aus dem Jahr 1992 wurden insgesamt 95 Haushaltsprodukte, darunter auch Textilien, einer Überprüfung auf das Vorhandensein von Zinnorganischen Verbindungen unterzogen. Dabei wurden die Untersuchungsmaterialien bei 70 °C mit salzsaurer Methanollösung extrahiert. Anschließend wurde die Derivatisierung der extrahierten Organozinnverbindungen mittels einer Grignard-Reaktion durch Propyl-Magnesium-Bromid und Quantifizierung mit der GC/MS vorgenommen. Insgesamt wurden keine positiven Nachweise auf TBT und TPT erhalten, so daß die untersuchten Proben alle den gesetzlichen Anforderungen in Japan entsprochen haben. Andere Zinnorganische Verbindungen waren in den Konzentrationsbereichen von 3,7 bis 1.667 µg/kg (Bild 4) nachweisbar. Als Ursachen für diese positiven Befunde wurden Beschichtungen mit PVC und Polyurethanen sowie Kontaminationen aus Verpackungsmaterial ermittelt.

TBT und TPT
• Keine positiven Nachweise
DBT
• 4 positive Befunde
• 3,7 – 33,7 µg/kg
DOT (Dioctylzinnverbindungen)
• 14 positive Befunde
• 24,4 – 1.667 µg/kg
TOT (Trioctylzinnverbindungen)
• 5 positive Befunde
• 14,2 – 128,5 µg/kg

Bild 4. Ergebnisse der japanischen Studie (1992)

In einer aktuellen Studie aus den Niederlanden wurden im Jahr 1999 insgesamt 229 Textilprodukte auf ihren Gehalt an Zinnorganischen Verbindungen untersucht. Nach einer Lösungsmittelextraktion mit Methylenchlorid/Cyclohexan, anschließender Derivatisierung mit Propyl-Magnesium-Bromid und Quantifizierung mit der GC/MS konnten in insgesamt 53 der untersuchten Proben Zinnorganische Verbindungen nachgewiesen werden (Bild 5). Lediglich bei einigen Zelten resultierten die nachgewiesenen Konzentrationen an TBT (bis zu 2.100 mg/kg) auf einer bewußten Ausrüstung mit TBT-haltigen Ausrüstungsmitteln. Zu allen anderen positiven Befunden wurden keine näheren Angaben über die möglichen Quellen der Zinnorganischen Verbindungen gemacht.

TBT
• 20 positive Befunde
• 0,1 – 5,3 mg/kg
• max. 2100 mg/kg (biozid ausgerüstete Zelte)
DBT
• 18 positive Befunde
• 0,1 – 5,7 mg/kg
• max. 600 mg/kg (biozid ausgerüstete Zelte)
DOT (Dioctylzinnverbindungen)
• 24 positive Befunde
• 0,4 – 33,0 mg/kg
TOT (Trioctylzinnverbindungen)
• 5 positive Befunde
• 0,1 – 9,5 mg/kg
DPT (Diphenylzinnverbindungen)
• 2 positive Befunde
• 0,3 – 0,8 mg/kg
TPT (Triphenylzinnverbindungen)
• 3 positive Befunde
• 10,4 – 16,6 mg/kg

Bild 5. Ergebnisse der niederländischen Studie (1999)

Ergebnisse der Anhörung in Berlin

Aufgrund der Berichterstattung in den Medien wurde am 13. März 2000 mit Unterstützung des Umweltbundesamtes ein öffentliches Symposium für eine wissenschaftliche Bestandsaufnahme zu Zinnorganischen Verbindungen durchgeführt. Die wesentlichen Ergebnisse lassen sich wie folgt zusammenfassen:

- Unfruchtbarkeitserscheinungen bei Meeresschnecken sind eindeutig dokumentiert.
- Neben TBT soll auch Triphenylzinn (TPT) eine ähnliche Wirkungsweise zeigen. TPT wird u. a. in der Landwirtschaft als Pflanzenschutzmittel eingesetzt.
- Das TBT greift in den Hormonstoffwechsel ein. Es konnte eindeutig eine Inhibierung des Enzyms Aromatase nachgewiesen werden.
- DBT zeigt eine geringere Inhibierung der Enzymaktivität.
- Die Übertragbarkeit der Ergebnisse auf den Säugetierorganismus ist nicht eindeutig gesichert.
- Formale Dosis-Wirkungsbeziehungen stehen noch aus, sind aber für eine abschließende toxikologische Bewertung notwendig.

Risikoabschätzung Zinnorganischer Verbindungen in verbrauchernahen Produkten

Auch das Bundesinstitut für gesundheitlichen Verbraucherschutz und Veterinärmedizin (BgVV) kommt in seiner Stellungnahme vom 6. März 2000 bezüglich der Risikoabschätzung Zinnorganischer Verbindungen in verbrauchernahen Produkten zu dem Ergebnis, daß zunächst einmal zwischen einer Verwendung von Zinnorganischen Verbindungen als biozid wirksame Mittel, als Stabilisator in PVC und als Katalysator bei der Herstellung bestimmter Polymere zu unterscheiden ist.

Verwendung als Biozidausrüstungsmittel

Zur Erzielung einer antimikrobiellen Wirkung müßte mindestens ein Gehalt von ca. 0,1 % (= 1000 mg/kg) TBT im Produkt vorliegen. Unter der Voraussetzung, daß in einem textilen Erzeugnis beispielsweise 100 mg/kg TBT vorhanden sein würden, wurde für ein Trageereignis eine Aufnahme von 2,4 µg TBT je Person abgeschätzt. Für eine Person mit einem Körpergewicht von 60 kg würde dies einem Wert von ca. 16 % des von der WHO (Weltgesundheitsorganisation) festgelegten TDI-Wertes entsprechen (TDI = Tolerable daily intake). An dieser Stelle sei nochmals erwähnt, daß die Ergebnisse der Prüfungen, der unterschiedlichen Textilien, die dem Beitrag der Sendung „Plusminus" zugrunde gelegen haben, einen Maximalwert von 0,099 mg/kg aufweisen.

Zinnorganische Verbindungen als Stabilisatoren

Im Gegensatz zur Verwendung von Zinnorganischen Verbindungen als Katalysator in der Herstellung von z. B. Polyurethanen muß man bei der Verwendung als Stabilisator in PVC von einer deutlich höheren Konzentration ausgehen. Aus PVC-Produkten mit einem Stabilisatoranteil von 1,5 % wurde bei Migrationsuntersuchungen (Wasser, 10 Tage, 40 °C) lediglich eine Migrationsrate im Promillebereich ermittelt.

Die potentielle Exposition von Zinnorganischen Verbindungen aus Textilien wird als noch geringer angesehen. Einzige Ausnahme stellt eine evtl. vorhandene Ausrüstung von Textilien mit TBT dar.

Da diese Ausrüstungen für Textilien vermeidbar sind, haben die Textil- und Bekleidungsindustrie sowie der Handel sich in einer gemeinsamen Presseerklärung ebenfalls gegen eine Verwendung von TBT als Biozidausrüstungsmittel für Bekleidungsgegenstände ausgesprochen.

Neuregelungen im Öko-Tex Standard 100

Auch der Öko-Tex Standard 100 hat inzwischen den Parameter TBT und DBT mit in den Kriterienkatalog aufgenommen (Bild 6). Mit Wirkung ab 1. März 2000 werden bei allen anstehenden Überprüfungen auch die Zinnorganischen Verbindungen überprüft.

Dabei werden die zu überprüfenden Materialien einer Extraktion mit künstlicher saurer Schweißlösung unterzogen und aus dem Extrakt nach Derivatisierung (entsprechend DIN 38407 F13) mittels GC/MS quantifiziert.

Durch die Grenzwerte des Öko-Tex Standard 100 ist gesichert, daß keine textilen Produkte das Zertifikat „schadstoffgeprüfte Textilien nach Öko-Tex Standard 100" erhalten können, die mit TBT biozid ausgerüstet worden sind.

TBT	
• Produktgruppe 2 bis 4	1,0 mg/kg
• Produktgruppe 1	0,5 mg/kg
DBT	
• Produktgruppe 1	1,0 mg/kg

Bild 6. Grenzwerte des Öko-Tex Standard 100 (ab 1. März 2000)

Zu erwartende gesetzliche Regelungen

Über eine gesetzliche Regelung ist zukünftig auch die Begrenzung von TBT und anderer Triorganozinnverbindungen zu erwarten. Ein entsprechender Verordnungsentwurf zur Änderung der Chemikalienverbotsverordnung liegt bereits seit einigen Monaten vor. In diesem Verordnungsentwurf ist ein Verwendungsverbot für TBT und andere Triroganozinnverbindungen zur Ausrüstung textiler Erzeugnisse vorgesehen. Darüber hinaus soll für textile Bedarfsgegenstände ein Grenzwert an Triorganozinnverbindungen einschließlich TBT in der Größenordnung von 1,0 mg/kg gelten.

Zusammenfassung

Bedingt durch die vielfältigen Verwendungen Zinnorganischer Verbindungen bei der Herstellung von Produkten, die in der Textil- und Bekleidungsindustrie als Ausrüstungsmittel zum Einsatz kommen, ist eine Nullwertdiskussion für TBT und andere Zinnorganische Verbindungen nicht möglich, da aufgrund der Verunreinigung der Zinnorganischen Verbindungen mit TBT immer mit Spurenkonzentrationen gerechnet werden kann, die aber nach Ansicht des Bundesinstituts für gesundheitlichen Verbraucherschutz und Veterinärmedizin (BgVV) keine Gesundheitsgefährdung darstellen.

Im Gegensatz zu diesen unvermeidbaren Spurenkonzentrationen kann jedoch auf eine bewußte Behandlung mit TBT und anderen Zinnorganischen Verbindungen im Sinne einer Biozidausrüstung verzichtet werden. Entsprechende Erklärungen innerhalb der Textilen Kette sollten sich daher auch primär an die Nichtverwendung dieser Verbindungen zur Biozidausrüstung orientieren.

Literatur

Presseerklärung des BgVV vom 13. Januar 2000 – Quellen der TBT-Belastung des Menschen verstopfen.

Gaikema F.J., Alberts P.J.; Gaschromatografische bepaling van residuen van organotinverbindingen in textielproducten. De Ware-Chemicus 29, 23–33 (1999).

Yamada et al.; Small-Scale Survey of Organotin Compounds in Household Commodities. Journal of AOAC International Vol. 76, No. 2, S. 436 (1993).

DIN 38407-13

Presseerklärung Greenpeace vom 13. März 2000: Fußball-Trikots noch immer mit Gift belastet – Hohe Konzentration von Organozinn-Giften durch PVC-Aufdrucke.

Symposium TBT – Zinnorganische Verbindungen – eine wissenschaftliche Bestandsaufnahme, Berlin 13. März 2000 (Kurzfassungen der Beiträge)

Bundesinstitut für gesundheitlichen Verbraucherschutz und Veterinärmedizin (BgVV) – Tributylzinn (TBT) und andere Zinnorganische Verbindungen in Lebensmitteln und verbrauchernahen Produkten (6. März 2000).

Autorenverzeichnis

Blattner, Thomas
Dürkopp Fördertechnik GmbH
Gildemeisterstr. 60
D-33689 Bielefeld
Tel.: 0 52 05-959-0
E-Mail: BlattnerT@duerkopp.com
Internet: www.duerkopp.com

Fellmann, Dipl.-Ing. Anke
Amann Nähgarne GmbH & Co.
Nähtechnik
Hauptstraße 1
D-74357 Bönnigheim
Tel.: 0 71 43-277-0
E-Mail: FellmannA@amann-online.de
Internet: www.amann-online.de

Gimpel, Sabine
Siegl, Birgit
Textilforschungsinstitut
Thüringen-Vogtland e.V.
Zeulenrodaer Straße 42
D-07973 Greiz
Tel.: 0 36 61-611-0
E-Mail: mail@titv-greiz.de
Internet: www.titv-greiz.de

Hartmann, Prof. Dr. Wolf-D.
Klaus Steilmann Institut für
Innovation und Umwelt GmbH
Lyrenstr. 13
D-44866 Bochum-Wattenscheid
Tel.: 0 23 27-93 25-0
E-Mail: wolf_hartmann@ksi.steilmann.com
Internet: www.klaus-steilmann-institut.de

Herrmann, Walter
Schweizerische Textil-,
Bekleidungs-und Modefachschule
Wasserwerkstraße 119
CH-8037 Zürich
Tel.: 00 41-1-360-41 51
E-Mail: wherrmann@stfschule.ch
Internet: www.textilfachschule.ch

Hillebrand, Dipl.-Ing. Volker
Forschungsinstitut für Rationalisierung an der RWTH Aachen (FIR)
Pontdriesch 14-16
D-52062 Aachen
Tel: 0 241-4 77 05-0
E-Mail: hi@fir.rwth-aachen.de
Internet: www.fir.de

Hofmann, Dr. Isa
Messe Frankfurt GmbH
Avantex-Symposium
Postfach 15 02 10
D-60062 Frankfurt / Main
Tel.: 0 69-75 75-0
E-Mail: isa.hofmann@messefrankfurt.com
Internet: www.messefrankfurt.com

Holthaus, Walter
Gesamtverband der deutschen
Maschenindustrie e.V. Olgastraße 77
D-70182 Stuttgart
Tel.: 0 711-2 10 31-0
E-Mail: holthaus.gesamtmasche@t-online.de
Internet: www.gesamtmasche.de

Jacobs, Dr. Siegfried
Bundesverband des deutschen
Textileinzelhandels e. V. (BTE)
An Lyskirchen 14
D-50676 Köln
Tel.: 0 2 21-92 15 09-0
E-Mail: Jakobs@bte.de
Internet: www.bte.de

Jesse, Dr. Norbert
Universität Dortmund
LS Informatik 1
Otto-Hahn-Straße 16
D-44221 Dortmund
Tel.: 0 231-7 55-0
E-Mail: jesse@ls1.cs.uni-dortmund.de
Internet: www.uni-dortmund.de

Kasper, Sascha
Centrale für Coorganisation GmbH (CCG)
Maarweg 133
D-50825 Köln
Tel.: 0 221-94714-0
E-Mail: kasper@ccg.de
Internet: www.ccg.de

Langenegger, Rolf
Gesamtverband der Schweizerischen
Textil- und Bekleidungsindustrie
Textilverband Schweiz
Beethovenstraße 20
CH-8022 Zürich
Tel.: 00 41-1-2 89 79 41
E-Mail: rl@tvs.ch
Internet: www.tvs.ch

Malik, Haroun
Bundesdruckerei GmbH
Abteilung 162.2
Oranienstraße 91
D-10958 Berlin
Tel.: 0 30-2 59 80
E-Mail: malik@bdr.de
Internet: www.bundesdruckerei.de

Mecheels, Dr. Stefan
Hohensteiner Institute
Schloß Hohenstein
D-74357 Bönnigheim
Tel.: 07143-271-0
E-Mail: s.mecheels@hohenstein.de
Internet: www.hohenstein.de

Müller, Dipl.-Ing. (RUS) Svetlana
Forschungsinstitut für Rationalisierung an der RWTH Aachen (FIR)
Pontdriesch 14-16
D-52062 Aachen
Tel.: 0 2 41-4 77 05-0
E-Mail: mu@fir.rwth-aachen.de
Internet: www.fir.rwth-aachen.de

Novak, Andreas
apparel commerce Deutschland GmbH
Pfälzer Strasse 1a
D-93128 Regenstauf
Tel.: 0 94 02-78 48 10
E-Mail:
Andreas.Novak@apparelcommerce.com
Internet: www.apparelcommerce.com

Rambold, Hannes
Mobi Media AG
Rottpark 22
D-84347 Pfarrkirchen
Tel.: 0 85 61-96 16-0
E-Mail: hannes@rambold.de
Internet: www.mobimedia.de

Rödel, Prof. Dr. Hartmut
TU Dresden
Institut für Textil- und
Bekleidungstechnik
D-01062 Dresden
Tel.: 0 351/46 58-370
E-Mail: roedel@tud-itb.ipfdd.de
Internet: www.tu-dresden.de

Rupp, Renate
IDS Scheer AG – Gebäude C2
Altenkesseler Strasse 17
D-66115 Saarbrücken
Tel.: 0 681-2 10-0
E-Mail: r.rupp@ids-scheer.de
Internet: www.ids-scheer.de

Autorenverzeichnis

Schlomski, Dipl.-Ing. Iris
Bahnhofstr. 17
D-37115 Duderstadt
Tel.: 0 55 27-97 94 40
E-Mail: schlomski@t-online.de

Sorg, Prof. Dr. Walter
Fachhochschule Gelsenkirchen
Abt. Bocholt
Fachbereich Wirtschaft
Münsterstr. 265
D-46397 Bocholt
Tel.: 0 28 71 - 21 55 - 0
E-Mail: walter.sorg@t-online.de
Internet: www.fh-gelsenkirchen.de

Steger, Dr.-Ing. Hans-Jürgen
IBS Ingenieurgesellschaft mbH
von-Reuter-Str. 2
D-80997 München
Tel.: 089-81320375
IBS-Dr.Steger@t-online.de
Internet: www.IBS-Ingenieurgesellschaft.de

Virnich, Dr. Alfred
Friedrich-Wilhelm-Weber-Str. 7
D-33161 Hövelhof
Tel.: 05257-940394
E-Mail: P-u-A-V@t-online.de

Volk, Dipl.-Betriebswirt Hartmut
Am Silberborn 14
D-38667 Bad Harzburg
Tel.: 0 53 22-24 60
E-Mail: hartmut.volk@t-online.de

Werminghaus, Dipl.-Ing. H.-P.
BTI Gesellschaft für Beratung
Transfer, Innovation GmbH
Kaiserstraße 133
D-41061 Mönchengladbach
Tel.: 0 21 61-1 30 29
E-Mail: info@bti-gmbh.de
Internet: www.bti-gmbh.de

Zimmermann, Manfred
SalesPrognos
Unternehmensberatung e.K.
Wegäcker 9 A
D-91088 Bubenreuth
Tel.: 0 91 31-82 91 10
E-Mail: m.zimmermann@salesprognos.de
Internet: www.salesprognos.de

Bezugsquellen für die Bekleidungswirtschaft

Bezugsquellen-Nachweis für die Bekleidungswirtschaft

Im Bezugsquellen-Nachweis des Jahrbuches empfehlen sich leistungsfähige Firmen. Bei Anfragen und Bestellungen bitten wir, auf die Bezugsquellen des Jahrbuches Bezug zu nehmen.

Fachverlag Schiele & Schön GmbH, 10969 Berlin

Absaugbügeltische
KRAPF-Bügeltechnik
   85737 Ismaning,Tel.089/964867

Bänder
KOENIG GMBH + CO.
   Heckinghauser Str. 36
   D-42289 Wuppertal
   Tel. +49/202/255 69-0, Fax -32

Bekleidungsverschlüsse
UNION KNOPF GmbH
   33687 Bielefeld
   Tel. 05205/12-0
   Fax 05205/12-172

Dampfbügelanlagen
KRAPF-Bügeltechnik
   85737 Ismaning,Tel.089/964867

Detachiermittel
Ehserchemie GmbH
   H.-Goebel-Str.17,41515 Grevenbroich
   Tel.02181/62026, Fax 62020

Detachiertisch
Ehserchemie GmbH
   H.-Goebel-Str.17,41515 Grevenbroich
   Tel.02181/62026, Fax 62020

Druckknöpfe
UNION KNOPF GmbH
   33687 Bielefeld
   Tel. 05205/12-0
   Fax 05205/12-172

EDV-Software
Pohl-softwear
   Bahnhofstr. 11, 97070 Würzburg
   Tel. 0931/355250, Fax 0931/35525-12
   e-mail: Info@pohl-softwear.com
   Internet: http://www.pohl-softwear.com
   Kommerzielle Standard-Software für die Bekleidungs-Hersteller. 20 Jahre Erfahrung. TOP Referenzen

texdata software GmbH
   Im Mittelfeld 1
   76228 KARLSRUHE
   Tel: 0721/986490 Fax: 9864988
   CLIENT-SERVER-KOMPLETT-LÖSUNGEN

Einlagen

Vorgefertigte Einlagen

helsaform GmbH
 Postfach 60 · D-95479 Gefrees
 Tel: 09254/80-0 · Fax: 09254/7222
 eMail: info@de.helsa.com
 Internet: http://www.helsa.de

Etiketten

Avery Dennison Deutschland
 GmbH, Avery Haus
 85385 Eching
 Tel: 08165/925-299, Fax: 08165/64360
 e-mail:printes@machines.
 averydennison.com

KOENIG GMBH + CO.
 Heckinghauser Str. 36
 D-42289 Wuppertal
 Tel. +49/202/255 69-0, Fax -32

Etiketten-Druckmaschinen

Avery Dennison Deutschland
 GmbH, Avery Haus
 85385 Eching
 Tel: 08165/925-299, Fax: 08165/64360
 e-mail:printes@machines.
 averydennison.com

Fachartikel

Rundschau-Verlag
 Otto G. Königer GmbH & Co.
 Heuriedweg 19, 88131 Lindau
 Telefon 08382/963113
 Telefax 08382/78091

Fachbücher

Rundschau-Verlag
 Otto G. Königer GmbH & Co.
 Heuriedweg 19, 88131 Lindau
 Telefon 08382/963113
 Telefax 08382/78091

Fachschulen

AMD M. MÜLLER & SOHN GmbH
 Fachschule für Mode
 und Schnitttechnik
 (Staatlich genehmigt)
 Ohmstr. 15, 80802 München
 Telefon (089) 38 66 78-0
 Telefax (089) 38 66 78-78

Fachzeitschriften

DNZ-international
 Die neue Nähmaschinenzeitung
 Bielefelder Verlagsanstalt
 GmbH & Co. KG
 Ravensberger Str. 10 F
 33602 Bielefeld
 Telefon 0521/595525
 Telefax 0521/595556

RUNDSCHAU FÜR
INTERNATIONALE
HERRENMODE
RUNDSCHAU FÜR
INTERNATIONALE
DAMENMODE
Rundschau-Verlag
 Otto G. Königer GmbH & Co.
 Karlstr. 41, 89073 Ulm
 Telefon 0731/1520-186
 Telefax 0731/1520-185

Fleckenentfernungsmittel

Ehserchemie GmbH
 H.-Goebel-Str.17, 41515 Grevenbroich
 Tel.02181/62026, Fax 62020

Förderanlagen

Meiko Meier AG
 Steinhaldenstr. 16
 CH-8954 Geroldswil
 Tel: ++41 (0)1 749 3550
 Fax: ++41 (0)1 749 3570
 http:/www.meikomeier.com

Bezugsquellen

Folienschweißgeräte
HEWANCO-DEHN GMBH
Magnolienweg 1
63741 Aschaffenburg
Tel. 06021-80081, Fax 80843

Hängelagersysteme
Meiko Meier AG
  Steinhaldenstr. 16
  CH-8954 Geroldswil
  Tel: ++41 (0)1 749 3550
  Fax: ++41 (0)1 749 3570
  http:/www.meikomeier.com

Kleiderbügel
MAWA SYSTEME GmbH
85276 Pfaffenhofen/Ilm
Tel. 08441/8000, Fax 76421
www.mawa-online.de
info@mawa-online.de

Knöpfe
UNION KNOPF GmbH
33687 Bielefeld
Tel. 05205/12-0
Fax 05205/12-172

Markierstifte
HEWANCO-DEHN GMBH
Magnolienweg 1
63741 Aschaffenburg
Tel. 06021-80081, Fax 80843

Monofil
Colorific Monofil GmbH
  Windhausener Str. 1
  52531 Übach-Palenberg
  T:(02451)67095, Fax: 67098

Nähfäden

Allgemeine Nähfäden
Amann & Söhne GmbH & Co.
  74355 Bönnigheim
  Postf. 9, Tel.07143/277-0
  Telefax 07143/277-200
  http://www.amann-online.de

Gütermann AG
79261 Gutach-Breisgau
Telefon 07681/21-0
Telefax 07681/2 14 49
www.guetermann.com

Baumwoll-Nähfäden
Kupfer Nähseide +
Nähgarne 91505 Ansbach
Fax (0981) 17992 Pf. 1441
Tel. 0981-97106-0
E-Mail: Naehseiden-Kupfer@t-online.de
Internet: naehseiden-kupfer.de

Core-Spun-Nähfäden
Gütermann AG
79261 Gutach-Breisgau
Telefon 07681/21-0
Telefax 07681/2 14 49
www.guetermann.com

Kupfer Nähseide +
Nähgarne 91505 Ansbach
Fax (0981) 17992 Pf. 1441
Tel. 0981-97106-0
E-Mail: Naehseiden-Kupfer@t-online.de
Internet: naehseiden-kupfer.de

Synthetische Nähfäden
Gütermann AG
79261 Gutach-Breisgau
Telefon 07681/21-0
Telefax 07681/2 14 49
www.guetermann.com

Kupfer Nähseide +
Nähgarne 91505 Ansbach
Fax (0981) 17992 Pf. 1441
Tel. 0981-97106-0
E-Mail: Naehseiden-Kupfer@t-online.de
Internet: naehseiden-kupfer.de

Nähseide

Gütermann AG
  79261 Gutach-Breisgau
  Telefon 07681/21-0
  Telefax 07681/2 14 49
  www.guetermann.com

Kupfer Nähseide +
  Nähgarne 91505 Ansbach
  Fax (0981) 17992 Pf. 1441
  Tel. 0981-97106-0
  E-Mail: Naehseiden-Kupfer@t-online.de
  Internet: naehseiden-kupfer.de

Nähmaschinen-Nadeln

Groz-Beckert KG
  Postfach 10 02 49
  D-72423 Albstadt
  Telefon: (07431)10-0
  Telefax: (07431)10-32 00 / 27 77
  e-mail: s-vn@groz-beckert.de
  http://www.groz-beckert.de

FERD. SCHMETZ GMBH
  Nähmaschinennadeln,
  Sondermaschinenbau
  Pf.1140, D-52111 Herzogenrath
  Tel.:(02406)85-0, Tx:8329544schmd
  Fax: (02406) 85 222, 85197
  Internet: www.schmetz.com

Pelznadeln

FERD. SCHMETZ GMBH
  Nähmaschinennadeln,
  Sondermaschinenbau
  Pf.1140, D-52111 Herzogenrath
  Tel.:(02406)85-0, Tx:8329544schmd
  Fax: (02406) 85 222, 85197
  Internet: www.schmetz.com

Reinigungsmittel

Ehserchemie GmbH
  H.-Goebel-Str.17,41515 Grevenbroich
  Tel.02181/62026, Fax 62020

Reversseide

helsaform GmbH
  Postfach 60 · D-95479 Gefrees
  Tel: 09254/80-0 · Fax: 09254/7222
  eMail: info@de.helsa.com
  Internet: http://www.helsa.de

Scheren

KRETZER SCHEREN Solingen
  Johann Kretzer GmbH & Co.
  Postf. 110508, 42665 Solingen
  T.:0212/26235-0,Fax:0212/26235-50
  www.Kretzer.de; Email:Info@Kretzer.de

Schnittmuster

Rundschau-Verlag
  Otto G. Königer GmbH & Co.
  Heuriedweg 19, 88131 Lindau
  Telefon 08382/963113
  Telefax 08382/78091

Schulterpolster

helsaform GmbH
  Postfach 60 · D-95479 Gefrees
  Tel: 09254/80-0 · Fax: 09254/7222
  eMail: info@de.helsa.com
  Internet: http://www.helsa.de

Stanzmesser

KVK Kerker GmbH
  Herforder Str. 141, 33609 Bielefeld
  Tel. 0521/324439, Fax 0521/325548

Unterkragenmaterialien

BWF Textil GmbH & Co.KG
  Unternehmensbereich Wollfilz
  Postf. 1120, 89362 Offingen
  Tel.08224/710,Fax 08224/2852
  e-mail woolfelt@bwf-group.de

Webetiketten

KOENIG GMBH + CO.
  Heckinghauser Str. 36
  D-42289 Wuppertal
  Tel. +49/202/255 69-0, Fax -32

Kleine Kostümkunde

Von Gisela Krause und Gertrud Lenning

Das reichhaltig illustrierte Buch ist nach Epochen übersichtlich geordnet. Es führt in fundierter und zugleich unterhaltsamer Weise durch die Entwicklung der Mode - vom Altertum bis hin zu den jüngsten Kreationen der Bekleidungsindustrie.

Damit ist die „Kleine Kostümkunde" das richtige Fachbuch für alle, die sich mit dem Gebiet der Mode beschäftigen wollen, ohne sich in spezielle Einzelheiten der verschiedenen Epochen zu verlieren.

12. vollständig überarbeitete und erweiterte Auflage 1998, etwa 300 Seiten, zahlreiche Abbildungen und Tabellen, eine Klapptafel, gebunden.
€ 28,65 . SFr. 51,-
ISBN 3 7949 0629 2

Fachverlag Schiele & Schön GmbH
Postfach 61 02 80
D-10924 Berlin
Tel.: (030) 25 37 52 - 25
Fax: (030) 2 51 72 48
E-Mail: pavelec@schiele-schoen.de

Das Buch stellt die neuesten Ergebnisse der bekleidungsphysiologischen Forschung in verständlicher Form dar. Die Kenntnisse dienen der Auswahl von geeigneter Kleidung für jeden Zweck und jedes Wetter.

Schiele & Schön
Das Wissen für morgen. Heute bei uns.

Fachverlag
Schiele & Schön GmbH
Berlin

Postfach 610280
D-10924 Berlin

Telefon (030) 25 37 52 – 25
Telefax (030) 2 51 72 48
E-Mail pavelec@schiele-schoen.de

WIE FUNKTIONIERT UNSERE KLEIDUNG?

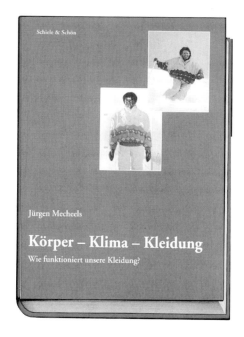

Körper – Klima – Kleidung

Von Dr. Jürgen Mecheels

2. völlig überarbeitete Auflage · Kartoniert · 147 Seiten
€ 28,65 · SFr. 51,-
ISBN 3-7949-0619-5